CONMIGO
DIA TRAS DIA

JUAN PABLO II

CONMIGO
DIA TRAS DIA

Momentos para la reflexión

JUAN PABLO II

Edición e introducción a cargo del
OBISPO PETER CANISIUS JOHANNES VAN LIERDE, O. S. A.
Traducido por ANTONIO ARAMAYONA ALONSO

VIKING

A GINIGER BOOK

VIKING

Publicado por Penguin Group
Penguin Books USA Inc., 375 Hudson Street,
New York, New York 10014, U.S.A.
Penguin Books Ltd, 27 Wrights Lane,
London W8 5TZ, England
Penguin Books Australia Ltd,
Ringwood, Victoria, Australia
Penguin Books Canada Ltd, 10 Alcorn Avenue,
Toronto, Ontario, Canada M4V 3B2
Penguin Books (N.Z.) Ltd, 182–190 Wairau Road,
Auckland 10, New Zealand

Penguin Books Ltd., Oficinas Registradas:
Harmondsworth, Middlesex, England

Publicado en 1994 por Viking Penguin,
una división de Penguin Books USA Inc.

1 3 5 7 9 10 8 6 4 2

Traducido por Antonio Aramayona Alonso

ISBN 0-670-86199-5

Este libro está impreso en papel sin ácido.

Impreso en los Estados Unidos de América

Índice

Introducción   7

Selecciones del Papa Juan Pablo II
para cada día del año   15

Reflexiones para las Fiestas Móviles
del Calendario Litúrgico   435

Elenco bibliográfico de las citas   481

Introducción

Finalidad

Este libro, en su concepción y estructura, pretende como objetivo que el lector contemporáneo, inmerso en sus preocupaciones cotidianas, tenga la posibilidad de conocer y ahondar en el amplio y vasto pensamiento del Sumo Pontífice Juan Pablo II. Y ello, día a día, sin demasiado esfuerzo, con calma y reflexión, haciendo un alto en el camino de las tensiones de la vida diaria.

El editor ha tenido el claro propósito, escrupulosamente respetado por el autor, de ofrecer a los lectores la mente y el corazón del Papa Wojtyla a través del largo período del Año Litúrgico, es decir, de las diferentes etapas que jalonan este gran camino de gracia, pleno de luz, aliento psicológico y propulsión dinámica.

Se trata, pues, de un auténtico «Breviario» del Papa Juan Pablo II, sencillo y agradable. Una página para cada día del año, dirigida ante todo a los católicos y cristianos que creen en Jesucristo, pero sin olvidar a todas las personas de buena voluntad que anhelan una libertad no abocada a la desilusión.

Contenido

El Año Litúrgico comprende un período de doce meses, desde diciembre a noviembre, centrado totalmente en la cálida persona de Jesucristo, a fin de estudiar, meditar y profundizar en el conjunto de su vida, desde su nacimiento en el tiempo hasta su glorioso regreso al final de los tiempos. Además, el Año Litúrgico nos descubre su persona, su obra, las razones profundas de su venida entre los hombres, su vitalidad para todas y cada una de las personas humanas. Un auténtico «ciclo» de acontecimientos sencillos y, al mismo tiempo, sumamente ricos; un «arco» dilatado y potente; un «film» de argumento dinámico y conmovedor, no exento de momentos de «suspense» hasta el episodio final, solemne y universal; un «viaje» singular y único, que atrae los corazones de los mejores.

El Año Litúrgico es el ciclo maravilloso de los misterios divinos y humanos de Jesús, verdadero Dios y verdadero hombre.

Una dimensión de indudable importancia y valor. Los misterios de Cristo encierran un doble aspecto: «histórico», el desarrollo concreto, preciso y puntual de hechos sucesivos y acontecimientos determinados; un aspecto «espiritual», la postura interior y psicológica, asimismo concreta, precisa y puntual, vivida por Cristo en cada situación de su vida, en cada uno de sus misterios.

El aspecto histórico se denomina «misterio» *(mysterium);* el aspecto espiritual, «fuerza íntima» del misterio *(vis mysterii).* Se trata de la vigorosa vitalidad de Cristo, acumulada y depositada en cada acontecimiento histórico de su existencia y misión.

Es su «mente», su «corazón», el conjunto bellísimo de sus virtudes a través de su actividad cotidiana; el núcleo íntimo de las diversas situaciones que El asumió y experimentó.

1. De ahí que todos estemos invitados, iniciando el «viaje espiritual» a finales de noviembre o primeros de diciembre, a contemplar a Jesús escondido en el seno inmaculado de María de Nazaret, a seguirlo en su silencioso nacimiento, en su triple manifestación o epifanía: la visita de los Magos de Oriente, el bautismo a orillas del Jordán, el milagro de la conversión del agua en vino en la boda de Caná. Lo encontramos después en Nazaret, mientras «iba creciendo en saber, en estatura y en el favor de Dios y de los hombres» (Lc 2, 52). A la vez que en las lecturas litúrgicas aparece como artífice de la creación (Jn 1, 3) presenciamos con El los sucesos de su vida pública: tentaciones, curaciones, milagros, enseñanzas y orientaciones, a lo largo del tiempo de Cuaresma, y su predicación rica y extensa: penitencia, conversión, reconciliación; paralelamente, asistimos a la trama secreta urdida por el formalismo farisaico y la envidia de los poderosos, que culmina en el drama de la cruz, de su muerte y sepultura, y se transforma en su espléndida resurrección. Sigue su admirable Ascensión y la promesa consiguiente del envío del Espíritu Santo a los Apóstoles y a María Santísima.

2. Se inicia aquí la segunda parte del Año Litúrgico, caracte-
rizada por la actuación, vivida y proclamada, del Espíritu
Santo. La «fuerza íntima» de los misterios de Cristo, operante
ya en el primer ciclo del Año Litúrgico, queda ahora acentuada
y continuada de forma especial en la vida de la Iglesia, nacida
del sagrado costado de Jesús crucificado y públicamente pro-
mulgada por el Espíritu Santo el día de Pentecostés: «Id y haced
discípulos de todas las naciones, bautizadlos para consagrárselos al Padre y al Hijo y al Espíritu Santo, y *enseñadles* a guardar todo lo que os he mandado; mirad que yo estoy con vosotros cada día, hasta el fin del mundo» (Mt 28, 19-20); «...el
abogado, el Espíritu Santo..., ése os enseñará todo y *os irá
recordando todo lo que yo os he dicho*» (Jn 14, 26).

Es innegable que Cristo ha fundado «su» Iglesia *en* el mundo,
al igual que es totalmente cierto que la ha destinado *al* mundo;
no para negar u obstaculizar la vida del mundo, sino para
orientar a todos los hombres que nacen en el mundo hacia la
«posesión» de Dios, amado y servido en la tierra, contemplado
y gozado de forma inefable en la eternidad: «Dios no mandó a
su Hijo al mundo para juzgar al mundo, sino para que *el mundo por El se salve*» (Jn 3, 17); «Sí, os lo aseguro: Quien oye mi
mensaje y da fe al que me envió, posee vida eterna y no se le
llama a juicio; no, ya ha pasado de la muerte a la vida» (Jn 5,
24).

Resulta, por tanto, conveniente y útil condensar el valor y la
excelsitud del Año Litúrgico en un tríptico elocuente: *Cristo,*
vivo y verdadero, revive y continúa sus misterios en los miembros de su *Iglesia* para el bien del *mundo*. «Por Cristo, nuestro
Señor, Tú, oh Dios, creas y santificas siempre, haces vivir,
bendices y das al mundo todos los bienes» (Oración eucarística
I). Cristo, Iglesia, mundo.

En los primeros seis meses del Año Litúrgico está claro que
todo se centra en Cristo.

3. Veamos ahora cómo se presenta esa corriente vital en el
último semestre.

La vitalidad de *Cristo* y de sus misterios procede de El,
«Cabeza» de la Iglesia, y se derrama en sus «miembros» a través del Espíritu Santo, «alma» o «corazón» de esta misma Iglesia.

Pentecostés, renovación anual del «descenso del Espíritu Santo», señala, por consiguiente, el punto de partida. Prosiguiendo

después el camino litúrgico, y de acuerdo con la praxis pastoral, presentamos al lector la actuación del Espíritu Santo, manifestada también en el sacramento de la Confirmación. La meditación sobre el sacramento del Bautismo se ha ofrecido ya en la Epifanía y durante la cuaresma, mientras que el sacramento de la Penitencia ha sido contemplado durante el tiempo cuaresmal.

Tras la fiesta solemne de la Santísima Trinidad, se invita a realizar una dilatada reflexión sobre el sacramento de la sagrada eucaristía a través de las solemnidades y festividades del Cuerpo y la Sangre de Cristo, del Sagrado Corazón de Jesús y del Corazón Inmaculado de la Virgen María.

Llegamos así a la meditación profunda de la realidad que es la *Iglesia,* considerando sucesivamente:

— el espíritu evangélico y la vida espiritual, con sus virtudes correspondientes;
— sus tareas esenciales, como, por ejemplo, la evangelización, la catequesis y la actividad misionera;
— los integrantes del Cuerpo místico de Cristo: Sumo Pontífice, cardenales, obispos, sacerdotes y seminaristas, religiosos y religiosas, laicos, esposos, institutos seculares, confraternidades y movimientos eclesiales.

Finalmente, se ofrece una reflexión fundamental sobre el *«mundo contemporáneo»,* a fin de profundizar en la presencia y la actividad de la Iglesia «pro mundo vita», por la vida del mundo, no para conseguir una hegemonía o supremacía, sino para estar a su servicio:

— armonía entre la técnica moderna y la conciencia moral;
— fe y cultura;
— escuela y universidad;
— familia, sobre la que se insistirá de modo especial;
— trabajo y «evangelio del trabajo»;
— paz;
— medios de comunicación;
— deporte;
— turismo;
— Europa y Organización de las Naciones Unidas.

4. El Año Litúrgico contiene aún una piedra preciosa, luminosa y transparente: la presencia fiel y casi silenciosa de la Virgen *María,* Madre de Jesucristo y de la Iglesia, nueva Eva

del género humano. En el proyecto de la *Constitución sobre la Sagrada Liturgia* distribuido a los Padres conciliares se hablaba explícitamente de un «ciclo» mariano, inserto dentro del ciclo litúrgico anual. Aunque en el texto definitivo no aparece expresamente el término «ciclo», nada impide que asignemos a María de Nazaret un papel primordial en el despliegue sucesivo de los misterios de Cristo y en el misterio de la Iglesia, tal como se afirma solemnemente en el capítulo octavo de la constitución dogmática sobre la Iglesia *Lumen Gentium.*

No es exagerado, pues, afirmar que la humilde e inmaculada María acompaña a Cristo Jesús, «su» hijo según la naturaleza humana, en todos los misterios contemplados sucesivamente en el Año Litúrgico. De ahí que resulte íntimamente asociada a Jesús en el desarrollo completo de la obra de redención, continuada en la vida de la Iglesia e incluida por amor misericordioso en el dinamismo del mundo.

El lector del presente libro puede así descubrir y seguir la amable presencia de María al lado de su hijo Jesús, suave en su manifestación, pero vigorosa a través de su inspiración, en el arduo camino de la vida humana. A tenor del espíritu de la Iglesia, todo el mes de mayo está dedicado a María.

Tendrán también su lugar *los santos* y *las santas,* hombres y mujeres que han sido testimonios elocuentes de gran sabiduría y singular bondad. De ellos María es reina y Cristo es la corona imperecedera.

5. Encontraremos en el texto también un suplemento o apéndice en el que el lector podrá escoger, según los casos, los temas de reflexión correspondientes a las fiestas o acontecimientos de la vida de Cristo y de su Iglesia que se conmemoran cada año en «fechas diversas», como, por ejemplo, la Semana Santa y la octava de la solemnidad de Pascua.

Selección de los temas

El objetivo de la presente publicación y la amplitud y variedad de su contenido explican por sí mismos la selección de los temas y fragmentos elegidos.

Siguiendo con suma atención los pasos del Papa Juan Pablo II en su actividad pastoral y en el conjunto de sus enseñanzas, he tratado de reunir con rigurosa objetividad el pensamiento pontificio sobre la vasta serie de misterios, aconteci-

11

mientos, celebraciones y conmemoraciones que el ciclo litúrgico postula, representa y propone a lo largo de trescientos sesenta y cinco días.

He intentado, además, llevar a cabo otra tarea complementaria. A través de la gran variedad de intervenciones doctrinales, espirituales y pastorales del Santo Padre, iba descubriendo también la continuidad que existía entre no pocos temas, por lo que ha sido posible, sin detrimento alguno para los supuestos litúrgicos, indicar la concatenación de dichos temas, manifestando así el desarrollo, riqueza de conjunto, a la vez que la oportunidad y valor de cada una de las afirmaciones y exposiciones particulares. Valgan, a modo de ejemplos: 1-7 de diciembre, la naturaleza del tiempo del Adviento; 15-25 de diciembre, la riqueza espiritual de la Navidad; la Semana Santa; la octava de Resurrección, etc.

Dentro del marco de los misterios de Cristo y de su vitalidad en la vida de la Iglesia y en sus efectos positivos y benéficos en el mundo y la convivencia humana, había que respetar las fiestas y conmemoraciones de los santos y santas, de acuerdo con las fechas fijadas en el calendario litúrgico. Sin embargo, esta inclusión y valoración del culto de los santos no rompe ni rebaja la antedicha concatenación de los temas más importantes y generales. Permítaseme, una vez más, algunos ejemplos: 16-29 de abril, se profundiza en el misterio de la resurrección, a la vez que, en este mismo período de tiempo, el pensamiento papal versa sobre la Virgen de Jasna Góra (22 de abril), San Adalberto (23 de abril), San Marcos (25 de abril) y María, Madre del Buen Consejo (26 de abril). Lo mismo podría decirse sobre el período 19-29 de junio, dedicado a la meditación sobre la Eucaristía, y sobre el período 18 de enero a 7 de febrero, reservado a la reflexión sobre el verdadero y auténtico ecumenismo, etc.

Resulta comprensible, por otro lado, que Juan Pablo II haya hablado sobre un tema específico en distintas ocasiones del Año Litúrgico y, por tanto, en momentos diferentes cronológicamente. Así, en momentos muy distintos habla de Jesucristo, explica la temática sobre la Iglesia, el hombre, la familia o el trabajo... Resulta evidente que tal forma de proceder conduce, a fin de cuentas, a una evolución positiva del pensamiento, a que su mensaje se vaya sedimentando vigorosamente en la mente y en el corazón de todos.

Técnica del trabajo realizado

Se ha hecho ya mención de la búsqueda respetuosa y constante de los textos pontificios. El autor debía, además, observar las exigencias establecidas por el editor de no sobrepasar el número de 290-300 palabras por página.

Al haberme atenido a tal exigencia, resultaba oportuno y casi necesario acortar el texto pontificio, sin por ello lesionar en ningún caso la integridad del pensamiento y la autenticidad del texto. Puedo afirmar con toda honestidad que de ninguna manera pierde el texto nada de su elocuencia y fuerza, por lo que la labor ha resultado a veces no precisamente sencilla.

Quisiera concluir esta Introducción citando las palabras pronunciadas por el Santo Padre con motivo de la inauguración del Año Jubilar de la Redención, el 25 de marzo de 1983:

Jesucristo, Hijo del Dios vivo,
haz que todos nosotros... te amemos aún más,
reviviendo en nosotros mismos los misterios de tu vida,
desde la concepción y el nacimiento
hasta la cruz y la resurrección.
Vive con nosotros mediante estos misterios,
vive con nosotros en el Espíritu Santo...
Ayúdanos a cambiar la dirección de las amenazas y desventuras,
cada vez mayores, del mundo contemporáneo.
Levanta de nuevo al hombre.
Protege a las naciones y los pueblos.
Señor Jesucristo,
que la obra de tu redención se manifieste cada vez más potente
en el hombre y en el mundo.

Vaticano, 22 de febrero de 1984
Fiesta de la Cátedra de San Pedro

† Pietro Canisio Giovanni Van Lierde
Vicario General de Su Santidad

Diciembre

1 *El nuevo Año Litúrgico*
2 *Adviento: venida del Señor*
3 *La gracia de la venida*
4 *Preparad los caminos del Señor*
5 *Allanad los senderos del Señor*
6 *Todos verán la salvación de Dios*
7 *El adviento, invitación a la paz con Dios*
8 *María, la más redimida de todos los hombres*
9 *Oración a María Inmaculada*
10 *María es el modelo de nuestro peregrinaje*
11 *José creyó*
12 *A la Virgen de Guadalupe*
13 *San Juan Bautista, precursor de Jesús*
14 *San Juan de la Cruz, maestro espiritual*
15 *¡Ven, Cristo, ven!*
16 *El adviento prepara el nacimiento de Dios*
17 *Caminar hacia Dios*
18 *Caminar ante Dios*
19 *En la cumbre del adviento*
20 *Adviento interior*
21 *Compartir con los demás*
22 *Navidad sin fáciles consumismos*
23 *Ya está cerca la santa Navidad*
24 *Vigilia de la Navidad*
25 *Quédate con nosotros, Emmanuel*
26 *San Esteban*
27 *San Juan Evangelista*
28 *La Navidad eleva al hombre*
29 *Navidad, fiesta del hombre*
30 *Presencia de Dios en el tiempo*
31 *Ultimo día del año*

1 *de diciembre*

El nuevo Año Litúrgico

«*Angelus Domini nuntiavit Mariae, et concepit de Spiritu Sancto*». Vamos a centrarnos en el mensaje de estas palabras al comienzo del nuevo Año Litúrgico.

Una vez más tenemos ante nosotros la panorámica del tiempo que la Iglesia llena —año tras año— con la meditación del Misterio divino, que actúa en la historia del hombre y del mundo. El Año Litúrgico es un compendio y una síntesis de la historia de la salvación, desde su comienzo hasta su terminación definitiva. *Jesucristo, culminación y centro* de esta misma historia, confiere pleno significado a cada período particular del tiempo litúrgico, situándolos en su debido orden.

El es ese Jesús, cuya venida fue anunciada por el ángel del Señor a la Virgen María; y Ella lo concibió en su seno por obra del Espíritu Santo.

Por obra del Espíritu Santo resulta consagrado al Padre, en Jesucristo, el tiempo del hombre y del mundo: el pasado, el presente y el futuro.

Por obra del Espíritu Santo resulta consagrado al Padre, en Jesucristo, este tiempo de la Iglesia, que hoy, a tenor de la naturaleza cíclica del tiempo humano, se inicia con el primer domingo de adviento.

Entremos en este Año Litúrgico con fe y con esperanza. Entremos en él con ese amor «que inunda nuestros corazones por el Espíritu Santo que nos ha dado» (Rm 5, 5).

Este don ha sido recibido más plenamente por la Virgen de Nazaret, que ha llegado a ser Madre de Dios por obra del Espíritu Santo.

2 de diciembre

Adviento: venida del Señor

«Adventus» quiere decir «venida». Dios viene al hombre, y este hecho constituye una dimensión fundamental de nuestra fe.
Vivimos nuestra fe cuando estamos abiertos a la venida de Dios, cuando perseveramos en el adviento. El «Angelus» que recitamos nos recuerda la disponibilidad de la Virgen María a la venida de Dios: Ella nos introduce en el adviento.

Estoy pensando primordialmente en el adviento que se realiza en el sacramento del santo bautismo. En efecto, un hombre viene al mundo: nace como hijo de sus padres; viene al mundo con la herencia del pecado original.

Los padres, sabedores de tal herencia e inspirados por la fe en las palabras de Cristo, llevan a su hijo al bautismo.

Ellos desean abrir el alma de su niño a la venida del Salvador, a su «adviento».

Adviento indica, pues, *el inicio de la nueva vida:* se le quita a este niño, en un cierto sentido, el sello del pecado original, y queda en él injertado el comienzo de la nueva vida, de la vida divina.

Porque Cristo no viene «con las manos vacías», nos trae la vida divina. Quiere que tengamos la vida, que la tengamos en abundancia (cfr. Jn 10, 10)...

La parroquia es un lugar donde se bautiza...

Con ello, la parroquia se convierte en el lugar de la «venida»: persevera constantemente en el adviento, y en cada uno de sus nuevos miembros espera la «venida del Señor».

3 de diciembre

La gracia de la venida

El Adviento... nos hace conscientes de que la salvación nos ha sido dada mediante *la gracia de la venida* de nuestro Señor Jesucristo... Abramos de nuevo nuestros corazones para que en ellos pueda actuar la gracia del Adviento de este año, con toda su riqueza y profundidad.

El Adviento es período de espera: la espera cristiana es perseverancia en la fe y en la lucha, en virtud de la gracia de Cristo en nosotros.

El Adviento abre cada año como un nuevo capítulo en ese libro de la salvación que Dios escribe en la Iglesia... a través de la historia del hombre...

Es preciso ser humildes para aceptar las enseñanzas divinas, es preciso ser humildes para que la gracia divina pueda actuar en nosotros, transformar nuestra vida y producir los frutos del bien... La elevación del alma se efectúa a través del *conocimiento del Señor y de sus caminos:* «Indícame tus caminos, Señor; enséñame tus sendas; encamíname fielmente, enséñame» (Sal 24).

Es obvio que no se trata de un conocimiento abstracto, sino de ese conocimiento que *incide sobre la vida...*

«Enséñame tus sendas» quiere decir enséñame a vivir conforme a la voluntad de Dios...

En este esfuerzo interno... resulta posible... descubrir nuevamente y convencerse de que *«el Señor es bueno».*

Estos son los auspicios «de adviento» y los interrogantes «de adviento». Todo ello lo presento ante vosotros, teniendo en el horizonte las fiestas de Navidad.

4 de diciembre

Preparad los caminos del Señor

«Preparadle el camino al Señor. Allanad sus senderos. Todos verán la salvación de Dios». Aleluya, aleluya, aleluya.

¿Es posible ver la salvación? ¿Qué quiere decir salvación? ¿Qué significa ser salvado? Quiere decir ser arrebatado del mal, liberado... Significa... ser abrazado por el bien... Significa... *participación irreversible en el bien, participación inalterable y definitiva...*

«Todos *verán* la salvación de Dios»... El adviento habla de la salvación que recibe el hombre procedente de Dios: sólo de Dios...

¿Tienen estas palabras *credibilidad en nuestros días?*...

El hombre, hoy como en el pasado, sabe por experiencia que su existencia en el mundo visible *no le hace partícipe* de ningún bien inalterable y definitivo...

El conjunto de los bienes que existen en el mundo... no son capaces de «salvar» al hombre, es decir, de liberarlo de todo mal.

Por el contrario, el hombre contemporáneo, en la dimensión cósmica de su existencia, es muy sensible a *la amenaza de un gran abanico de males...*

Sin embargo, hasta ahora nos hemos movido en argumentos exclusivamente negativos... El profeta Isaías no utiliza sólo ese tipo de argumentos, sino que dice: «Dios os salvará» — «Todos verán la salvación de Dios».

Dios ha dicho que quiere salvar al hombre. Lo ha dicho

por medio de Isaías y de todos los profetas. Lo ha dicho por medio de Jesucristo... Lo dice constantemente por medio de la Iglesia. Lo dice de manera especial en el Adviento.

5 de diciembre

Allanad los senderos del Señor

«Preparad el camino del Señor». Os pido... que aceptéis esta invitación con toda la sencillez de vuestra fe. El hombre prepara el camino del Señor y allana sus senderos.

— cuando examina su propia conciencia,
— cuando indaga sus obras, palabras y pensamientos,
— cuando llama al bien y al mal por su nombre,
— cuando no vacila en confesar sus pecados en el sacramento de la penitencia, arrepintiéndose... y haciendo el propósito de no pecar más. Este es el significado de *«enderezar las sendas».*

Esto implica también acoger la buena nueva de la salvación. Cada uno de nosotros puede *«ver la salvación de Dios»* en su propio corazón, en su conciencia, cuando participa en el misterio de la remisión de los pecados y realiza así su propio adviento. De esta forma profesa que Cristo es el «Cordero de Dios», que quita los pecados del mundo.

6 de diciembre

Todos verán la salvación de Dios

«Todos verán la salvación de Dios» (Lc 3, 6). La salvación de Dios es obra de un amor mucho mayor que el

pecado del hombre. Sólo el amor puede borrar el pecado y liberar del mal. Sólo el amor puede consolidar al hombre en el bien, en el bien inalterable y eterno...

...Y es precisamente este Dios de nuestro adviento, Creador y Redentor, quien lleva a cabo... (esta) profesión de ese amor hacia el hombre, hacia el hombre pecador: «Aunque se retiren los montes y vacilen las colinas, no se retirará de ti mi misericordia» (Is 54, 10).

Allanemos las sendas del Señor. Preparémonos... para el encuentro con este amor que en la noche de la natividad del Señor se revelará en la figura de un niño que no tiene techo...

Recordemos también que este amor salvífico, llegado al hombre en la noche de Belén y revelado en la cruz y en la resurrección, permanece escrito indeleblemente en la vida de la Iglesia como *sacramento del Cuerpo y de la Sangre,* como alimento de las almas.

Cada vez que recibimos este sacramento, cada vez que aceptamos este alimento, preparamos el camino del Señor, allanamos sus sendas.

Que siempre, y especialmente en este período del Adviento, tengamos hambre y sed de este alimento. Construyamos, mediante el sacramento del cuerpo y de la sangre, el camino por el que Dios vendrá a nosotros en el misterio de su nacimiento.

7 de diciembre

El Adviento, invitación a la paz con Dios

¿Qué significa el Adviento? Es el descubrimiento de una gran aspiración que los hombres y los pueblos tienen hacia la casa del Señor... El Señor es *el Dios de la paz,* el Dios de la Alianza con el hombre.

Cuando en la noche de Belén unos pobres pastores se dirijan hacia el establo donde se ha hecho realidad la primera venida del Hijo del Hombre, lo que les guíe será el canto de los ángeles: «... paz en la tierra a los hombres, que El quiere tanto» (Lc 2, 14).

Esta visión de la paz divina conecta con todas las expectativas mesiánicas presentes en la antigua alianza...

«No alzará la espada pueblo contra pueblo, no se adiestrarán para la guerra» (Is 2, 4-5).

El Adviento conlleva *la invitación a la paz de Dios* dirigida a todos los hombres.

Es necesario que *construyamos* esta paz, que la reconstruyamos continuamente *en nosotros mismos* y con los demás: *en las familias,* en nuestras relaciones con los que tenemos cerca, en los ambientes de trabajo, en la vida de la sociedad en su conjunto...

Para estar al servicio de esta paz en sus múltiples dimensiones es preciso prestar oídos también a las siguientes palabras del Profeta: «Venid, subamos al monte del Señor..., El nos instruirá en sus caminos... Porque de Sión saldrá la ley y de Jerusalén la palabra del Señor» (Is 2, 3).

El Adviento es el tiempo en que... la ley y la Palabra del Señor deben penetrar de nuevo en el Corazón, deben hallar su confirmación *en la vida social.*

Ellas contribuyen al bien del hombre. Ellas construyen la paz.

8 de diciembre

María, la más redimida de todos los hombres

Bendito sea Dios, Padre de nuestro Señor Jesucristo, que te ha colmado a ti, Virgen de Nazaret, *de toda bendición* espiritual en Cristo.

En El has sido concebida Inmaculada.

Destinada a ser su Madre, en El y por El has sido redimida más que cualquier otro ser humano.

Preservada de la herencia del pecado original, fuiste concebida y viniste al mundo en estado de gracia santificante.

¡Llena de gracia!

En esta festividad veneramos este misterio de la fe. Hoy, junto con toda la Iglesia, veneramos la redención llevada a cabo en tu persona.

Se trata de una *singularísima participación* en la redención del mundo y del hombre, reservada sólo a ti: a ti solamente.

¡Salve, oh María, «Alma Redemptoris Mater»!...

Tú, *la primera de entre todos los redimidos,* ayúdanos a nosotros, hombres de finales del siglo XX, hombres del segundo milenio después de Cristo; ayúdanos a descubrir la parte que nos corresponde del misterio de la redención; ayúdanos a comprender más hondamente la dimensión divina y, al mismo tiempo, humana de este misterio, a beber con mayor plenitud en sus fuentes inagotables; ayúdanos a nosotros... redimidos por la preciosísima sangre de Cristo.

Te pedimos todo esto en la festividad que hoy celebramos, oh clemente, oh pía, dulce Virgen María.

9 de diciembre

Oración a María Inmaculada

¡Ave! ¡Bendita eres, oh llena de gracia!... Hoy... la Iglesia recuerda con la mayor veneración la plenitud de esta gracia con la que Dios te ha colmado desde el primer momento de tu concepción.

Nos llenan de alegría las palabras del Apóstol: «Donde proliferó el pecado sobreabundó la gracia» (Rm 5, 20).

Estamos contentos por esta singular abundancia de la gracia divina en ti, que denominamos «Inmaculada Concepción»...

Madre, *acógenos,* tal como somos, aquí, junto a ti. ¡Acógenos! Mira nuestros corazones. Acoge nuestras cargas y nuestras esperanzas.

Ayúdanos, tú, llena de gracia, a vivir en la gracia, a perseverar en la gracia y, si fuese necesario, a volver a la gracia de Dios vivo, que es el mayor bien sobrenatural del hombre.

Prepáranos para la venida de tu Hijo. *Acógenos* con nuestros problemas cotidianos, nuestras debilidades y deficiencias, nuestras crisis y carencias personales, familiares y sociales.

No permitas que perdamos la buena voluntad. No permitas que perdamos la sinceridad de la conciencia y la honestidad de la conducta. Que tus ruegos consigan para nosotros la justicia. Salva la paz en todo el mundo... Permanece con nosotros, tú, Inmaculada... Permanece con nosotros. Con Roma. Con la Iglesia y con el mundo. Amén.

10 de diciembre

María es el modelo de nuestro peregrinaje

Hoy nos dice la Virgen: «Yo soy la esclava del Señor. Cúmplase en mí lo que has dicho» (Lc 1, 38).

Ella expresa con estas palabras lo que constituía *la actitud fundamental de su vida: su fe.* ¡María creyó! Confió en las promesas de Dios y fue fiel a su voluntad. Cuando el ángel Gabriel le anunció que había sido elegida para

25

ser la Madre del Altísimo, pronunció su «Fiat» con humildad y plena libertad: «Cúmplase en mí lo que has dicho».

Quizá la más hermosa descripción de María y, al mismo tiempo, su máxima alabanza, fue el saludo de su prima Isabel: «Dichosa tú, que has creído. Porque lo que te ha dicho el Señor se cumplirá» (Ibíd. 1, 45). En efecto, la característica primordial de su fe fue esta confianza continua en la providencia de Dios.

Toda su vida sobre la tierra fue un «peregrinaje de fe» (cfr. *Lumen Gentium,* 58). Ella también caminó como nosotros en las sombras, esperando cosas que no se ven. Conoció las contradicciones de esta vida terrena. Había recibido la promesa de que su Hijo ocuparía el trono de David, pero a la hora de su nacimiento no tenía sitio ni siquiera en un hostal. A pesar de los pesares, María creyó. El ángel le había dicho que su Hijo sería llamado Hijo del Altísimo, pero ella habría de verlo calumniado, traicionado, condenado, enviado a morir en la cruz como un ladrón. También en esos momentos María «creyó en el cumplimiento de las palabras del Señor» (Lc 1, 45) y en que «para Dios no hay nada imposible» (Lc 1, 37).

Esta mujer de fe, María de Nazaret, la Madre de Dios, nos ha sido dada *como modelo de nuestro peregrinaje de fe.* Aprendamos de María a abandonarnos a la voluntad de Dios en todas las cosas.

11 de diciembre

José creyó

San José de Nazaret fue un «hombre justo», y se le reconoce «con justicia» el mérito de creer en Dios, en el Dios que «da vida a los muertos y llama a la existencia a las cosas que aún no existen».

Ello aconteció *en el momento decisivo de la historia de la salvación,* cuando Dios, Padre eterno, cumpliendo la promesa hecha a Abrahán, «ha enviado a su Hijo al mundo».

En ese preciso momento se manifiesta la fe de José de Nazaret, y se manifiesta en la línea de la fe de Abrahán. Esa manifestación acontece cuando el *«Verbo del Dios vivo se hizo carne en María»,* esposa de José, la cual, según el anuncio del ángel, «se encontró encinta por obra del Espíritu Santo»...

La fe de San José debía manifestarse *ante el misterio de la encarnación del Hijo de Dios.*

En ese preciso momento sufrió José de Nazaret la gran prueba de su fe, al igual que la había sufrido Abrahán. Fue en ese momento cuando José, «hombre justo», creyó en Dios, en el Dios que «llama a la existencia a las cosas que aún no existen».

En efecto, *Dios mismo,* con el poder del Espíritu Santo, ha llamado a la existencia en el seno de la Virgen de Nazaret, María, prometida de José, a la humanidad del Unigénito Hijo de Dios, el Verbo eterno del Padre...

Y José de Nazaret creyó en Dios...: «José, hijo de David, no tengas reparo en llevarte contigo a María, tu mujer, porque la criatura que lleva en su seno viene del Espíritu Santo...»...

José se llevó a María a su casa y a Aquel que había sido engendrado en ella.

12 de diciembre

A la Virgen de Guadalupe

¡Oh, *Virgen Inmaculada,* Madre del Dios verdadero y Madre de la Iglesia! Tú, que desde este lugar manifiestas tu clemencia y tu compasión hacia todos los que recurren a tu protección, escucha la plegaria que te dirigimos con filial confianza, y preséntala a tu Hijo Jesús, único Redentor nuestro.

Madre de misericordia, Maestra del sacrificio oculto y silencioso, nosotros, pecadores, consagramos a ti, que sales a nuestro encuentro, en este día todo nuestro ser y todo nuestro amor.

Te consagramos también nuestra vida, nuestro trabajo, nuestras alegrías, nuestras enfermedades y nuestros dolores.

Concede la paz, la justicia y la prosperidad a nuestros pueblos, pues todo lo que tenemos y somos lo confiamos a tus cuidados, Señora y Madre nuestra. Queremos ser completamente tuyos y recorrer contigo el camino de una fidelidad plena a Jesucristo dentro de su Iglesia. Mantennos siempre amorosamente a tu lado.

Virgen de Guadalupe, Madre de las Américas, te pedimos por todos los obispos, para que guíen a los fieles por los senderos de una intensa vida cristiana, de amor y de humilde servicio a Dios y a las almas. Mira cuán grande es la mies, e intercede junto al Señor para que infunda hambre de santidad en todo el Pueblo de Dios y conceda abundantes vocaciones de sacerdotes y religiosos, fuertes en la fe y diligentes dispensadores de los misterios de Dios.

Concede a nuestros hogares la gracia de amar y de respetar la vida que comienza, con el mismo amor con el que concebiste en tu seno la vida del Hijo de Dios. Virgen Santa María, Madre del Amor Hermoso, protege nuestras familias para que estén siempre unidas, y bendice la educación de nuestros hijos.

De esta forma, María Santísima, con la paz de Dios en la conciencia, libres nuestros corazones de malicia y de odio, podremos ofrecer a todos la verdadera alegría y la verdadera paz, que proceden de tu Hijo, nuestro Señor

Jesucristo, que con el Padre y el Espíritu Santo vive y reina por los siglos de los siglos.

Amén.

13 de diciembre

San Juan Bautista, precursor de Jesucristo

Cristo *da testimonio* de su precursor. Da testimonio de Juan en la región del Jordán, y lo hace en términos metafóricos y vigorosos. Pregunta a sus oyentes: «¿Qué salisteis a contemplar en el desierto? ¿Una caña sacudida por el viento? ¿Qué salisteis a ver si no? ¿Un hombre vestido con elegancia?» (Lc 7, 24-25).

Cristo plantea *esta pregunta* de forma retórica, para que así, al negar, quede aún más patente la *verdad* evidente de quién era Juan.

Juan no se *agitaba* como una caña sacudida por el viento, sino que profesaba simple y fundamentalmente la verdad, y la proclamaba... No iba vestido con elegancia, sino «vestido de pelo de camello» (Mt 3, 4), y este es un simple detalle más que deja traslucir su vida dura y mortificada.

Sí, Juan era un profeta. Era «más que un profeta» (Lc 7, 26). Cristo dice de él que «de los nacidos de mujer ninguno es más grande que Juan» (Lc 7, 28).

¿Por qué insistimos *en este testimonio* de Juan por parte de Cristo? Para que también nosotros seamos conscientes del significado de la palabra de verdad con la que profesamos que Cristo es «Cordero de Dios», que quita los pecados del mundo (Jn 1, 29). Precisamente así actuaba Juan...

En efecto, cada uno de nosotros *pronuncia tales palabras* cuando, en el sacramento de la penitencia, confiesa su pecado, para que el Cordero de Dios borre dicho pecado.

Cristo, al igual que hizo con Juan, quiere dar testimonio de todo aquel que confiese con humildad y contricción esta palabra de verdad —la verdad de uno mismo... De ahí que diga... «el más pequeño en el Reino de Dios es más grande que él» (Lc 7, 28).

Por tanto, os ruego, hermanos y hermanas, que meditéis en este período de Adviento sobre Cristo... y tengáis hambre y sed de recibir *un testimonio similar* acerca de vosotros, examinando vuestra conciencia y recibiendo el sacramento de la Penitencia.

¡Preparad el camino del Señor! ¡Allanad sus sendas! Todos verán la salvación de Dios.

14 de diciembre

San Juan de la Cruz, maestro espiritual

San Juan de la Cruz es el *gran maestro de las sendas que conducen a la unión con Dios...*

El indica las vías del conocimiento a través de la fe, pues sólo este tipo de conocimiento creyente dispone a la inteligencia para *la unión con el Dios vivo...:* «Porque así como Dios es infinito, así ella nos le propone infinito, y así como es Trino y Uno, nos le propone ella Trino y Uno... y así, por este solo medio, se manifiesta Dios al alma en divina luz, que excede todo entendimiento» (*Subida Carmelo* II, 9, 1)... El alma, cuanta más fe tenga, tanto más está unida a Dios. El acto de fe... se concentra *en Jesucristo...,* y a Cristo lo encontramos en la Iglesia, Esposa y Madre...

«Así —escribe el Santo–, en todo nos habremos de guiar... por la ley de Cristo hombre, y de su Iglesia y ministros» (*Subida* II, 22, 7).

Al hombre contemporáneo, angustiado por el sentido de

la existencia, indiferente a veces frente a la predicación de la Iglesia, escéptico quizá frente a los elementos de mediación de la revelación de Dios, Juan de la Cruz le invita a una búsqueda honesta... Le persuade a que prescinda de todo aquello que pueda suponer un obstáculo para la fe, y lo sitúa ante Cristo...

En el silencio de la oración se realiza el encuentro con Dios.

15 de diciembre

¡Ven, Cristo, ven!

Estamos a la espera del nuevo nacimiento de Cristo. El es quien «enseña el camino a los pecadores; encamina a los humildes por la rectitud, enseña a los humildes su camino» (Sal 24, 8-9).

Por ello, con plena confianza y convicción, nos dirigimos a Aquel que vendrá —hacia Cristo—, y le decimos: ¡Encamínanos en la verdad!

Encamina, oh Cristo, en la verdad a los padres y madres de familia...: que, estimulados y fortificados por la gracia sacramental del matrimonio y conscientes de ser en la tierra el signo visible de tu amor indefectible por la Iglesia, sepan comportarse con serenidad y firmeza a la hora de afrontar con coherencia evangélica la responsabilidad de la vida conyugal y de la educación cristiana de sus hijos.

Encamina, oh Cristo, en la verdad a los jóvenes...: que no se dejen seducir por los nuevos ídolos, como, por ejemplo, el consumismo a ultranza, el bienestar a cualquier precio, la permisividad moral, la violencia en su protesta, sino que, por el contrario, vivan con alegría tu mensaje, que es el mensaje de las bienaventuranzas, el mensaje del amor a Dios y al prójimo, el mensaje del compromiso moral por la transformación auténtica de la sociedad.

Encamina, oh Cristo, en la verdad a todos los fieles.... que la fe cristiana anime toda su vida y los transforme, frente al mundo, en testigos valerosos de tu misión salvífica, miembros conscientes y dinámicos de la Iglesia, seguros de ser hijos de Dios y hermanos, contigo, de todos los hombres. Encamínanos, oh Cristo, en la verdad siempre.

16 de diciembre

El Adviento prepara el nacimiento de Dios

Todo *el Adviento está encuadrado en el marco global del nacimiento.* Especialmente, de ese nacimiento acontecido en Belén, que representa el punto culminante de la historia de la salvación. A partir del mismo, la espera se transforma en realidad. El «ven» del Adviento se encuentra con el «ecce adsum» de Belén.

Sin embargo, este primer horizonte del nacimiento *se transforma en otro ulterior.* El Adviento nos prepara no solamente para el nacimiento de Dios hecho hombre, sino que prepara también al hombre para *nacer él mismo de Dios.* En efecto, el hombre debe constantemente nacer de Dios. Su aspiración a la verdad, al bien, a la belleza, a lo absoluto se lleva a efecto en este nacimiento. Cuando llegue la noche de Belén y, después, el día de la Navidad, la Iglesia dirá ante el recién nacido. que, como cualquier recién nacido, evidencia la debilidad y la insignificancia: «A los que lo recibieron *los hizo capaces de ser hijos de Dios»* (Jn 1, 12).

El adviento prepara al hombre para esta «capacidad»: para su propio nacimiento de Dios. Este nacimiento constituye nuestra vocación. Es nuestra herencia en Cristo. El nacimiento, que perdura y se renueva. El hombre debe *nacer* siempre de nuevo en Cristo de Dios; debe *renacer de Dios.*

El hombre camina hacia Dios, hasta llegar hasta El, el Dios vivo, el Padre, el Hijo y el Espíritu Santo. Y llega, cuando *Dios mismo se le acerca;* en esto consiste precisamente el Adviento. El adviento, que supera los límites de la trascendencia humana, supera asimismo el marco de las expectativas humanas.

El Adviento de Cristo encuentra su plenitud en el hecho de que Dios se hace hombre y nace como hombre. Y, simultáneamente, encuentra su plenitud en el hecho de que el hombre nace de Dios y renace constantemente de El.

17 de diciembre

Caminar hacia Dios

Una vez, en los comienzos de su historia, el hombre, varón y hembra, oyó las palabras de la tentación: «Seréis *como Dios, versados en el bien y el mal*» (Gn 3, 5). Y el hombre sucumbió a esta tentación. Y continúa constantemente prestándole oídos.

A esta tentación perenne del hombre hay que contraponer el Adviento de Cristo: es preciso nacer de Dios y renacer incesantemente de Dios.

Y si, ante las vastas perspectivas que nos presenta el progreso de la cultura o de la ciencia, progreso que suscita legítima satisfacción y el desarrollo de la civilización de la producción y el consumo, así como también el desarrollo de la civilización de la amenaza y de la violencia, si —repito—, ante tales perspectivas, tengo en esta tarde de Adviento alguna *propuesta particular* que haceros, ésta es la siguiente: «*no ceséis de vivir, naciendo constantemente de Dios y renaciendo de Dios.*

El Adviento de Cristo late en la nostalgia que el hombre siente de verdad, de bondad y belleza, de justicia, de amor y de paz. *El Adviento de Cristo late en los sacramentos de la Iglesia,* que nos permiten nacer de Dios y renacer de El.

¡Vivid la Navidad, regenerados en Cristo por el sacramento de la reconciliación! Vivid la Navidad, asimilando el contenido más hondo del misterio de Dios, hacia el que, en definitiva, se abre todo el Adviento del hombre.

«O Radix Iesse... *veni ad liberandum nos,* iam noli tardare»!

18 de diciembre

Caminar ante Dios

El hombre no sólo camina hacia Dios (muchas veces sin saberlo o incluso negándolo) *a través de su propio adviento:* a través del grito de su humanidad. El hombre va hacia Dios *caminando,* en la historia de la salvación, *ante Dios:* ante el Señor, tal como el Evangelio nos presenta a San Juan Bautista, el cual debía caminar delante del Señor con el espíritu y la fuerza.

Esta nueva *dirección del camino del Adviento* del hombre está conectada de modo particular con el Adviento de Cristo. Ahora bien, el hombre camina «delante del Señor» *desde el inicio* y caminará ante El hasta el final, sencillamente porque El es *imagen de Dios.*

El hombre camina ante el Señor *llenando su naturaleza humana* y su historia terrena con el contenido de su trabajo, con el contenido de la cultura y de la ciencia, con el contenido de su búsqueda incesante de la verdad, el bien, la belleza, la justicia, el amor y la paz.

34

Y camina ante el Señor *sumergiéndose frecuentemente en todas aquellas cosas que son negación* de la verdad, del bien y la belleza, negación de la justicia, del amor y la paz.

«Oh, raíz de Jesé, signo para todos los pueblos... ven a liberarnos, no tardes».

El Adviento de Cristo es indispensable para que el hombre halle de nuevo en él mismo *la certeza* de que, caminando por el mundo, viviendo día tras día y año tras año, amando y sufriendo..., camina delante del Señor, del que es imagen en el mundo. El hombre da testimonio de El ante toda la creación.

19 de diciembre

En la cumbre del Adviento

¡Estamos ya coronando el Adviento! La Iglesia, a través de su liturgia, nos ha hecho reflexionar en estos días de gracia sobre el misterio de la doble venida de Cristo: la primera, asumiendo humildemente nuestra naturaleza humana; la segunda, el regreso definitivo de la parusía.

En este período, nosotros, los cristianos, estamos invitados a meditar sobre la Encarnación del Hijo de Dios... a través de la conmovedora realidad de un niño envuelto en pañales y recostado en un pesebre.

Y, sin embargo, este niño es el que guía, orienta y convalida la conducta, las opciones y la vida de las personas que están a su alrededor o implicadas en su aparición. Pensemos en la anciana *Isabel,* en cuyo seno floreció milagrosamente la vida de un niño esperado desde hacía tantos años como una gracia del Señor: *Juan Bautista* será el precursor del Mesías; pensemos en su marido *Zacarías,* cuya lengua se soltó para cantar las admirables intervenciones de Dios en favor de su pueblo; en los *pas-*

tores, que pueden contemplar al Salvador; en los *magos,* que desde hacía tiempo buscaban lo absoluto descifrando los cielos y los astros, y que terminarán prosternados adorando al recién nacido; en el anciano *Simeón,* esperando también él desde hace tanto tiempo al Mesías, «luz para alumbrar a las naciones, y gloria de Israel» (cfr. Lc 2, 32).

Está también *Ana,* la venerable profetisa, que exulta de júbilo por la «liberación de Jerusalén» (cfr. ibíd. 2, 38). *José,* silencioso, diligente, atento, tierno, custodio paterno y protector de la fragilidad del pequeñuelo; y, finalmente, tenemos ante todo a ella, *la Madre, María Santísima,* que, ante el inefable designio de Dios, se entrega enteramente en su pequeñez, definiéndose «esclava» del Señor e insertándose con plena disponibilidad en el proyecto divino.

20 de diciembre

Adviento interior

Ante el pesebre de Belén —como ocurrirá después ante la cruz del Gólgota—, la humanidad hace ya una elección radical frente a Jesús. Es una elección que, en último término, se identifica con la que el hombre está llamado ineludiblemente a hacer día tras día frente a Dios, Creador y Padre. Y esto se lleva a cabo, ante todo y sobre todo, *en el ámbito más profundo de la conciencia personal.* En ésta es donde acontece el encuentro entre Dios y el hombre, y constituye la *tercera venida* de que hablan los Padres o el «Adviento intermedio» que San Bernardo analiza teológica y ascéticamente: «En la primera venida el Verbo fue visto sobre la tierra y acampó entre los hombres, aunque —como él mismo afirma— lo vieron y lo odiaron. En la última venida, "todos verán la salvación de Dios" y "mirarán al que traspasaron". La venida intermedia, en cambio, es oculta, y sólo los elegidos lo ven dentro de sí mismos y sus almas encuentran la salvación» (*S. Bernardi Sermo V: De medio adventu et triplici innovatione,* I, Opera, Ed. Cisterc., IV 1966, 188).

Este Adviento interior resulta vivificado mediante *la constante meditación y asimilación de la Palabra de Dios,* resulta fecundado y animado por la *oración de adoración y de alabanza a Dios,* resulta reforzado por la práctica constante de los *sacramentos,* y muy especialmente por el de la reconciliación y la Eucaristía, los cuales, purificándonos y enriqueciéndonos con·la gracia de Cristo, nos hacen «hombres nuevos», sintonizando así con la invitación urgente de Jesús: «Convertíos» (cfr. Mt 3, 2; 4, 17; Lc 5, 32; Mc 1, 15).

Con este horizonte, cada día puede y debe ser Adviento para nosotros, los cristianos. ¡Puede y debe ser Navidad! En efecto, cuanto más purifiquemos nuestras almas, cuánto más espacio dejemos en nuestros corazones al amor de Dios, tanto más podrá Cristo *venir* y *nacer* en nosotros.

21 de diciembre

Compartir con los demás

El camino que conduce a Dios no se agota con el gozo exclusivamente interior. El hombre desea *aproximar* a Dios *también a los demás...*

Se convierte, pues, en mensajero y apóstol del amor de Dios: «Dad gracias al Señor... *contad* a los pueblos sus hazañas» (Is 12, 4).

El hombre obediente a la gracia de Dios *descubre* el mundo de las obras de Dios, escondidas a los ojos del pecador...

El hombre, guiado por la gracia divina, desea asimismo *compartir con los demás la cercanía de Dios* que él experimenta.

Pues bien, yo quiero deciros ahora en nombre de Cristo: ...tened conciencia, humilde y valerosa a la vez, de esto que os ha donado el Padre.

Que esta conciencia sea vuestra fuerza, vuestra luz, vuestra esperanza. Dad al mundo lo que el Padre os ha dado: el reino de Dios.

No os canséis... de buscar continuamente cualquier ocasión para establecer contactos y colaborar leal y prudentemente con esa gran realidad humana y social en la que estáis inmersos como fermento; para llevar a cabo esa obra de promoción basada sobre la verdad, la justicia y el respeto por la dignidad de la persona, que constituye para el mundo el preámbulo necesario para acceder al conocimiento de Cristo en la fe y en la Iglesia...

Que la vivencia de la cercanía de nuestro Dios en este tiempo de Adviento prepare los corazones de todos para la alegría de la Navidad.

22 de diciembre

Navidad sin fáciles consumismos

No podemos, por tanto, transformar y envilecer la Navidad en una fiesta de derroche inútil, en una manifestación que siga los dictados del *consumismo fácil:* la Navidad es la fiesta de la humildad, la pobreza, el despojamiento y el sometimiento del Hijo de Dios, que viene a ofrecernos su amor infinito; tenemos que celebrarla, pues, *con auténtico espíritu de compartir y convivir con los hermanos* que necesitan nuestra ayuda afectuosa. Debe constituir una etapa fundamental para que meditemos sobre nuestro comportamiento con el «Dios que viene». Pues bien, este Dios que viene podemos encontrarlo en un niño desvalido que gime; en un enfermo que siente cómo las fuerzas de su cuerpo se van esfumando inexorablemente; en un anciano, que, tras haber trabajado durante toda su vida, se halla ahora marginado y tolerado a duras penas en nuestra sociedad moderna, basada en la productividad y el éxito.

Oh Cristo, rey de los pueblos, esperado y ansiado durante siglos por la humanidad, herida y dispersa a causa del pecado; Tú, que eres la piedra angular sobre la que la humanidad puede volver a edificarse a sí misma y obtener una orientación definitiva e iluminadora en su camino a través de la historia; Tú, que has unificado a los pueblos divididos mediante el sacrificio de ti mismo al Padre; *ven y salva al hombre,* mísero y grandioso, creado por ti «del polvo de la tierra» y que lleva dentro de sí mismo tu imagen y semejanza. Con estos deseos, dirijo a todos los que estáis aquí presentes mi cordial y afectuosa felicitación: ¡Feliz Navidad! Con mi bendición apostólica.

23 de diciembre

Ya está cerca la Santa Navidad

La festividad de la Santa Navidad, ya tan próxima, en la que conmemoramos el nacimiento en Belén del divino Redentor Jesús, me induce a detenerme unos instantes con vosotros para meditar sobre este acontecimiento histórico y decisivo, y sugeriros algunas directrices prácticas.

La fe, basada en el relato evangélico, nos dice que Dios se ha hecho hombre, es decir, se ha introducido en la historia humana, no tanto para enfrentarse a ella, sino para *iluminarla, orientarla* y *salvarla,* redimiendo todas y cada una de las almas. Este es el sentido de la encarnación del

Verbo, éste es el auténtico sentido de la Navidad, fiesta de la verdadera alegría y la verdadera esperanza.

Comprender y aceptar el mensaje de la Navidad significa vivir *la perenne contemporaneidad de Cristo*. En el marco de nuestra historia de hombres inteligentes y libres, Jesús sigue siendo para siempre y para todos «la salvación», es decir, la respuesta a los interrogantes más fundamentales que atormentan al hombre, la gracia para hacer frente al mal y vivir en la perspectiva de la eternidad. Guardad este sentido de la Navidad en vuestros corazones, en vuestras vidas, en vuestros ideales humanos y cristianos.

El hombre contemporáneo, confuso ante tantas ideologías opuestas entre sí, abordado por tantos fenómenos dramáticos y dolorosos, tiene necesidad de saber *con certeza* que, a pesar de todo, hay para él esperanza y alegría, porque Dios se ha hecho hombre, Cristo se ha encarnado verdaderamente por nosotros y el Salvador anunciado por los profetas ha venido y se ha quedado con nosotros. Debemos *creer en la Navidad* vigorosamente, profundamente.

24 de diciembre

Vigilia de la Navidad

La proximidad de la Navidad nos halla reunidos para el acostumbrado y grato intercambio de felicitaciones. Nuestros corazones se expanden en el júbilo recíproco: *Dominus prope est!* El Señor está cerca (Fil 4, 5). La espera de la natividad terrena del Hijo de Dios hecho hombre polariza en estos días nuestra atención, nuestra vigilia y nuestra oración, la hace más aguda, intensa y humilde. Os agradezco, pues, vuestra presencia hoy aquí, para poder así degustar de antemano, en comunión espiritual, la riqueza del misterio que estamos a punto de revivir. Y doy las gracias muy especialmente al venerado Cardenal Decano por las apropiadas palabras que, en nombre de todos vosotros, me ha dirigido en este día.

Juntos, vamos al encuentro del Redentor que viene: la liturgia del Adviento nos ha preparado ya plenamente para este viaje espiritual que conduce hacia el Esperado por los pueblos. Hasta ahora lo hemos recorrido en compañía de *Isaías*, «arquetipo» de la expectativa mesiánica; hemos seguido las huellas del *Bautista*, que, una vez más, nos ha proclamado su mensaje de «preparar los caminos» (cfr. Mt 3, 3; Lc 3, 4). Sobre todo *María, la Virgen siempre atenta*, ha estado siempre a nuestro lado con su ejemplo y su intercesión, porque siempre que se aguarda a Jesús, allí está siempre presente María, la «estrella matutina» que prepara el Adviento del «sol de justicia» (Ml 4, 2).

Están a punto de cumplirse los días (cfr. Lc 2, 6) de esa natividad bendita que reviviremos en los divinos misterios de la noche santa. Jesús nace para rescatar, *viene para redimirnos.* Viene para reconciliarnos con Dios. Como bien subraya *San Agustín,* con su acostumbrada expresividad: «Por medio de nuestro Señor quedamos reconciliados con Dios, pues en El la divinidad del Unigénito se ha hecho partícipe de nuestra mortalidad para que fuésemos partícipes de su inmortalidad» (*Ep.* 187, 6, 20; CSEL 57, p. 99).

La Navidad es el comienzo de ese «admirable intercambio» que nos une a Dios. Es *el inicio de la redención.*

25 de diciembre

Quédate con nosotros, Emmanuel

«Puer natus est nobis, Filius datus est nobis...» (cfr. Is 9, 5). Con estas palabras del profeta Isaías, pronunciadas a medianoche, hemos iniciado la festividad de la Navidad.

Estas palabras, proclamadas a todos los que estábamos reunidos en la basílica de San Pedro y, al mismo tiempo, a todos los que, en cualquier punto del globo terráqueo, las han escuchado, se han convertido una vez más en el mensaje de la buena nueva, *la Palabra de la Luz y de la Alegría.*

Ahora, en el cenit de este día bienaventurado, llegado el momento de que el obispo de Roma imparta la bendición «a la urbe y al mundo» —Urbi et Orbi—, permitid todos vosotros que estáis reunidos aquí, y todos vosotros a los que en cualquier lugar de la tierra llega mi voz, que nos unamos espiritualmente en esa misma vía que recorrieron los pastores de Belén en la noche y en el día del nacimiento de Dios.

¡Hermanos y hermanas míos! ¡Todos vosotros para los que esta *Navidad es el signo de la esperanza*!

Os invito a esta unión espiritual. Rodeemos con una inmensa y gran cadena de corazones el lugar en que Dios se ha hecho hombre. Hagamos esta cadena alrededor de esta Virgen que le ha dado la vida humana en la noche del nacimiento de Dios. Hagamos esta cadena en torno a la sagrada familia.

Emmanuel, *quédate en medio de nosotros.* Quédate con nosotros en cumplimiento de esa Alianza establecida desde el comienzo con el hombre, y aun a pesar de que haya sido tantas veces violada e infringida...

¡Quédate con nosotros, Emmanuel! ¡Oh, verdaderamente admirable! Dios Omnipotente en su fragilidad de niño.

26 de diciembre

San Esteban

Es muy grato para mí, también hoy, dirigirme a vosotros, congregados aquí para el rezo del «Angelus» en este ambiente tan típico de la Santa Navidad. Hoy, en efecto, la Navidad sigue teniendo su característica atmósfera benéfica y tonificante.

Deseo venerar en vuestra compañía a San Esteban, primer mártir cristiano, tal como lo hace la Iglesia el día siguiente de la solemnidad navideña.

«Ayer celebramos el nacimiento en el horizonte del tiempo de nuestro Rey. Hoy celebramos el glorioso martirio de uno de sus soldados. Ayer nuestro Rey, vestido con las nobles ropas de su carne, bajó de sus estancias reales hasta el seno de la Virgen, y se dignó visitar nuestro mundo. Hoy uno de sus soldados abandona la morada de su cuerpo y asciende triunfalmente a la eternidad». Estas conmovedoras palabras pertenecen a San Fulgencio, uno de los santos de la Iglesia primitiva. Mantienen toda su vigencia, pues no solamente muestran la radical conexión litúrgica entre la celebración de la Navidad y la del Protomártir, sino que expresan igualmente su relación intrínseca en el orden de la santidad y de la gracia. Cristo, Rey de la historia y Redentor del hombre, se coloca *en el centro de este itinerario hacia la perfección,* a la que está llamado todo hombre.

Al venerar a San Esteban y su invicto ejemplo de testigo de Cristo, demostrado con· su palabra esforzada, con su solicitud en el servicio de los pobres, con su constancia durante el proceso y, sobre todo, con su heroica muerte, podemos ver que su figura se ilumina y agiganta a la luz del Señor y Maestro, al que quiere seguir en el sacrificio supremo.

De todo ello podemos sacar una preciosa lección para nosotros: contemplando a Esteban en el marco de la Navidad, debemos hacer nuestros su ejemplo y su enseñanza. Llamados a vivir como hijos de Dios, también nosotros seremos coronados como Esteban allá arriba, en la patria, si sabemos ser fieles.

San Juan Evangelista

Ante nuestros ojos se despliega, en primer término, la escena tan plásticamente descrita por el evangelista Juan: nos encontramos en el monte Calvario, hay una cruz, y en ella está clavado Jesús. Allí, a su lado, está la madre de Jesús, rodeada por algunas mujeres; está también el discípulo predilecto, Juan. El moribundo profiere unas palabras, con la respiración jadeante de la agonía: «Mujer, ése es tu hijo».

Y luego, volviéndose al discípulo: «Esa es tu madre». La intención es evidente: Jesús quiere confiar a su madre a los cuidados del discípulo amado.

¿Solamente esto? Los antiguos Padres de la Iglesia han intuido detrás de este episodio, aparentemente tan simple, un significado teológico más profundo. Ya Orígenes identifica al apóstol Juan con el cristiano y, posteriormente, se recurre cada vez con mayor frecuencia a este texto para justificar *la maternidad universal de María*. Se trata de una convicción que posee un fundamento cabal en el dato revelado. En efecto, ¿cómo no pensar, leyendo este fragmento, en las palabras misteriosas de Jesús durante las bodas de Caná? A la intervención de María, Jesús responde llamándola «mujer» —como en la cruz— y posponiendo el inicio de su colaboración con ella en favor de los hombres hasta el momento de la Pasión, su «hora» concretamente, como Jesús solía denominarla.

28 de diciembre

La Navidad eleva al hombre

«*Un niño nos ha nacido,* / un hijo se nos ha dado. Lleva al hombro el principado, y es su nombre».

Los hechos acaecidos en la noche de Belén *no pueden ser abarcados* con esquemas de *una descripción* de cronista. Si bien las lecturas de la liturgia de hoy realizan esta descripción de forma bastante detallada, no resulta totalmente suficiente.

Para llegar a conocer todo hay que calar hondo en el desarrollo de los acontecimientos a la luz de las palabras del profeta Isaías citadas al comienzo.

¿Qué clase de principado hay en el hombro de este niño, que, a la hora de su venida al mundo, ni siquiera tenía un simple techo humano sobre su cabeza, y como primera cuna tuvo un pesebre de animales?

En la noche de Belén *nos preguntamos acerca de este «principado»* que trae consigo al mundo el recién nacido.

Hemos oído que con el ángel que anunció a los pastores el nacimiento del Salvador «apareció una legión del ejército celestial, que alababa a Dios diciendo: Gloria a Dios en el cielo y paz en la tierra *a los hombres, que El quiere tanto»*. Pues bien, en esta anunciación de Belén encontramos respuesta a nuestra pregunta. ¿Qué «principado» se ha colocado en el hombro de Cristo en esa noche? *Un poder único.* El poder que solamente El posee. En efecto, sólo El tiene el poder de penetrar en lo profundo del alma de cada hombre con la paz del *gozo divino.*

Solamente El tiene el poder de hacer que los hombres sean hijos de Dios.

Sólo El es capaz de elevar la historia del hombre hasta las alturas de la gloria de Dios.

Solamente El.

Saludémoslo con agradecimiento y alegría, en esta noche radiante.

«Venite, adoremus!».

Navidad, fiesta del hombre

Navidad es la fiesta del hombre. Nace el Hombre. Uno de tantos miles de millones de hombres que han nacido, nacen y nacerán sobre la tierra. Y al mismo tiempo, uno, único e irrepetible. Si celebramos con tanta solemnidad el nacimiento de Jesús es para testimoniar que cada hombre es alguien único e irrepetible...

Dios es quien nos lo asegura. Para El y frente a El, el hombre es siempre único e irrepetible; un ser eternamente ideado y eternamente escogido; un ser conocido y llamado por su propio nombre, tal como ocurrió con el primer hombre, Adán, y también con el nuevo Adán, nacido de la Virgen María en la cueva de Belén: «le pondrás de nombre Jesús» (Lc 1, 31).

La humanidad resulta así elevada en el nacimiento terrestre de Dios. La humanidad, la «naturaleza» humana, es asumida en la unidad de la Persona divina del Hijo, en la unidad del Verbo eterno...

El nacimiento del Verbo encarnado es el comienzo de una nueva fuerza de la propia humanidad; una fuerza a disposición de todos y cada uno de los hombres, según las palabras de San Juan: «los hizo capaces de ser hijos de Dios» (Jn 1, 12).

Aceptad la gran verdad acerca del hombre... Aceptad esta dimensión del hombre, abierta a todos en esta noche santa. Aceptad el misterio en que vive el hombre desde que ha nacido Cristo...

Dios se ha complacido en el hombre por Cristo. No está permitido humillar al hombre; no está permitido odiarlo.

¡Feliz Navidad a todos y cada uno de los hombres! Feliz Navidad en la paz y en el gozo de Cristo.

Presencia de Dios en el tiempo

Ante el pesebre, con espíritu de adoración, reflexionemos en primer lugar sobre el carácter huidizo del tiempo, que pasa de forma inexorable y se lleva consigo nuestras breves existencias. Jesús, con su divina Palabra, nos quita la angustia ante el vacío insensato y nos dice que, en la curva gigantesca y misteriosa del tiempo, toda la historia humana es únicamente un regreso a la casa del Padre, un regreso a la Patria, y, por tanto, también cada existencia individual forma parte de este inmenso retorno. Nacer significa dar comienzo al camino hacia el Padre; vivir significa recorrer cada día, cada hora, un trecho de camino en este regreso a la propia casa.

Si pensamos concretamente en este agitado año que acaba, acordémonos de que el mensaje de la Navidad afirma con certeza absoluta que, a pesar de todas las contradicciones de la historia humana, *Dios está siempre presente.* Creando al hombre inteligente y libre, El ha proyectado esta historia con su constelación de cúspides sublimes y trágicos abismos, pero lo cierto es que no abandona a la humanidad. La Navidad es la garantía de que somos amados por el Altísimo, de que su omnipotencia se ensambla, de una forma casi siempre oscura e insondable para nosotros, con su providencia, y por ello debemos recordar las palabras de San Pablo a los Corintios: «No queráis juzgar nada antes de tiempo, hasta que llegue el Señor. El pondrá a la luz los secretos de las tinieblas y revelará las intenciones de los corazones; cada cosa tendrá entonces la alabanza de Dios».

Un gran pensador del siglo pasado, el cardenal Newman, decía en uno de sus sermones: «La mano de Dios está siempre sobre aquellos que le pertenecen, *guiándolos por senderos desconocidos.* Lo más que éstos pueden hacer es creer en lo que aún no llegan a ver, pero verán ulteriormente, así como colaborar con Dios en esa dirección, permaneciendo firmes en la fe».

Ultimo día del año

«*Hijos, ha llegado el momento final*» (1 Jn 2, 18). ¡Cuán actuales siguen siendo estas palabras! ¡Cuánto coinciden con las vivencias que todos nosotros sentimos hoy, 31 de diciembre!

El último día del año... deseamos vivirlo para participar en la liturgia eucarística, en el sacrificio de Cristo..., *para expresar ante Dios* de la forma más plena posible todo lo que nuestro corazón y nuestra conciencia necesitan manifestar en el día de hoy... nuestra acción de gracias y nuestra petición de perdón.

«Verdaderamente es bueno y justo, nuestro deber... *darte gracias...* a ti». A ti, precisamente a ti, Padre, Hijo y Espíritu Santo. Darte gracias por toda la abundancia del misterio del nacimiento de Dios, a cuya luz está terminando el año viejo y nace un año nuevo. ¡Qué elocuente es el hecho de que en el día en que los hombres hablan sobre todo del año que ya ha «pasado», la liturgia de la Iglesia sea hoy un *testimonio del nacimiento:* nacimiento de Dios en un cuerpo humano, a la vez que nacimiento del hombre a partir de Dios. «A los que lo recibieron los hizo capaces de ser hijos de Dios» (Jn 1, 12).

Y junto con esta acción de gracias, prestemos particular atención en la participación en la santa misa de hoy a *las palabras que encierran una dimensión de propiciación,* comenzando por el «confiteor» inicial, pasando por el «Kyrie, eleison» y acabando con el «Cordero de Dios, que quitas los pecados del mundo», y a nuestro «Señor, no soy digno...».

Carguemos estas palabras con todas las vivencias de nuestra conciencia, todo lo que pesa sobre ellas, lo que solamente Dios mismo puede juzgar y perdonar. No tengamos reparo en *presentarnos* aquí, en el día de hoy, *ante Dios* con la conciencia de la culpa, con la misma actitud del publicano del Evangelio. Asumamos esta actitud, que corresponde sin duda a la verdad interior del hombre. Tal actitud conlleva la liberación.

De este modo, esa actitud, precisamente ésa, lleva a la esperanza.

Enero

1 *María, Madre de la paz*
2 *Estar en paz*
3 *Promotores de la paz*
4 *La paz, fruto de la fraternidad*
5 *Líbranos del mal*
6 *La luz y la solidaridad de la fe lleguen a todos los hombres*
7 *Con los magos ofrecer nuestros dones al niño Dios*
8 *Epifanía de Dios en el hombre moderno*
9 *Respuesta a la epifanía de Dios*
10 *El bautismo suscita hijos en el Hijo, exponentes de Dios*
11 *Empezar con el bautismo una vida nueva*
12 *El bautismo, inserción en el Cuerpo Místico de Cristo*
13 *La Sagrada Familia de Nazaret*
14 *Jesús en la boda de Caná*
15 *María, presente en la boda de Caná*
16 *La familia, comunidad de amor y de vida*
17 *Oración por la familia*
18 *La unidad de los cristianos, don de Dios*
19 *La unidad de los cristianos, compromiso de todos*
20 *Relaciones fraternas entre cristianos*
21 *Santa Inés, virgen y mártir*
22 *A todos los cristianos*
23 *La unidad de los cristianos, espera paciente, no pasiva resignación*
24 *A los católicos*
25 *La conversión de San Pablo, llamada de Cristo*
26 *La respuesta de Saulo*
27 *En comunión espiritual con los ortodoxos*
28 *El genio de Santo Tomás de Aquino*
29 *En comunión con la Iglesia anglicana*
30 *En comunión espiritual con los luteranos*
31 *San Juan Bosco*

María, Madre de la paz

La maternidad de María... representa como un último mensaje de la octava de la Navidad del Señor. El nacimiento va unido siempre a la madre, a aquella que da la vida... El primer día del año es el día de la Madre...

No existe una imagen... que represente de forma más simple el misterio del nacimiento del Señor que la de la Madre con Jesús entre sus brazos. ¿Acaso no es esta imagen la fuente de nuestra confianza sin par?...

Sin embargo, hay también otra imagen de la Madre con el Hijo entre sus brazos...: «la Piedad»: María con Jesús descolgado de la cruz, que acaba de expirar ante sus ojos, ...y, ya muerto, vuelve a estar entre aquellos mismos brazos sobre los que fue ofrecido en Belén como salvador del mundo. Quisiera, pues, ...fundir nuestra oración por la paz con esta doble imagen:

«Madre, que sabes muy bien qué es tener entre tus brazos el cuerpo muerto del Hijo, ...evita a todas las madres... la muerte de sus hijos, las torturas, la esclavitud, la destrucción de la guerra, las persecuciones, los campos de concentración, las cárceles. Que conserven la alegría del nacimiento, del sustento, del crecimiento del hombre y de su vida. En el nombre... del nacimiento del Señor, implora con nosotros la paz. Ante toda la belleza y majestad de tu maternidad, que la Iglesia exalta y el mundo admira, te pedimos que permanezcas con nosotros en todo momento. Haz que este año nuevo sea un año de paz, en virtud del nacimiento y de la muerte de tu Hijo. Amén».

2 de enero

Estar en paz

Deseo indicaros una serie de vías primordiales de compromiso, en orden a un proyecto educativo y apostólico. Debéis ante todo buscar la paz, en su dimensión de armonía y cohesión de la estructura personal y vital: *la paz dentro de vosotros mismos,* fruto de la lucha interior, del compromiso sincero con una vida coherente con la propia fe, de un esfuerzo constante por restituir en el hombre la integridad, armonía y belleza de su origen divino.

Sí, como voy repitiendo insistentemente en la catequesis de los miércoles, es preciso trabajar como hombres castos, siendo coherentes con nosotros mismos y nuestras propias responsabilidades, sin enturbiar nada. Y, en la paz, asumir la vocación que Dios nos asigne, sea la que sea, incluso la más comprometida.

Debéis, «por aquello que está en vosotros, *vivir en paz con todos*», comenzando por la familia y ampliando gradualmente vuestra iniciativa de paz al nivel personal, de grupo y de asociación.

Vosotros ante todo, por ser jóvenes, debéis vencer al mal con el bien, incluso el mal más inveterado y más arraigado. Abrid brechas en el muro del odio, no os dejéis engatusar; promoved la superación de todo rencor, de toda rivalidad, de toda envidia.

Que, a través de vosotros, *haya paz en las orientaciones de las culturas* que viven en el espíritu de los hombres. Si es cierto que todos queremos erradicar la violencia, tengamos la valentía de abogar por el desarme del odio ideológico y revisemos nuestras propias intenciones con el criterio de la paz.

Debéis trabajar también *por la paz a nivel internacional.* Y no solamente porque existe de hecho un nexo indisoluble entre la iniciativa personal y la comunitaria o colectiva, sino específicamente mediante una acción que todos vosotros podáis realizar.

3 de enero

Promotores de la paz

El seguimiento de Cristo es seguimiento de paz, en la paz. Paz al aceptar el mensaje de su amor. Paz al recibir su Espíritu.

Paz al vivir en su gracia, en su intimidad, mediante los sacramentos, especialmente la Eucaristía.

Pues bien, ahora os corresponde a vosotros *anunciar el evangelio de la paz.* Sois de hecho laicos evangelizadores de la paz, promotores de obras de paz: portadores de palabras y gestos de paz, de ejemplos vividos y de gestos explícitos de paz, con una vida absolutamente consecuente.

Estáis plenamente convencidos de que la paz es el reverso de la vida, que ambas son la misma realidad con distinto nombre. Estáis convencidos de que anunciar la paz en términos concretos equivale a asumir como punto de partida al hombre histórico, a su trama existencial, desde el primer instante, lo cual implica su red de relaciones con el entorno y con los demás. La paz es servicio a la vida, promoción de la vida, desarrollo y progreso para todos y cada uno de los hombres. «Nuestro sí a la paz se traduce en un sí a la vida», decía Pablo VI en su mensaje pronunciado con ocasión de la «Jornada de la Paz» de 1978. ¿Por qué ocultar este hecho a todos aquellos que pueden escucharlo? La lucha por la paz implica un compromiso con la causa de la vida. Resulta ilusorio y, a fin de cuentas, contradictorio afirmar que se quiere la paz y al mismo tiempo no respeta toda vida humana que nace. En este punto convergen los problemas a nivel local, nacional e internacional, y la perspectiva de la paz se convierte en vector de transformación radical. A este respecto, las diferentes culturas deben cotejarse mutuamente y decidir en conjunto cómo plasmar esta tendencia de los corazones hacia la paz. «Las aspiraciones del *espíritu* —no nos olvidemos de él— conducen a la *vida* y la *paz*».

4 de enero

La paz, fruto de la fraternidad

El Verbo se hizo carne... en el tiempo. Van pasando los años; terminan el 31 de diciembre y empiezan de nuevo el 1 de enero. Sin embargo, pasan en realidad confrontándose con la plenitud que proviene de Dios. Pasan frente a la eternidad y al Verbo.

En el dintel del nuevo año queremos hacer hincapié, englobándolo en la profundidad de ese misterio, en el mensaje de paz revelado en la noche de Belén para todos los tiempos: «Paz a los hombres de buena voluntad. Paz en la tierra». Este es el mensaje que cada año quiere anunciarnos el misterio del nacimiento de Dios y que la Iglesia quiere poner de manifiesto también hoy...

Toda la humanidad ansía ardientemente la paz y ve en la guerra el peligro más pavoroso de su existencia terrena. La Iglesia es partícipe absolutamente de estos deseos, así como de los temores y preocupaciones que inquietan a todos los hombres, poniendo de relieve estos sentimientos muy especialmente al principio del nuevo año.

¿Qué es la paz? ¿En qué puede consistir la paz en la tierra, la paz entre los hombres y los pueblos, *sino en el fruto de la fraternidad,* esa fraternidad que triunfa sobre todo lo que divide y enfrenta mutuamente a los hombres?

De esta fraternidad habla precisamente San Pablo, cuando escribe a los Gálatas: «Vosotros sois hijos». Y si sois hijos —hijos de Dios en Cristo—, también sois hermanos.

Y escribe a continuación: «De modo que ya no eres esclavo, sino hijo». En este contexto hay que entender el mensaje elegido para la Jornada de la Paz del 1 de enero de 1981, cuyo lema es: «Para servir a la paz, respeta la libertad».

5 de enero

Líbranos del mal

...En este día en que da comienzo el nuevo año, el deseo más fundamental que se puede formular es: «Líbranos del mal».

Recitando estas palabras de la oración de Cristo, resulta difícil no asociarlas con todo aquello que se opone a la paz, que la destruye y amenaza. Oremos, pues: líbranos de la guerra, del odio, de la destrucción de vidas humanas. No permitas que asesinemos. No permitas que hagamos uso de los medios que están al servicio de la muerte y la destrucción... ¡Líbranos del mal!

Padre, que estás en los cielos, Padre de la vida, que nos das la paz... Cuán significativas son las palabras de Jesucristo: «Paz os deseo, la mía; y no os la deseo como la desea el mundo» (Jn 14, 27).

57

Dimensión de paz, la más profunda, que sólo Cristo puede dar al hombre.

Plenitud de la paz, basada en la reconciliación con Dios...

Imploramos... esta paz... para el mundo... para todos los hombres, para todas las naciones y todas sus lenguas, culturas y razas diferentes. Para todos los continentes...

La paz es indispensable.

La luz y la solidaridad de la fe lleguen a todos los hombres

Queremos augurar la luz de la fe a los hombres de todas las naciones de la tierra. Deseamos a los hombres y a los pueblos que encuentren a Cristo, al igual que lo hallaron los magos venidos de Oriente. También lo deseamos para todas las naciones, de las más antiguas a las más recientes. Lo deseamos sobre todo a los que sufren, a los enfermos, a los moribundos. Lo deseamos asimismo a todos aquellos para los que la estrella está extinguida.

Al mismo tiempo, la Iglesia se desea a sí misma ser auténticamente misionera: que sepa acercar a Cristo en las difíciles y complejas circunstancias de nuestra época, que sepa indicar a cada hombre el camino hacia Dios.

Deseamos todo esto a los misioneros y misioneras. Lo deseamos a todos los pastores de almas. Lo deseamos a todas las comunidades de religiosos y religiosas. Lo deseamos a todas las familias, a todos los laicos.

Incluimos en estos deseos a los teólogos, ya que ellos tienen una especial responsabilidad en su tarea de indicar el camino hacia Cristo a los hombres contemporáneos.

El pesebre de Belén es el lugar primario de la solidaridad con el hombre: de un hombre con otro hombre y de todos con todos, especialmente con aquellos para los que «no hay sitio en la posada» (Lc 2, 7), a los que no se les reconoce sus propios derechos.

El niño recién nacido gime. ¿Quién oye el llanto del niño?

Sin embargo, el cielo habla por él y el cielo es también quien revela el mensaje específico de este nacimiento, explicándolo con estas palabras:

«Gloria a Dios en el cielo y paz en la tierra a los hombres, que El quiere tanto» (Lc 2, 14).

7 de enero

Con los magos ofrecer nuestros dones al niño Dios

...Quiero ofrecer brevemente a vuestra consideración *la actitud de los magos.* Estos, cuando, guiados por la misteriosa estrella, encontraron a María con el niño Jesús, «cayendo de rodillas le rindieron homenaje» y luego «abrieron sus cofres y como regalos le ofrecieron oro, incienso y mirra».

También el hombre moderno... se encuentra con Dios cuando se abre ante El con el don interior de su «yo» humano, a fin de aceptar e intercambiar los dones inmensos que El ha sido el primero en otorgarle: el don de la existencia, el don de la redención, el don de la fe.

Y ese mismo Niño que ha aceptado los regalos de los magos sigue siendo siempre Aquél ante el cual todos los hombres y pueblos «abren sus cofres», es decir, sus tesoros.

En este acto de apertura ante el Dios encarnado, los dones del espíritu humano adquieren un valor especial; se convierten en los tesoros de las diferentes culturas, riqueza espiritual de los pueblos y las naciones, patrimonio común de toda la humanidad.

El centro de este intercambio es El, el mismo que aceptó el don de los magos. Cristo, don invisible y encarnado, es el que causa *la apertura de las almas y ese intercambio de dones* por el que viven no sólo los individuos, sino también los pueblos, las naciones y toda la humanidad.

8 de enero

Epifanía de Dios en el hombre moderno

La festividad que hoy celebramos proclama ante todo la epifanía divina: «Hemos visto salir su estrella y venimos a rendirle homenaje».

En la noche de la natividad del Señor los pastores que estaban en los campos de Belén vieron la luz y acudieron a adorarlo. Hoy vienen los magos de Oriente. Les guía una estrella. *Vienen y adoran.* ¿A quién adoran? Al Niño, al hombre recién nacido. Al hombre que constituye una epifanía especial de Dios. Han hecho un largo viaje hasta encontrarse en este sitio preciso al que los ha guiado la estrella.

En el Niño nacido en Belén han reconocido el último don que el Padre eterno hace al hombre. A la luz de este don, el hombre aparece en el mundo como *una epifanía especial de Dios.*

Ya lo era desde el principio, al ser creado a imagen y semejanza de Dios. Ya sabía que ninguna otra criatura existente en el mundo es comparable a El. Ninguna, realmente, se le asemeja. Sólo él, el hombre, posee dentro de sí, desde el principio, esta singular semejanza con Dios. *Ser su imagen.*

Sin embargo, él ha perturbado dentro de sí tal semejanza al pecar. Ha deformado la imagen, pero no la ha destruido.

El hombre caminaba hacia el Mesías siguiendo las huellas de esta semejanza. Ha seguido la estrella de sus divinos destinos, como lo hicieron los magos venidos de Oriente. Y en esta dirección se desarrolla ulteriormente la historia. Cristo ha venido para que el hombre pueda reconocer en sí mismo una epifanía especial de Dios.

9 de enero

Respuesta a la epifanía de Dios

Los magos de Oriente «cayeron de rodillas y le rindieron homenaje; luego abrieron sus cofres y como regalos le ofrecieron oro, incienso y mirra». *Los dones son una respuesta al Don.* En Cristo, nacido en la noche de Belén, los magos de Oriente reconocen al Don definitivo que el Padre hace al hombre: don del Hijo, don del Hijo eterno. «Dios ha amado tanto al mundo que le ha dado a su Hijo unigénito...».

A través de este Don, el hombre redescubre y es portador de la epifanía del Dios vivo. El Hijo eterno ha dado a los hombres la «capacidad de ser hijos de Dios». Al otorgar este poder, lo hace como Hermano con sus otros hermanos. Ha revelado y sigue revelando continuamente al Padre a través de aquellos que el Padre «le ha dejado en herencia».

El hombre, portador en sí mismo de la epifanía del Dios vivo, *vive una nueva vida.* Sabe que debe dar frutos. Sabe que a este Don debe responder con dones. De ahí que ofrezca oro, incienso y mirra.

En este don del hombre, en cuanto respuesta al Don que procede de lo alto, está contenido el significado pleno de la vida humana y, al mismo tiempo, la semilla de la gloria futura. En ésta, hombre y mundo encuentran su confirmación como epifanía de Dios, *más allá* de los límites de la temporalidad y la caducidad. Haced todo lo que esté en vuestras manos para que los hombres a los que habéis sido enviados crean que son epifanía del Dios vivo.

Haced todo lo posible para que respondan con un don al Don, para que ofrezcan oro, incienso y mirra.

Haced todo lo posible para que la semilla de la llamada a la gloria crezca y se fortalezca en los corazones humanos.

10 de enero

El Bautismo suscita hijos en el Hijo, exponentes de Dios.

«Este es mi Hijo, a quien yo quiero, mi predilecto» (Mt, 3, 17).

Las palabras del Evangelio..., están a punto de hacerse realidad también en estos niños a los que me dispongo a administrar el bautismo.

Jesús es «el mayor de una multitud de hermanos» (cfr. Rm 8, 29); lo que en El ha acontecido se repite misteriosamente en cada uno de nosotros..., y lo mismo va a acontecer en estos pequeños..., progenie más tierna del pueblo de Dios...

«Este es mi Hijo, a quien yo quiero, mi predilecto». *El Padre* siente predilección por estos niños, pues verá impresa en sus espíritus la huella inmortal de su Paternidad, la semejanza íntima y auténtica con su Hijo: hijos en el Hijo.

Al mismo tiempo, descenderá *el Espíritu Santo,* invisible pero tan presente como entonces, para colmar estas pequeñas almas con la riqueza de sus dones, para hacer de ellos su morada, su templo, su manifestación, a fin de que irradien su presencia a lo largo de toda su vida, que ignoramos cómo será, pero que El ya contempla en toda su plenitud.

Estamos a punto de poner los fundamentos de nuevas vidas cristianas: vidas amadas por el Padre, redimidas por Cristo, selladas con el sello del Espíritu, objeto de predilección eterna, hecha proyecto singular desde estos momentos hacia el futuro, para toda la eternidad, en un amor sin fin...

Estos hijos predilectos... candorosos por la inocencia total de la gracia..., santos por la santidad misma de Dios..., te pedimos que permanezcan fieles, durante toda su vida, a esta maravillosa vocación cristiana, común a todos nosotros.

11 de enero

Empezar con el bautismo una vida nueva

Lo que vamos a hacer ahora (la administración del bautismo) tiene su significado más profundo en el hecho de que creamos una nueva y extraordinaria relación de gracia entre Dios y estas criaturas...

Con este sacramento, en efecto, se recibe de una forma nueva la Paternidad de Dios, y quien la obtiene alcanza una inédita relación de predilección a sus ojos.

Se instaura así una condición de íntima comunión con El, la cual representa la superación de toda alienación a causa del pecado y, por consiguiente, la constitución, como escribe San Pablo, de una «criatura nueva» (2 Cor 5, 17).

El bautismo... es realmente *un nuevo nacimiento, un renacimiento...;* «un baño regenerador y renovador en el Espíritu Santo» (Tt 3, 5).

Nosotros nos congratulamos vivamente con profunda alegría espiritual. Nuestro gozo es el de la familia eclesial...

En este momento algunos nuevos miembros entran a formar parte de la familia de Dios; y así como ellos adquieren en El un nuevo Padre, también en nosotros hallan nuevos hermanos, cordialmente dispuestos a acogerlos con solicitud y alborozo en la gran comunidad de los hijos de Dios.

Jesús, después de su bautismo, «pasó haciendo el bien y curando a todos» (Hch 10, 38). El bautismo debe manifestarse en la vida concreta, mediante un testimonio luminoso y adecuado...

«Aquella inmersión que nos vinculaba a su muerte nos sepultó con El, para que, así como Cristo fue resucitado de la muerte..., también nosotros empezáramos una vida nueva» (Rm 6, 4). Pidamos al Señor ver vigorosamente fortificados por su Espíritu en el hombre interior a fin de vivir siempre para su mayor gloria. Amén.

12 de enero

El bautismo, inserción en el Cuerpo Místico de Cristo

Nuestro Señor Jesucristo dijo: «...Id y hace discípulos de todas las naciones, bautizadlos para consagrárselos al Padre y al Hijo y al Espíritu Santo, y enseñadles a guardar todo lo que os he mandado...» (Mt 28, 18-20).

Desde entonces... hubo una incesante respuesta eclesial o comunitaria por parte de aquellos que creen y son bautizados.

Los Hechos de los Apóstoles nos dicen: «Los que aceptaron sus palabras... eran constantes en escuchar la enseñanza de los apóstoles y en la comunidad de vida» (Hch 2, 41-42)... Ante nuestros ojos se muestra ya *la naturaleza comunitaria de la Iglesia...*

«En esto conocerán que sois discípulos míos: en que os amáis unos a otros» (Jn 13, 35)...

La reforma litúrgica del Concilio Vaticano II subraya claramente la dimensión comunitaria de vuestra vocación cristiana.

Todo acto litúrgico es... un acto de todo el Cuerpo de Cristo... Cada Misa... es un acto de Cristo y de su Cuerpo.

Toda buena acción llevada a cabo por un miembro redunda en beneficio del conjunto de los miembros. Por el contrario, cada pecado cometido no sólo constituye una ofensa contra Dios, sino también una herida inflingida al Cuerpo de Cristo...

Resulta evidente que ni siquiera es pensable que un cristiano exista solamente como ser individual. Un cristiano que no ha aprendido a ver y amar a Cristo en su prójimo *no es plenamente cristiano...* Somos los cuidadores de nuestros hermanos, estamos ligados los unos a los otros con el vínculo del amor...

Esta naturaleza comunitaria o eclesial de nuestra vocación... debe estar dirigida... a la Iglesia universal. Somos una Iglesia local sólo en cuanto formamos parte de la Iglesia universal, unida a Cristo, nuestro Señor.

13 de enero

La Sagrada Familia de Nazaret

El nacimiento del Niño Jesús en la noche de Belén supuso el inicio de la Familia. Esta es la razón de que el domingo comprendido en la octava de la Navidad sea la fiesta de la Familia de Nazaret. Esta es la Santa Familia porque resultó plasmada como tal a raíz del nacimiento de Aquel que incluso su «Adversario» tendrá un día que proclamar «Santo de Dios» (Mc 1, 24).

Familia Santa, porque la santidad del que ha nacido se ha convertido en fuente de una singular santificación, tanto por lo que respecta a su Virgen-Madre, como al esposo de ésta, el cual, a los ojos de los hombres, y como su legítimo consorte, era considerado padre del Niño nacido en Belén.

Esta Familia es a la vez *Familia humana,* y por esta razón la Iglesia, durante el período navideño, dedica su atención, a través de la Sagrada Familia, a las familias humanas. La santidad imprime a esta Familia, en cuyo seno ha venido al mundo el Hijo de Dios, un carácter único, excepcional, irrepetible, sobrenatural. Al mismo tiempo, todas las cosas que podemos decir de cada familia humana (su naturaleza, sus deberes, sus dificultades...) podemos decirlas también de esta Sagrada Familia. Concretamente, la Sagrada Familia es realmente pobre; no cuenta con un techo a la hora del nacimiento de Jesús, después se verá abocada al exilio y, cuando ya haya pasado el peligro, sigue siendo una familia que vive *modestamente,* en pobreza, *a base de lo que ganan con sus propias manos.*

Su situación es similar a la de tantas familias humanas. La Sagrada Familia constituye el punto de encuentro de nuestra solidaridad con todas las familias, con cada comunidad de hombre y mujer en cuyo seno nace un nuevo ser humano.

Ella se hace cargo de los problemas profundos, bellos y difíciles a la vez, que implica la vida conyugal y familiar.

Jesús en la boda de Caná

El Señor Jesús fue invitado a una boda en Caná de Galilea.

Con Jesús está también, en Caná de Galilea, *su Madre.* Parece incluso que fue ella a quien invitaron principalmente. En efecto, dice el texto evangélico: «Hubo una boda en Caná de Galilea y la madre de Jesús estaba allí; invitaron también a la boda a Jesús y a sus discípulos». Podemos, pues, deducir que Jesús fue invitado con su madre, y quizás en atención a ella; los discípulos fueron invitados junto con El.

En muchas ocasiones más *será invitado Jesús* por los hombres a lo largo de su actividad magisterial, aceptará sus invitaciones, mantendrá relación con ellos, se sentará a su mesa, conversará con ellos. Es conveniente recalcar esta constante en la serie de acontecimientos: Jesucristo *es invitado* continuamente por particulares y por diversos grupos. Quizá no haya en el mundo otra persona que haya recibido tantas invitaciones. Más aún, es preciso afirmar que Jesucristo *acepta tales invitaciones,* va con unos y con otros, se detiene en medio de las comunidades humanas. En el transcurso de su vida y de su actividad terrena, tuvo obligatoriamente que someterse a las circunstancias concretas del tiempo y lugar en que vivió. En cambio, tras su resurrección y ascensión, y tras haber instituido la Eucaristía y la Iglesia, Jesucristo puede ya, de un modo nuevo —sacramental y místico—, *ser simultáneamente el Invitado de todas las personas y todas las comunidades* que lo invitan. De hecho, El ha dicho: «Uno que me ama hará caso de mi mensaje, mi Padre lo amará y los dos nos vendremos con El y viviremos con El».

María, presente en la boda de Caná

En Caná, María se manifiesta en la plena sencillez y autenticidad de su maternidad. La *Maternidad* está siempre disponible para el Niño, para el Hombre. Comparte sus *preocupaciones,* aun las más ocultas. Hace suyas estas preocupaciones y trata de encontrarles solución. Esto mismo ocurrió durante la fiesta nupcial en Caná. Cuando empezó a «faltar el vino», el encargado y los novios se encontraron ciertamente en un gran apuro. Y entonces la Madre de Jesús le dijo: «No les queda vino». Todos conocéis bien lo que sucedió a continuación.

Simultáneamente, María se muestra en Caná de Galilea como *Madre consciente de la misión de su Hijo,* consciente *de su Poder.*

Precisamente esta consciencia la impulsa a decir a los servidores: «Haced lo que El os diga». Y los criados hicieron caso de los consejos de la Madre de Cristo.

Nada distinto puedo desearos hoy, en este encuentro; a vosotros, esposos y familias; a vosotros, jóvenes y niños; a vosotros, enfermos y personas que sufrís o que soportáis los achaques de la edad; a vosotros, en fin, queridos pastores de almas, religiosos y religiosas. A todos vosotros.

¿Qué otra cosa puedo *desear para vosotros* sino que prestéis oídos siempre a estas palabras de María, Madre de Cristo: «Haced lo que El os diga»? Y que las aceptéis de corazón, porque están dichas con el corazón. El corazón de la Madre. Y que las llevéis a cumplimiento: «Dios os ha escogido... llamándoos a esto con nuestro evangelio, para la posesión de la gloria de Jesucristo, nuestro Señor». Escuchad, pues, esta llamada, comprometiendo toda vuestra vida.

Haced realidad las palabras de Jesucristo. Sed obedientes al evangelio. Amén.

La familia, comunidad de amor y de vida

Jesús fue invitado en Caná de Galilea a *asistir* a los esponsales y a la celebración nupcial. Aunque son diversos los hechos asociados con el inicio de la actividad pública de Jesús, podemos colegir sin duda del texto del evangelista que precisamente este episodio en concreto marca el comienzo de su vida apostólica. Es importante resaltar que Jesús inicia su actividad justamente con ocasión de una boda. Jesucristo, en el comienzo mismo de su *misión mesiánica, toma contacto con la vida humana en su núcleo fundamental.* En su punto de partida. Aunque el matrimonio es tan antiguo como la humanidad misma, significa siempre, en cada caso particular, un nuevo comienzo.

Es sobre todo el inicio de una nueva comunidad, a la que llamamos «familia». La familia es la comunidad *del amor y de la vida.* De ahí que el Creador haya confiado a la familia el misterio de la vida humana. El matrimonio es el comienzo de la nueva comundiad del amor y de la vida, de la cual depende el futuro del hombre en la tierra.

El Señor Jesús vincula el inicio de su actividad con Caná de Galilea para demostrar esta verdad. Su presencia en el festejo nupcial coloca en primer plano la fundamental importancia que el matrimonio y la familia poseen para la Iglesia y la sociedad.

¿Hasta qué punto asumen los esposos estos deberes conjuntamente en el sacramento que Dios y la Iglesia ponen ante ellos? ¿Cómo se plantea el problema de la responsabilidad por la vida? ¿Y por la educación?

Oración por la familia

Dios, del que procede toda paternidad en el cielo y en la tierra, Padre, Tú que eres Amor y Vida, haz que cada familia humana sobre la tierra sea, mediante tu Hijo Jesucristo, «nacido de mujer», y mediante el Espíritu Santo, fuente de divina caridad, un verdadero santuario de la vida y del amor para las generaciones que siempre están en proceso de renovación.

Haz que tu gracia oriente los pensamientos y los actos de los cónyuges hacia el bien de sus familias y de todas las familias del mundo.

Haz que las generaciones jóvenes encuentren en la familia un fuerte apoyo para su humanidad y su crecimiento en la verdad y el amor.

Haz que el amor, reforzado por la gracia del sacramento del matrimonio, salga victorioso frente a cualquier debilidad y crisis por las que a veces pasan nuestras familias.

Haz, en fin, te lo pedimos por intercesión de la Sagrada Familia de Nazaret, que la Iglesia, en medio de todas las naciones de la tierra, pueda llevar a cabo fructíferamente su misión en la familia y mediante la familia. Por Cristo, nuestro Señor, que es el camino, la verdad y la vida por los siglos de los siglos. Amén.

18 de enero

La unidad de los cristianos, don de Dios

Esta semana de oración vuelve una vez más a apelar a la conciencia de los cristianos para que examinen ante Dios el tema de la reconstitución de la unidad ecuménica.

Con ello... volvemos a recordar que la unidad es un don de Dios y que, por tanto, hay que pedirla intensamente al Señor.

El hecho... de que los cristianos de las distintas confesiones se unan en una oración común... reviste un significado muy especial.

Los cristianos vuelven a descubrir cada vez con mayor lucidez la comunión existente, parcial, mas también auténtica, y se disponen juntos, ante Dios y con su auxilio, para la plena unidad.

Se ponen en marcha hacia esta meta, comenzando precisamente por orar al Señor, que purifica y libera, que redime y une... Hay que estar muy atentos para evitar que la oración pierda esa carga revulsiva que debe sacudir las conciencias de todos ante el panorama de la división de los cristianos, «que no sólo contradice abiertamente la voluntad de Cristo, sino también es escándalo para el mundo y daña la sagrada causa de la predicación del Evangelio a toda criatura» (cfr. *Unitatis Redintegratio*).

Te pedimos, oh Señor, los dones de tu Espíritu, haz que podamos penetrar en la profundidad de toda tu Verdad...

Enséñanos a superar las divisiones. Envíanos tu Espíritu para llevar a la total unidad a todos tus hijos en la caridad plena y en obediencia a tu voluntad...

Amén.

19 de enero

La unidad de los cristianos, compromiso de todos

Muchas voces, voces de católicos, de ortodoxos, de protestantes... se alzan *en unión* a nuestro Padre que está en los cielos, en una plegaria concorde y ferviente...

La unidad de los cristianos es aún más urgente *en nuestro tiempo,* a fin de que la Iglesia pueda llevar a cabo con más eficacia su misión y dar así testimonio de su plena fidelidad al Señor y de proclamación del Evangelio.

Al restablecimiento de la unidad deben... tender y colaborar todos los cristianos que quieran ser coherentes con la propia vocación y misión.

La oración que en el mundo entero se eleva a Dios en esta semana por la unidad de los cristianos consolidará ciertamente el compromiso de todos, según la función de cada uno y los dones recibidos, a contribuir personalmente a esta búsqueda, caldeará el corazón y la esperanza para proseguir con alegría y confianza en los caminos del Señor que nos llevan a la plena unidad y a su Reino...

Roguemos a la Thetókos, la Madre de Dios que nos ha traído a Cristo, verdadero Dios y verdadero Hombre, Príncipe de la paz, que realiza en nosotros, con su Espíritu, el Reino de Dios.

20 de enero

Relaciones fraternas entre cristianos

«Ved qué dulzura, qué delicia convivir los hermanos unidos» (Sal 132, 1)...

Estamos estrechamente unidos con los vínculos fundamentales comunes de la Biblia, Palabra de Dios, y la fe apostólica que profesamos en los grandes símbolos y que se hace vida en el bautismo.

Al profundizar en la *sacramentalidad bautismal,* descubrimos perspectivas extraordinariamente positivas en el camino de la plena unidad (cfr. *Unitatis redintegratio,* 22).

Por otro lado, *la oración* por la unidad por parte de cada una de nuestras comunidades y también, cuando resulte viable, en fraterna unión de corazones, es sin duda el mejor medio para invocar sobre el compromiso ecuménico al Espíritu de concordia, que transforma nuestras voluntades y las hace dóciles a sus inspiraciones...

Es muy importante para toda la labor ecuménica que... existan *relaciones fraternales* entre todos los que nos llamamos cristianos...

Conviene que sigamos purificando la memoria del pasado, para lanzarnos hacia un futuro de comprensión y colaboración recíprocas...

Existen diversas formas de colaboración... entre la Iglesia católica y las otras Iglesias y comunidades...

Es preciso continuar esforzándonos por hacer realidad el deseo manifestado por el Señor en la Ultima Cena: *«Que sean todos uno para que el mundo crea»* (cfr. Jn 17, 21)...

Que todos nos mantengamos «firmes en el mismo espíritu, luchando juntos como un solo hombre por la fidelidad a la buena nueva» (Fil 1, 27), para gloria de la Santísima Trinidad, Padre, Hijo y Espíritu Santo.

21 de enero

Santa Inés, virgen y mártir

Santa Inés, con su ejemplo de virginidad y de martirio, ha suscitado... en el mundo una ola de emotiva admiración...

Conmueve en ella su madurez y ponderación a pesar de su incipiente juventud, su firmeza de voluntad a pesar de su emotividad femenina, su coraje impávido a pesar de las amenazas de los jueces y la crueldad de los tormentos. Inés dio el supremo testimonio de Cristo con el cruento holocausto de su joven vida.

La imagen de esta *heroica muchacha* nos recuerda las palabras oídas de Jesús: «Bendito seas, Padre, Señor de cielo y tierra, porque, si has escondido estas cosas a los sabios y entendidos, se las has revelado a la gente sencilla» (Mt 11, 25-26)...

En estas solemnes palabras parece percibirse un estremecimiento alborozado. Jesús ve a lo lejos; contempla cómo a lo largo de los siglos una legión de hombres y mujeres de distinta edad y condición abrazan con alegría su mensaje. También Inés está entre ellos.

Todos ellos tienen una característica común: son gente sencilla, o sea, llanos, humildes...

Es gente que sabe que no sabe y no vale nada, que se saben necesitados de ayuda y de perdón; por eso... El... encuentra sus corazones dispuestos a comprenderlo.

No es éste el caso de los «sabios» y «entendidos»... Cristo no pide al hombre que renuncie a su propia razón.

Sólo el que acepta sus *límites* intelectuales y morales, y se declara *necesitado* de salvación, puede abrirse a la fe y en la fe, encontrar en Cristo a su Redentor.

22 de enero

A todos los cristianos

...Existe hoy entre los cristianos el convencimiento cada vez más hondo de la necesidad de estar perfectamente unidos en Cristo y en su Iglesia: de ser todos uno, como dice la oración de Cristo...

La obra de reconciliación, el camino hacia la unidad puede ser largo y difícil. Sin embargo, como en el camino de Emaús, el propio Señor nos acompaña en el camino...

Estará con nosotros hasta que llegue ese momento tan esperado en que nos podremos alegrar juntos al reconocerlo en las sagradas escrituras y en el «partir el pan» (Lc 24, 35)...

La renovación interna de la Iglesia católica, siguiendo fielmente al Concilio Vaticano II, es, por sí misma, una aportación indispensable a la labor de la unidad de los cristianos.

A la vez que, dentro de nuestras respectivas iglesias, progresamos... en la santidad... y auntenticidad de vida cristiana, debemos estar cada vez más unidos a Cristo y, por consiguiente, también unidos entre nosotros en Cristo.

Sólo El... puede hacer realidad nuestras esperanzas...: «Lo imposible humanamente es posible para Dios» (Lc 18, 27).

Sigamos... reflexionando juntos... sobre la necesidad de un servicio común a un mundo que nos necesita...

Todos los cristianos... deben asumir juntos la defensa de los valores espirituales y morales contra la presión del materialismo y la permisividad moral.

Los cristianos deben unirse para promover la justicia y defender los derechos y la dignidad de la persona humana...

Debemos impulsar a los ciudadanos, las comunidades y los políticos hacia las vías de la tolerancia, de la cooperación del amor...

23 de enero

La unidad de los cristianos, espera paciente, no pasiva resignación

Es importante que todos los cristianos y cristianas indaguen en su propio corazón qué obstáculos existen para la consecución de la unidad plena entre los cristianos.

El deseo mismo de la unidad completa en la fe —que aún no existe entre nosotros y que resulta indispensable para poder celebrar fraternalmente juntos la Eucaristía en la verdad—es ya un don del Espíritu Santo por el que humildemente damos gracias a Dios...

La fidelidad al Espíritu Santo exige conversión interior y ferviente oración.

Pidamos además que la paciencia legítima en la espera de la hora de Dios nunca se transforme en pasiva resignación ante el *status quo* de la división de la fe.

Que, por la gracia de Dios, esa paciencia no sea nunca un sustitutivo de la respuesta definitiva y generosa que Dios nos invita a dar en orden a la unidad perfecta en Cristo...

Recordemos que hemos sido llamados a testimoniar *la máxima fidelidad a la voluntad de Cristo.*

Perseveremos en nuestras plegarias al Espíritu Santo para que aleje toda división de nuestra fe y nos otorgue el don de esa perfecta unidad en la verdad y el amor por la que Cristo mismo oró, por la que Cristo mismo murió: para reunir a los hijos de Dios, que estaban dispersos (Tt 2, 13).

24 de enero

A los católicos

«*Os deseo gracia y paz creciente*» (1 Pe 1, 2). Como Pedro, quisiera ante todo dar gracias por la esperanza viva que hay en vosotros y que proviene de Cristo resucitado. Quisiera exhortaros a cada uno de vosotros a ser agradecidos a Dios y permanecer firmes en la fe como «hijos obedientes», manteniendo vuestras almas en *la obediencia a la verdad,* en *un cariño sincero por los hermanos,* con *un comportamiento honesto en vuestro entorno*, para que, viendo vuestras buenas obras, glorifiquen a Dios (cfr. ibíd. 1, 3.14-22; 2, 12)...

Sí, quisiera invitaros a que os familiarizaseis con esta Carta..., a que la leyeseis atentamente, meditando cada afirmación...

Llamo vuestra atención sobre una de sus exhortaciones: «Estad siempre dispuestos a dar razón de vuestra esperanza a todo el que os pida una explicación, pero con buenos modos y respeto y teniendo la conciencia limpia» (ibíd. 3, 15-16). Estas palabras constituyen la regla de oro en las relaciones y contactos que el cristiano debe mantener con los conciudadanos que profesan una fe distinta...

Tened siempre la valentía y la osadía de vuestra fe. Ahondad en ella. *Adheríos incensantemente a Cristo,* piedra angular, como piedras vivas, seguros de alcanzar el fin de vuestra fe, la salvación de vuestras almas...

Que El os colme de su caridad.

La conversión de San Pablo, llamada de Cristo

Celebramos hoy la aparición de Jesús resucitado a Saulo de Tarso, una aparición que fue revelación del misterio de la Iglesia, llevó a Saulo a su conversión y confirió a éste una misión de importancia excepcional para el futuro de la Iglesia. A tal revelación el perseguidor respondió con fe. No debemos olvidar, sin embargo, todo el esfuerzo que ello supuso para Pablo.

No fue la suya una vocación fácil; al principio, muchos cristianos le tenían miedo, porque no se fiaban de que fuese realmente discípulo (Hch 9, 26); seguidamente, Pablo debió jactarse de los sufrimientos soportados y de las debilidades experimentadas porque a través de ellas se

manifestó la fuerza gloriosa de Dios (2 Cor 2, 21; 12, 10).
Su conversión camino de Damasco fue inmediata y radical, pero debió vivirla en la fe y en la perseverancia durante los largos años de su apostolado; desde aquel momento, su vida tuvo que ser una *incesante conversión,* una *renovación continua:* «Nuestro hombre... interior se renueva de día en día» (ibíd. 4, 16). Cuando Dios llama, cuando Dios convierte, designa también una misión. La *misión* asignada a Pablo fue la de ser «su testigo ante todos los hombres de lo que ha visto y oído» (Hch 22, 15). Pablo recibió así de Cristo resucitado el mismo mandato que recibieron los apóstoles: «Id por el mundo entero pregonando la buena noticia a toda la humanidad» (Mc 16, 15). Sin embargo, en la misión específica de Pablo, Cristo revela y hacía realidad de modo especial la misión de la Iglesia frente a todas las naciones: la de ser verdaderamente universal, verdaderamente católica, «testigo ante todos los hombres». La misión de Pablo tuvo consecuencias inestimables para toda la labor de evangelización y para la universalidad de la Iglesia. El Papa Pablo VI, hablando en esta basílica a observadores de otras iglesias y comunidades eclesiales en una jornada de oración por la unidad a finales del Concilio Vaticano II, dijo que la Iglesia ve en San Pablo «el Apóstol de su ecumenidad» (Pablo VI, *Allocutio,* 4 de diciembre de 1965: AAS 58, 1966, 63).

26 de enero

La respuesta de Saulo

La celebración... de la conversión de Saulo de Tarso nos permite revivir la forma dramática que revistió su encuentro con Cristo Señor, cuando el fogoso discípulo... cegado en el camino de Damasco por la voz inconfundible de... Jesús... prestó atención inmediatamente a su palabras, y, en el mismo momento en que *acogía dócil-*

mente las pesarosas quejas del divino Maestro, era constituido «instrumento elegido por mí para darme a conocer a los paganos» (cfr. Hch 9, 15), en calidad de «testigo» suyo (Hch 22, 15).

El núcleo central de todo este suceso es... la *conversión*. Destinado a evangelizar a los pueblos..., Saulo es llamado por Cristo, ante todo, a llevar a cabo en sí mismo una conversión radical.

Cristo... le interpela íntimamente, llamándolo por su nombre, en términos tan personales que no dejan lugar a equívocos y evasivas: «Saulo, Salo, ¿por qué me persigues? Peor para ti si das coces contra el pincho... Anda, levántate y ponte en pie» (Hch 26, 14-16).

Y Saulo da comienzo a su fatigoso camino de conversión, que durará toda su vida, partiendo con humildad de su pregunta: «Señor, ¿qué debo hacer?».

Este hecho... nos permite tomar conciencia de una exigencia: la unidad puede ser fruto sólo de una conversión a Cristo, Cabeza del Cuerpo que es la Iglesia...

Tenemos que preguntarnos sin descanso de qué forma... las diversas dimensiones de nuestros esfuerzos de vida cristiana y de nuestro camino ecuménico manifiestan la búsqueda de la unidad *en cuanto conversión a Cristo...*

El ejemplo de Pablo de Tarso, transformado en San Pablo... nos hace tomar conciencia... de que la conversión y, por tanto, la unidad es posible «para Dios», aunque pueda parecer imposible «para los hombres».

27 de enero

En comunión espiritual con los ortodoxos

Credo in Spiritum Sanctum Dominum et vivificantem... Esta fe de los Apóstoles y de los Padres, que en el año

381 profesó y enseñó a profesar solemnemente el Concilio de Constantinopla, es la que ahora nosotros, reunidos en esta basílica romana de San Pedro, en unidad espiritual con nuestros hermanos que celebran la liturgia jubilar en la catedral del patriarcado ecuménico de Constantinopla, deseamos profesar, *enseñándola con la misma pureza y firmeza en este año* de 1981 que la profesó y enseñó a profesar aquel venerable Concilio hace ya dieciséis siglos.

Deseamos también colocar bajo su luz las enseñanzas del Concilio Vaticano II, el Concilio de nuestra época, que tan generosamente ha manifestado la actuación del Espíritu Santo, Señor y dador de vida, en la misión global de la Iglesia.

Deseamos, pues, llevar a cabo en la vida concreta este Concilio, convertido en *la voz y la tarea de las generaciones actuales,* y comprender con mayor profundidad aún las enseñanzas de los anteriores Concilios y, en especial, las de aquél celebrado en Constantinopla hace mil seiscientos años.

Bajo esta luz —fijando la mirada en el misterio del Cuerpo único, compuesto por diversos miembros—, nosotros auguramos con fervor renovado que *se haga realidad esa unidad a la que,* en Cristo, son llamados todos los que —según dice San Pablo— han sido «bautizados con el único Espíritu para formar un solo cuerpo», todos los que han sido «bañados por el único Espíritu».

Hacemos estos auspicios con especial fervor en el día de hoy, que nos recuerda los tiempos de la Iglesia no dividida. Y, por eso, clamamos: «Oh luz bienaventurada, penetra en lo más íntimo del corazón de tus fieles».

28 de enero

El genio de Santo Tomás de Aquino

El método realista e histórico, fundamentalmente optimista y abierto, coloca a Santo Tomás, no sólo como

«Doctor Communis Ecclesiae», como lo llama Pablo VI en su hermosa Carta *Lumen Ecclesiae,* sino también como «Doctor Humanitatis», pues siempre estuvo presto y dispuesto a hacer suyos los valores humanos de todas las culturas. Con razón puede afirmar el Doctor Angélico: *«Veritas in se ipsa fortis est et nulla impugnatione convellitur» (Contra Gentiles,* III, c. 10, n. 346 Ob). La verdad, como Jesucristo mismo, puede ser siempre renegada, perseguida, combatida, vulnerada, martirizada, crucificada, pero siempre revive y resurge, y nunca podrá ser arrancada del corazón humano. Santo Tomás ha puesto toda la fuerza de su genio al servicio exclusivo de la verdad, tras la cual parece querer quedar oculto, como si temiese que de algún modo podría perturbar el fulgor de la misma y que no fuese ella sola quien brillase con toda su luminosidad.

Así como, en filosofía, hay que ser fiel a la voz de la realidad, también en teología, según Santo Tomás, hay que ser fiel a la voz de la Iglesia. Esta fue su norma indefectible, su principio fundamental: *«Magis standum est auctoritati Ecclesiae... quam cuiuscumque Doctoris»* (*Summa Theologiae,* II-II, q.10,a.12).

La verdad que la Iglesia, asistida por el Espíritu Santo, propone es, por consiguiente, el criterio de la verdad expresada por todos los teólogos y doctores, pasados, presentes y futuros. En este sentido, la autoridad de la doctrina de Santo Tomás se identifica y halla su sentido pleno en la autoridad de la doctrina de la Iglesia. Esta es la razón de que la Iglesia lo haya propuesto como ejemplo modélico de investigación teológica.

También en el terreno teológico antepone Santo Tomás la voz de la Iglesia universal a la de los doctores y a la suya propia, anticipando de algún modo lo que dice a este respecto el Concilio Vaticano II: *«La totalidad de los fieles, que tienen la unción del Espíritu Santo, no puede equivocarse cuando cree» (Lumen Gentium, 12); «Cuando el Romano Pontífice o el Cuerpo de los Obispos*

juntamente con él definen una doctrina, lo hacen siempre
de acuerdo con la misma Revelación, a la cual deben
atenerse y conformarse todos» (*Lumen Gentium*, 25).

29 de enero

En comunión con la Iglesia anglicana

...Los católicos romanos y... los anglicanos de todo el
mundo... desean crecer en la comprensión recíproca, el
amor fraterno y el testimonio común del evangelio...

Nos dirigimos a los obispos, al clero y a los fieles de
ambas comuniones en todos los países, diócesis y parroquias en que nuestros fieles conviven.

Encomendamos a todos rezar por esta obra y hacer todo
lo posible para obtener mayores resultados, colaborando
mutuamente en orden a una creciente fidelidad a Cristo y
a dar testimonio de El en el mundo entero.

Solamente con tal colaboración y oración podremos
superar el recuerdo de las enemistades pasadas, podremos poner fin a nuestros antagonismos.

...Seamos capaces de reconocer en los acuerdos que
podamos alcanzar y en las dificultades con que nos tope-
mos un nuevo reto a abandonarnos por completo *a la*
verdad del Evangelio... Nos dirigimos... orantes a Jesús, *el*
buen Pastor..., a fin de que nos guíe hacia la completa
unidad a que hemos sido llamados.

Confiando en el poder del Espíritu Santo, nos compro-
metemos nuevamente a trabajar por la unidad con fe
firme, renovada esperanza y amor cada vez más hondo.
Este amor de Dios se ha derramado sobre nosotros en la
persona del Espíritu Santo, *el* Espíritu *de la* verdad *y de*
la unidad.

El amor crece mediante la verdad y ésta accede a los
hombres a través del amor.

Cristo, contempla entre nosotros el deseo de tantos cora-
zones. Tú, que eres Señor de la historia y Señor de los
corazones humanos, quédate con nosotros. Jesucristo,
Hijo eterno de Dios, permanece con nosotros.

30 de enero

En comunión espiritual con los luteranos

La experiencia del Apóstol de los gentiles nos enseña que
todos estamos necesitados de conversión.

No hay vida cristiana sin penitencia. «El auténtico ecumenismo no se da sin la conversión interior» (*Unitatis*
Redintegratio, 7).

«Basta ya de juzgarnos unos a otros» (Rm 14, 13). Esforcémonos más bien en aceptar juntos nuestra culpa. Esto
es aplicable también a la gracia de la unidad: «Todos han
pecado» (Rm 14, 3). Debemos admitir y confesar esto
con toda seriedad y sacar las consecuencias pertinentes...

Jesucristo es la salvación de todos nosotros... «Por obra
de nuestro Señor Jesús estamos en paz con Dios» (Rm 5,
1) y entre nosotros..., que creemos y confesamos juntos
esto mismo...

Toda la gratitud a que nos mueve el patrimonio que aún
tenemos en común y que nos une no nos puede hacer
olvidar todo lo que continúa dividiéndonos... Estamos
llamados a tender juntos, *dialogando en la verdad y en el*
amor, a la *plena* unidad de la fe...

Debemos intentarlo todo. Tenemos que hacer todo lo
posible para alcanzar la unión. Se lo debemos a Dios y al
mundo...

«La voluntad de Cristo y los signos de los tiempos nos
impelen a dar un testimonio común en la plenitud creciente de la verdad y del amor». Grande y difícil es la

tarea que nos espera... «Por gracia de Dios, el Espíritu acude en auxilio de nuestra debilidad» (Rm 8, 26). Confiando en El, podemos proseguir este diálogo mutuo, haciéndonos cargo de las labores que ello implica.

Comencemos por el diálogo más importante: *la oración.*

31 de enero

San Juan Bosco

San Juan Bosco ha sido dentro de la historia de la Iglesia de los que mejor han comprendido las palabras de Cristo acerca del Reino de los cielos, expresadas a través del ejemplo de los niños. Fue uno de los mejores *conocedores de sus almas* y uno de los mayores *educadores de la juventud.* Este santo comprendió que en los jóvenes, muchachos y muchachas, el Reino de Dios se ofrece de forma especial como tarea del hombre. Es preciso captarlo en esta línea, en este horizonte, si se quiere, en definitiva, entrar en él. Dice el Señor: «El que acoge a un chiquillo como éste por causa mía, me acoge a mí» (Mt 18, 5). Jesús se nos da, y traduce esa donación en la clave del niño, ya que, mediante Jesús y solamente en virtud suya, el Reino de Dios se inicia y crece en el hombre. Juan Bosco captó esta verdad de modo extraordinario, como sólo puede hacerlo un santo. En ella encontró el *principal carisma* de su vida sacerdotal, su específica vocación personal. En ella supo descubrir recursos de gran vitalidad, a veces difíciles de entender. Amó el Reino de Dios presente en el alma del niño, y este amor evangélico no sólo hizo de este sencillo sacerdote un educador genial, sino también un experimentado maestro de educadores. Se convirtió así en creador de numerosos centros modernos para la juventud y fundador inspirado de una Congregación, que cultiva su espiritualidad y su carisma, transmitiéndolos de generación en generación, desde hace más de un siglo. «Todo lo que sea verdadero, todo lo respetable, todo lo justo, todo lo limpio, todo lo estimable, todo lo de buena fama, cualquier virtud o mérito que haya, eso tenedlo por vuestro; y lo que aprendisteis, y recibisteis, y oisteis, y visteis de mí o en mí, eso llevadlo a la práctica; así el Dios de la paz estará con vosotros» (Flp 4, 8-9).

Cristo. La obra de la sabiduría y de la gracia genera la alegría, genera la paz.

Febrero

1 *Fiat mihi secundum verbum tuum*
2 *Presentación del Señor*
3 *Cristo, luz de la vida humana*
4 *Diálogo con los judíos*
5 *Fraternidad entre cristianos y musulmanes*
6 *Los santos mártires de Nagasaki*
7 *La fuerza salvífica de Cristo*
8 *Saber acoger a Cristo*
9 *Cristo se hace luz y salvación*
10 *Santa Escolástica*
11 *Lourdes, sufrimiento santificado y santificante*
12 *A los enfermos*
13 *Colaboración de los enfermos con el Santo Padre*
14 *Santos Cirilo y Metodio*
15 *La obra evangelizadora de los santos Cirilo y Metodio*
16 *Oración a los santos Cirilo y Metodio*
17 *La creación es un don*
18 *La creación, don del amor*
19 *El misterio de la creación*
20 *El temor originado por la muerte de Dios*
21 *La civilización del consumo*
22 *La «pedagogía de la voluntad»*
23 *El miedo a morir, hoy*
24 *¿Liberación de la alienación religiosa?*
25 *Conocer la identidad de Jesucristo*
26 *Jesús, ese desconocido*
27 *Poseer el conocimiento de Jesucristo*
28 *El mundo está sediento de misericordia*

1 de febrero

Fiat mihi secundum verbum tuum

«Fiat mihi secundum verbum tuum...». Estas palabras, pronunciadas por María en la Anunciación, y que recitamos con nuestros labios y meditamos con el corazón en nuestra oración, resultan especialmente elocuentes a la luz de la festividad que mañana celebramos: la fiesta de la Presentación del Señor en el templo. Cuarenta días después de la Navidad, la liturgia rememora el acontecimiento que tuvo lugar a los cuarenta días de nacer Jesús en Belén.

He aquí lo que nos dice San Lucas: «Cuando llegó el tiempo de que se purificasen, conforme a la Ley de Moisés, llevaron a Jesús a Jerusalén para presentarlo al Señor (así lo prescribe la Ley del Señor: «Todo primogénito varón será consagrado al Señor») y para entregar la oblación (conforme a lo que dice la Ley del Señor: «Un par de tórtolas o dos pichones»)» (Lc 2, 22-24).

Y precisamente con ocasión de esta presentación y consagración, María pudo escuchar las palabras proféticas de Simeón: «Mira: éste está puesto para que todos en Israel caigan o se levanten; será una bandera discutida, mientras que a ti una espada te traspasará el corazón; así quedará patente lo que todos piensan» (ibíd. 2, 34-45).

Meditemos en nuestro rezo la respuesta dada por María en la Anunciación: «Fiat mihi secundum verbum tuum», leamos con la mente y con el corazón esta respuesta a las palabras de Simeón. En ellas se resalta la participación futura de la Madre en el sacrificio del Hijo, redentor del mundo: «Así quedará patente lo que todos piensan... a ti una espada te traspasará el corazón».

2 de febrero

Presentación del Señor

«Lumen ad revelationem gentium». Estas palabras se dijeron por primera vez en el mismo lugar del templo de Jerusalén en que se llevaba a cabo el rito de la purificación de las madres tras el nacimiento de su hijo primogénito.

Las pronunció el anciano Simeón, que era un profeta. Las pronunció ante María y José, que habían llevado al templo al niño nacido en Belén.

A pesar de ser dichas en un recinto limitado, la verdad que estas palabras proclaman ha colmado el templo entero: todo el espacio dedicado al Dios de Israel, en espera del Mesías. Estas palabras han llenado el templo de Jerusalén con la luz de sus designios, proyectados desde toda la eternidad: «luz para alumbrar a las naciones y gloria de tu pueblo, Israel» (Lc 2, 32).

Hoy entramos en la basílica de San Pedro repitiendo las palabras de Simeón. Caminamos en procesión, portando los cirios, signo de la luz «que alumbra a todo hombre» (Jn 1, 9). Signo de Cristo, nacido en Belén. Signo de Cristo, presentado en el templo. «Bandera discutida» (cfr. Lc 2, 34). Con este signo confesamos a Cristo.

¿No debía acaso ser objeto de discusión por parte de sus contemporáneos, por parte de los miembros del pueblo al que había sido enviado? Sí, y de hecho así sucedió. Para extinguir la luz, le dieron muerte. Simeón profetiza esta muerte cuando dice a su madre: «Y a ti una espada te traspasará el corazón» (ibíd. 2, 35).

La muerte en la cruz no ha apagado la luz de Cristo. El no ha sido aplastado por la losa sepulcral.

Pues bien, entremos en esta basílica portando la luz, signo de Cristo crucificado y resucitado. En la cruz y en la resurrección hallará su total confirmación la profecía de Simeón: signo de discusión - signo de luz.

3 de febrero

Cristo, luz de la vida humana

¿Acaso no ha entrado Cristo con este signo en la historia humana? ¿Es que El no emerge a nosotros en cada época de la historia del hombre? No existe una sola época en la que El no haya sido objeto de contradicción. Y en esta contradicción se revela siempre de nuevo la luz que ilumina al hombre.

¿No es nuestro siglo también una época de contradicción multiforme en relación con Cristo? ¿Y precisamente en este siglo no se vuelve El a manifestar como la luz que ilumina a los hombres y a los pueblos? El signo luminoso con el que en este día hacemos profesión de Cristo, hijo de María, Cristo nacido en Belén y presentado en el templo, Cristo crucificado y resucitado, es un signo sencillo y, al mismo tiempo, repleto de riqueza. Rico como la vida misma, pues realmente «la vida era la luz de los hombres» (Jn 1, 4).

Cristo es la luz de la vida humana. Es la luz, porque disipa las tinieblas, porque alumbra sus misterios, porque responde a los interrogantes fundamentales y definitivos. Es la luz, porque da sentido a la vida, porque lleva al hombre al convencimiento de su dignidad.

En el signo de esta luz nos hemos congregado hoy en este templo romano de San Pedro, al igual que María y José fueron al templo de la Antigua Alianza, que esperaba al Mesías. Estamos aquí para revivir el misterio de la presentación del Señor, de su presentación en el templo, convertida en modelo y fuente de inspiración, luz que ilumina la vida humana. Vivamos en Cristo con la luz de la Presentación. ¿No se transforma el mundo entero en un gigantesco templo cósmico mediante el corazón del hombre, en el que éste ofrece «sacrificios espirituales»? ¿No se transforma en un inmenso espacio cristocéntrico del espíritu creado, en el que actúa el Espíritu Santo? ¡Oh, de qué no es capaz el pequeño corazón del hombre cuando se deja penetrar por la luz de Cristo y se convierte en templo de la Presentación!

4 de febrero

Diálogo con los judíos

¡Shalom! «Quien encuentra a Jesucristo, encuentra al judaísmo» (*).

La fe de la Iglesia de Jesucristo, hijo de David e hijo de Abrahán (cfr. Mt 1, 1), encierra de hecho... «la herencia espiritual de Israel destinada a la Iglesia» (ibídem), una herencia viva, que nosotros, los católicos, recogemos y conservamos en su profundidad y riqueza... Esta profundidad y riqueza de nuestra herencia común se nos ofrecen de un modo especial a través del diálogo amistoso y la cordial colaboración...

La *primera* dimensión de este diálogo, es decir, el encuentro entre el Pueblo de Dios del Antiguo Testamento, jamás revocado por Dios (cfr. Rm 11, 29), y el del Nuevo Testamento, es al mismo tiempo un diálogo en el ser íntimo de nuestra Iglesia; valga la expresión, un diálogo entre la primera y la segunda parte de su Biblia...

(*) Declaración de los obispos de la República Federal de Alemania en abril de 1980, sobre las relaciones de la Iglesia con el judaísmo.

Una *segunda* dimensión de nuestro diálogo —la auténtica y fundamental— consiste en el encuentro entre las iglesias cristianas actuales y el actual pueblo de la alianza establecida con Moisés...

Una *tercera* dimensión de nuestro diálogo radica en el hecho de que judíos y cristianos, en cuanto hijos de Abrahán, han sido llamados a ser bendición para el mundo (cfr. Gn 12, 2 ss.), en la medida en que se comprometen juntos por la paz y la justicia entre todos los hombres y pueblos, y lo hacen plenamente y en profundidad, como Dios mismo lo ha proyectado para nosotros, y con la disponibilidad a realizar sacrificios que tan alto empeño exige...

5 de febrero

Fraternidad entre cristianos y musulmanes

Deliberadamente me dirijo a vosotros como a hermanos. Lo somos, sin duda, en cuanto miembros de la familia humana, cuyos esfuerzos tienden —se percaten los hombres de ello o no— a Dios y a la verdad que procede de El. Pero somos especialmente hermanos en el Dios que nos ha creado y al que tratamos de alcanzar, cada cual por su camino, a través de la fe, la oración, el culto, la fidelidad a su ley y el sometimiento a su voluntad. Condición de vuestra dicha, como también la de vuestros hermanos y hermanas cristianos, es un clima de estima y confianza mutua. Sabéis tan bien como yo que, en el pasado, este clima ha estado deteriorado muy a menudo, en detrimento de cualquier tipo de relación.

Sin embargo, queridos amigos, sabemos también demasiado bien que no existe ninguna razón positiva para que tal pasado salga de nuevo a relucir. En todo caso, tendremos que mirar hacia atrás con dolor, con el solo fin de consolidar un futuro mejor. Desde hace algunos años, habéis sentido la apremiante necesidad de reuniros juntos, encarar vuestros problemas y restablecer una estima y confianza mutuas. Se ha iniciado así un diálogo fructífero y, desde entonces, no hay año en que no os reunáis con vuestros conciudadanos cristianos, bajo los auspicios de órganos gubernativos o instituciones privadas.

Queridos musulmanes, hermanos míos: me gustaría añadir que nosotros, los cristianos, al igual que vosotros, buscamos la base y el modelo de la misericordia en Dios mismo, el Dios al que vuestro libro llama con el bellísimo nombre de al-Rahum, el Misericordioso. Sólo en el marco de esta estructura de religión y de sus promesas comunes de fe, se puede realmente hablar de respeto mutuo, apertura y colaboración entre cristianos y musulmanes.

A ello sucederá la voluntad de colaborar recíprocamente, de construir una sociedad más fraternal.

6 de febrero

Los santos mártires de Nagasaki

Queridos amigos, hoy quiero ser uno de los muchos peregrinos que vienen aquí, a la colina de los mártires de Nagasaki, donde unos cristianos sellaron con el sacrificio de sus vidas su fidelidad a Cristo. Ellos triunfaron sobre la muerte con un acto insuperable de alabanza al Señor. En espíritu de oración ante el monumento de los mártires, quisiera ahondar en el misterio de sus vidas, quisiera que ellos mismos me hablasen a mí y a toda la Iglesia, quisiera escuchar su mensaje, vivo aún tras centenares de años. Como Cristo, fueron llevados al lugar donde normalmente ajusticiaban a los criminales comunes. Como Cristo, entregaron sus vidas para que todos nosotros pudiéramos creer en el amor del Padre, en la misión salvífica del Hijo, en la guía infalible del Espíritu Santo.

En Nishizaka, el 5 de febrero de 1597, veintiséis mártires testimoniaron *el poder de la cruz;* fueron los primeros de un precioso haz de mártires, pues otros muchos, posteriormente, consagraron esta tierra con sus padecimientos y su muerte.

En Nagasaki murieron unos cristianos, pero *la Iglesia en Nagasaki no ha muerto.*

Hoy vengo a este lugar como peregrino, para dar gracias a Dios por la vida y la muerte de los mártires de Nagasaki.

Doy gracias a Dios por la vida de todos los que, en cualquier lugar del mundo, sufren a causa de su fe en Dios, su lealtad a Cristo salvador, su fidelidad a la Iglesia. Cada época —pasada, presente y futura— produce, para edificación de todos, rutilantes ejemplos de la fuerza que reside en Jesucristo.

Hoy vengo a la colina de los mártires *para testimoniar la primacía del amor en el mundo.*

7 de febrero

La fuerza salvífica de Cristo

Jesucristo está presente en medio de todos vosotros *para confirmar así, cotidianamente, la presencia salvífica de Dios.* Esta fuerza es la que libera al hombre del pecado y lo conduce hacia el bien, a fin de llevar una vida verdaderamente digna del hombre: para que los esposos, los padres, den a sus hijos no sólo la vida, sino también la educación y un buen ejemplo; para que florezca la verdadera vida cristiana en las familias, para que no lleven las de ganar el odio, la destrucción, la deshonestidad, el escándalo; para que el trabajo de los padres y de las madres sea respetado y para que este trabajo cree las condiciones indispensables para mantener la familia;

para que sean respetadas las exigencias fundamentales de la justicia social; para que se desarrolle la auténtica cultura, empezando por la cultura de la vida cotidiana. Para que todo esto se haga realidad, *es necesario* un gran esfuerzo, iniciativa, osadía y buena voluntad. Pero, por encima de todo, es necesaria la presencia de Cristo, que puede decir: «Tus pecados te son perdonados», es decir, liberar a todos y a cada uno del mal interior y guiar *desde dentro la mente y el corazón hacia el bien.* En efecto, el hombre, la vida humana y todo lo humano, se forma primeramente a partir del interior. Y a tenor de lo que hay «en el hombre», en su conciencia y en su corazón, se va modelando después toda su vida exterior y la convivencia con los otros hombres. Si en el hombre habita el bien, el sentido de la justicia, el amor, la castidad, la benevolencia para con los demás, un sano deseo de dignidad, entonces el bien irradia al exterior, conforma la faz de las familias, de los ambientes, de las instituciones.

8 de febrero

Saber acoger a Cristo

«Vino a su casa». Pensemos en estos momentos en los que le han cerrado la puerta interior y preguntémonos los motivos. Hay tantas, tantas, tantas respuestas, reticencias y motivos posibles...

Nuestra conciencia humana no posee la capacidad de abarcar todas. No se siente capaz de juzgar. Solamente el Omnipotente escruta en lo más hondo del corazón y de la conciencia de cada hombre.

Sólo El. Y solamente El, eternamente nacido. Sólo el Hijo. Pues «el Padre ha delegado en el Hijo toda potestad de juzgar» (Jn 5, 22); en Cristo, «la luz verdadera, la que alumbra a todo hombre» (ibíd. 1, 9).

¡Cuánto pierde el hombre, cuando encuentra a Jesús y no ve en El al Padre! Pues Dios se ha revelado en Cristo al hombre como el Padre.

¡Y cuánto pierde el hombre, cuando no ve en El a la propia humanidad! Pues Cristo ha venido al mundo para revelar plenamente el hombre al hombre y darle a conocer su excelsa vocación (cfr. *Gaudium et Spes,* 22).

«A los que lo recibieron, los hizo capaces de ser hijos de Dios» (Jn 1, 12). Brota de aquí un cálido voto y deseo, una humilde plegaria: que los hombres de nuestro siglo reciban a Cristo; los hombres de las distintas naciones y continentes, de idiomas, culturas y civilizaciones diferentes. Que lo reciban, que vuelvan a encontrarlo de nuevo, que se les otorgue la fuerza que proviene solamente de El, porque sólo en El reside.

9 de febrero

Cristo se hace luz y salvación

Cristo se ha convertido históricamente, al comienzo de su vida pública, en la luz y salvación del pueblo al que ha sido enviado.

Después de que la gloria del Señor hubiese envuelto de luz a los pastores en la noche de Belén (cfr. Lc 2, 9), con motivo del nacimiento de Jesús, ésta es la primera vez que el Evangelio habla de una luz manifiesta a todos, cuando Jesús, tras haber dejado Nazaret y ser bautizado en el Jordán, baja a Cafarnaún para dar comienzo a su ministerio público. Este hecho representa como un segundo nacimiento, consistente en el abandono de la vida privada y oculta para dedicarse a un compromiso total e irrevocable de su vida, consumida al servicio de todos, llegando al supremo sacrificio de sí mismo.

Al mismo tiempo, Mateo nos dice también que Jesús ilumina en seguida a algunos hombres «mientras caminaba junto al mar de Galilea», es decir, a orillas del lago de Genezaret. Es la llamada de los primeros discípulos: los hermanos Simón y Andrés y, más tarde, otros dos hermanos, Santiago y Juan, todos ellos pescadores. «Inmediatamente dejaron la barca y a su padre y lo siguieron». Sucumbieron indudablemente a la fascinación de la luz misteriosa que emanaba de El y lo siguieron sin demora alguna para que su fulgor alumbrase el camino de sus vidas.

Sin embargo, la luz de Jesús resplandece para todos. De hecho, Jesús se da a conocer a las gentes de Galilea, como dice el evangelista, «enseñando en aquellas sinagogas, proclamando la buena noticia del Reino y curando todo achaque y enfermedad del pueblo».

Su luz es, pues, una luz que ilumina y calienta, pues no se limita a esclarecer las mentes, sino también a redimir situaciones de necesidad material. «Pasó haciendo el bien y curando a los oprimidos» (Hch 10, 38).

10 de febrero

Santa Escolástica

Hoy celebramos la fiesta litúrgica de Santa Escolástica, virgen, hermana de San Benito, nacidos ambos hace 1.500 años en Norcia.

Con este motivo, os anuncio gozoso que el próximo 23 de marzo, domingo, viajaré en peregrinaje a dicha ciudad para participar personalmente en los solemnes festejos del XV centenario del nacimiento *de estos dos santos,* a los que no sólo la Iglesia, sino también la Europa medieval y moderna tienen que estar muy agradecidos.

Y será precisamente en Norcia, esa ciudad antiquísima, tan rica en historia y en arte, cuna de la Orden Benedictina, donde quiero expresar, en nombre de todo el Pueblo de Dios, el profundo agradecimiento a la Santísima Trinidad por haber hecho a la humanidad el magnífico regalo de *estas dos grandes personalidades.* Al mismo tiempo, tendré allí ocasión de encontrarme con las buenas gentes de esa tierra, tan fieles a Cristo y a la Iglesia, para saludarles, darles ánimos y confortarles espiritualmente en la dura prueba que recientemente han padecido.

Contemplo con sincera admiración todos los monasterios de Benedictinas y con viva satisfacción pienso en ellas a través de esa imagen que San Benito estimaba tanto, cuando las llamaba «escuelas del servicio de Dios».

En vuestros asceterios... sabéis por propia experiencia que cuanto más íntima es la conversación con el Padre celestial, tanto más se constata que el tiempo dedicado a este excelso acto de caridad nunca resulta suficiente.

¿Cómo no recordar, a este respecto, la densa jornada que ambos hermanos consumieron en alabanzas de Dios y en santa conversación, como nos narra San Gregorio Magno, y a la que siguió, a instancias de Santa Escolástica, la famosa velada nocturna, en la que ambos pasaron toda la noche saciándose de sosegados coloquios y departiendo juntos, uno y otra, las vivencias de su vida espiritual? (*Sancti Gregorii Magni Dialogorum Liber,* 2, 33; PL 66, 194-196).

11 de febrero

Lourdes, sufrimiento santificado y santificante

Realidad de la fe, la esperanza y la caridad. Realidad del sufrimiento santificado y santificante.

Realidad de la presencia de la madre de Dios en el misterio de Cristo y de su Iglesia en la tierra: presencia especialmente viva en esta parcela escogida de la Iglesia que son los enfermos y las personas que sufren... Cuando estas personas están animadas por la fe, se dirigen a Lourdes. ¿Por qué? Porque *saben que en ese lugar, como en Caná, «está la madre de Jesús»;* y donde está ella, no puede faltar su Hijo.

Toda clase de enfermos acuden en peregrinaje a Lourdes, sostenidos por la esperanza de que, por medio de María, se manifieste en ellos la fuerza salvífica de Cristo...

La fuerza salvífica de Cristo... se revela *sobre todo en el ámbito espiritual.*

En el corazón de los enfermos es donde María hace oír la voz taumatúrgica del Hijo: voz que disuelve los entumecimientos de la acritud y de la rebelión, que confiere al alma la posibilidad de contemplar con una nueva luz el mundo, a los demás, el propio destino...

Los enfermos *descubren en Lourdes el valor inestimable del propio sufrimiento...,* el significado que ese dolor puede tener... en su vida, renovada interiormente por la llama que consume y transforma, ...dentro de la vida de la Iglesia...

La Virgen Santísima, que, en el Calvario, se mantiene valerosamente en pie junto a la cruz de su Hijo y participa en persona en su Pasión, sabe convencer siempre a nuevas almas para que unan sus propios sufrimientos al sacrificio de Cristo, en un «ofertorio» común, que, más allá del tiempo y del espacio, abarca a toda la humanidad y la salva.

12 de febrero

A los enfermos

Aunque Dios permite la existencia del sufrimiento en el mundo, ciertamente no se recrea en él. De hecho, nuestro Señor Jesucristo, el Hijo de Dios hecho hombre, amaba a los enfermos y dedicó gran parte de su ministerio en la tierra a curar a los enfermos y consolar a los afligidos. Nuestro Dios es un Dios de compasión y consuelo, que espera de nosotros que pongamos todos los medios que estén a nuestro alcance para impedir, aliviar y eliminar el sufrimiento y la enfermedad. Por eso tenemos programas preventivos en el terreno sanitario, así como médicos, enfermeras, instituciones médicas y auxiliares de todo tipo.

La ciencia médica ha hecho grandes progresos y nosotros debemos utilizarlos en nuestro provecho.

Sin embargo, y a pesar de todos estos esfuerzos, el sufrimiento y la enfermedad siguen siendo una realidad. El cristiano halla un significado en el sufrimiento, y lo soporta con paciencia, amor de Dios y generosidad. Lo ofrece entero a Dios, por Cristo, especialmente durante el sacrificio de la santa misa. Cuando el enfermo recibe la comunión, se une a Cristo víctima. Así, cuando el sufrimiento va unido a la pasión de Cristo y a su muerte redentora, adquiere entonces gran valor para el individuo, la Iglesia y la sociedad.

Este es el sentido de estas palabras maravillosas de San Pablo, que deberíamos meditar continuamente: «Ahora me alegro de sufrir por vosotros, pues voy completando en mi carne mortal lo que falta a las penalidades de Cristo por su Cuerpo, que es la Iglesia» (Col 1, 24).

Sé también por propia experiencia qué es estar enfermo y permanecer por mucho tiempo internado en un hospital, pero también que es posible confrontar y animar a los que comparten la misma situación de reclusión y sufrimiento, y cuán necesario es rezar por los enfermos y manifestarles nuestro cariñoso interés.

Colaboración de los enfermos con el Santo Padre

Estamos congregados aquí... para honrar y celebrar a María santísima, recordando su aparición a la humilde Bernardette en la gruta de Massabielle para confiarle un mensaje especial de misericordia y de gracia. ¿Y quién podría afirmar que dicho mensaje no conserva su pleno valor también en nuestros días?

A través de una muchachita desconocida, María quería hacer una llamada a la conversión, especialmente de los pecadores, solicitando para su salvación el empeño comunitario de todos los fieles cristianos. Es un hecho que esta llamada suscitó en la Iglesia un ferviente movimiento de oración y caridad, sobre todo al servicio de los enfermos y de los pobres. No es otra cosa lo que queremos hacer esta tarde. Convocándoos para la celebración de la Eucaristía, sacramento de piedad y vínculo de caridad, he querido que a mi vera, ocupando un lugar principal y de privilegio, estén tantos hermanos y hermanas puestos a prueba por el dolor y el sufrimiento.

Esta tarde quisiera también comunicaros un proyecto especial y personal. Como sabéis ya seguramente, dejaré Roma por algunos días y, si Dios quiere, visitaré algunos países africanos.

Se trata de un viaje misionero porque voy a visitar precisamente una serie de iglesias jóvenes y porque su único motivo es el servicio a la causa del Evangelio, a través del contacto directo con los fieles y pastores de estas iglesias.

Os ruego que me acompañéis, hermanos y hermanas que me estáis escuchando, con vuestro pensamiento y afecto, pero sobre todo con la caridad de una oración especial, a fin de que el Señor, el único que puede darla, tenga a bien prestarme su ayuda indispensable: Dios es quien hace crecer (cfr. 1 Cor 3, 6-7).

Vosotros especialmente, que sufrís en vuestra carne la enfermedad, unid el ofrecimiento de vuestros sufrimientos y acompañadme así durante este viaje. Vosotros podéis hacer mucho por mí; una vez más, tenéis la capacidad de infundirme esa fuerza de la que ya hablé en la misma mañana de mi nombramiento para ocupar la sede de Roma, y de la que también yo he sentido su poder interior durante el período de mi enfermedad.

14 de febrero

Santos Cirilo y Metodio

Los santos Cirilo y Metodio, hermanos de sangre y todavía más en la fe, proclamados por mí el 31 de diciembre de 1980 patronos celestes, junto a San Benito, de toda Europa..., fueron intrépidos seguidores de Cristo, predicadores incansables de la palabra de Dios. Originarios de Tesalónica, la ciudad donde San Pablo llevó a cabo parte de su actividad apostólica y a cuyos primeros fieles dirigió dos cartas, ambos hermanos entraron en contacto espiritual y cultural con la Iglesia patriarcal de Constantinopla, por aquel entonces centro floreciente de cultura teológica y actividad misionera, y supieron aunar las exigencias y compromisos de la vocación religiosa con el servicio misionero.

Los cátaros de Crimea fueron los primeros testigos de su ardor apostólico, pero su obra evangelizadora más importante fue la misión en la gran Moravia, emprendida a requerimiento del príncipe de Moravia, Ratislaw, ante el emperador y la Iglesia de Constantinopla.

La obra apostólica y misionera de los santos Cirilo y Metodio, tan compleja y variada, aparece ante nosotros, desde la perspectiva multiforme de once siglos, como un hecho de riqueza y fecundidad extraordinarias, y también de excepcional importancia teológica, cultural y ecuménica; aspectos todos ellos que interesan no solamente a la historia de la Iglesia, sino asimismo a la historia civil y política de una parte del continente europeo.

La traducción en lengua vulgar de los Libros Sagrados con fines litúrgicos y catequéticos han hecho de San Cirilo y San Metodio, además de los apóstoles de los pueblos eslavos, los padres de su cultura.

Su arriesgado servicio misionero, llevado a cabo en comunión con la Iglesia de Constantinopla, que les envió, y con la sede romana de Pedro, que les confirmó, nos evidencia su indómito amor por la Iglesia una, santa y católica y nos sirve de estímulo para vivir plenamente esta unidad en la fe y en la caridad.

15 de febrero

La obra evangelizadora de los santos Cirilo y Metodio

Cirilo y Metodio fueron dos auténticos «obreros» de los campos de Dios. En el día de su festividad, exaltando su meritoria obra apostólica, la Iglesia sabe que necesita hoy más que nunca cristianos capaces de poner todo su empeño, energías y entusiasmo en el anuncio del mensaje de salvación en Cristo Jesús. Sabe además que precisa de almas consagradas total y exclusivamente a la predicación del Evangelio, a la acción misionera; necesita sacerdotes, religiosos, religiosas, misioneros, misioneras, que, renunciando alegre y generosamente a la familia, la patria, los afectos humanos, dedican su vida entera a trabajar y a sufrir por el evangelio (cfr. Mc 8, 35).

Ante el marco histórico de la obra evangelizadora llevada a cabo por estos dos santos hermanos, la Iglesia percibe aún con mayor profundidad que la evangelización constituye su propia gracia y vocación, su más honda identidad. «Ella existe para evangelizar —ha escrito Pablo VI— o, dicho de otro modo, para predicar y enseñar, servir de canal del don de la gracia, reconciliar a los pecadores con Dios, perpetuar el sacrificio de Cristo en la santa misa, que es el memorial de su muerte y de su gloriosa resurrección» (*Evangelii Nuntiandi,* 14).

Así se comprende la preeminencia que los santos Cirilo y Metodio otorgaron al anuncio del evangelio: un anuncio que no ha humillado, destruido o eliminado, sino que más bien ha integrado, elevado y exaltado los auténticos valores humanos y culturales pertenecientes a la idiosincrasia de los países evangelizados, contribuyendo a un clima de apertura y solidaridad, capaces de borrar los antagonismos y de crear un patrimonio espiritual y cultural común, que ha servido de sólida base para la justicia y la paz.

16 de febrero

Oración de los santos Cirilo y Metodio

Elevamos nuestra humilde y fervorosa plegaria a los dos santos hermanos, patrones de Europa, implorando su poderosa intercesión ante la Santísima Trinidad.

Santos Cirilo y Metodio, que con entrega admirable habéis llevado la fe a los pueblos sedientos de verdad y de luz, haced que toda la Iglesia proclame siempre a Cristo crucificado y resucitado, redentor del hombre.

Santos Cirilo y Metodio, que a lo largo de vuestro duro y difícil apostolado misionero permanecisteis siempre profundamente ligados a la Iglesia de Constantinopla y a la Sede romana de Pedro, haced que las dos iglesias hermanas, la católica y la ortodoxa, superados en la caridad y en la verdad los elementos de división, puedan alcanzar pronto la plena unión deseada.

Santos Cirilo y Metodio, que, con sincero espíritu de fraternidad, habéis acercado distintos pueblos para anunciar a todos el mensaje de amor universal predicado por Cristo, haced que los pueblos del continente europeo, conscientes de su común patrimonio cristiano, convivan en el respeto recíproco de sus justos derechos y en la solidaridad, y sean instrumentos de paz entre todas las naciones del mundo.

Santos Cirilo y Metodio, que, impulsados por el amor de Cristo, todo lo dejasteis para servir al evangelio, proteged la Iglesia de Dios: a mí, sucesor de Pedro en la sede de Roma; a los obispos, sacerdotes, religiosos y religiosas, misioneros y misioneras, padres y madres, hombres y mujeres jóvenes, niños, pobres, enfermos, personas que sufren; que cada uno de nosotros, en el puesto que le haya designado la Providencia divina, sea un digno «obrero» de los campos del Señor. Amén.

17 de febrero

La creación es un don

La palabra «creó», en labios de Cristo, significa la misma verdad que encontramos en el libro del Génesis. El primer relato de la creación repite varias veces este término. Desde Génesis 1, 1 («Al principio creó Dios el cielo y la tierra») hasta Génesis 1, 27 («Creó Dios al hombre a su imagen»), Dios se revela a sí mismo ante todo como Creador.

Cristo se remonta a esa revelación fundamental contenida en el libro del Génesis. El concepto de creación posee en él toda su profundidad, no sólo metafísica, sino también plenamente teológica.

Creador es quien «llama a la existencia a partir de la nada» y quien establece en la existencia al mundo y al

hombre que vive en el mundo, *porque El «es amor»* (1 Jn
4, 8). A decir verdad, no encontramos el término «amor»
(Dios es amor) en el relato de la creación. No obstante,
este relato repite no pocas veces: «Y vio Dios todo lo que
había hecho: y era muy bueno».

Mediante estas palabras estamos en disposición de entre-
ver cómo el amor es el motivo divino de la creación, a
modo de fuente de la que mana todo: *solamente el amor*
origina el bien y se complace en el bien (cfr. 1 Co 13). La
creación, por tanto, en cuanto acción de Dios, significa
no sólo llamar de la nada a la existencia y establecer la
existencia del mundo y del hombre que vive en el
mundo, sino también, según el primer relato, «beresit
bara», *donación;* una donación fundamental y «radical».
Dicho con otras palabras, una donación en la que el propio don surge de la nada.

La creación es un don, pues en ella aparece el hombre, el
cual, al ser «imagen de Dios», es capaz de comprender el
sentido mismo del don en la llamada desde la nada a la
existencia. El hombre es capaz de responder al creador
con el lenguaje de esta comprensión.

18 de febrero

La creación, don del amor

La realidad del don y del acto de donar, trazada en los
primeros capítulos del Génesis como contenido constitutivo del misterio de la creación, confirma que la irradiación del amor es parte integrante de este mismo misterio.

Sólo el amor crea el bien, y éste puede ser percibido en
todas sus dimensiones y aspectos a través de las cosas
creadas y, sobre todo, del hombre.

Su presencia es, en cierta medida, el resultado final de la
hermenéutica del don que estamos llevando a cabo. Es la

felicidad original, el «principio» beatificante del ser humano, creado por Dios «varón y hembra» (Gn 1, 27). El significado esponsal del cuerpo en desnudez original: todo esto expresa el arraigo en el amor.

Este donar coherente, arraigado en los sustratos más profundos de la conciencia y del subconsciente, en los estratos últimos de la existencia personal de ambos, hombre y mujer, y reflejado también en su recíproca *«experiencia del cuerpo», «testimonia el arraigo en el amor»*. Los primeros versículos de la Biblia hablan tanto de ello que no cabe duda a este respecto. Hablan no solamente de la creación del mundo y del hombre que vive en el mundo, sino también de la gracia, es decir, de comunicación de la santidad, de irradiación del Espíritu, que produce un estado peculiar de «espiritualización» en ese ser humano que, de hecho, fue el primero. En el lenguaje bíblico, o sea, en el lenguaje de la Revelación, la denominación de *«primero» significa en realidad «de Dios»:* «Adán, hijo de Dios» (cfr. Lc 3, 38).

19 de febrero

El misterio de la creación

«Venid, aclamemos al Señor... Entrad, inclinados rindamos homenaje, bendiciendo al Señor, Creador nuestro. Porque El es nuestro Dios, y nosotros su pueblo» (Sal 94, 1, 5-7). Venite adoremus!

Esta oración contiene una invitación dirigida al entendimiento humano, así como a la voluntad y al corazón.

Constituye la invitación más fundamental: sal fuera y vete al encuentro de Dios, el Creador. Tu Creador.

Encuentro con Dios, al que todos los seres deben su existencia. Con Dios, que, como Creador, está «por encima» de todo lo creado, por encima del cosmos, y al mismo tiempo abraza y penetra este cosmos hasta su más honda intimidad, hasta la esencia misma de todas las cosas.

Sal al encuentro de Dios, tu Creador. He aquí la primera invitación fundamental del entendimiento humano iluminado por la fe; más aún, la primera invitación del entendimiento que busca sinceramente la Verdad en el ámbito de la ciencia y la reflexión filosófica.

Se podría corroborar este hecho con declaraciones que los hombres mismos de ciencia han hecho sobre este punto a lo largo de los siglos y también en nuestros días.

Newton, por ejemplo, afirmaba textualmente que «un Ser inteligente y poderoso... gobierna todas las cosas, no a modo de alma del mundo, sino como Señor del universo. Y a causa de tal dominio, se le suele llamar Señor Dios, pantocrator».

Einstein, a su vez, que afirmaba que «la ciencia sin religión es coja, y la religión sin la ciencia es ciega», escribe: «Deseo saber cómo ha creado Dios al mundo. No estoy interesado en tal o cual fenómeno determinado o en el espectro de un elemento químico. Quiero conocer el pensamiento de Dios, el resto es sólo cuestión de detalle».

20 de febrero

El temor originado por la muerte de Dios

«Estaban con las puertas atrancadas... por miedo». Esto quiere decir que, a lo largo de aquel día, *el miedo fue en ellos* el sentimiento predominante. Poco o nada bueno era de esperar del hecho de que la tumba quedase vacía; barruntaban en realidad nuevos quebraderos y vejaciones por parte de los representantes de las autoridades judías. De hecho, mostraban un simple miedo humano, proveniente del peligro inmediato.

Sin embargo, por debajo de este miedo y temor inmediatos por sí mismos, existía *un miedo más profundo* a causa de los acontecimientos de los últimos días. Tal miedo, comenzado en la noche del jueves, había alcanzado su punto culminante a lo largo del Viernes Santo, y continuaba aún, tras sepultar al Señor, paralizando cualquier iniciativa.

Era el temor originado por la muerte de Cristo. En efecto, cuando Jesús les pregunta en cierta ocasión: «¿Quién dice la gente que es este Hombre?» (Mt 16, 13), únicamente refieren los rumores y opiniones que pululan entre la gente. Cuando Jesús les pregunta ya directamente: «Y vosotros, ¿quién decís que soy?», escuchan y asumen en silencio, como suyas propias, las palabras de Simón Pedro: «Tú eres el Mesías, el Hijo de Dios vivo» (ibíd. 16, 16).

En la cruz, por tanto, *ha muerto* el Hijo *de Dios vivo.* El miedo que atenazó los corazones de los apóstoles hundía sus raíces más hondas en esta muerte: *fue el miedo originado, si se permite la expresión, por la muerte de Dios.*

El miedo atormenta también al hombre contemporáneo, quien lo conoce muy de cerca. Quienes quizá lo sienten más hondamente son los que conocen la situación global del hombre y, al mismo tiempo, han aceptado la muerte de Dios en el mundo humano.

21 de febrero

La civilización del consumo

Este miedo del hombre contemporáneo no se percibe en la *superficie* de la vida humana. A nivel superficial, resulta *compensado* a través de los diversos medios de la civilización y de la técnica moderna, que permiten al hombre evadirse de su dimensión profunda y vivir en la dimensión del «homo oeconomicus», del «homo technicus», del «homo politicus» y, en un cierto grado, también en la dimensión del «homo ludens».

Nunca ha sido el hombre, en su dimensión planetaria, tan consciente como hoy de todas las fuerzas que es capaz de utilizar y aprovechar para su propio servicio, y nunca como ahora ha hecho uso de ellas en tal medida. Bajo este aspecto y en esta dimensión, está *plenamente* justificada la afirmación del progreso de la humanidad.

En los países y ámbitos con mayor progreso técnico y mejor bienestar material, paralelamente a esta convicción existe una actitud, *denominada normalmente como «consumista».*

Este hecho testimonia que tal afirmación del progreso del hombre está justificada *sólo en parte.* Más aún, testimonia que esa orientación del progreso puede liquidar la dimensión más profunda y esencial del hombre.

La actitud consumista *no tiene en cuenta toda la verdad acerca del hombre:* ni la verdad histórica ni la íntima y metafísica. Parece ser, por el contrario, una huida de esta verdad.

El hombre ha sido creado para la felicidad. ¡Por supuesto! Pero la felicidad del hombre en ningún caso se identifica con el deleite.

El hombre guiado por el «consumismo» pierde en dicho deleite la dimensión plena de su humanidad, pierde la conciencia del sentido más hondo de la vida. En esa línea del progreso, se destruye, pues, en el hombre lo que en él hay de más radical y esencialmente humano.

22 de febrero

La «pedagogía de la voluntad»

La situación internacional, siempre precaria e inestable, los brotes continuos de violencia política y social, la sen-

111

sación difusa de insatisfacción e inquietud, las graves preocupaciones por el futuro de la humanidad, las amargas frustraciones de numerosos estratos de la sociedad, las incógnitas que penden sobre el futuro de todos, y tantas otras causas, pueden inocular el veneno del pesimismo y empujar a la evasión, la indiferencia, a veces también a una ironía inerte y exenta de prejuicios, y —en casos extremos— incluso a la desesperación.

Pues bien, los éxitos y fracasos de la vida enseñan a tener la valentía de aceptar la historia, lo cual significa, a fin de cuentas, amar los tiempos que vivimos, convencidos de que cada uno de nosotros tiene una misión que cumplir y que la vida es un don recibido y un tesoro que debemos compartir, sean como sean los tiempos en que nos toca vivir, tranquilos o intrincados, pacíficos o atribulados.

Para ello, sin embargo, es precisa la «pedagogía de la voluntad»; es decir, es necesario que nos alistemos en el sacrificio y la renuncia, que pongamos nuestro empeño en la formación de caracteres firmes y serios, la educación en la virtud de la fortaleza interior para superar las dificultades, para no dejarnos llevar por la pereza, para mantener la fidelidad a la palabra y al deber.

23 de febrero

El miedo a morir, hoy

El progreso, construido por las generaciones humanas con tantas dificultades, tanto gasto de energías y con tantos costes, encierra en su compleja estructura *un importante coeficiente de muerte*. Más aún, en su seno se oculta un gigantesco *potencial de muerte*. Basta comprobar este hecho en la sociedad, conocedora de las numerosas posibilidades de destrucción que existen en los actuales arsenales militares y nucleares. Por consiguiente, el hombre contemporáneo tiene miedo. Tienen miedo las superpotencias, poseedoras de tales arsenales, y tienen miedo todos los demás: los continentes, las naciones, las ciudades...

Este *miedo está justificado.* No sólo existen posibilidades de destrucción y exterminio desconocidas hasta ahora, sino que ya en estos momentos *los hombres matan sin reparos a otros hombres.* Matan en las casas, en las oficinas, en las universidades. Los hombres dotados de armas modernas matan a hombres indefensos e inocentes. Incidentes de este tipo han ocurrido siempre, pero hoy estos hechos se han constituido en sistema. Si los hombres afirman que es preciso acabar con otros hombres para cambiar y mejorar al hombre y a la sociedad, entonces debemos preguntarnos si, junto con este progreso material gigantesco del que participa nuestra sociedad, acaso no hemos llegado así a *liquidar realmente al hombre, un valor tan fundamental y elemental.* ¿No estamos negando ya ese principio fundamental y elemental, que un antiguo pensador cristiano ha expresado con la frase: «Es necesario que el hombre viva» (San Ireneo). Sin duda, un temor justificado atormenta a los hombres contemporáneos. La orientación que ha tomado este progreso gigantesco, que se identifica ya con nuestra civilización, ¿no se convertirá quizás en el comienzo de la muerte gigantesca y programada del hombre?

24 de febrero

¿Liberación de la alienación religiosa?

El miedo que atenaza al hombre moderno, ¿no ha *nacido* acaso, *en su dimensión más honda, de la «muerte de Dios»?*

No de la muerte de la cruz, que es inicio de la resurrección y fuente de la glorificación del Hijo de Dios, a la vez

113

que fundamento de la esperanza humana y signo de salvación. No de esa muerte.

Me estoy refiriendo a la muerte con *la que el hombre hace morir a Dios dentro de sí mismo,* y especialmente en el ámbito de las últimas etapas de su historia, en su pensamiento, en su conciencia, en su actividad. Esta actitud constituye un común denominador de numerosas posturas del pensamiento y de la voluntad del hombre.

El hombre elimina a Dios de sí mismo y del mundo, y denomina este hecho como «*liberación de la alienación religiosa*». El hombre arranca a Dios de sí mismo y del mundo, pensando que sólo así podrá ser dueño de sí mismo y convertirse en libre soberano del mundo y de su propio ser. Por tanto, el hombre «mata» a Dios en sí mismo y en los demás.

¿Para esto sirven una serie de sistemas filosóficos y de programas sociales, económicos y políticos? Vivimos realmente en una época de progreso material gigantesco, pero también en la época *de una negación de Dios* sin precedentes. Tal es la imagen de nuestra civilización. Y, sin embargo, ¿por qué tiene entonces miedo el hombre? Quizás, precisamente porque, como consecuencia de su negación, *en último término,* se queda solo: metafísicamente solo... interiormente solo.

¿No es así?... quizá también porque el hombre, al matar a Dios, no encuentra tampoco un freno decisivo para no matar al hombre. Este freno decisivo reside en Dios. La razón última para que el hombre viva, respete y proteja la vida del hombre *radica en Dios.* El fundamento último del valor de la dignidad del hombre, del sentido de su vida, se halla en el hecho de que es imagen y semejanza de Dios.

Conocer la identidad de Jesucristo

En el capítulo séptimo del cuarto evangelio, el evangelista Juan narra con detalle la perplejidad de muchas
personas de Jerusalén ante la verdadera identidad de
Jesús. Era la fiesta judía de las «Chozas», que conmemo-
raba la estancia de los judíos en el desierto, había un gran
movimiento de gente en la ciudad, y Jesús enseñaba en el
templo.

Algunos decían: «¿No es ése el que quieren matar? Pues
ahí lo tenéis hablando en público y nadie le dice nada.
¿Se habrán convencido los jefes de que es Él el Mesías?
Aunque éste sabemos de dónde viene, mientras, cuando
llegue el Mesías, nadie sabrá de dónde viene». Estas afirmaciones muestran la perplejidad de los judíos de aquel
tiempo: esperan al Mesías, saben que el Mesías tendrá un
cierto carácter arcano y misterioso; piensan que podría
ser también Jesús, vistos los prodigios que realiza y la
doctrina que enseña; dudan, sin embargo, ante el hecho
de que la autoridad religiosa oficial está en contra de Él y
además pretende eliminarlo. Jesús entonces les explica el
motivo de su perplejidad y de que no conozcan su verdadera identidad: ellos se basan en datos externos, civiles y
familiares, *no van más allá de su naturaleza humana,* no
traspasan la capa de su apariencia. «¿Conque sabéis
quién soy y sabéis de dónde vengo? Y, sin embargo, yo
no estoy aquí por decisión propia; no, hay realmente uno
que me ha enviado, y a éste no lo conocéis vosotros. Yo
sí lo conozco, porque procedo de Él y Él me ha enviado».

Jesús, ese desconocido

Se trata de un hecho histórico, narrado por el Evangelio.
Sin embargo, es también el símbolo de una realidad

perenne: muchos no saben o no quieren saber quién es Jesucristo, y permanecen perplejos y desconcertados. Por si fuera poco, tras su discurso intentaron prenderlo en el templo. De igual forma hay hombres hoy que le critican y atacan. Vosotros, en cambio, sabéis quién es Jesús; sabéis de dónde procede y a qué ha venido. Vosotros sabéis que Jesús es el Verbo encarnado, la segunda Persona de la Santísima Trinidad que ha asumido un cuerpo humano, el Hijo de Dios hecho hombre, muerto en la cruz para salvarnos, gloriosamente resucitado y siempre presente con nosotros en la Eucaristía.

Las palabras pronunciadas por Jesús en la Ultima Cena son válidas también para todos los cristianos iluminados por el magisterio de la Iglesia: «Y esta es la vida eterna, reconocerte a ti como único Dios verdadero, y a tu enviado, Jesucristo... Te he manifestado a los hombres que me confiaste... Ahora saben que todo lo que yo tengo lo he recibido de ti; porque las palabras que tú me transmitiste se las he transmitido yo a ellos y ellos las han aceptado: se han convencido de que salí de tu lado y han creído que tú me enviaste... Padre justo, aunque el mundo no te ha reconocido, yo te reconocí, y también éstos reconocieron que tú me enviaste» (Jn 17, 3-9 ss.).

La gran tragedia de la historia es que Jesús no es reconocido y, por eso, tampoco es amado y seguido.

Vosotros conocéis a Cristo. Sabéis quién es El. Tenéis un gran privilegio. Sed siempre dignos y conscientes de tal privilegio.

27 de febrero

Poseer el conocimiento de Jesucristo

¡Poseer el conocimiento de Dios! ¡Tener a Dios como Padre! Se trata de afirmaciones inconmensurables, que desbordan los esquemas filosóficos. Sin embargo, el cris-

tiano las acoge confiadamente. La vida del justo no se parece a la de los demás, sus caminos son completamente diferentes, acabando por ser objeto de reprobación y condena por parte de los que no viven rectamente, cegados por la malicia, y no quieren conocer «los secretos de Dios».

El cristiano, en efecto, está en el mundo pero no es del mundo (cfr. ibíd. 7, 16). Su vida debe ser necesariamente distinta de la de los que no tienen fe. Su comportamiento, sus hábitos de vida, su forma de pensar, de optar, de valorar las cosas y las situaciones son distintos porque se llevan a cabo a la luz de la palabra de Cristo, que es mensaje de vida eterna.

Finalmente —siguiendo siempre el libro de la Sabiduría—, el justo considera bienaventurada su muerte, mientras que los malvados «no esperan el premio de la virtud ni valoran el galardón de una vida intachable» (Sab 2, 22).

El cristiano debe vivir en la perspectiva de la eternidad. Habrá veces en que su vida auténticamente cristiana podrá suscitar también persecución, abierta o fraudulenta: «Vamos a ver si es verdad lo que dice: lo someteremos a tormentos despiadados, para apreciar su paciencia y comprobar su temple». La certidumbre de la felicidad eterna que nos aguarda vuelve fuerte al cristiano frente a las tentaciones y paciente en las tribulaciones. «Si a mí me han perseguido, lo mismo harán con vosotros» (Jn 15, 20).

Se trata de un gran honor.

28 de febrero

El mundo está sediento de misericordia

El hombre siente la necesidad profunda de *encontrarse con la misericordia de Dios, hoy más que nunca,* para sentirse radicalmente comprendido en la debilidad de su naturaleza herida, y sobre todo para experimentar espiritualmente el Amor que acoge, vivifica y resucita a una vida nueva. Vosotros, en vuestras distintas formas de apostolado, en la aceptación de todo tipo de pobreza, espiritual y material, deseáis promover y favorecer —precisamente en virtud del carisma de vuestra profesión religiosa— ese encuentro del hombre moderno con la bondad del Señor. También en vuestra actividad en favor del clero, que comprende diversas formas concretas de asistencia, de promoción cultural e intelectual, os habéis dejado guiar por este mismo espíritu básico, por esa impronta innata que representa el ayudar a los demás a que experimente la bondad de Dios y se conviertan en sus fervientes difusores. En efecto, para el sacerdote es aún más verdadero lo que vale para todos los hombres y, por tanto, también que «él, hallando misericordia, es también quien simultáneamente manifiesta esa misericordia» (Juan Pablo II, *Dives in Misericordia*, 8).

Habéis querido mostrar en otras ocasiones vuestro alborozo por la reciente Encíclica, en la que habéis encontrado corroboración y confirmación de vuestra vocación de *Familia del Amor Misericordioso*.

Animo, queridísimos hermanos y hermanas. Aunque no sea consciente *de ello, el mundo está sediento de la misericordia divina,* y habéis sido llamados a ofrecer este agua prodigiosa y curativa para el alma y el cuerpo. La Madre de la Misericordia, que veneráis bajo la invocación especial de «María Mediadora», os haga cada vez más conscientes de su maternidad, que «perdura incesantemente desde el momento de su consentimiento, prestado fielmente en la anunciación», y haga de todos vosotros apóstoles, *trabajadores y servidores de la Bondad y la Misericordia de Dios.*

Que mi bendición os acompañe.

Marzo

1 *La Cuaresma. Recordad que sois polvo*
2 *Vida y misión de la Beata Inés de Bohemia*
3 *La Beata Inés de Bohemia, modelo para nuestra época*
4 *La Cuaresma, tiempo de verdad*
5 *Creer en Dios es la verdad fundamental*
6 *La Cuaresma, camino de fe*
7 *La Cuaresma, recuerdo y llamada*
8 *Que tu gracia nos ampare*
9 *La tentación de Jesús en el desierto*
10 *Nuestras tentaciones*
11 *Libertad ilimitada, sinónimo de esclavitud*
12 *La verdad, fuente de la libertad*
13 *Libertad y «obrar» en la verdad*
14 *Necesitamos a Cristo liberador*
15 *Cristo es el Liberador*
16 *Padre, te he ofendido*
17 *San Patricio*
18 *El recuerdo benéfico del siervo de Dios Pío XII*
19 *San José escucha la palabra de Dios*
20 *San José, esposo de la Virgen María*
21 *La conversión, don de Dios*
22 *No endurezcáis el corazón*
23 *La conversión es primordialmente aceptación*
24 *La conversión, don de Dios para la Iglesia*
25 *Anunciación del Señor: «No temas»*
26 *Anunciación del Señor: el sí de María y nuestro sí*
27 *«Dejaos reconciliar con Dios»*
28 *El regreso a la casa del Padre*
29 *La conversión pasa a través de la cruz*
30 *La lucha continúa*
31 *Entrar en nosotros mismos*

La Cuaresma. Recordad que sois polvo

Pocas veces quizá la palabra de Dios se dirige a nosotros de forma tan directa, a cada uno en particular, sin excepción: *Recuerda que eres polvo y al polvo volverás.*

Cada uno se ve obligado a aceptar estas palabras. ¡Resultan tan evidentes! Su verdad viene corroborada con absoluta exactitud por la historia misma del hombre.

Estas palabras hablan de la muerte, con la que concluye la vida de todos y cada uno de los hombres sobre la tierra. Al mismo tiempo, nos remiten a nuestro «origen».

Fueron dichas al primer Adán como un fruto del pecado: «Del árbol de conocer el bien y el mal no comas; porque el día en que comas de él, tendrás que morir» (Gn 2, 17).

La muerte es vista como fruto del árbol del conocimiento del bien y del mal. Fruto del pecado. Y quien pronuncia tales palabras es Dios-Yahvé, el Dios Creador, que ha llamado y sigue llamando constantemente a la existencia, a partir de la nada, al mundo y al hombre. El creó al hombre «con arcilla del suelo» (Gn 2, 7); lo modeló con la misma materia de·la que está hecho todo el mundo visible.

Cuando Dios dice: «eres polvo y al polvo volverás» (Gn

3, 19), parece percibirse en sus palabras *un cierto tono de severidad.* Dios, al pronunciarlas, se revela en ellas como *el Creador* y *el Juez.*

Sin embargo, estas palabras están dichas también en un tono de sufrimiento. En ellas hay como un anticipo del Viernes Santo, en ellas se expresa el sufrimiento del Hijo de Dios, que dice: «¡Abba! ¡Padre!... aparta de mí este cáliz» (Mc 14, 36). Sí, estas palabras *severas esconden dentro de sí el dolor del Dios.* En efecto, El las anticipa al hombre, creado por El a su imagen y semejanza. ¿Y cómo entender que esa imagen y semejanza de Dios deba volver al polvo?

«El Señor tenga celos de su tierra y perdone a su pueblo», implora el profeta Joel (2, 18).

2 de marzo

Vida y misión de la beata Ines de Bohemia

En este año en que la Iglesia celebra el octavo centenario del nacimiento del seráfico Francisco de Asís, es oportuno recordar que el 2 de marzo se cumple también el séptimo centenario de la santa muerte de la beata Inés de Bohemia, la cual, como santa Clara, siguió fielmente sus huellas, abandonando como él casa, hermanos, hermanas, padre y madre, por amor de Cristo y para dar testimonio de su evangelio (cfr. Mc 10, 29). Vivió y murió en Praga, pero la fama de sus virtudes se extendió, aún en vida, por toda Europa. Es por eso que también yo, siguiendo el ejemplo de mis predecesores, y especialmente el del Papa Gregorio IX, contemporáneo suyo, quiero honrar a esta Beata, invocada desde hace siglos como patrona ante Dios *por los habitantes de Praga y por todo el pueblo checoslovaco,* y que al mismo tiempo es también una de las figuras más eximias de vuestra nación...

El monasterio de las clarisas en Praga se convirtió, gracias al ejemplo de Inés, en un foco que dio origen más tarde a otros monasterios en Bohemia, Polonia y otras naciones...

La caridad que ardía en su corazón no le permitió, sin embargo, recluirse en una soledad estéril, sino que la impulsó a ponerse *al servicio de todos.* Cuidaba a sus hermanas enfermas, curaba a los leprosos y a los afectados por enfermedades contagiosas, lavaba sus ropas y les arropaba de noche, demostrando así que el edificio de su vida espiritual está construido sobre los sólidos cimientos de la humildad. De este modo, se convirtió en la madre de los indigentes, conquistando en el corazón de los pobres y de los humildes un puesto que ha seguido conservando a lo largo de los siglos.

Su caridad se nutría de la *oración, cuyo centro era la Pasión de Cristo.* Cristo sufriente constituía para ella realmente la expresión del amor supremo, y su Cruz la confortó especialmente en los últimos años de su vida, cuando, con paciencia heroica y sin un quejido, tuvo que soportar desgracias, injusticias, penurias y enfermedades, siguiendo a Cristo *hasta el final.*

3 de marzo

La beata Inés de Bohemia, modelo para nuestra época

¿Y ahora, mi querido y venerable hermano, qué es lo que os dice a vosotros vuestra beata, a los que vivís en su misma tierra en la época actual?

En primer lugar, sigue apareciendo como *modelo de la mujer perfecta* (cfr. Pr 31, 10), que halla la realización de su femineidad en un servicio generoso y desinteresado, que, en su caso particular, abarcaba toda la nación, desde la familia real hasta los más humildes y marginados. En ella, *la virginidad consagrada,* haciendo libre su corazón, abrasó a éste aún más de caridad para con Dios y para con los hombres, testimoniando «que el Reino de Dios y su justicia es como esa perla preciosa que se prefiere a cualquier otra cosa, por muy valiosa que sea, y que se busca como el único valor definitivo» (Juan Pablo II. II, *Familiaris consortio,* 16).

Fundadora de la Orden de las Crucígeras de la Estrella Roja, todavía existente, y del primer monasterio de clarisas en tierras de Bohemia, Inés demuestra también *el valor del instituto religioso,* donde hermanos y hermanas, siguiendo el ejemplo de la Iglesia primitiva, cuando «en el grupo de creyentes todos pensaban y sentían lo mismo» (cfr. Hch 4, 32), hacen vida en común, siendo constantes en la oración y en la comunión de un mismo espíritu (ibíd. 2, 42; *Perfectae Caritatis,* 15). Como verdadera hija de San Francisco, Inés supo «hacer uso sabiamente de los bienes terrenales en la búsqueda continua de los bienes eternos» (Oratio in Domenica XVII Temporis Ordinarii), dando de comer a los pobres, cuidando a los enfermos, auxiliando a los ancianos, animando a los abatidos, y haciéndose así mensajera de paz y reconciliación, fuente de consuelo y de esperanza nueva.

Ahora bien, venerable hermano, ¿es que *nuestra época* no tiene necesidad igualmente de este servicio generoso y desinteresado? Incluso en los lugares en que no hubiese necesitados en el sentido material, ¡cuántas personas se sienten solas y abandonadas, tristes y desesperadas, sin el calor de un afecto sincero y sin la luz de un ideal no engañoso! ¿No están necesitados acaso de encontrar en sus vidas una Inés que les lleve paz y alegría, sonrisas y esperanza?

El secreto de la beata Inés residía en su unión con el Esposo divino, en la oración.

La Cuaresma, tiempo de verdad

El cristiano, llamado por la Iglesia a la *oración,* a la *penitencia* y al *ayuno,* a despojarse interior y exteriormente de sí mismo, se sitúa ante Dios, reconociéndose tal como es realmente, se redescubre. Recuerda, hombre, que estás llamado a más cosas que las terrenales y materiales, las cuales te pueden poner en peligro de olvidar lo esencial. Recuerda, hombre, tu vocación fundamental: vienes de Dios y regresas a Dios con la perspectiva de la resurrección, que es el camino trazado por Cristo.

«Quien no carga con su cruz y se viene detrás de mí, no puede ser discípulo mío» (Lc 14, 27).

Se trata, por tanto, de *un tiempo de verdad profunda,* verdad que convierte, infunde de nuevo esperanza, y, poniendo todo en su debido sitio, reconcilia y mueve al optimismo.

Es un tiempo que nos hace reflexionar sobre nuestras relaciones con «nuestro Padre» y restablece el orden que debe reinar entre hermanos y hermanas; es un tiempo que nos hace corresponsables los unos de los otros, que nos libera de nuestros egoísmos, de nuestras menudencias, de nuestras mezquindades, de nuestro orgullo; es un tiempo que nos ilumina y nos hace comprender más claramente que, al igual que Cristo, también nosotros hemos de ser servidores.

«Os doy un mandamiento nuevo: que os améis unos a otros» (Jn 13, 34). «Y ¿quién es mi prójimo?» (Lc 10, 29).

Es un tiempo de verdad que, como el buen samaritano, nos impele a detenernos en nuestro camino, a *reconocer a nuestro hermano,* a poner nuestro tiempo y nuestros bienes al servicio de él, compartiendo todo ello cotidianamente.

¡El buen samaritano es la Iglesia! ¡El buen samaritano es cada uno de nosotros! ¡Es nuestra vocación! ¡Nuestro deber! El buen samaritano vive la caridad. Dice San Pablo: «Somos, pues, embajadores de Cristo» (2 Co 5, 20).

He ahí nuestra responsabilidad. Hemos sido enviados a los demás, a nuestros hermanos. ¿Qué pasa realmente con nuestro amor, con nuestra verdad?

5 de marzo

Creer en Dios es la verdad fundamental

«Creo en Dios, Padre omnipotente, creador del cielo y de la tierra». Esta es *la verdad fundamental de la fe,* el artículo primero de nuestro credo. Las criaturas dan testimonio de su Creador. Cuanto más se abandona el hombre a la elocuencia de las criaturas, a su riqueza y su belleza, más crece y debe crecer en él *la necesidad de adorar al Creador:* arrodillados ante el Señor, adorémosle postrados.

Estas palabras no son exageradas. Confirman, más bien, las vías perennes de la lógica fundamental de la fe y, al mismo tiempo, de la lógica fundamental de nuestra contemplación del cosmos, del microcosmos y del macrocosmos. Quizá sea especialmente en esta perspectiva donde aparece la fe como «rationabile obsequium» de forma más clara.

Hoy os pido que penséis en la *desproporción* que efectivamente existe en ámbitos muy amplios de la civilización contemporánea: cuanto más y mejor conoce el hombre al mundo, menos parece sentirse obligado a «caer de rodillas» y a «postrarse» ante el Creador. Es preciso preguntarse qué motivos hay para ello.

¿Acaso se piensa que el hecho mismo de conocer el mundo y de servirse de los progresos de este conocimiento convierten al hombre en señor de todo lo creado? ¿No habría que pensar, por el contrario, que lo que el hombre conoce —las riquezas asombrosas del microcosmos y las dimensiones del macrocosmos— lo conoce *a través precisamente de esa realidad,* por decirlo de algún modo, *«disponible previamente»,* ya hecha, y que lo que el hombre produce en base a ello se lo debe a toda la riqueza de materias primas existentes en el mundo creado?...

¿Será posible que no se percate de ello precisamente el hombre contemporáneo, que, a pesar de todo el progreso y desarrollo de su civilización y de su mentalidad, pueda cometer tal «injusticia» *cardinal* con el Creador?

«Venid, postrados, de rodillas, adoremos al Señor que nos ha creado».

6 de marzo

La Cuaresma, camino de fe

La Cuaresma... *se semeja a un camino,* similar al que Dios designó a Abrahán: «Sal de tu tierra nativa y de la casa de tu padre a la tierra que te mostraré» (Gn 12, 1).

Y Abrahán se puso en camino sin vacilar, con el solo apoyo de la promesa divina.

Pues bien, también para nosotros es la Cuaresma como un camino, que estamos invitados a emprender con bizarría y confiando en los designios que Dios tiene para nosotros.

Aunque el viaje esté lleno de obstáculos, San Pablo nos asegura que, como Timoteo, cada uno de nosotros cuenta con el auxilio «de la fuerza de Dios» (2 Tm 1, 8). La tierra a la que nos dirigimos es *la nueva vida del cristiano,* una vida pascual, que puede hacerse realidad solamente con la «fuerza» y la «gracia» de Dios.

Se trata de un poder misterioso «que se nos concedió en Cristo Jesús antes que empezaran los tiempos, manifestado ahora por la aparición en la tierra de nuestro salvador, Cristo Jesús. El ha aniquilado la muerte y ha irradiado vida e inmortalidad por medio del Evangelio» (ibíd. 1, 9-10).

La carta a Timoteo precisa, además, que el pan de la nueva vida se nos ha dado por una misericordiosa vocación y designio por parte de Dios, «no por méritos nuestros, sino por su propia decisión y su gracia» (ibíd. 1, 9).

Hemos de ser, por tanto, hombres de fe, como Abrahán: hombres, cuyo apoyo no reside tanto en sí mismos cuanto sobre todo en la palabra, la gracia y la fuerza de Dios. El Señor Jesús, viviendo sobre la tierra, iba descubriendo personalmente con sus discípulos este camino.

7 de marzo

La Cuaresma, recuerdo y llamada

La Cuaresma es recuerdo. Recuerda el camino que nos ha señalado el Señor con su ayuno durante cuarenta días, al inicio de su misión mesiánica.

Nos recuerda asimismo que cada uno de nosotros —independientemente del punto concreto en que se halle en su camino terreno— debe desprenderse de la «triple concupiscencia» (cfr. Jn 2, 16), de los «bajos instintos» (Gál 5, 19), que «se resisten al Espíritu Santo» (Hch 7, 51) y hacer sitio «a los frutos del Espíritu» (Gál 5, 22), siguiendo el ejemplo de Cristo en el ayuno y la oración, en la medida de nuestras fuerzas.

Por consiguiente, si nos sentimos en esa unidad con Cristo a la que nos remite el propio nombre de «cristiano», no podemos permitir que este período excepcional en la vida de la Iglesia transcurra anodinamente en

vuestras vidas... Vivamos mejor *el espíritu de penitencia.*
Recordemos que el Cristo de la Cuaresma es sobre todo
el Cristo que nos está esperando en cada hombre que
sufre, que nos impulsa al amor y nos juzga según lo que
hayamos hecho a uno solo de nuestros hermanos más
humildes. La Cuaresma no es, por tanto, un mero
recuerdo, sino una continua *llamada.* Entrar en este
período y vivirlo según el espíritu que nos ha transmitido
la más antigua y siempre viva tradición de la Iglesia,
quiere decir *abrir la propia conciencia,* permitir que
Cristo mismo la abra con la palabra de su evangelio y,
sobre todo, con la elocuencia de su cruz.

La Cuaresma representa, pues, una ocasión excepcional
para salvar en cada uno de nosotros «al hombre interior»
(Ef 3, 16), olvidado con tanta frecuencia, y que, por obra
de la Pasión y la resurrección de Cristo, se modela «con
la rectitud y santidad propias de la verdad» (Ef 4, 24).

8 de marzo

Que tu gracia nos ampare

El camino de Cuaresma, recorrido por el *Señor Jesús,*
junto con sus discípulos, durante su vida en la tierra, lo
sigue recorriendo ahora *con la Iglesia.* La Cuaresma es el
período de una presencia de Cristo particularmente
intensa en la vida de la Iglesia. Por tanto, hay que buscar
de forma especial en este tiempo la cercanía con Cristo.
Es preciso vivir en intimidad con El; abrir en su presencia el propio corazón, la propia conciencia: «Señor, que
tu gracia nos ampare, porque esperamos en ti». La Cuaresma es, efectivamente, un período en el que la gracia
debe estar de una forma especial «sobre nosotros». De
ahí que sea preciso que nos abramos sencillamente a la
gracia. En efecto, la gracia de Dios no es tanto objeto de
conquista, cuanto de gozosa e incondicional aceptación,
como don que es, sin ponerle trabas.

Concretamente, la vía principal para llegar a ello es una actitud de profunda oración, que conlleva trabar un diálogo con el Señor; se exige además una actitud de sincera humildad, pues la fe es en realidad la adhesión de la mente y del corazón a la palabra de Dios; finalmente, se precisa un comportamiento de caridad auténtica, que evidencie todo el amor del que ya nosotros mismos hemos sido objeto por parte del Señor. Como Abrahán, al que se le ordenó ponerse en camino, también nosotros *nos hemos puesto en marcha*, una vez más, en este camino de la Cuaresma, cuya meta es la resurrección.

Veremos a Cristo, que triunfa sobre la muerte y hace resplandecer la vida y la inmortalidad por medio del evangelio. Por consiguiente, alentados por la fuerza de Dios, debemos participar en las molestias y contrariedades sufridas por causa del Evangelio.

9 de marzo

La tentación de Jesús en el desierto

Hemos comenzado la Cuaresma para secundar el ejemplo de Cristo, el cual, al iniciar su actividad mesiánica en Israel, «durante cuarenta días fue puesto a prueba por el diablo» (Lc 4, 1) y «todo aquel tiempo estuvo sin comer» (Lc 4, 2). Es el evangelista Lucas quien nos cuenta que Jesús «fue puesto a prueba por el diablo» (Lc 4, 2) y describe luego detalladamente esta tentación. Estamos ante un hecho que nos afecta profundamente. *La tentación de Jesús en el desierto* ha constituido para muchos hombres —santos, teólogos, escritores y artistas— *un tema fecundo de reflexión y de creatividad*. Y, en efecto, es innegable la hondura de este acontecimiento, que tantas cosas pone de manifiesto en relación con Cristo, el Hijo de Dios hecho verdadero hombre. ¡Hay tanto que meditar en este hecho!

Resulta particularmente elocuente la discreción con que se lleva a cabo la tentación de Jesús. En efecto, en este período más que en cualquier otro, el hombre debe tomar conciencia de que su vida transcurre en el mundo entre el bien y el mal. La tentación consiste simplemente en orientar hacia el mal todo aquello que el hombre debe utilizar para el bien. La tentación nos desvía de Dios y nos orienta de modo desordenado hacia nosotros mismos y hacia el mundo. *Que cada uno de nosotros entre dentro de sí mismo,* especialmente en este tiempo de Cuaresma. Renueva tu fe en Jerucristo, crucificado y resucitado. Medita las enseñanzas de la fe. Medita sus verdades divinas. Sobre todo, que la fe transforme los corazones y las vidas («pues se cree con el corazón para obtener la justicia»).

Profesa esta fe con la mente y con el corazón, con la palabra y con los hechos.

10 de marzo

Nuestras tentaciones

La pluralidad y multiplicidad de las tentaciones tienen como fundamento la «triple concupiscencia» de la que nos habla San Juan en su primera Carta: «De todo lo que hay en el mundo —los bajos apetitos, los ojos insaciables, la arrogancia del dinero— nada procede del Padre, procede del mundo» (1 Jn 2, 15 ss.). Como ya es sabido, el «mundo» del que debe alejarse el cristiano no es, en la mente de San Juan, la creación, la obra de Dios confiada al hombre para que éste la domine, sino el símbolo y el signo de todo lo que se separa de Dios, es decir, lo opuesto al «Reino de Dios». Tres son, por tanto, los aspectos del mundo de los que el cristiano ha de alejarse para ser fiel al mensaje de Jesús: los apetitos sensuales; la avidez excesiva de los bienes terrenales, en los que el hombre pretende ilusoriamente basar toda su vida, y, finalmente, la orgullosa autosuficiencia frente a Dios...; las «tres concupiscencias» constituyen las tres grandes tentaciones a las que también el cristiano deberá someterse en el transcurso de su vida terrena.

Sin embargo, por debajo de esta triple tentación encontramos una vez más la tentación original y universal que Satanás dirigió a nuestros progenitores: «Seréis como Dios, versados en el bien y el mal» (cfr. Gn 3, 5).

El primer Adán se elige a sí mismo como dios, cae en la tentación, y se descubre mísero, frágil, débil, «desnudo», «siervo del pecado» (cfr. Jn 8, 34).

El segundo Adán, Cristo, reafirma, en cambio, frente a Satanás la dependencia radical, constitutiva y ontológica que el hombre tiene respecto de Dios. El hombre, nos dice Cristo, no queda humillado, sino, por el contrario, exaltado en su propia dignidad cada vez que se postra para adorar al Ser Infinito, su Creador y Padre: «*Adora* al Señor *tu Dios y a El sólo* ríndele culto» (Mt 4, 10).

11 de marzo

Libertad ilimitada, sinónimo de esclavitud

Establecer el Reino de Dios quiere decir estar con Cristo. Establecer la unidad que ese reino debe constituir en nosotros y entre nosotros significa realmente recolectar (¡acumular!) junto con él. He aquí el programa fundamental del Reino de Dios, que Cristo declara contrapuesto a la actividad del espíritu maligno en nosotros y entre nosotros. Dicha actividad vuelca su programa proponiendo una libertad humana aparentemente ilimitada.

Adula al hombre con una libertad que le es ajena. Halaga a un gran número de ambientes, sociedades y generaciones. Embarca, para constatar a fin de cuentas que tal libertad consiste únicamente en *adaptarse a una gran variedad de limitaciones:* la de los sentidos y los instintos, las limitaciones de cada situación concreta, la de la información y los medios de comunicación, la de las pautas corrientes a la hora de pensar, valorar y comportarse. En todas estas limitaciones, queda sin voz la pregunta fundamental: independientemente de que tal comportamiento sea bueno o malo, digno o indigno, ¿el hombre es capaz aún de despertar? ¿Puede él decirse a sí mismo con claridad que esta «libertad ilimitada» se convierte, en el fondo, en una esclavitud?

Cristo no halaga a sus oyentes, no lisonjea al hombre con la apariencia de la libertad *«ilimitada»,* sino que dice: «Conoceréis la verdad y la verdad os hará libres» (Jn 8, 32). Afirma así que no se le ha conferido al hombre la libertad sólo como un don, sino también como una tarea. Sí, ciertamente, se nos ha dado la libertad como esa tarea en la que yo y cada uno de vosotros hemos de realizarnos a nosotros mismos. Es una tarea determinada por la vida misma. Por tanto, no se trata de una propiedad, algo de lo que se pueda hacer uso de forma caprichosa y que se pueda «disipar» por las buenas.

12 de marzo

La verdad, fuente de la libertad

Esta tarea de la libertad, tarea maravillosa, se lleva a cabo según el programa de Cristo y de su Reino *en el ámbito de la verdad.* Ser libres significa obtener los frutos de la verdad, actuar en la verdad. Ser libre quiere decir igualmente saber ceder uno mismo y someterse a la verdad, en vez de someter la verdad a uno mismo, a las propias veleidades e intereses, a las coyunturas propias.

Ser libres según el programa de Cristo y de su Reino no es placentero deleite, sino esfuerzo: el esfuerzo de la libertad.

133

En virtud de ese esfuerzo, el hombre «no dilapida», sino que con Cristo «recolecta» y «acumula».

Gracias a ese esfuerzo, el hombre consigue también en sí mismo la unidad que corresponde al Reino de Dios. Y gracias a ello, tal unidad alcanza también a los matrimonios, las familias, al ambiente en que vivimos, a la sociedad. Es la unidad de la verdad con la libertad. Es la unidad de la libertad con la verdad.

¡Mis queridos amigos! Esta tarea ha de constituir vuestra tarea particular, *si no queréis ceder,* si no queréis someteros a la unidad del programa contrario, el programa que trata de realizar en el mundo, en la humanidad, en nuestra época y en cada uno de nosotros aquel que la Sagrada Escritura llama también «padre de la mentira» (Jn 8, 44).

Ese es el motivo de que la Cuaresma sea la llamada a «recolectar con Cristo». No permitáis que se destruya en vosotros esta unidad interior que Cristo, *mediante el Espíritu Santo, modela en la conciencia* de cada uno de vosotros: la unidad en que la libertad crece de la verdad y la verdad es el baremo de la libertad.

Aprended a pensar, hablar y actuar según los principios de la sencillez y de la claridad evangélicas: «Sí, sí, no, no». Aprended a llamar al pan, pan, y al vino, vino; mal, al mal, y bien, al bien.

13 de marzo

Libertad y «obrar» en la verdad

Cristo no basa el programa de su Reino en apariencias. Lo establece sobre la verdad. La liturgia cuaresmal, día a día, con las palabras tan ardientes del profeta, nos recuerda *la verdad del pecado y la verdad de la conversión.*

Esto mismo nos presenta hoy la liturgia, otorgando en

primer lugar la palabra a Jeremías, el más trágico de los profetas, para llegar luego, a través de Joel, a llamar a la penitencia: «Convertíos al Señor, Dios vuestro, que es compasivo y clemente» (Jl, 2, 13).

El derecho a la conversión corresponde a la verdad sobre el hombre. Corresponde también a la verdad interior del hombre.

Entre las cosas que la Iglesia implora con ardor (y, sobre todo, durante la Cuaresma) está que el hombre *no permita que esta verdad sobre sí mismo se agoste dentro de él* y quede así privado de su propia verdad interior. Que no se *debe arrancar esta verdad* bajo la apariencia de la «libertad ilimitada».

Que no se esfume en él el grito de la conciencia como clamor de la verdad, que lo supera, pero que al mismo tiempo lo determina como tal: lo hace hombre y determina su ser en cuanto hombre. La Iglesia reza para que el hombre, cada hombre (especialmente los jóvenes, pero también todos y cada uno de los hombres) no confunda la apariencia de la libertad y la apariencia de la liberación *con la verdadera libertad* y con la liberación basada en la verdad, con la liberación en Jesucristo.

14 de marzo

Necesitamos a Cristo liberador

El *espíritu* de penitencia y *su puesta en práctica* nos estimula a desasirnos sinceramente de todo lo superfluo, y a veces también de lo necesario, que supone un obstáculo para que seamos realmente lo que Dios quiere que seamos: «Donde tengas tu riqueza tendrás el corazón» (Mt 6, 21). ¿Está nuestro corazón aferrado a las riquezas materiales? ¿Al poder sobre los otros? ¿A argucias egoístas de dominio? En tal caso, necesitamos a Cristo libera-

135

dor, el cual, si así lo queremos, puede librarnos de las ataduras del pecado que nos traban. Preparémonos para que la gracia de la resurrección nos enriquezca, liberándonos de cualquier tesoro falso; de todos esos bienes materiales que tantas veces no nos son necesarios, pero que para millones de seres humanos representan las condiciones esenciales de supervivencia.

Efectivamente, cientos de millones de personas humanas, que viven por debajo del mínimo necesario para su subsistencia, esperan de nosotros que les ayudemos a conseguir los medios indispensables para su promoción humana integral, para el desarrollo económico y cultural de sus países.

Sin embargo, las declaraciones de buenas intenciones encaminadas a hacer donaciones no bastan para cambiar el corazón del hombre: es necesaria la *conversión del espíritu* que nos incite, en un encuentro cordial, a compartir nuestra vida con los más desfavorecidos de nuestra sociedad, con los que no tienen nada y, en algunos casos, incluso están privados de su propia dignidad de hombres y de mujeres, de jóvenes y de adolescentes.

En este campo es donde hallaremos y viviremos más hondamente el *misterio de los padecimientos y de la muerte redentora del Señor.* La auténtica coparticipación, que es encuentro personal con los demás, nos ayuda a liberarnos de las ligaduras que nos hacen esclavos.

15 de marzo

Cristo es el Liberador

«El te librará»... «Tú que habitas al amparo del Altísimo», alaba la misericordiosa providencia divina. En el momento de la tentación de Cristo, el tentador cita las palabras de este salmo. Tratando de convencer al Mesías para que se arroje abajo, desde el alero del templo de

Jerusalén, le repite que «a sus ángeles ha dado órdenes para que cuiden de ti y te llevarán en volandas, para que tu pie no tropiece con piedras» (Mt 4, 6).

Como ya sabemos, Cristo recriminó al tentador, diciendo: «No tentarás al Señor tu Dios» (Mt 4, 7). Le reprochó que utilizara en vano las palabras divinas, interpretándolas perversamente y falseando la verdad de su contenido.

«Ipse liberabit te». En el período cuaresmal, la Iglesia nos recuerda cada día el sentido real de la liberación del hombre, que Dios ha realizado y continúa realizando en Cristo: liberación del pecado, liberación de la concupiscencia de la carne, de la concupiscencia de los ojos, de la soberbia de la vida (cfr. 1 Jn 2, 16), liberación de todo lo que coarta al hombre, aunque aparentemente crea conservar así la autonomía.

El hombre salva todas estas apariencias a costa de la mera posesión y utilización de las cosas, a costa de un poder que, en vez de servir, se sirve de los otros, recurriendo frecuentemente a la prepotencia, a costa del prójimo. La verdadera liberación del hombre, la liberación traída por Cristo, es también liberación de las apariencias de liberación, de las apariencias de la libertad, que no son la verdadera libertad. «Ipse liberabit te»...

Durante la Cuaresma, la Iglesia nos emplaza a que incline-mos la cabeza ante Dios. Cuando volvemos a levantarla, vemos a Cristo, redentor del hombre, el cual, a lo largo de su vida, y después —de forma definitiva— con su Pasión y Muerte, nos enseña qué significa «ser libre», qué quiere decir hacer buen uso de la libertad que tiene el hombre, qué significa utilizar plenamente el don de la libertad... Como preparación para la confesión pascual, debemos hacer un profundo examen de conciencia sobre este punto.

Padre, te he ofendido a ti

«Padre, te he ofendido a ti...» (Lc 15, 18). La Iglesia, en el período cuaresmal, sopesa estas palabras con especial emoción, pues en este tiempo la Iglesia desea *con mayor profundidad* convertirse a Cristo, *y sin estas palabras no hay conversión en el pleno sentido de su verdad total.*

Sin las palabras «Padre, te he ofendido», el hombre no puede entrar en el misterio de la muerte y de la resurrección de Cristo, y obtener de ellas los frutos de la redención y de la gracia. Son realmente palabras claves. Ponen de manifiesto ante todo la gran apertura interior del hombre a Dios: «Padre, te he ofendido a ti». Si es cierto que el pecado, en cierto sentido, cierra al hombre ante Dios, *el dolor* de los pecados, en cambio, abre ante la conciencia del hombre toda la grandeza y majestuosidad de Dios, y especialmente su paternidad.

El hombre está cerrado a Dios hasta que de sus labios no brotan las palabras: «Padre, he pecado» y, sobre todo, mientras no surgen en su *conciencia,* en su «corazón».

Convertirse a Cristo, experimentar *la fuerza interior de su cruz y de su resurrección,* experimentar la verdad total de la existencia humana, «en Cristo», solamente es posible en virtud de estas palabras: «Padre, he pecado». Y solamente en virtud de ellas.

La Iglesia ora y trabaja para que tales palabras maduren en los amplios recintos de las conciencias humanas, para que el hombre contemporáneo las pronuncie con toda la sencillez y confianza necesarias.

Durante la Cuaresma, la Iglesia trabaja sobre todo para que cada hombre se declare a sí mismo pecador ante Dios y, consecuentemente, acepte la fuerza salvífica del perdón, contenida en la *Pasión* y en la *Resurrección* de Cristo.

San Patricio

Desde los días en que era un pastorcillo en Slemish hasta su muerte en Saúl, Patricio fue un testigo de Jesucristo. Fue el primero en encender el fuego pascual en tierras irlandesas, concretamente en la colina de Slane, para que la luz de Cristo alumbrase a toda Irlanda y uniese a todo su pueblo en el amor del único Jesucristo. Para mí es motivo de gran alegría encontrarme hoy aquí, con todos vosotros, ante la colina de Slane, y proclamar a este mismo Jesús, el Verbo encarnado de Dios, el Salvador del mundo.

Saludamos hoy a Cristo con las palabras de la liturgia pascual, celebrada por primera vez en Irlanda por San Patricio en esta colina de Slane: El es el alfa y el omega, el principio y el fin de todas las cosas. Los tiempos y los siglos le pertenecen. Gloria le sea dada por siempre. Que la luz de Cristo, la luz de la fe, pueda seguir brillando en Irlanda. Que ninguna tiniebla la extinga jamás. Para ser fiel, hasta la muerte, a la luz de Cristo, San Patricio rezó por sí mismo. Para que el pueblo de Irlanda se mantuviese siempre fiel a la luz de Cristo, rezó constantemente por los irlandeses. Escribió en su Confesión: «Nunca permita Dios que yo vea que se pierde el pueblo que El ha reconquistado en las regiones más extremas del mundo. Pido a Dios que me dé perseverancia y se digne hacerme fiel testigo de El hasta el final de mis días, al servicio de Dios... Desde el momento en que lo conocí en mi juventud, el amor de Dios y el temor de El han crecido en mí, y hasta ahora, en virtud de la gracia de Dios, he conservado la fe» (San Patricio, *Confesión,* 44, 58).

El recuerdo benéfico del siervo de Dios Pío XII

Quiero hoy recordar al gran Papa Pío XII, el cual, hace cuarenta años, a primeros del mes de marzo de 1939, fue elegido para ocupar la sede de Pedro. Se estaba casi a las puertas de la segunda guerra mundial...

Nunca olvidaré la honda impresión que me causó, cuando se me presentó la ocasión de verlo por primera vez de cerca. Sucedió durante la audiencia concedida a los sacerdotes jóvenes y los seminaristas del Colegio Belga. Pío XII saludaba a cada uno de los presentes y, cuando llegó a mí, el rector del Colegio (actualmente, Cardenal de Fürstenberg) le dijo que yo era polaco. El Papa se detuvo un momento y con evidente emoción dijo: «*De Polonia...*», y, luego, en polaco: «Alabado sea Jesucristo». Esto sucedió en los primeros meses del año 1947, aproximadamente dos años después de finalizar la segunda guerra mundial, que tan terrible prueba fue para toda Europa y, especialmente, para Polonia. En este cuadragésimo aniversario del comienzo de tan significativo pontificado, no podemos olvidar la *gran contribución* por parte de Pío XII *a la preparación teológica del Concilio Vaticano II,* sobre todo en lo que respecta a la doctrina sobre la Iglesia, las primeras reformas litúrgicas, el impulso dado a los estudios bíblicos y su gran preocupación por los problemas del mundo contemporáneo.

Recordar, pues, esa gran alma es nuestro deber natural en la oración a María de hoy, de la que Pío XII fue tan devoto, como todos bien sabemos.

San José escucha la palabra de Dios

San José es grande de espíritu. Es grande en la fe, no por lo que dice a título personal, sino sobre todo *porque escucha las palabras del Dios vivo.*

Escucha en silencio. Y... se convierte así... en testigo del misterio divino... La palabra del Dios vivo incide profundamente en el alma de este hombre, de este hombre justo.

Y nosotros, ¿sabemos *escuchar la palabra* de Dios? ¿Sabemos asimilarla con la hondura de nuestro «yo» humano? ¿Abrimos nuestra conciencia cuando adviene a nosotros? ¿Leemos la Sagrada Escritura? ¿Asistimos a la catequesis?

¡Tenemos tanta necesidad de fe!...

El hombre contemporáneo, el hombre de esta época tan difícil, necesita igualmente *una gran fe.* Hoy necesitan una gran fe los hombres, las familias, las comunidades, la Iglesia. ¡Pueblo de Dios!... *No tengas reparo en llevarte contigo,* junto con José de Nazaret, *a María.* No tengas reparo en *llevarte contigo a Jesucristo,* su Hijo, para toda tu vida. No tengas reparo en llevártelo contigo con una fe semejante a la de José. No tengas reparo en llevártelo contigo a *tu casa...* No tengas reparo en llevarlo contigo *a tu «mundo».* Si así lo haces, este mundo será verdaderamente humano. En efecto, solamente el Dios-Hombre puede hacer que nuestro «mundo humano» sea *plenamente humano.*

20 de marzo

San José, esposo de la Virgen María

El Verbo se hizo hombre y vino a habitar en el seno de la Virgen, la cual, siendo madre, conservó su virginidad.

Este fue el misterio de María. Pero José no conocía tal misterio. No sabía que en la que era su esposa se había cumplido la *promesa de la fe* hecha a Abrahán. No sabía que en ella, en María, de la estirpe de David, se había cumplido la profecía que otrora el profeta Natán había anunciado a David. La profecía y la promesa de la fe, cuyo cumplimiento esperaba todo el pueblo, el Israel elegido por Dios, y toda la humanidad.

Este fue el misterio de María. Pero José desconocía tal misterio. Ella no se lo podía contar, pues se trataba de un misterio superior a la capacidad del entendimiento humano y a cualquier posibilidad de expresarlo con términos humanos. No se podía comunicar con ningún medio humano. Unicamente se podía *aceptarlo de Dios y creer*. De la misma forma que creyó María.

José desconocía este misterio y, por ello, tenía un gran sufrimiento interior. Leemos en el Evangelio: «Su esposo, José, que era hombre recto y no quería infamarla, decidió repudiarla en secreto».

Ocurrió, sin embargo, que una cierta noche también José creyó. Accedió a él la palabra de Dios y se hizo claro para él el misterio de María, su esposa y cónyuge. Creyó que, efectivamente, en ella se había cumplido la promesa de la fe hecha a Abrahán y la profecía anunciada al rey David.

«José, hijo de David, no tengas reparo en llevarte contigo a María, tu mujer, porque la criatura que lleva en su seno viene del Espíritu Santo. Dará a luz un hijo, y le pondrás de nombre Jesús, porque El salvará a su pueblo de los pecados».

«Cuando se despertó José —concluye el evangelista—, hizo lo que le había dicho el ángel del Señor».

21 de marzo

La conversión, don de Dios

La conversión consiste fundamentalmente en *alejarse del pecado y en dirigirse o regresar al Dios vivo*, al Dios de la Alianza: «Vamos a volver al Señor: El nos despedazó y nos sanará, nos hirió y nos vendará la herida» (Os 6, 1), invita el profeta Oseas, el cual insiste en el carácter inte-

142

rior de la auténtica conversión, que ha de estar animada e inspirada por el *amor* y el *conocimiento* de Dios. Y el profeta Jeremías, el gran maestro de la religiosidad interior, anuncia de parte de Dios una extraordinaria transformación espiritual de los miembros del pueblo elegido: «Los miraré con benevolencia, los volveré a traer a esta tierra; los construiré y no los destruiré, los plantaré y no los arrancaré. Les daré inteligencia para que reconozcan que yo soy el Señor; ellos serán mi pueblo y yo seré su Dios» (Jr 24, 7).

La conversión es un *don de Dios,* que el hombre debe implorar con fervorosa oración y Cristo, «nuevo Adán», ha merecido para nosotros. Por la desobediencia del primer Adán, el pecado y la muerte entraron en el mundo y dominan al hombre. Pero si es cierto que «por el delito de aquél sólo la muerte inauguró su reinado, por culpa de aquél sólo, mucho más los que reciben esa sobra de gracia y de perdón gratuito, viviendo reinarán por obra de uno sólo, Jesucristo» (cfr. Rm 5, 17). El cristiano, fortificado con la fuerza que viene de Cristo, se aleja cada vez más del pecado, de los pecados *concretos,* mortales o veniales, superando las malas inclinaciones, los vicios, *el pecado habitual;* de hacerlo así, hará que sea cada vez más débil el lamento del pecado, es decir, la triste realidad de la desobediencia original. Esto acontece en la medida en que en nosotros abunde cada vez más la *Gracia,* don de Dios, otorgada por los méritos «de un hombre solo, Jesucristo» (cfr. Rm 5, 15).

La conversión es, pues, un tránsito progresivo, eficaz y continuo del «viejo» Adán al «nuevo», que es Cristo.

22 de marzo

No endurezcáis el corazón

«¡Ojalá le hagáis caso! No endurezcáis el corazón» (Sal 94, 8). Aunque esta petición es siempre actual y necesa-

ria, en el curso de estos cuarenta días de la Cuaresma resulta especialmente apropiada la recomendación de *prestar oídos a la voz del Dios vivo*. Es una voz penetrante, si tenemos en cuenta cómo habla Dios durante la Cuaresma, no solamente a través de la riqueza excepcional de su Palabra en la liturgia y en la vida de la Iglesia, sino sobre todo con la elocuencia pascual de la Pasión y Muerte de su propio Hijo, con su cruz y su sacrificio. Aquí reside, en cierto sentido, el último argumento en el diálogo que desde hace siglos mantiene con el hombre, con su mente y su corazón, con su conciencia y su conducta.

«Corazón» quiere decir el propio hombre en su interioridad espiritual, en el núcleo —valga la expresión— de su semejanza con Dios.

El hombre interior. El recinto de *la conciencia en el hombre*. Durante la Cuaresma, nuestra oración está encaminada a despertar las conciencias, a su sensibilización ante la voz de Dios. De hecho, la necrosis de las conciencias, su indiferencia ante el bien y el mal, su desviación, constituyen una gran amenaza para el hombre.

Indirectamente, representan también una amenaza para la sociedad, ya que, en el fondo, el nivel moral de la sociedad depende de la conciencia humana. De ahí que nuestra oración cuaresmal por la sensibilidad de la conciencia tiene varias dimensiones. El hombre de corazón endurecido y conciencia degenerada, aunque esté en plenitud de fuerzas y capacidades físicas, es un *enfermo espiritual* y necesita empeñar todo su esfuerzo en recobrar la salud del alma.

«¡Ojalá le hagáis caso! No endurezcáis el corazón» (Sal 94).

La conversión es primordialmente aceptación

«Convertimini ad me... et Ego convertar ad vos». «Volved a mí... y yo volveré a vosotros» (Zc 1, 3).

Estamos ante otra invocación de la liturgia cuaresmal, exponente del sentido pleno de la conversión. Nos volvemos a Dios, que nos espera. Espera para dirigirse, «volverse a nosotros». Caminamos hacia Dios, que desea venir a nuestro encuentro.

Abrámonos a Dios, el cual desea abrirse a nosotros. La conversión no es un proceso en sentido único, una expresión unilateral. Convertirse quiere decir creer en Dios, que nos ha amado primero, que nos ha amado eternamente en su Hijo y que, mediante el Hijo, nos otorga la gracia y la verdad en el Espíritu Santo. El Hijo fue crucificado para hablarnos con sus brazos abiertos tan ampliamente *como Dios está abierto a nosotros.* ¡Cuán incesantemente, a través de la cruz de su Hijo, Dios «se vuelve» a nosotros!

Por tanto, nuestra conversión no es un acto unilateral: No consiste solamente en un esfuerzo de la voluntad humana, del entendimiento y del corazón. No equivale sólo a nuestro tesón para elevar hacia lo alto nuestra humanidad, que por sí misma tiende gravosamente a caer hacia abajo.

La conversión es primordialmente *aceptación.* Es el esfuerzo de aceptar a Dios en la plena riqueza de su «conversión» («volver a») al hombre. Esta conversión es una Gracia.

El esfuerzo del entendimiento, del corazón y de la voluntad es indispensable para la aceptación de la Gracia. Es indispensable para no perder la dimensión divina de la vida en la dimensión humana; para perseverar en ella.

La conversión, don de Dios para la Iglesia

«Volved a mí... y yo volveré a vosotros». La Iglesia se convierte a Cristo *para renovar su conciencia y su certeza* de todos *sus dones,* de los dones que El le ha otorgado mediante la cruz y la resurrección. En efecto, Cristo es al mismo tiempo Redentor y Esposo de la Iglesia. En su calidad de Redentor y Esposo, Cristo la ha fundado a base de hombres débiles, de hombres pecadores y falibles, pero igualmente la ha fundado fuerte, santa e infalible.

Esas prerrogativas de la Iglesia no son obra de los hombres, sino don de Cristo. Creer en la fuerza de la Iglesia no equivale a creer en la fuerza de los hombres que la integran, sino creer *en el don de Cristo,* en esa fuerza que «se manifiesta plenamente en la debilidad» (2 Co 12, 9).

Creer en la santidad de la Iglesia no quiere decir creer en la perfección natural del hombre, sino creer en el don de Cristo: en ese don que hace de nosotros, herederos del pecado, herederos de la santidad divina. Creer en la infalibilidad de la Iglesia no significa —en modo alguno— creer en la infalibilidad del hombre, sino creer en el don de Cristo: en ese don que permite a hombres falibles proclamar infaliblemente y confesar infaliblemente la verdad revelada para nuestra salvación.

La Iglesia de nuestra época —de esta difícil y peligrosa época en que vivimos, de esta época crítica— debe tener *una especial certeza del don de Cristo,* del don de la fuerza, del don de la santidad, del don de la infalibilidad.

Cuanto más consciente sea de la debilidad, pecaminosidad, falibilidad del hombre, tanto más debe conservar celosamente la certeza de los dones provenientes de su Redentor y Esposo. Ciertamente, ésta es una vía esencial de la conversión cuaresmal a Cristo por parte de la Iglesia.

Anunciación del Señor: «No temas»

«No temas». Aquí radica el elemento constitutivo de la vocación. El hombre, de hecho, teme. Teme no solamente ser llamado al sacerdocio, sino también ser llamado a la vida, a sus obligaciones, a una profesión, al matrimonio. Este temor muestra un sentido de responsabilidad, pero de una responsabilidad inmadura. Hay que superar el temor para acceder *a una responsabilidad madura;* hay que aceptar la llamada, escucharla, asumirla, ponderarla según nuestras luces, y responder: sí, sí. No temas, no temas, pues has hallado la Gracia, no temas a la vida, no temas tu maternidad, no temas tu matrimonio, no temas tu sacerdocio, pues has hallado la Gracia. Esta certidumbre, esta conciencia nos ayuda de igual forma que ayudó a María. En efecto, «la tierra y el paraíso esperan tu sí, oh Virgen Purísima». Son palabras de San Bernardo, famosas y hermosísimas palabras. Espera tu sí, María. Espera tu sí, madre que vas a parir; espera tu sí, hombre que debes asumir una responsabilidad personal, familiar y social...

Esta es la respuesta de María, la respuesta de una madre, la respuesta de un joven: un sí *para toda la vida.*

26 de marzo

Anunciación del Señor: el sí de María y nuestro sí

Pero aún hay más: en efecto, todos los hombres nacen con tu sí. Hay que tener claro que un sí pronunciado como lo hizo María es fuente de alegría, de nueva vida, de inspiración y bendición. *Un sí como el de María,* ¡qué bendición! ¡Qué plenitud del bien en el mundo! Un sí de

María: ¡cuánta bendición! ¡Cuánta alegría, cuánta felicidad, cuánta salvación! ¡Cuánta esperanza!...

Os he ofrecido mi visión del misterio de la Anunciación, unido al misterio de la vocación cristiana y, especialmente, de la vocación sacerdotal...

Aquí, en esta capilla, preside la imagen de la Virgen, la Virgen de la Confianza. La imagen resume en cierto modo el misterio de la Anunciación y de la vocación. He aquí a la que depositó su confianza en el Señor. Si el Señor te dice: has de ser un sacerdote, si te dice esto, quiere decir que confía en ti. ¿A qué temer? La solución no consiste sólo en temer, sino en *madurar para asumir la responsabilidad,* pues la Virgen de la Confianza significa aquella que ha tenido una inmensa confianza en Dios. Con esa confianza, ella fue capaz de convertirse en Madre de Dios...

Es magnífico que en esta capilla del Seminario Romano encontremos la mirada maternal de la Virgen de la Confianza, pues al amparo de esta mirada podemos prepararnos con confianza para la misión a la que Dios nos llama.

27 de marzo

«Dejaos reconciliar con Dios»

En este período especial del espíritu, el período cuaresmal, la llamada a la reconciliación debe adquirir una clara resonancia en nuestros corazones y nuestras conciencias. Si somos realmente discípulos y testigos de Cristo, el cual ha reconciliado al hombre con Dios, no podemos vivir sin esforzarnos por conseguir esa *reconciliación interior.* No podemos quedar anclados en el pecado y no hacer todo lo que esté en nuestra mano por hallar de nuevo el camino que conduce a la casa del

Padre, siempre en espera de nuestro regreso. A lo largo de la Cuaresma, la Iglesia nos incita a descubrir ese camino: «Por Cristo os lo pido, dejaos reconciliar con Dios» (2 Co 5, 20). Unicamente si estamos reconciliados con Dios en nombre de Cristo, podemos gustar «qué bueno es el Señor» (Sal 33, 34, 9), de una forma, por decirlo así, *vivencial.*

Los confesionarios no hablan de la severidad de Dios, cuando los hombres se acercan a ellos para manifestar sus propios pecados, sino de su bondad misericordiosa. Quienquiera que haya ido al confesionario, en algunos casos después de muchos años y con el peso de graves pecados, encuentra el alivio deseado cuando se levanta de él; encuentra la alegría y la serenidad de la conciencia que sólo la confesión puede dar. Nadie tiene el poder de liberarnos de nuestro pecado, salvo Dios. Y el hombre que *obtiene* tal *perdón* recibe la gracia de una nueva vida del espíritu, que solamente Dios, en su infinita bondad, puede concederle.

«Si el afligido grita, el Señor lo oye y lo salva de sus angustias» (Sal 33, 7).

28 de marzo

El regreso a la casa del Padre

La Cuaresma es el tiempo de una espera particularmente amorosa de nuestro Padre a cada uno de nosotros, a fin de que, aunque se trate del más pródigo de los hijos, tome conciencia del despilfarro perpetrado, llame por su nombre al pecado y se vuelva con total sinceridad a Dios. Tal hombre debe volver a la casa del Padre. El camino que conduce a ella pasa por *el examen de conciencia, el arrepentimiento y el propósito de enmienda,* y nace en él la *necesidad de la confesión.*

Nuestra reconciliación con Dios, el regreso a la casa del

Padre, se lleva a cabo *mediante Cristo.* Su Pasión y Muerte en la cruz se sitúan como mediadoras entre las conciencias, entre los pecados humanos, y el amor infinito del Padre. Este amor, siempre dispuesto a consolar y perdonar, se identifica con la misericordia. A través de la conversión personal, del arrepentimiento, del propósito firme de cambio, en fin, de la confesión, cada uno de nosotros asume la tarea de realizar un personal esfuerzo espiritual, como prolongación y *reverberación* lejana del *esfuerzo salvífico emprendido* por nuestro *Redentor.* Así se expresa el apóstol de la reconciliación con Dios: «Al que no tenía que ver con el pecado, por nosotros lo cargó Dios con el pecado, para que nosotros, por su medio, obtuviéramos la rehabilitación de Dios» (2 Co 5, 21).

Efectuemos, por tanto, «por El, con El y en El» este esfuerzo de conversión y de penitencia. Si no lo hacemos, no somos dignos del nombre de Cristo, no somos dignos de la herencia de la redención.

«Por consiguiente, donde hay un cristiano, hay humanidad nueva; lo viejo ha pasado; mirad, existe algo nuevo. Y todo esto es obra de Dios, que nos reconcilió consigo a través de Cristo y nos encomendó *el servicio de la reconciliación»* (ibíd. 5, 17-18).

29 de marzo

La conversión pasa a través de la cruz

Para convertirse a Dios, esencial y radicalmente, es preciso volver al «origen»: al comienzo del pecado y de la muerte originada en el pecado.

Es preciso volver a adquirir la conciencia del pecado que supuso el inicio de todos los pecados en la tierra y que constituye la base permanente y la fuente de la pecaminosidad del hombre.

El pecado original sigue existiendo, de hecho, en todo el género humano. Es la herencia que en nosotros hay del primer Adán. Aunque se nos ha cancelado en el bautismo por obra de Cristo, el «último Adán» (1 Co 15, 45), sus efectos permanecen en nosotros.

Convertirse a Dios, como lo desea la Iglesia en este período de cuarenta días de la Cuaresma, quiere decir llegar a las raíces del árbol que, como dice el Señor, «no da buen fruto» (Mt 3, 10).

No hay otro modo de sanar al hombre. Por consiguiente, para «convertirse» tal como espera la Iglesia de nosotros durante el período cuaresmal, debemos hoy volver al «principio», al «eres polvo y al polvo volverás», *para colocarnos de nuevo en el «nuevo inicio»* de la resurrección de Cristo y de la Gracia. El camino a recorrer pasa, pues, por el Viernes Santo. Pasa a través de la *cruz.* No existe otro camino hacia la «plena» conversión. En este camino, único, nos está esperando Aquél a quien el Padre, por amor, «cargó con el pecado por nosotros» (2 Co 5, 21), aunque nada tenía que ver con el pecado, «para que nosotros, por su medio, obtuviéramos la rehabilitación de Dios» (ibíd.).

Emprendamos el camino de tal conversión y reconciliación con Dios, colaborando especialmente en esta Cuaresma con Cristo, mediante *la oración, la limosna y el ayuno.*

«Oh Dios, crea en mí un corazón puro, renuévame por dentro con espíritu firme» (Sal 50-51, 12).

30 de marzo

La lucha continúa

El Reino de Dios tuvo su comienzo en la historia del mundo con el hombre, y desde entonces ha seguido un largo recorrido. En la cumbre de esta historia está Cristo. «Ya llega el reinado de Dios» (Mc 1, 15). Proclama este reinado desde el primer momento de su predicación mesiánica y lo anuncia al pueblo elegido sin cesar, incansablemente.

Es preciso convertirse para poder hallar de nuevo la verdad *plena sobre el Reino de Dios.* En último término, El da su vida por esta verdad... La controversia sobre el Reino de Dios finalizó el Viernes Santo.

En el domingo de la resurrección quedó corroborada la verdad de las palabras de Cristo, la verdad de que *el Reino de Dios ha venido a nosotros,* la verdad de toda su misión mesiánica. La lucha entre el reino del mal —el del espíritu maligno— y el Reino de Dios aún no ha acabado, no ha terminado. Ha entrado sólo en una etapa nueva, más aún, en la etapa definitiva. En esta etapa, la lucha continúa a través de las sucesivas generaciones de la historia humana.

¿Acaso es necesario demostrar expresamente que esta lucha continúa *también en nuestra época?* Sí, claro que continúa. Incluso parece crecer a medida que se desarrolla la historia humana en cada pueblo y nación.

Perdura asimismo en cada uno de nosotros. Y siguiendo el hilo de la historia, incluyendo nuestra época, podemos también precisar de qué forma el reino del espíritu maligno no está dividido; por el contrario, persigue por diversas vías una acción unitaria en el mundo e impone su influencia sobre el hombre, el entorno, las familias y la sociedad.

Como sucedió en los comienzos, también ahora *airea su programa sobre la libertad del hombre...,* sobre su libertad, aparentemente ilimitada.

31 de marzo

Entrar en nosotros mismos

La Cuaresma es el tiempo de *entrar* en nosotros mismos; un período de especial intimidad con Dios en lo profundo de nuestro corazón y de nuestra conciencia.

En esta *intimidad interior con Dios* se lleva a cabo la obra esencial de la Cuaresma: *la obra de la conversión.*

En esta dimensión interior y en la intimidad con Dios, y con toda la amplitud de nuestro corazón y nuestra conciencia, pueden oírse palabras como las del salmo, que constituyen unas de las confesiones más profundas que el hombre haya hecho jamás ante Dios: «Misericordia, Dios mío, por tu bondad, por tu inmensa compasión borra mi culpa. Lava del todo mi delito, limpia mi pecado, pues yo reconozco mi culpa, tengo siempre presente mi pecado. Contra ti, contra ti sólo pequé, cometí lo que tú repruebas» (Sal 50, 1-6).

Son palabras purificadoras, palabras transformadoras. Transforman al hombre interiormente y son *un testimonio de tal transformación.*

Recitémoslas frecuentemente durante la Cuaresma. Y, sobre todo, intentemos renovar *el espíritu que las vivifica;* ese hálito interior que ha insuflado en estas palabras la fuerza de la conversión.

La Cuaresma, efectivamente, es en esencia una invitación a la conversión. Las «obras de piedad» de que habla el Evangelio abren el camino a tal conversión. Practiquémoslas, en la medida de nuestras posibilidades. Pero, ante todo, dispongámonos para un encuentro interior con Dios por toda la vida, en cualquier circunstancia, y en orden a esta dimensión profunda de la conversión a Dios, tan diáfanamente expresada en el salmo penitencial de la liturgia de hoy.

«Por Cristo os lo pido, *dejaos reconciliar con Dios*». De igual forma habla *la Iglesia,* nuestra madre, a todos sus hijos. Cúmplase, pues, también a lo largo de todo este período.

«Dejaos reconciliar con Dios», ya que El ha puesto tanto de su parte para esta reconciliación.

Abril

1 *La cruz, convocatoria viva a la conversión*
2 *El programa de la conversión*
3 *En vez de acciones momentáneas, posturas perma-*
  nentes
4 *¿Quién es mi prójimo?*
5 *Espíritu de amor y de comunión*
6 *Sed los artífices de la caridad de Cristo*
7 *San Juan Bautista de la Salle*
8 *La limosna, signo de justicia*
9 *La limosna, signo de solidaridad*
10 *La verdad del buen ejemplo*
11 *San Estanislao, obispo y mártir*
12 *La cruz revela la totalidad de Cristo*
13 *La cruz, comienzo de la resurrección*
14 *Jesús vaticina su muerte*
15 *Cristo, hijo de Dios vivo*
16 *Cristo ha resucitado*
17 *Cristo resucitado, vencedor de la muerte*
18 *Cristo resucitado ha vencido al pecado*
19 *En la alegría de Cristo resucitado*
20 *La Iglesia, testigo de la resurrección*
21 *La Iglesia comparte la Pascua con todos*
22 *Oración a la Virgen de Jasna Góra*
23 *San Adalberto, obispo y mártir*
24 *La resurrección indica la misión de los cristianos*
25 *San Marcos, evangelista*
26 *La Madre del Buen Consejo*
27 *La resurrección indica la transformación de los cris-*
   tianos
28 *La resurrección indica el auténtico humanismo*
29 *Santa Catalina de Siena, doctora de la Iglesia*
30 *San Pío V*

La cruz, convocatoria viva a la conversión

La Iglesia, durante la Cuaresma, desea recobrar nuevas fuerzas para llevar a cabo, con especial empeño, la misión de su Señor y Maestro en todo su valor salvífico. Por eso escucha con máxima atención las palabras de Cristo, el cual, por encima de los episodios concretos de su existencia en los distintos ámbitos de la vida humana, anuncia permanentemente el Reino de Dios. Su última palabra es *la cruz en el monte Calvario,* es decir, el sacrificio ofrecido por su amor para reconciliar al hombre con Dios.

En el tiempo de Cuaresma, todos hemos de mirar con especial atención a la cruz a fin de comprenderla en toda su elocuencia. No podemos ver en ella solamente un recuerdo de hechos acontecidos hace dos mil años. Debemos captar la enseñanza de la cruz, cara a nuestra época, al hombre contemporáneo: «Jesucristo es el mismo hoy que ayer y será el mismo siempre» (Heb 13, 8).

En la cruz de Jesús se expresa una convocatoria viva a la *metanoia,* a la *conversión:* «Enmendaos y creed la buena noticia» (Mc 1, 15). Debemos aceptar esta convocatoria como una llamada dirigida a cada uno de nosotros, y particularmente en este período cuaresmal. Vivir la Cuaresma significa convertirse a Dios mediante Jesucristo.

Cristo nos indica en el Evangelio el rico programa de la conversión. Cristo —y, tras El, la Iglesia— nos propone igualmente, en el tiempo de Cuaresma, los medios para esta conversión.

Aparece, en primer término, la *oración;* también, la *limosna* y el *ayuno.* Hay que aceptar estos medios y hacerlos realidad en la vida diaria, según las necesidades y posibilidades del hombre y del cristiano de nuestra época.

2 de abril

El programa de la conversión

La oración sigue siendo la condición primaria y fundamental para allegarnos a Dios. Durante la Cuaresma debemos orar, debemos esforzarnos para rezar aún más, buscar tiempo y situación apropiados para rezar. Nada hay como la oración para sacarnos de la indiferencia y hacernos sensibles a las cosas de Dios y del alma.

La oración educa nuestras conciencias; de ahí que la Cuaresma sea un período especialmente propicio para despertar y educar las conciencias. La Iglesia nos recuerda de modo particular en este tiempo la ineludible necesidad de la confesión sacramental para que todos podamos vivir la resurrección de Cristo, no sólo en la liturgia, sino también en nuestras propias almas.

La limosna y el ayuno están estrechamente ligados entre sí como medios de conversión y de penitencia cristiana. *El ayuno* significa un dominio de nosotros mismos; significa mantener un nivel de exigencia para con nosotros mismos, estar dispuestos a renunciar a las cosas, a la comida, a los goces y placeres.

La limosna, en su sentido más amplio y fundamental, significa la disposición franca a compartir con los demás las alegrías y las penas, a dar al prójimo, especialmente al necesitado, a repartir no solamente los bienes materiales, sino también los dones del espíritu.

De esta forma, volverse a Dios mediante la oración se traduce al mismo tiempo en volverse al hombre. Siendo exigentes con nosotros mismos y generosos con los que nos rodean, expresamos nuestra conversión de un modo concreto y en el plano social. A través de nuestra plena solidaridad con los hombres, con los que sufren y especialmente con los necesitados, nos unimos con Cristo sufriente y resucitado.

3 de abril

En vez de acciones momentáneas, posturas permanentes

Durante la Cuaresma se nos habla con frecuencia de oración, ayuno y limosna. Estamos habituados a pensar en ellos como si se tratase de obras pías y buenas que todo cristiano debe hacer sobre todo en este período. Siendo ello cierto, no es, sin embargo, completo.

La oración, la limosna y el ayuno tienen que ser comprendidos a un nivel más profundo, si queremos que sean elementos constitutivos de nuestra vida y no una mera serie de acciones momentáneas, que exigen de nosotros una atención pasajera o nos privan de ciertas cosas de una forma circunstancial. Con tal esquema mental no lograremos alcanzar el auténtico sentido y la verdadera fuerza que la oración, el ayuno y la limosna poseen en el proceso de la *conversión a Dios* y de nuestra *madurez espiritual.*

Ambas dimensiones progresan paralelamente: maduramos espiritualmente convirtiéndonos a Dios y la conversión se lleva a cabo mediante la oración, al igual que mediante el ayuno y la limosna, entendidos en su más auténtico sentido.

Conviene dejar muy claro desde el principio que no se trata de «acciones» momentáneas, sino de *posturas permanentes,* que confieren a nuestra conversión a Dios un estatuto duradero. La Cuaresma, en cuanto tiempo litúrgico, representa solamente cuarenta días al año, pero a Dios debemos tender siempre, en un proceso continuo de conversión.

La Cuaresma debe dejar una impronta potente e indeleble en nuestra vida, ha de renovar en nosotros la conciencia de nuestra unión con Jesucristo, el cual nos hace ver la necesidad de la conversión y nos indica los medios para hacerla realidad.

La oración, el ayuno y la limosna constituyen, en efecto, las vías que Cristo nos ha indicado para ello.

4 de abril

¿Quién es mi prójimo?

«¿Quién es mi prójimo?» (Lc 10, 29). ¿Os acordáis? La parábola del buen samaritano sirve a Jesús para responder a la pregunta que le formula un doctor de la Ley, después de citar el texto bíblico: «Amarás al Señor tu Dios con todo tu corazón, con toda tu alma, con todas tus fuerzas y con toda tu mente; y a tu prójimo como a ti mismo». *El buen samaritano es Cristo.* El ha tomado la iniciativa de venir a nosotros y hacernos su prójimo, para socorrernos, curarnos y salvarnos.

Sin embargo, si sigue habiendo alguna distancia entre Dios y nosotros, es a causa nuestra, debido a los obstáculos que ponemos a ese acercamiento.

El pecado que anida en nuestro corazón, las injusticias que perpetramos, el odio y las disensiones que alimentamos; todo esto es lo que nos lleva a no amar a Dios con toda nuestra alma, con todas nuestras fuerzas.

El tiempo cuaresmal es un tiempo privilegiado para la *purificación* y la *penitencia,* y así permitir al Señor que nos haga su prójimo y nos salve con su amor. El segundo mandamiento es semejante al primero (cfr. Mt 22, 39), constituyendo con él uno solo. Debemos amar a los otros con el mismo amor que Dios vuelca en nuestros corazones y con el que El ama a los hombres. En este ámbito, ¡cuántos obstáculos ponemos también para hacer de los otros nuestro prójimo! No amamos suficientemente a Dios y a nuestros hermanos.

¿Por qué siguen existiendo tantas dificultades para superar el estadio, importante pero insuficiente, del estudio aséptico, de las declaraciones, de la afirmación de principios, para hacernos emigrantes con los emigrantes, refugiados con los refugiados, pobres con los que carecen de todo?

5 de abril

Espíritu de amor y de comunión

El tiempo cuaresmal apela a nosotros, como integrantes de la Iglesia y por medio de la Iglesia, para purificarnos de los residuos del egoísmo, de excesivo apego a los bienes, materiales o de cualquier otro tipo, que nos separan de tantos hombres necesitados de ayuda; principalmente, los que, viviendo cerca o lejos de nosotros físicamente, no tienen la posibilidad de vivir dignamente su condición de hombres y de mujeres, creados a imagen y semejanza de Dios.

Dejaos empapar, pues, del espíritu de penitencia y conversión, que es *espíritu de amor* y *de comunión.* A imitación de Cristo, estad al lado de los pobres, de los heridos, de los marginados por el mundo. Cooperad en todo lo que se haga en vuestra Iglesia local a fin de que los cristianos y todos los hombres de buena voluntad faciliten a cada uno de sus hermanos los medios, incluso materiales, para vivir dignamente, para alcanzar la plena realización humana y espiritual de sí mismos y de sus familias.

Las colectas cuaresmales —y esto es aplicable también a los países pobres— nos ofrecen la ocasión de ayudar y colaborar con las iglesias locales de las naciones más pobres, cumpliendo así su misión de buenos samaritanos con las personas de las que son responsables: los pobres, los hambrientos, las víctimas de la injusticia y cuantos no tienen aún la posibilidad de ser responsables del propio desarrollo y del de sus comunidades.

Penitencia, conversión: éste es el *camino,* no triste, sino *liberador, de nuestro tiempo cuaresmal.*

Si os seguís planteando la pregunta: «¿quién es mi prójimo?», hallaréis la respuesta en el rostro de Cristo y la oiréis de sus propios labios: «Os lo aseguro: Cada vez que lo hicisteis con un hermano mío de esos más humildes, lo hicisteis conmigo» (Mt 25, 40).

6 de abril

Sed los artífices de la caridad de Cristo

«Los creyentes vivían todos unidos y lo tenían todo en común; vendían posesiones y bienes y lo repartían entre todos según la necesidad de cada uno» (Hch 2, 44-45).

Estas palabras de San Lucas resuenan hondamente en mi corazón, en este período litúrgico de Cuaresma: semanas gratamente ofrecidas por la Iglesia a todos los cristianos para ayudarles a reflexionar sobre su identidad profunda como hijos del Padre celestial y hermanos de todos los hombres, e incitarles también a compartir con ellos de forma concreta y generosa, pues Dios nos ha llamado a basar nuestras vidas en la caridad.

Nuestras relaciones con el prójimo son *capitales*. Y al hablar de «prójimo» me estoy refiriendo evidentemente a los que viven a nuestro lado, en la familia, en el barrio, en el pueblo, en la ciudad. Son nuestro prójimo, además, los que no encuentran trabajo, los que sufren, los enfermos, los que viven en soledad o en auténtica pobreza.

Son también mi prójimo todos los que geográficamente están alejados o exiliados de su patria, sin trabajo, sin medios de subsistencia, sin vestidos, muchas veces también sin libertad.

Mi prójimo son esos seres desventurados, arruinados total o casi totalmente por catástrofes dramáticas e imprevisibles, que les han dejado en la miseria física y moral, y en muchos casos en el abatimiento por la pérdida de sus seres más queridos. La Cuaresma es realmente una llamada imperiosa del Señor a la renovación interior, personal y comunitaria, mediante la oración y los sacramentos, pero asimismo mediante la caridad y el sacrificio, personal y colectivo, de tiempo, dinero y bienes de cualquier clase, a fin de remediar las necesidades y penurias de nuestros hermanos que viven en el mundo.

Compartir es un deber ineludible para todo hombre de buena voluntad y, sobre todo, para los discípulos de Cristo.

7 de abril

San Juan Bautista de la Salle

En este lugar, en las proximidades y casi a la sombra del santuario de San Juan Bautista de la Salle, donde se conservan sus veneradas reliquias, brota espontánea del espíritu la acción de gracias a Dios, dador de todo bien, por haber inspirado al fundador de los Hermanos de las Escuelas Cristianas.

Su preocupación primordial por formar buenos maestros; el implicar alumnos y padres en la labor educativa; el clima fraternal en la relación entre docentes y alumnos, fundamentado en el respeto, la confianza y el amor; la válida formación religiosa, nutrida en la catequesis y la vida litúrgica; la creación de escuelas especializadas según las necesidades de la juventud de su tiempo: para muchachos pobres, para los hijos de los obreros, para los obreros mismos, para los maestros...; y también el empleo de la lengua materna, son demostración evidente y palpable de la gran preocupación que San Juan Bautista de la Salle tuvo por el hombre y los signos de los tiempos y *acertadas intuiciones pedagógicas, proféticas y anticipadoras del futuro.*

De entre su rica espiritualidad, quiero resaltar en esta ocasión su profundo amor a la oración y a la meditación de la Palabra, su filial devoción a María —se le conocía como el *«cura del rosario»*— y, en fin, *su increíble fidelidad al Romano Pontífice:* debido a ello, desde los orígenes del Instituto, decide enviar a Roma a dos hermanos, ponerlos a disposición del Papa.

«Debéis manifestar a la Iglesia el amor que sentís por ella. Debéis demostrarle vuestro celo, pues la Iglesia es el Cuerpo de Cristo. Sois ministros de la Iglesia para realizar la misión que Dios os ha encomendado como dispensadores de su Palabra» (M.P. 201, 2).

Esto es lo que escribió vuestro Fundador para vosotros, queridos hermanos, y a esto mismo os exhorto ahora también yo.

8 de abril

La limosna, signo de justicia

La llamada a la penitencia, a la conversión, significa una llamada a la apertura interior «hacia los otros». Nada puede sustituir, en la historia de la Iglesia y del hombre, a *esta llamada,* que tiene infinitos destinatarios.

Se dirige a todos los hombres y contempla en cada uno su situación personal y peculiar. Cada individuo debe analizarse en estas dos dimensiones en las que se realiza la llamada.

Cristo exige de mí que esté abierto a los otros. ¿Pero hacia quién concretamente? Hacia el que está aquí, en este momento. No se puede «diferir» esta llamada de Cristo hasta un momento indefinido, en que aparezca un mendigo «adecuado» y nos extienda su mano.

Debo estar abierto a cada persona concreta, dispuesto siempre a «darme». Ahora bien, darme ¿con qué? Sabemos que hay veces en que una sola palabra por nuestra parte basta para «hacer un don» al otro, pero también que con una sola palabra podemos herirlo dolorosamente, injuriarlo, hacerle daño; podemos incluso «matarlo» moralmente. Hemos de recibir, por tanto, esta llamada de Cristo en las situaciones concretas de la convivencia y el trato cotidianos, donde cada uno de nosotros, tiene siempre ocasión de «dar» a los demás y, al mismo tiempo, de aceptar lo que los otros pueden ofrecerle...

No puedo estar cerrado, ser ingrato. No puedo aislarme. Aceptar la llamada de Cristo a abrirme a los demás exige, pues, un *replanteamiento de todo el estilo de nuestra vida cotidiana.*

Hay que aceptar esta llamada en las dimensiones reales de la vida, y no esperar que surjan situaciones y circunstancias excepcionales, apariciones de necesidades anormales. Hay que perseverar incesantemente en esta actitud interior. De lo contrario, cuando realmente se presente una ocasión «extraordinaria», puede ocurrir que no estemos capacitados para afrontarla adecuadamente.

La limosna, signo de solidaridad

La llamada de Cristo a abrirse «al otro», al «hermano», precisamente al hermano, tiene siempre un campo de aplicación concreto y universal. Se dirige a cada uno porque está destinada a todos.

La medida de esta apertura no es solamente la cercanía del otro, sino sobre todo sus necesidades: tenía hambre, tenía sed, estaba desnudo, encarcelado, enfermo... Respondamos a esta llamada buscando al hombre que sufre, yendo en pos de él *más allá de* las fronteras de las naciones y de los continentes.

Con ello se crea, a través del corazón de cada uno de nosotros, *la dimensión universal de la solidaridad humana. La misión de la Iglesia es salvaguardar esta dimensión;* no limitarse a algunas fronteras, fórmulas políticas o sistemas. Salvaguardar la solidaridad humana universal, especialmente con los que sufren; conservarla a la luz de Cristo, el cual dio un rostro definitivo a esa dimensión de la solidaridad con el hombre. «Es que el amor de Cristo no nos deja escapatoria, cuando pensamos que uno murió por todos para que los que viven ya no vivan más que para sí mismos, sino para el que murió y resucitó por ellos» (2 Cor 5, 14 ss.). Nos ha propuesto esa tarea de una forma definitiva. Ha asignado esa tarea a la Iglesia. Nos la ha asignado a todos.

Por consiguiente, en nuestra conciencia, en la conciencia individual del cristiano, en la conciencia social de los distintos grupos, en las naciones, deben crearse, por decirlo así, *zonas particulares de solidaridad* precisamente con los que más sufren. Debemos trabajar sistemáticamente para que los ámbitos de necesidades humanas más perentorias, de mayores sufrimientos, de abusos e injusticias, se transformen en zonas de solidaridad cris-

tiana de toda la Iglesia y, a través de la Iglesia, de cada
sociedad en particular y de toda la humanidad.

10 de abril

La verdad del buen ejemplo

La penitencia es sinónimo de conversión, que, a su vez,
quiere decir superación de todo lo que está opuesto a la
dignidad de hijos de Dios, retorno sincero al Padre celestial, infinitamente bueno y misericordioso. Este regreso,
fruto de un acto de amor, será tanto más expresivo y
grato a El cuanto más vaya acompañado del secrificio de
algo necesario y, sobre todo, de lo superfluo.

Tenemos una amplísima gama posible de acciones, que
van desde el cumplimiento asiduo y generoso de las obligaciones cotidianas a la aceptación humilde y generosa
de los contratiempos enojosos que pueden surgir a lo
largo de la jornada, y hasta la renuncia de algo muy
agradable para remediar así a algún necesitado. Sin
embargo, lo más grato al Señor es *la caridad del buen
ejemplo,* dado que formamos parte de una familia de fieles, cuyos miembros dependen los unos de los otros; cada
uno necesita que todos los demás le ayuden y le apoyen.

El buen ejemplo no tiene efectos solamente en lo
externo, sino que cala hondo y conforma en el otro el
bien más precioso y activo, es decir, su adhesión a la
propia vocación cristiana. Ahora bien, es indudable la
dificultad de llevar esto a la práctica y nuestras débiles
fuerzas necesitan una fuente de energía suplementaria.
La cuestión radica en saber dónde podemos hallarla.

Recordemos las palabras del Divino Salvador: «Sin mí
nada podéis hacer». *Es a El a quien hemos de recurrir;*
sabéis además que el encuentro con Cristo se hace realidad a través del diálogo personal de la *oración* y, espe-

cialmente, en la *realidad de los sacramentos*. En el sacramento de la Penitencia nos reconciliamos con Dios y con los hermanos; con la Eucaristía recibimos a Cristo, el cual fortifica nuestras voluntades, endebles y titubeantes.

11 de abril

San Estanislao, obispo y mártir

El hecho de que San Estanislao, a quien la historia proclama como «patrón de los polacos», haya sido reconocido por el episcopado polaco ante todo como patrón del orden moral se debe a la persuasiva *dimensión ética de su vida y de su muerte* y al peso mismo de la tradición, expresada a través de las sucesivas generaciones polacas de los Piast, de los Jagellones y de los reyes electos, hasta llegar a nuestros días. El patronazgo de San Estanislao en el orden moral está basado sobre todo en el reconocimiento universal de la ley moral, o sea, de la ley de Dios. Esta ley obliga a todos, tanto súbditos como gobernantes.

Ella constituye la norma moral, siendo un criterio axiológico esencial del hombre. Solamente cuando partimos *de esta ley, es decir, de la ley moral,* puede ser respetada y universalmente reconocida *la dignidad de la persona humana.* Por consiguiente, la moral y la ley constituyen las condiciones fundamentales para que se dé el orden social. Sobre la ley se cimientan los estados y las naciones, y sin ella perecen. El episcopado polaco debe incorporar a su misión y ministerio actuales una especial solicitud por el conjunto del patrimonio cultural polaco, del que ya sabemos hasta qué punto está impregnado de la luz del cristianismo. De todos es conocido además que la cultura representa de hecho la prueba primordial y básica de la identidad de una nación.

La misión del episcopado polaco, prosiguiendo los pasos de San Estanislao, se caracteriza específicamente por su propio carisma histórico; de ahí que siga siendo en este ámbito una misión evidente e insustituible.

12 de abril

La cruz revela la totalidad de Cristo

¡Gloria a ti, Verbo de Dios! Este saludo se repite cada día en la liturgia cuaresmal. Precede a la lectura del Evangelio y testimonia que la Cuaresma es en la vida de la Iglesia un período de especial *concentración en el Verbo de Dios.* Este especial énfasis iba unido, sobre todo durante los primeros siglos, a la preparación bautismal para la noche de Pascua, que los catecúmenos realizaban con creciente intensidad. Sin embargo, la Cuaresma incita a una concentración profunda en la Palabra de Dios no sólo en vistas del bautismo y del catecumenado. La necesidad radica en la naturaleza misma del período litúrgico, es decir, en la *profundidad del misterio* en el que se introduce la Iglesia desde el inicio de la Cuaresma. El misterio de Dios llega a las mentes y los corazones ante todo mediante su Palabra. Nos hallamos, efectivamente, en el período de la «preparación» para la Pascua, el misterio central de Cristo, de la fe y de la vida del cristiano.

¡Gloria a ti, Verbo de Dios! Esta *palabra,* presente en la liturgia de la penúltima semana de Cuaresma, suena ahora con *especial* intensidad y, si se me permite la expresión, con inusual *dramatismo.* Queda resaltada de modo especial en las lecturas extractadas del evangelio de San Juan. Cristo, conversando con los fariseos, dice cada vez más claramente quién es El, quién lo ha enviado, pero sus palabras no son bien acogidas. ¿Tú quién eres? «Cuando hayáis alzado al Hijo del Hombre, entonces sabréis...» (Jn 8, 28): *conoceréis, hallaréis la respuesta* a la pregunta que ahora me hacéis, no fiándoos de lo que os digo.

«Levantar en alto» en la cruz constituye *la clave para conocer* toda la verdad que Cristo proclamaba.

13 de abril

La cruz, comienzo de la resurrección

«El que me envió *está conmigo;* nunca me ha dejado solo, porque yo hago siempre lo que le agrada a El» (Jn 8, 29). A través de estas palabras aparece ante nosotros la *ilimitada soledad* que Cristo debe experimentar en la cruz, en su «elevación». Esa soledad comienza en la oración de Getsemaní, que debió de ser una auténtica agonía espiritual, y culmina en la crucifixión. Cristo grita entonces: «Dios mío, Dios mío, ¿por qué me has abandonado?» (Mt 27, 46). Ahora, sin embargo, como si viviese de antemano esas horas de tremenda soledad, dice: «El que me ha enviado está conmigo; *nunca me ha dejado solo...*». Parece como si quisiera decir ante todo: incluso durante este abandono supremo, *no estaré solo. Más aún, el Padre no me dejará en manos de la muerte, pues la cruz es el comienzo de la resurrección.* Esta es precisamente la causa de que la «crucifixión» signifique en definitiva «elevación»: «Entonces comprenderéis que yo soy el que soy». Sabréis igualmente que «yo digo al mundo las cosas que antes he oído de El». La crucifixión se convierte verdaderamente en la elevación de Cristo. En la cruz radica el inicio de la resurrección. Debido a ello, la cruz será la medida de todas las cosas que hay entre Dios y el hombre. Cristo las mide precisamente con este baremo.

«Vosotros pertenecéis a *lo de aquí abajo,* yo pertenezco a *lo de arriba;* vosotros pertenecéis a este orden, yo no pertenezco al orden éste» (Jn 8, 23).

La dimensión *del mundo* se contrapone, en cierto sentido, a la *dimensión de Dios.* Hablando con Pilato, dirá también: «La realeza mía no pertenece a este mundo» (Jn 18, 36).

El punto de encuentro de la dimensión del mundo con la dimensión de Dios es precisamente *la cruz:* la cruz y la resurrección.

14 de abril

Jesús vaticina su muerte

Estamos a las puertas de Semana Santa, el triduo sagrado que una vez más nos recordará de forma especial su pasión, muerte y resurrección. De ahí que las palabras con que el Señor anuncia su final ya cercano hablen de gloria. «Ha llegado la hora de que se manifieste la gloria del Hijo del Hombre... Ahora me siento agitado; ¿le pido al Padre que me saque de esta hora?... ¡Padre, manifiesta tu gloria!» (Jn 12, 23. 27-28). Finalmente, pronuncia las palabras que tan hondamente manifiestan el misterio de la muerte redentora: «Ahora comienza un juició contra el orden presente... Yo, cuando me levanten de la tierra, tiraré de todos hacia mí» (Jn 12, 31-32). La elevación de Cristo de la tierra es anterior a su elevación a la gloria: elevación en el madero de la cruz, elevación martirial, elevación mortal.

Jesús vaticina su muerte también con estas misteriosas palabras: «Sí, os lo aseguro, si el grano de trigo cae en tierra y no muere, queda infecundo; en cambio, si muere, da fruto abundante» (Jn 12, 24). Su muerte es la prenda de la vida, la fuente de la vida para todos nosotros. El Padre eterno dispuso su muerte en el ámbito de la gracia y la salvación, del mismo modo que, en el orden natural, la muerte del grano de trigo bajo la tierra es algo establecido a fin de que de él pueda brotar la espiga, dando fruto abundante. Luego, de este fruto, hecho pan cotidiano, se alimenta el hombre. También el sacrificio realizado en la muerte de Cristo se ha convertido en alimento de nuestras almas, bajo apariencia de pan.

Preparémonos para vivir la Semana Santa, el triduo sacro, la muerte y la resurrección.

15 de abril

Cristo, Hijo de Dios vivo

¡Cristo, Hijo de Dios vivo! Aquí estamos nosotros, tu Iglesia: el Cuerpo de tu Cuerpo y de tu Sangre; *estamos aquí, vigilantes.* Estamos junto a tu sepulcro; velamos. Velamos, para adelantarnos a aquellas *mujeres,* que, «de madrugada», fueron al sepulcro, llevando «los aromas que habían preparado» (cfr. Lc 24, 1), para ungir tu cuerpo, depositado en la tumba anteayer. Velamos para estar junto a tu tumba antes de que venga Pedro, alertado por las tres mujeres, *antes de que Pedro venga,* el cual, asomándose, vio sólo las vendas por el suelo (Lc 24, 12) y se volvió a donde estaban los apóstoles «extrañándose de lo ocurrido» (Lc 24, 13). En aquel momento, *por primera vez,* en aquella tumba vacía donde anteayer depositaron tu cuerpo, se pudo escuchar: «Ha resucitado» (Lc 24, 6).

«¿Por qué buscáis entre los muertos al que está vivo? No está aquí, ha resucitado. Acordaos de lo que os dijo estando todavía en Galilea: El hijo del Hombre tiene que ser entregado en manos de gente pecadora y ser crucificado, pero al tercer día resucitará» (Lc 24, 5-7).

Por esto estamos aquí ahora. Por esto velamos. Queremos anticiparnos a las mujeres y a los apóstoles. Queremos estar aquí, cuando la sagrada liturgia de esta noche haga presente tu victoria sobre la muerte. Queremos estar contigo, *nosotros, tu Iglesia,* el cuerpo de tu cuerpo y de tu sangre derramada sobre la cruz. Somos tu cuerpo, somos tu pueblo. Somos muchos, estamos reunidos en muchos lugares de la tierra en esta *noche de la vigilia pascual junto a tu tumba,* al igual que lo hicimos en la noche de tu nacimiento en Belén. Somos muchos, unidos por la fe, nacida de tu Pascua, de tu tránsito a través de la muerte de la vida nueva, nacida de tu resurrección.

«Esta noche es santa para nosotros».

16 de abril

Cristo ha resucitado

¡Cristianos de la urbe y del orbe! En esta hora solemne os llamo e invito, allí donde os halléis, a rendir homenaje de veneración a Cristo resucitado, a la víctima pascual de la Iglesia y del mundo.

Unanse en este culto todas las comunidades del Pueblo de Dios, desde donde nace el sol hasta el ocaso. Que todos los hombres de buena voluntad estén con nosotros. Sí, porque éste es el día hecho por el Señor. *Agnus redemit oves...* Este es el día en que se ha decidido la eterna batalla: *mors et vita duello conflixere mirando!* Desde los comienzos existe una lucha entre la vida y la muerte. En el mundo se libra la batalla entre el bien y el mal. Hoy la balanza se ha inclinado hacia un lado: la vida ha vencido, el bien ha ganado. Cristo crucificado ha resucitado del sepulcro, ha inclinado la balanza en favor de la vida.

La muerte tiene sus límites. Cristo ha abierto una gran esperanza: la esperanza de la vida, más allá del ámbito de la muerte.

Dux vitae mortuus regnat vivus! Tú, víctima pascual, conoces *todos los nombres del mal* mejor que ningún otro que los pudiese nombrar y enumerar. Atraes hacia tus brazos todas las demás víctimas.

¡Víctima pascual! ¡Cordero crucificado! ¡Redentor! Aunque se hubiese dado el caso de que en la historia del hombre, de los individuos, de las familias, de la sociedad y, en fin, de toda la humanidad, *el mal se hubiera desarrollado* de modo desproporcionado, ofuscando el horizonte del bien, nada de ello podría *superarte.*

Cristo resucitado ya no muere más. Aunque en la historia del hombre y en nuestra propia época se potenciase el mal; aunque *humanamente fuese ya imposible retornar* a un mundo donde vivir en paz y en justicia, al mundo del amor social; aunque *humanamente no se viese ya solución,* aunque se enfurecieran las potencias de las tinieblas y las fuerzas del mal, Tú, víctima pascual, cordero sin mácula, redentor, ya has logrado la victoria. Y has hecho *de ella nuestra propia victoria,* el contenido pascual de la vida de tu pueblo.

17 de abril

Cristo resucitado, vencedor de la muerte

Glorificamos hoy a Cristo —víctima pascual— como *vencedor de la muerte.* Glorificamos hoy al poder que ha obtenido la victoria sobre la muerte y ha completado el Evangelio de lo que Cristo hizo y dijo con el testimonio definitivo de su vida. *Y glorificamos hoy al Espíritu Santo,* en virtud del cual El fue concebido en el seno de la Virgen, y que, con la fuerza de su unción, El pasó a través de la pasión, la muerte y la bajada a los infiernos, y *con esa misma fuerza vive* y «la muerte no tiene ya poder sobre El».

Cristo resucitado pasará a través de la puerta cerrada del cenáculo, donde estaban reunidos los apóstoles, se presenta en medio de ellos, y les dice: «*Paz con vosotros... Recibid el Espíritu Santo*». Con estas palabras, con este hálito divino, inaugura el tiempo nuevo: tiempo del descenso del Espíritu Santo, tiempo del nacimiento de la Iglesia. Constituye el tiempo de Pentecostés, pero su contenido se inserta plenamente en la *festividad pascual* de hoy y en ella hunde sus raíces. Envío a la Iglesia y al mundo un caluroso y cordial saludo de paz, *de la paz pascual,* de la paz auténtica y duradera. «Paz con vosotros». *Muerte y vida combaten en duelo admirable.* Que venzan las intenciones de paz, que venza el respeto de la vida. La Pascua encierra el mensaje de la vida liberada de la muerte. Que venzan los pensamientos y programas de tutela de la vida humana contra la muerte, y no las ilusiones de quienes consideran como progreso humano el derecho de dar muerte a la vida recién concebida.

18 de abril

Cristo resucitado ha vencido al pecado

«Buscáis a Jesús Nazareno, el crucificado. Ha resucitado, no está aquí» (Mc 16, 6). «La diestra del Señor hace proezas» (Sal 117, 16).

Al lugar «donde lo pusieron» (Mc 16, 6) peregrinan los siglos. Las generaciones se detienen ante la tumba vacía, tal como otrora lo hicieron *los primeros testigos.* Este año más que nunca, vamos en peregrinaje al sepulcro de Cristo. Hacemos nuestras las palabras anunciadas a las mujeres, a partir de las cuales se desarrolla el mensaje pascual. Este año, más que nunca, *la Iglesia desea ser testigo de la resurrección,* por ser el Año Santo de la Redención, del Jubileo extraordinario. La redención parte de la cruz y se consuma en la resurrección. «Agnus redemit oves. Christus innocens Patri reconciliavit peccatores».

Efectivamente, el hombre *ha sido rescatado de la muerte* y devuelto a la vida. Efectivamente, el hombre es *rescatado del pecado* y devuelto al amor. Vosotros, los que en cualquier lugar del mundo os debatís en las tinieblas de la muerte, escuchad: Cristo ha vencido al pecado en su cruz y su resurrección; *someteos a su poderío.* Mundo contemporáneo, sométete a su poderío. Cuanto más descubras en ti las viejas estructuras del pecado, cuanto más consciente seas del horror de la muerte en el horizonte de tu historia, tanto más sométete a su poderío.

Oh Cristo, que en tu cruz has acogido nuestro mundo humano, pasado, presente y futuro, el *viejo mundo del pecado,* haz que se transforme en *nuevo* con tu resurrección; haz que se transforme en nuevo en el corazón del hombre visitado por el poderío de tu resurrección.

19 de abril

En la alegría de Cristo resucitado

Queridos jóvenes, acabáis de reuniros para recitar la oración «Regina coeli laetare», que nos invita a *alegrarnos en este tiempo pascual* por la victoria de Cristo Señor sobre la muerte: victoria de la vida, victoria del bien sobre el mal.

Esta certeza cristiana de la victoria sobre cualquier temor a la muerte es la que ha de daros energías en vuestra marcha hacia un futuro más justo y humano, un futuro de libertad para los hijos de Dios. En la alegría de Cristo resucitado, *en la certeza de su victoria,* que es la victoria también de todos los que creen en El, habéis sido llamados a poner en marcha el anuncio de la invicta esperanza, de la aceptación madura y lúcida de la realidad, de la reconciliación y la alianza con vosotros mismos, con los adultos y con la sociedad, en sus diferentes aspectos. Tal alianza con la realidad, tal compromiso con ella para mejorarla y cambiarla, liberan en vuestro espíritu *una creatividad nueva,* basada en el análisis perspicaz de las situaciones concretas, de las fuerzas y mecanismos implicados, en la gozosa recuperación de la voluntad de liberar, salvar y promover. Para llevar a cabo tal empresa, hay que tener presente, sobre todo, que el nivel más profundo de la alianza con la realidad, su fundamento mismo, se halla en la «Alianza» con Dios, en la reconciliación con El. Si el hombre redescubre en Dios la identificación vital con las raíces de su propio ser, de su armonía y unidad propias, posee la llave también para superar cualquier clase de miedo y, por consiguiente, la llave de la liberación y de la nueva creación: «Ciertamente, yo hago nuevas todas las cosas». Escuchad «las palabras de esta alianza fundamental con el Señor», en Cristo Jesús y en la Iglesia, su Cuerpo Místico.

20 de abril

La Iglesia, testigo de la resurrección

¡Oh, Cristo resucitado! Acoge *en tus llagas* gloriosas todas las dolientes *llagas del hombre contemporáneo:* aquellas de las que tanto se habla en los medios de comunicación social y también las padecidas silenciosamente en el secreto oculto de los corazones. Que todas ellas resulten sanadas en el misterio de tu redención. Que cicatricen y desaparezcan mediante el amor, que es más fuerte que la muerte.

En este misterio, estamos con vosotros, los que padecéis hambre y miseria, asistiendo, a veces, a la agonía de los hijos que imploran un trozo de paz; estamos con vosotros, que formáis ese ingente conjunto de millones de prófugos, expulsados de vuestras casas, desterrados de vuestras patrias. Estamos con vosotros, víctimas del terror, recluidas en las cárceles o en campos de concentración, maceradas por torturas y malos tratos; estamos con vosotros, los secuestrados; estamos con vosotros, que vivís en un clima de amenazas diarias de violencias o guerras civiles; estamos con vosotros, los que sufrís súbitas calamidades, como ha ocurrido en estos días en la antigua ciudad de Popayan, gravemente sacudida por el terremoto.

Estamos con vosotros, familias que por vuestra fe en Cristo tenéis que pagar con discriminaciones o renunciado a los estudios y las carreras de vuestros hijos; estamos con vosotros, padres de familia asustados por la evolución espiritual o por ciertos errores de vuestros hijos; estamos con vosotros, jóvenes desanimados al no encontrar trabajo, la casa y la dignidad social a que aspiráis. Estamos con vosotros, los que sufrís a causa de la enfermedad, de la edad o de la soledad; estamos con vosotros, los que, extraviados en la angustia o en la duda, ansiáis luz para la mente y paz para el corazón; estamos con vosotros, los que, sintiendo el peso del pecado, invocáis la gracia de Cristo redentor.

21 de abril

La Iglesia comparte la Pascua con todos

Asimismo, en este misterio de la resurrección, *estamos con vosotros,* los que en estos días habéis decidido dar un nuevo impulso a los propósitos de vida cristiana, arrojándoos a los brazos misericordiosos de Cristo; estamos con vosotros, los que acabáis de convertiros o bautizaros, y habéis descubierto la llamada del Evangelio.

Estamos con vosotros, los que tratáis de superar las barreras de la desconfianza con gestos de bondad, de reconciliación en el seno de las familias y de la sociedad; estamos con vosotros, hombres del trabajo y de la cultura que queréis ser levadura evangélica en vuestro medio profesional.

Estamos con vosotros, almas consagradas a Cristo, y, especialmente, con vosotros, los que os prodigáis —sobre todo en tierras de misión— para llevar a los hermanos la buena nueva de la humanidad redimida por Cristo; estamos con vosotros, mártires de la fe de Cristo, que, sometidos muchas veces a opresiones ocultas o ignoradas, enriquecéis la Iglesia orando en silencio, soportando con paciencia, implorando el perdón y la conversión de quien os persigue; estamos con vosotros, hombres de buena voluntad de toda condición y todo continente, que de distintas formas sentís la atracción de Cristo y de sus enseñanzas.

Estamos con todas las llagas dolorosas de la humanidad contemporánea, estamos con todas las expectativas, esperanzas y alegrías de nuestros hermanos, a los que Cristo resucitado confiere sentido y valor.

La Iglesia comparte hoy el mensaje pascual *con todos los hermanos en Cristo* y con todos los hombres del mundo.

Estamos con vosotros, muy especialmente, en los lugares en que *la opresión* de las conciencias no permite orar juntos y celebrar la Pascua. Escuchad todos las palabras de este mensaje.

22 de abril

Oración a la Virgen de Jasna Góra

«*Alégrate, reina del cielo, regocíjate, angélica Señora.* Hoy todos nos felicitamos contigo y cantamos con alegría: aleluya, pues tu Hijo ha resucitado..». Acabáis de oír el «Regina coeli laetare» en nuestra lengua polaca.

Me uno a vosotros, queridos compatriotas, cantando de corazón ante la Madre de Cristo en *Jasna Góra* y en tantos otros lugares de nuestra nación.

Expreso junto con vuestro canto *la alegría de la resurrección* del Señor, *mayor* que cualquier prueba y sufrimiento. Es *la alegría del bien,* del que participan en Cristo todos los hombres de forma irrevocable.

Es difícil no alegrarse contemplando cuántos hombres, aun en medio del sufrimiento, *participan de este bien,* vuelven a encontrarlo o profundizan su unión con El.

Siento por doquier que esto ocurre hoy en los corazones de muchos *polacos*. Selecciono para esta ocasión las palabras del episcopado polaco: «Los obispos, junto con toda la sociedad, esperan que la guerra acabe lo más pronto posible, que los recluidos sean liberados, y amnistiados todos los que han sido condenados debido al estado de guerra; que se les conceda la posibilidad de salir a la luz pública a cuantos permanecen escondidos y que a nadie le sea quitado el trabajo por pertenecer al sindicato».

Hago mías las palabras que acabo de leer. Son continuación *de las felicitaciones pascuales*. Las dirijo a vosotros, queridos compatriotas, ante la madre del Resucitado, acompañando las palabras de nuestro «Regina coeli...». «Alégrate y regocíjate en el cielo... *Ruega por nosotros al Señor en las necesidades»*. ¡Aleluya!

23 de abril

San Adalberto, obispo y mártir

San Adalberto es de origen eslavo; su nombre de bautismo era «Wojtech», que significa «consuelo del ejército». Su primera formación estuvo muy influenciada por la espiritualidad cirilo-metodiana, cuyo centro era la Bohemia de la inmediata gran Moravia. Posteriormente, vino a unirse a tal espiritualidad la occidental, representada por el movimiento cluniacense, encabezado por San Benito: «dos formas de cultura distintas y, al mismo tiempo, profundamente complementarias». La cultura benedictina, «más lógica y racional»; la de los dos santos hermanos griegos, «más mística e intuitiva». Ambas han cooperado y deben seguir cooperando, debido a su carácter complementario, al mantenimiento y fortalecimiento de la unidad espiritual y cultural de Europa. San Adalberto es un modelo del intelectual convertido en *obispo, evangelizador y reformador,* el cual, en una total donación de su vida, alcanza el *martirio* por la causa de Cristo. Estuvo lleno de misericordia para con todos, a la vez que presto a defender con vigor la dignidad y los derechos de los hombres contra las vejaciones de los poderosos. Es también un ejemplo para nosotros por su esfuerzo en reconciliar verdaderamente a los hombres y los cristianos.

¿De dónde extraía esta luz grandiosa y su fuerza espiritual? De dos fuentes, para él inseparables: un profundo afán de estudio, de contemplación y de vida austera; en segundo lugar, una absoluta fidelidad a la Iglesia y al Sumo Pontífice. Las revisiones que él adoptó en su vida son testimonio elocuente de esta doble orientación de su espíritu hacia la actividad misionera y la quietud contemplativa, al lado del Vicario de Cristo, en Roma, donde residió durante algunos años en un monasterio del Aventino. Vuelto a Bohemia, dio un fuerte impulso a la expresión del cristianismo hacia el Oriente.

24 de abril

La resurrección indica la misión de los cristianos

«Jesús entró, se puso en medio, y les dijo: *Paz con vosotros. Como el Padre me ha enviado, os envío yo también*». Los apóstoles son enviados con la *misma misión* con la que el Padre envió a Cristo. Son enviados por todo el mundo a anunciar el evangelio de la paz. ¿Solamente ellos? El Concilio Vaticano II afirma que todo el Pueblo de Dios es llamado *a participar en la misión de Cristo,* sacerdote, profeta y rey (cfr. *Lumen gentium,* 10-12). «Como el Padre me ha enviado, os envío yo también». A continuación sopló sobre ellos y les dijo: «*Recibid al Espíritu Santo*». ¿*Habéis recibido vosotros* al Espíritu Santo? ¿Lo habéis «aceptado»? ¿Sabéis bien qué quiere decir *recibir y aceptar* al Espíritu? Recordad, concretamente, los sacramentos del bautismo, de la confirmación, de la penitencia, de la Eucaristía, en los que se nos confiere o acrecienta el don del Espíritu. Debéis, por tanto, recordar *el carácter pascual de los sacramentos,* que nos remiten al cenáculo y a las mencionadas palabras de Cristo. Y recordad además que el Espíritu es un don, cuya obtención hay que implorar mediante la oración: es con ésta como nos disponemos *convenientemente a recibirlo.* En efecto, el Espíritu se nos ha dado para que participemos activamente en la resurrección de Cristo.

«Por tanto, si habéis resucitado con Cristo, *buscad lo de arriba»* (Col 3, 1). En el centro mismo de la misión que Cristo ha recibido del Padre se halla el hombre nuevo: *el hombre abierto hacia el Padre.* «Abierto hacia el Padre» significa que el hombre vive en la plena dimensión de su humanidad.

«Buscar lo de arriba» pertenece a la estructura misma del hombre, el cual vive en la plena dimensión de su humanidad sólo cuando es capaz de *«superarse» a sí mismo con la fuerza de la verdad y del amor.*

25 de abril

San Marcos, evangelista

Al hablar de «fermento evangélico», nuestra mente lo asocia inmediatamente con San Marcos, cuya fiesta celebramos hoy, y con su evangelio.

Como ya sabemos, su evangelio subraya marcadamente la contraposición entre el Cristo que perdona (Mc 2, 10), vence a los demonios (Mc 1, 24-27), cura las enfermedades (Mc 1, 31), y los hombres que se burlan de El (Mc 5, 40) y desean su ruina (Mc 3, 6).

Marcos ve en este «escadaloso» enfrentamiento la línea maestra de la actuación de Dios, el cual sorprende así a las personas y las induce a preguntarse acerca de la identidad de Cristo —«¿Quién es éste?» (Mc 4, 41)—, preparándolas de este modo, mediante la experiencia misma de su humillación, para el acto de fe en su misión salvífica. «Verdaderamente, este hombre era hijo de Dios», es la conclusión a la que llega el centurión que estaba bajo la cruz.

¿Cómo no ver en esto una clara indicación a todo el que quiera seguir en pos de Cristo y ser su *testigo en el mundo contemporáneo*? La dulzura frente a enemistades y diferencias, el dominio sobre las pasiones y las fuerzas del mal, el esfuerzo por aliviar todo tipo de sufrimiento, constituyen los modos concretos con que el cristiano puede suscitar también en el hombre de hoy la pregunta acerca de Cristo y disponer sus corazones a la aceptación de su mensaje.

Podrá así cooperar eficazmente en el advenimiento del Reino de Dios y en la construcción de la ciudad terrena, coherente con la visión cristiana del mundo y de la historia, la cual no es conciliable con ideologías y movimientos inspirados en el materialismo.

26 de abril

La Madre del Buen Consejo

¡Mater boni consilii! Vosotros, que profesáis una especial devoción a la Madre de Dios, lo cual constituye un nuevo título de honor para la Orden Agustina, y acostumbráis invocarla con la hermosa advocación de *Mater boni consilii,* podéis obtener de ella ayuda y consuelo en vuestro renovado propósito de estrechar los vínculos de la vida comunitaria y de proyectarla, basados precisamente en esta vivencia íntima, sobre toda la comunidad eclesial y sobre el mundo.

Sobre todo, podemos obtener de ella ese «consejo» eminente que se traduce en discernimiento y sabiduría en las decisiones, pero aún más en detección de las crecientes necesidades espirituales de nuestra época, visión de la realidad social y humana a la luz del Evangelio y, consecuentemente, también valentía a la hora de dar las respuestas adecuadas a tales necesidades y análisis de la realidad.

Madre de Jasna Góra, soy, oh Madre, *tuyo por completo,* y todo lo mío es tuyo. Todo lo mío, y, por tanto, también mi patria, mi país.

¡Oh madre! He sido llamado a servir a la Iglesia universal en la sede romana de San Pedro. Pensando en este servicio universal, repito incesantemente «Totus Tuus». Deseo ser servidor de todos. Al mismo tiempo, soy hijo de esta tierra y de esta nación. Esta es mi nación, ésta es mi patria.

Madre, todo lo mío es tuyo. ¿Qué más puedo decirte? Una vez más, confiarte esta tierra, esta gente, este patrimonio. Te lo confío a ti, tal como sé.

Tú eres Madre. Tú comprenderás y aceptarás.

27 de abril

La resurrección indica la transformación de los cristianos

Precisamente para ello recibimos *al Espíritu Santo,* para que la fuerza de la verdad y de amor *modele* nuestra vida interior y se expanda también hacia fuera.

La formación de un hombre de tales características representa, al mismo tiempo, nuestra primera tarea, *la primordial misión* de cada uno de nosotros. Tras el don que nos viene de lo alto y nos estimula hacia lo alto debe darse la respuesta de nuestra voluntad, es decir, nuestra colaboración personal. Como consecuencia, surgen otras tareas:

sólo una vez que se ha realizado tal «formación» con la fuerza de la verdad y del amor se debe promover *la «transformación» del mundo*. Se trata de un proceso que parte de la dimensión personal para llegar a la comunitaria. Transformar el mundo quiere decir para el cristiano *abierto al Padre, modelado en el Espíritu,* comprometerse responsablemente en enaltecer y enriquecer con su propio don a todas las realidades y comunidades que le rodean: en primer término, la familia; después, el ambiente de las amistades, el de las escuelas, el del trabajo, el mundo de la cultura, la vida social, la vida nacional.

Es, sin duda, una tarea ardua, difícil, pero no superior a las fuerzas de los jóvenes. De hecho, las características y cualidades, es decir, «la indiscutible importancia de la cultura, la política y la economía en el seno de una nación», al igual que el culto de los valores cristianos: la lealtad y la franqueza proverbiales, la fidelidad a las obligaciones asumidas y a la palabra dada, el carácter sagrado de la familia, la laboriosidad y la generosidad con los pobres, son objetivamente un patrimonio precioso, que sin duda también os pertenece. Eran y son cualidades de vuestros padres, que, seguramente, espontáneamente, como por transmisión hereditaria, han pasado a sus hijos.

En esto consiste la primera respuesta positiva al compromiso de vivir según la dimensión del Espíritu, y de contribuir, enriquecidos por este don, a la transformación del mundo.

28 de abril

La resurrección indica el auténtico humanismo

¿Por qué Cristo, inmediatamente después de decir «Recibid al Espíritu Santo», *habla del perdón de los pecados*? El dice: «A quienes les perdonéis los pecados, les queda-

185

rán perdonados; a quienes se los imputéis, les quedarán imputados».

Porque *el perdón* de los pecados supone el reconocimiento y la confesión de los mismos. Reconocimiento y confesión significan *el esfuerzo por vivir en la verdad y en el amor.* Significan la acción de la «fuerza de la verdad y del amor», la cual forma al hombre nuevo y transforma al mundo.

La contradicción consiste en la *falsificación* de la verdad y la *simulación* del amor. La contradicción radica en la cancelación de la línea de demarcación entre el bien y el mal, en llamar «humanismo» a lo que sólo es «pecado». Resulta, por desgracia, muy sencillo aducir ejemplos que avalan este hecho: hoy se condena justamente al terrorismo como un atentado y violación de los derechos elementales del hombre; se condena el asesinato humano como algo radicalmente contrario a la existencia misma del hombre; sin embargo, y simultáneamente, privar de la vida al ser humano *nonato* es calificado de «humanismo», considerado «prueba de progreso», de emancipación conforme incluso a la dignidad humana.

No nos engañemos. Todos nosotros debemos advertir, denunciar y superar semejantes contradicciones. Recordad que solamente *«la verdad os hará libres»* (Jn 8, 32).

Sólo la verdad posee la fuerza suficiente para *transformar al mundo* en la dirección del auténtico progreso y del auténtico «humanismo». No podemos relegar las exigencias de la verdad, de la conciencia, de la dignidad al ámbito de las opciones «políticas», pues son exigencias supremas y, por tanto, irrenunciables del hombres.

Amigos míos, Cristo se hace presente en el cenáculo de nuestra época y nos dice también a nosotros: «Recibid al Espíritu Santo». ¿Qué quiere decir esto? Quiere decir, por un lado, que *vivimos en una situación de riesgo...* Por otro lado, significa también que Cristo confía en nosotros.

186

Santa Catalina de Siena, doctora de la Iglesia

Ponemos nuestros ojos hoy en Santa Catalina, en primer lugar para admirar en ella lo que tanto llamaba la atención de sus contemporáneos: su *extraordinaria riqueza humana,* en absoluto ofuscada, sino más bien *engrandecida y perfeccionada por la gracia,* que hacía de ella una imagen viva del auténtico y sano «humanismo» cristiano, cuya ley fundamental formuló Santo Tomás de Aquino, hermano de hábito y maestro de Catalina: «la gracia no suprime, sino supone y perfecciona la naturaleza» (*Suma Theologiae,* I, q. I, a.S, ad 2). La dimensión completa del hombre se realiza en la gracia de Cristo... De esta forma, nuestra Santa, en su calidad de mujer dotada profusamente de imaginación, intuición, sensibilidad, vigor volitivo y dinámico, capacidad y fuerza comunicativa, disponibilidad a la entrega total de sí misma para ponerse al servicio de todos, queda transfigurada, pero no empobrecida, en la luz de Cristo, que la elige como esposa para identificarse místicamente con El en la profundidad del «conocimiento interior», así como para dedicarse a la actividad caritativa, social e incluso política, con la gente sencilla y los poderosos, con ricos y pobres, con doctos e ignorantes. Catalina, casi analfabeta, demuestra ser capaz de hacerse escuchar, de enseñar, de ser tenida muy en cuenta por los gobernantes de ciudades y reinos, por príncipes y prelados de la Iglesia, por monjes y teólogos, muchos de los cuales la veneraron como «maestra» y «madre».

Es una mujer prodigiosa, que, en la segunda mitad del siglo XIV, muestra en su persona de qué ha sido hecha capaz una criatura humana, más —insisto— tratándose de una mujer, hija de humildes tintoreros, cuando sabe escuchar la voz del único Pastor y Maestro y alimentarse a la mesa del divino Esposo, al que, como «virgen prudente», consagró generosamente su vida.

Se trata de *una obra maestra de la gracia renovadora y perfeccionadora* de la criatura hasta la perfección de la santidad, la cual es también realización plena de los valores fundamentales del ser humano...

¡Ojalá los hombres de hoy, y especialmente los cristianos, lograsen descubrir las maravillas que se pueden conocer y experimentar *en la «celda interior»* y sobre todo *en el corazón de Cristo*! En tal caso, ciertamente, el hombre se encontraría a sí mismo, hallaría las razones de su dignidad, el fundamento de todos sus valores, la excelsitud de su vocación eterna.

30 de abril

San Pío V

Estoy realmente contento de encontrarme hoy en medio de vosotros, los fieles de la parroquia dedicada a mi santo predecesor Pío V, Antonio Ghislieri, que ocupó la Cátedra de San Pedro del 1566 al 1572 y al que se le conoce como el «Papa del rosario», debido al impulso que, con su ejemplo y enseñanza, dio a la difusión de esta devoción, tan entrañablemente querida por el pueblo cristiano. Con mi visita, cuando estamos a finales del mes de octubre, dedicado especialmente a la Virgen del Rosario, quiero expresar mi devota admiración por San Pío V, así como mi fervorosa veneración a María Santísima, a la que en este lugar se la invoca desde hace siglos bajo el título de «Virgen del Reposo». Queridísimos hermanos, el deseo más auténtico y sincero que puedo auguraros es: «Haceos santos, y pronto», mientras os repito las palabras de San Pablo a los Tesalonicenses: «Que el Dios de la paz os consagre Él mismo íntegramente y que vuestra entera persona, alma y cuerpo, se conserve sin tacha para la venida de nuestro Señor, Jesucristo» (1 Ts 5, 23 ss.).

Alegrémonos de vivir en nuestra época y esforcémonos

con valentía en el proyecto que la providencia realiza misteriosamente, a través también de nosotros.

San Pío V, «cuya excelsa figura —decía Juan XXIII— va unida a grandes pruebas que la Iglesia ha debido soportar en tiempos bastante más difíciles que los nuestros» (Juan XXIII, *Discorsi, messaggi e colloquii,* vol. II, p. 720, 6 de mayo de 1960), nos enseña también a nosotros a recurrir en nuestras dificultades a María Santísima, nuestra Madre celestial, vencedora de todo error y herejía. Recemos a ella siempre, recemos a ella especialmente con el santo rosario, a fin de que nuestro único y supremo ideal sea siempre la salvación de las almas.

De todo corazón os imparto mi especial Bendición Apostólica.

Mayo

1 *San José, «artesano»*
2 *Ad Iesum per Mariam*
3 *Fiesta de María, reina de Polonia*
4 *Fiesta de María, reina de Polonia*
5 *Maternidad virginal de María*
6 *Maternidad virginal de María y matrimonio con José*
7 *Maternidad virginal y continencia por el Reino de los cielos*
8 *Bendita entre las mujeres*
9 *Proclama mi alma la grandeza del Señor*
10 *Ofrecimiento de la Iglesia a María, Madre de Dios y Madre de la Iglesia*
11 *Ofrecimiento del mundo contemporáneo a María*
12 *A las puertas de un aniversario*
13 *«La gran prueba divina»*
14 *Fátima*
15 *Ante la capilla de las apariciones en Fátima*
16 *Acción de gracias del Santo Padre en Fátima*
17 *Reunidos «con María, Madre de Jesús»*
18 *Bendícenos, amadísima Madre*
19 *El mensaje de Fátima*
20 *San Bernardino de Siena*
21 *El significado de la consagración a María*
22 *Santa Rita de Casia*
23 *María, humilde esclava de Dios*
24 *María, Madre de la misericordia*
25 *En honor de San Gregorio VII*
26 *San Felipe Neri*
27 *Maternidad espiritual de María*
28 *El significado de los santuarios marianos*
29 *Utilidad concreta de los santuarios marianos*
30 *Tener a María en nuestra casa*
31 *La visitación de la Virgen María*

1 de mayo

San José, «artesano»

La Iglesia venera a José de Nazaret como «artesano», como *hombre del trabajo,* de profesión, quizá, carpintero.

Ha sido el único hombre trabajador en cuyo puesto de trabajo gozaba de la presencia diaria de Jesucristo, hijo de Dios e hijo del Hombre.

El personalmente enseñó a Jesús la profesión, dirigió su aprendizaje, le ayudó a superar las dificultades y la resistencia del elemento «material», a extraer de la materia informe las obras elaboradas por el hombre. El personalmente, *José de Nazaret, vinculó definitivamente al Hijo de Dios con el trabajo humano.*

Gracias a él, Cristo forma parte también del mundo del trabajo y testimonia su altísima dignidad a los ojos de Dios... El mundo confiado como tarea por el Creador al hombre, siempre y en cualquier lugar de la tierra, y en medio de toda sociedad y nación, es «el mundo del trabajo». *«Mundo del trabajo»* quiere decir al mismo tiempo *«mundo humano»... La Iglesia... es enviada a este mundo* porque «tanto amó Dios al mundo que dio a su Hijo único» (Jn 3, 16), y esto aconteció, se hizo realidad a lo largo de treinta años en la casa de José en Nazaret.

Que siempre reine..., en vuestros puestos de trabajo, la serenidad del modesto taller de Nazaret,... la serenidad que hace del trabajo un factor de desarrollo y le confiere una dimensión de fecunda vocación...

El Señor... está siempre con vosotros en vuestro puesto de trabajo a fin de donar a todos la fuerza regeneradora de su evangelio, de su gracia y de su amor.

¡No le olvidéis nunca! ¡No le marginéis jamás!

2 de mayo

Ad Iesum per Mariam

Así como Isabel, sin disociar en ningún momento madre e hijo, sino más bien asociándolos íntimamente, añade inmediatamente: *et benedictus fructus ventris tui,* también nosotros debemos vivir con la prontitud de una fe viva, con la fuerza de un amor ardiente al Señor Jesús. También para nosotros ha de ser cierto, es decir, *verificarse realmente* el contenido de la expresión: «Ad Iesum per Mariam», de suerte que aprovechemos para ello la fiesta litúrgica de hoy y sirva para acercarnos más a Jesús, proclamándolo «fruto bendito del vientre de María».

Reflexionemos: ¿qué significado tuvo la presencia de María en aquella casa de la sierra de Judea? ¿Fue sólo un acto de cortesía o de delicadeza para con la «pariente, que, a pesar de su vejez, ha concebido un hijo»? ¿Fue una prestación de ayuda meramente humana? No, fue ante todo una presencia mucho más significativa y espiritualmente fecunda, pues María aportó a su prima los dones incomparables de la gracia, de la alegría y de la luz, aunando en esta donación tanto a la madre como al futuro precursor. De ahí que la anciana mujer, «en cuanto oyó el saludo de María», no sólo sintió que la criatura daba un salto en su vientre, sino que fue colmada del Espíritu Santo, sintiéndose confortada e incluso entusiasmada en ese intercambio de saludos. Aún más, sobre todo adquirió, por iluminación del Espíritu del que estaba llena, la *privilegiada capacidad de reconocer en su joven pariente* a la Madre de su Señor.

3 de mayo

Fiesta de María, reina de Polonia

La jornada de hoy nos invita a pensar especialmente en este tema. Un importante signo de presencia, de la presencia maternal de la Madre de Dios, en medio de nosotros, es Jasna Góra. Hoy lo recordamos porque es 3 de mayo. Lo recordamos también porque este año se cumple *el VI centenario de su presencia entre nosotros* a través de la imagen de Jasna Góra.

Por ello, todos peregrinamos con el corazón hasta esta imagen, al igual que peregrinamos por los caminos de nuestra vida. Tengo intención de peregrinar a Jasna Góra, tengo este propósito desde hace tiempo y deseo llevarlo a cabo. Lo considero mi obligación, una obligación del corazón, el deber de un hijo con su madre. Con la Virgen y con mi patria. Siento el compromiso moral de reunirme con mis compatriotas a los pies de la Señora de Jasna Góra en este gran aniversario. Pienso también que ello requiere condiciones adecuadas, y con ellas cuento, para prestigio de Polonia y para honor de esta nación milenaria.

Queridísimos hermanos y hermanas congregados aquí, junto a la gruta de Lourdes, sintámonos como si estuviéramos presentes espiritualmente en Jasna Góra, y vivamos todo el misterio de aquel sagrado lugar, toda la elocuencia de esa imagen, de esa maternidad que nos ha sido dada *para defensa de nuestra nación.* Porque la maternidad existe siempre para la vida, para la defensa de la vida.

Fiesta de María, reina de Polonia

De este modo, podemos contemplar los acontecimientos lejanos y cercanos a través del prisma de estas palabras eternas pronunciadas desde la cruz, palabras con las que un hombre es confiado a la Madre de Dios como hijo suyo. En este hombre concreto nos sentimos también confiados a María. Por consiguiente, nuestra conciencia de haber sido confiados a la Madre de Dios no se limita al ámbito individual de cada uno, sino que la vivimos como *entidad nacional,* como *una gran comunidad.* Nos sentimos abrazados por las palabras «aquí tienes a tu hijo»; nos sentimos hijos y la consideramos madre nuestra. Hacemos extensiva su maternidad a todas las generaciones, a todos los eventos, próximos y lejanos. En el curso de estos eventos, que, a pesar de todas las dificultades, siguen suponiendo para nosotros motivos de esperanza, leemos los signos de su maternidad.

Continuemos considerándolos como algo nuestro; como nuestros, ya que tenemos a la Madre. La maternidad es la fuente de identidad para cada uno de nosotros. El primer derecho del hombre es el de descender directamente de la maternidad.

Por ello, esta maternidad singular de María, transmitida en aquella ocasión al apóstol y evangelista Juan y ampliada después a tantos hombres y naciones enteras, y sobre todo a nuestra nación, encierra para nosotros *un signo especial de identidad.*

Maternidad virginal de María

Toda la vida de Cristo, desde el principio, fue un discreto, pero también neto distanciamiento de la concepción que tan profundamente marcó en el Antiguo Testamento el significado del cuerpo. Cristo —prácticamente contra las expectativas de toda la tradición veterotestamentaria— nace de María, la cual, en el momento de la Anunciación, pregunta: «¿Cómo sucederá eso, si no vivo con un hombre?», con lo cual confiesa, indirectamente, su virginidad. Aunque Cristo nace de ella como cualquier hombre, como un hijo de su madre, aunque su venida al mundo cuente con la presencia de un hombre, esposo de María, su marido ante la ley y ante los hombres, *la maternidad de María es virginal;* paralelamente a esta maternidad virginal de María está el misterio virginal de José, el cual, obedeciendo la voz de lo alto, no tiene reparo en «llevar consigo a María... porque la criatura que lleva en su seno viene del Espíritu Santo».

Por consiguiente, aunque *la concepción virginal y el nacimiento de Jesucristo* estuviesen ocultos a los hombres, aunque a los ojos de sus conciudadanos de Nazaret fuese considerado «hijo del carpintero» (ut putabatur filius Joseph), la auténtica realidad y la verdad esencial de su concepción y nacimiento se desmarcan de la línea veterotestamentaria, exclusivamente favorecedora del matrimonio, y que hacía de la continencia algo incomprensible y desfavorable a nivel social.

6 de mayo

Maternidad virginal de María y matrimonio con José

La historia del nacimiento de Jesús es coherente con la revelación de la «continencia por el Reino de los cielos», de la que Cristo hablará más tarde a sus discípulos. Sin embargo, el núcleo de este hecho queda oculto a sus contemporáneos y también a sus discípulos.

Solamente de forma gradual quedará de manifiesto este

misterio a los ojos de la Iglesia, gracias a distintos testimonios y a los escritos de Mateo y Lucas. *El matrimonio de María con José* (en cuyo marco la Iglesia honra a José como esposo de María y a María como esposa de José) *encierra dentro de sí,* por un lado, *el misterio* de la perfecta comunión de las personas, del hombre y de la mujer, en el pacto conyugal, y, por otro lado, el misterio de esa *singular «continencia por el Reino de los cielos»:* continencia al servicio, dentro de la historia de la salvación, de una *«fecundidad del Espíritu Santo»* más perfecta. Más aún, tal continencia representaba, en cierto sentido, la plenitud absoluta de la fecundidad espiritual, dado que, debido al pacto matrimonial y de continencia que María y José establecieron en Nazaret, se hizo realidad el don de la encarnación del Verbo eterno: el Hijo de Dios, consustancial al Padre, es concebido y nace como hombre de la Virgen María. La gracia de la unión hipostática va ligada precisamente en el Espíritu Santo, de la que participa una criatura humana, María, en el plano de la «continencia por el Reino de los cielos».

7 de mayo

Maternidad virginal y continencia por el Reino de los cielos

Tal imagen debía clarificarse gradualmente ante la conciencia de la Iglesia a través de sucesivas generaciones de discípulos de Cristo, en los que —junto con el evangelio de la infancia— se iba consolidando la certeza de la maternidad divina de la Virgen, la cual había concebido por obra del Espíritu Santo. Si bien se trataba de una vía indirecta —aunque esencial y fundamental—, tal certeza debía *ayudar a comprender,* de un lado, la santidad del matrimonio, y, de otro, el desapego frente al mismo «por el Reino de los cielos», del que Cristo había hablado a sus discípulos. No obstante, cuando habló por primera vez de esto (como atestigua el evangelista Mateo en el capítulo 19, 10-12), el gran misterio de su concepción y nacimiento quedó totalmente oculto para ellos, al igual que ocurrió con los oyentes e interlocutores de Jesús de Nazaret.

Cuando Cristo hablaba de los que «se han hecho eunucos por el Reino de los cielos», los discípulos eran capaces de entenderlo *solamente en base al ejemplo* personal. Tal modelo de continencia podía ser comprendida únicamente como un modo especial de parecerse a Cristo, el cual permaneció célibe «por el Reino de los cielos». El distanciamiento de la tradición veterotestamentaria, en la que el matrimonio y la fecundidad procreadora «corporal» representaban una condición de privilegio desde el punto de vista religioso, debía efectuarse sobre todo en base al ejemplo del propio Cristo.

Bendita entre las mujeres

Este sugestivo saludo mariano, que repite y proclama a lo largo de los siglos el saludo que Isabel, «llena de Espíritu Santo... a voz en grito», dirigió a la Virgen, Madre de Dios, me parece, queridísimos hermanos y hermanas, especialmente apropiado para la asamblea litúrgica que estamos celebrando esta tarde. Estamos, en efecto, reunidos en este templo para honrar y venerar a María Santísima en este día, en que se conmemora su aparición a la humilde Bernardette en la gruta de Massabielle para transmitirle un mensaje especial de misericordia y de gracia. Pues bien, ¿quién podría afirmar que tal mensaje no conserva su pleno valor también en nuestros días?

A través de esa muchacha desconocida, María quiso llamar sobre todo a los pecadores a la conversión, solicitando para éstos y su salvación el compromiso comunitario de todos los fieles cristianos. Lo cierto es que tal llamada «suscitó en la Iglesia un ardiente movimiento de oración y de caridad, al servicio especialmente de los enfermos y de los pobres».

Esto mismo es lo que pretendemos esta tarde... He querido que estén a mi lado, ocupando *un puesto principal y privilegiado,* todos estos hermanos y hermanas probados por el dolor y el sufrimiento, dado que, a la luz del mensaje siempre vigente de la Virgen de Lourdes, vosotros tenéis aquí el lugar de honor, queridísimos enfermos, porque a vosotros os corresponde un papel insustituible en la economía salvífica, en unión con Jesucristo, nuestro redentor y Señor, que, con su pasión, muerte y resurrección, es el protagonista y artífice de la obra de la salvación.

9 de mayo

Proclama mi alma la grandeza del Señor

Proclamada la Virgen bendita, así como el «fruto de su vientre», proclamada dichosa «por haber creído», ella responde afirmativamente, pero *cambiando de interlocutor,* pues comienza a hablar al Señor, entonándole en su «humildad de esclava» un admirable canto de alabanza.

El *Magníficat,* el cántico por antonomasia del nuevo testamento, es algo que recitamos diariamente, hermanos, pero que hemos de entonar con especial fervor..., a fin de que, en unión espiritual con María, repitiéndolo con ella palabra por palabra y sílaba a sílaba, aprendamos de ella cómo y por qué debemos ensalzar y bendecir al Señor.

El nos enseña que sólo Dios es grande y, por ello, ha de ser glorificado por nosotros; El sólo nos salva y, por ello, nuestro espíritu debe regocijarse en El. Se inclina hacia nosotros con su misericordia y nos atrae hacia sí con su poder. Grande y excelsa es la lección del *Magníficat,* que cada uno de nosotros, en cualquier circunstancia, debe hacer suyo para obtener, además de los dones de gracia y de luz, el consuelo y la serenidad incluso en el momento de las tribulaciones y los sufrimientos corporales.

Que el *Magníficat* sea también para vosotros, hermanos enfermos, fuente de consuelo y de paz y os sostenga en vuestras oraciones y en el ofrecimiento de vuestros padecimientos.

10 de mayo

Ofrecimiento de la Iglesia a María, Madre de Dios y de la Iglesia

«Oh Madre de los hombres *y de los pueblos,* tú conoces bien todos sus sufrimientos y esperanzas, tú te haces cargo maternalmente de todos los enfrentamientos entre bien y el mal, entre la luz y las tinieblas que agitan al mundo, escucha nuestro grito dirigido. en el Espíritu Santo directamente a tu corazón y abraza con tu amor de Madre y Esclava del Señor a los hombres y pueblos que más esperan tu abrazo, así como a los hombres y pueblos cuyo ofrecimiento esperas de modo especial. Acoge bajo tu protección maternal a toda la *familia humana,* a la que *confiamos* con sincero afecto a Ti, oh Madre. Que llegue a todos el tiempo de la paz y de la libertad, el tiempo de la verdad, la justicia y la esperanza».

Estas palabras fueron pronunciadas *el día de Pentecostés del año pasado* en la basílica de Santa María la Mayor, en el marco de los aniversarios de los concilios ecuménicos de Constantinopla y de Efeso, y las he repetido por segunda vez hoy, *festividad de la Inmaculada Concepción.*

Tales palabras tienen pleno sentido en el acto de ofrecimiento mariano de la Iglesia y su misión en el mundo contemporáneo.

Con el espíritu de este ofrecimiento, viajaré, por gracia de Dios, a Fátima el 13 de mayo... Con ello quiero responder a una necesidad de mi corazón, que me impele a ponerme, en el primer aniversario del atentado contra mi persona, a los pies de la Madre de Dios en Fátima para darle las gracias por su intervención en la salvación de mi vida y la recuperación de mi salud.

11 de mayo

Ofrecimiento del mundo contemporáneo a María

El Concilio Vaticano II ha renovado en nosotros la conciencia de la *Iglesia* y de su *misión,* así como también la de la relación de la *Iglesia con el mundo contemporáneo.*

Este programa conciliar de renovación me induce a incluir en el acto de ofrecimiento de la Iglesia a la Madre de Dios y Madre de la Iglesia, pronunciado el año pasado, un *acto de ofrecimiento del mundo contemporáneo.*

Quiero así hacer referencia al acto que Pío XII llevó a cabo hace cuarenta y tres años y Pablo VI rememoró, proclamando a María «Madre de la Iglesia», con ocasión de la clausura de la tercera sesión del Concilio.

Muchas amenazas se ciernen sobre *el mundo contemporáneo,* y en mayor medida quizá que en cualquier otra época de la historia. Es preciso, pues, que la Iglesia vele a los pies de quien es el único Señor de la historia y el Príncipe del futuro. Quiero, por tanto, velar *junto con toda la Iglesia,* y que nuestro clamor llegue hasta el corazón de la Madre Inmaculada.

Os invito a todos a que os unáis espiritualmente conmigo.

A las puertas de un aniversario

Me siento contento de tener aún ocasión de estar con vosotros esta mañana, antes de emprender mi viaje como peregrino a Fátima, en Portugal, donde espero llegar esta tarde y visitar su santuario mañana, aniversario de la primera aparición de la Señora en el ya lejano 1917, y aniversario también del suceso, tan significativo para mí, ocurrido en esta misma plaza el 13 de mayo de 1981...

Voy al encuentro de los generosos hijos de Portugal, con el deseo sincero de testimoniarles mi estima y mi afecto, y también de «comunicarles algún don espiritual que pueda edificarles». Voy, concretamente, como peregrino de fraternidad y de paz en la tierra que la Virgen escogió para lanzar al mundo su urgente llamada a la *oración,* la *conversión* y la *penitencia.*

Sin embargo, mi viaje como peregrino a Fátima no se limita únicamente a expresar mi gratitud a la Señora. Voy a ese bendito lugar también para escuchar de nuevo, en nombre de toda la Iglesia, el mensaje que dirigió hace ya sesenta y cinco años la Madre común, preocupada por la suerte de sus hijos. Dicho mensaje aparece hoy más vigente y urgente que nunca. ¿Cómo no sentirnos, de hecho, asustados ante la propagación del secularismo y la permisividad moral, que tan gravemente atentan contra los valores fundamentales de la moral cristiana?

13 de mayo

«La gran prueba divina

¡Alabado sea Jesucristo! Queridísimos hermanos y hermanas, sé que en estos días, y especialmente en esta hora

203

del «Regina Coeli», estáis unidos conmigo. Os agradezco emocionado vuestras oraciones y os bendigo.

Quiero expresar mi particular solicitud por las dos personas que resultaron heridas conmigo. *Ruego por el hermano que me disparó y a quien he perdonado sinceramente.*

Unido a Cristo, Sacerdote y víctima, ofrezco mis sufrimientos por la Iglesia y por el mundo. A Ti, María, te digo una vez más: *Totus tuus ego sum.*

14 de mayo

Fátima

Me encuentro en Portugal para hacer realidad un sueño acariciado desde hace largo tiempo como hombre de Iglesia y deseoso de conocer directamente Fátima... Estoy aquí hoy gracias a Dios, «rico en misericordia». Mi peregrinaje tiene un motivo principal: *Fátima.* Seguiré luego un itinerario mariano a través de Vila Viçosa, Sameiro y «Cidade da Virgem». Yendo a Fátima y volviendo de Fátima, entona mi corazón el cántico de acción de gracias de Nuestra Señora por haberme salvado Dios la vida en el atentado sufrido el trece de mayo del año pasado, y en actitud de adoración repito:

«Proclama mi alma la grandeza del Señor, se alegra mi espíritu en Dios mi Salvador»...

Siendo cierto que no se puede evangelizar sin antes estar evangelizado, rindo aquí homenaje a la viva y dinámica Iglesia, que se identifica con la mayoría del pueblo portugués; la cual, a lo largo de los siglos, *con fidelidad al Redentor del hombre* —venerado aquí sobre todo en sus misterios de la Pasión y la Eucaristía—, con devoción a *Nuestra Señora,* que será proclamada *Reina y Patrona de*

Portugal, y en adhesión a la Sede Apostólica de Roma, supo mantener firme su opción por Cristo, dando al mundo santos de la talla de San Antonio de Lisboa. Rindo, pues, también homenaje a este santo universal, en este año de conmemoraciones antonianas.

15 de mayo

Ante la capilla de las apariciones en Fátima

¡Alabado sea nuestro Señor Jesucristo y su Madre María Santísima! Sí, con ella y por ella brota de mi corazón en este momento la plegaria tantas veces recitada y cantada aquí: «Dios mío, yo creo en ti, te adoro, en ti espero, te amo».

Mi primer pensamiento de adoración, manifestado en esta tierra bendita de Fátima, se dirige a la Santísima Trinidad: Bendito sea Dios, rico en misericordia, por el gran amor con que nos ha amado. Sí, hemos sido creados en su Verbo, el Hijo; reconciliados mediante la sangre de este mismo Hijo; nos ha convertido en familia suya, nos ha edificado sobre el fundamento de los apóstoles en la construcción de la Iglesia, para hacernos, en virtud del Espíritu Santo, morada de Dios. Por tanto, debemos de repetir sin cesar: «Dios mío, yo creo en ti, te adoro, en ti espero, te amo».

Ave, María. Bendita tú entre las mujeres y bendito el fruto de tu vientre, Jesús. Ave, llena de gracia, Madre de Dios y Madre nuestra. En cumplimiento de tu profecía, oh Señora, en este lugar, entrando en tu morada de Fátima, y saludándote, Madre adorada, permíteme utilizar las mismas palabras que nos han enseñado, para proclamar ante los hermanos:

«Proclama mi alma la grandeza del Señor, se alegra mi espíritu en Dios mi Salvador».

16 de mayo

Acción de gracias del Santo Padre en Fátima

Agradecimiento, comunión, vida. Estas tres palabras resumen el motivo de mi presencia aquí, en este día; y, si me lo permitís, también el de vuestra presencia. Este lugar representa el punto culminante de mi viaje a Portugal. Quiero ahora haceros una confidencia.

Hacía mucho tiempo que tenía intención de venir a Fátima, como ya he tenido ocasión de decir a mi llegada a Lisboa. Sin embargo, desde que sufrí el atentado en la plaza de San Pedro, hace ahora un año, nada más volver a la conciencia, mi mente voló inmediatamente hasta este santuario para depositar *en el corazón de la Madre celestial mi acción de gracias* por haberme salvado del peligro. En todo lo que estaba sucediendo veía —no me cansaré de repetirlo— una especial protección maternal de la Virgen. Al pensar en esta coincidencia —no hay simples coincidencias en los designios de la divina providencia—, interpreté que todo esto era también una señal y, quizás, una llamada de atención hacia el mensaje que partió de este lugar, hace sesenta y cinco años, a través de tres muchachitos, hijos de humildes campesinos, los pastorcitos de Fátima, como se les suele llamar universalmente.

17 de mayo

Reunidos «con María, Madre de Jesús»

«Gracias al Señor no fui aniquilado»: es algo que ya dije por primera vez con ocasión de la fiesta de la Virgen del Rosario y que repito hoy, en Fátima, que tanto nos habla del rosario —del rezo de la tercera parte del rosario—, como decían los pastorcitos. El rosario, el tercio del rosa-

rio, es y seguirá siendo siempre una oración de reconocimiento, de amor y de súplica confiada: la oración de la Madre de la Iglesia.

He venido en peregrinaje a Fátima, como la mayor parte de vosotros, queridos peregrinos, con el rosario en la mano, el nombre de María en los labios y el cántico de la misericordia de Dios en el corazón: El también «ha hecho grandes cosas por mí... Su misericordia llega a sus fieles generación tras generación» (Lc 1, 49-50).

Agradecimiento, comunión y vida: estos sentimientos nos hermanan, peregrinos «reunidos en el mismo lugar», que formamos la actual generación de la Iglesia, para la que Pentecostés ya se ha realizado; *reunidos «con María, Madre de Jesús»*, deseamos aquí confirmar nuestra perseverancia «en escuchar la enseñanza de los apóstoles, en la comunidad de vida, en el partir el pan y en las oraciones»...

Dios quiera que mañana, de vuelta ya de nuestro peregrinaje, después de estas horas de intimidad con Cristo, con el Padre «que está en los cielos» y con María, nuestra Madre, vivificados por el Espíritu Santo «que inunda nuestros corazones» (Rm 5, 5), podamos partir con alegría «alabando a Dios y siendo bien vistos de todo el pueblo» (Hch 2, 47).

18 de mayo

Bendícenos, amadísima Madre

Sabéis muy bien que desde mi juventud cultivo *la práctica cristiana del peregrinaje:* mis viajes apostólicos como sucesor de Pedro —de México a Guinea Ecuatorial—, mis visitas como peregrino a los santuarios marianos han representado, desde el punto de vista pastoral, momentos álgidos en mis encuentros con el Pueblo de Dios esparcido sobre la tierra y con nuestros hermanos los hombres, integrantes de la gran familia humana. En todos los casos, he puesto con emoción, con la misma emoción de la primera vez, en manos de María Santísima todo el bien que he podido hacer o haré en el futuro al servicio de la Iglesia.

En este momento, aquí, en Fátima, quiero repetir también ante todos vosotros: *totus tuus,* «todo tuyo», oh Madre. Te pido que me presentes, a mí y a todos estos hermanos, paliando y cubriendo nuestra pobreza con tus méritos y los de tu Hijo, al «Padre de la misericordia» en homenaje de gratitud. Te rogamos que seamos aceptados, bendecidos y fortificados en nuestros buenos propósitos, que queremos poner en común como una guirnalda ideal de flores ligada con una cinta «confeccionada y adornada» por ti, oh Madre: hacer «todo lo que El (Cristo) nos diga».

Dadnos vuestra bendición, Señora, amadísima Madre nuestra.

19 de mayo

El mensaje de Fátima

«Convertíos» (haced penitencia) *«y creed en el Evangelio»,* fueron las primeras palabras que el Mesías dirigió a la humanidad. El mensaje de Fátima, como ocurre en el Evangelio, es —en su *núcleo* fundamental— una llamada *a la conversión y a la penitencia;* llamada que ha tenido lugar a comienzos del siglo XX y, por tanto, se dirige de modo especial a este siglo. *La Señora del mensaje* parece leer con singular perspicacia los «signos de los tiempos», los signos de nuestro tiempo.

Esta llamada a la penitencia tiene un carácter maternal y, al mismo tiempo, enérgico y decidido. La caridad que «se complace en la verdad» sabe ser franca y sencilla. La llamada a la penitencia va unida, como siempre, *a la de la oración*. En consonancia con una tradición multisecular, la Señora del mensaje de Fátima habla concretamente del *rosario*, al que justamente se puede definir como «la oración de María»: la oración en la que ella se siente particularmente unida con nosotros. Es ella misma la que ruega con nosotros. *En esta oración* quedan implicados los problemas de la Iglesia, los de la Sede de San Pedro, los problemas de todo el mundo. Asimismo, se recuerda a los pecadores, a fin de que se conviertan y se salven, y a las *almas del purgatorio*.

Las palabras del mensaje fueron transmitidas a muchachitos que tenían de siete a diez años de edad. *Estos,* al igual que Bernardette de Lourdes, gozaron del singular privilegio de las apariciones de la Madre de Dios. Esto explica que el lenguaje empleado sea sencillo, acomodado a su capacidad de comprensión. Los niños de Fátima se convirtieron en *interlocutores de la Señora del mensaje,* así como también en sus colaboradores.

20 de mayo

San Bernardino de Siena

San Bernardino fue el inventor y propagador del emblema IHS (Ihesus) que hizo pintar en dorado sobre tablillas y al que rodeó de rayos, a los cuales atribuía significados simbólicos especiales. Por medio del mismo, San Bernardino propagó allí por donde pasaba *la devoción al santísimo Nombre de Jesús,* que ya se practicaba desde hacía siglos en conventos y monasterios, pero que él convirtió en bien común del pueblo cristiano.

Desearía fervientemente que la celebración del centenario de San Bernardino contribuyese también, y hasta tuviese como fin primordial que el nombre de Jesús volviese a ser signo de la fe y de la vida cristiana de las familias, en las puertas de sus casas, en los hogares, *en Italia y en otros países.* Así se lo pido a los padres y madres de familia, a los jóvenes, que tanto aprecio y amo, y especialmente a las nuevas parejas: colocad el nombre de Jesús en vuestras casas. Os lo repito con palabras del propio San Bernardino: «Poned el nombre de Jesús en vuestras casas, en vuestras habitaciones, guardadlo en vuestro corazón» (San Bernardino de Siena, *Quaresimale di Firenze,* 1425, en *Le prediche volgari,* Firenze, 1940, II, p. 130).

En su tiempo, San Bernardino tuvo la intuición de que el misterio de Jesús, «camino, verdad y vida» (Jn 14, 6), encerrado en su nombre, que significa *salvación,* era el anuncio de lo que necesitaban los hombres, los de aquel tiempo y de los de siempre, y esto es lo que le impulsó a dedicarse a la predicación del Evangelio bajo este signo santo: «refugio de los penitentes, estandarte de los combatientes, medicina de los desfallecidos, consuelo de los que sufren, honor de los creyentes, esplendor de los evangelizadores, mérito de los tenaces, auxilio de los inconstantes, ánimo de los meditabundos, refugio de los que rezan, deleite de los contemplativos, gloria de los triunfadores».

21 de mayo

El significado de la consagración a María

Consagrarse a María significa abandonarse a su ayuda y así ofrecernos nosotros mismos y toda la humanidad a *Aquel que es Santo,* infinitamente Santo; recurrir a ella —a su corazón de Madre, abierto bajo la cruz a todos los hombres, al mundo entero para hacer ofrenda del mundo, del hombre, de la humanidad y de todas las naciones a Aquel que es infinitamente Santo. La santidad de Dios se ha manifestado en la redención del hombre, del mundo, de toda la humanidad, de las naciones; redención llevada a cabo mediante el sacrificio de la cruz. «Por ellos *me consagro a ti*», ha dicho Jesús (Jn 17, 19).

El mundo y el hombre *han sido consagrados con la fuerza de la redención.* Han sido consagrados a Aquel que es infinitamente Santo. Han sido ofrecidos y confiados al Amor mismo, al Amor misericordioso.

La Madre de Cristo nos convoca e invita a unirnos a la Iglesia del Dios vivo *en esta consagración del mundo,* en este ofrecimiento, mediante el que el mundo, la humanidad, las naciones, cada persona son presentados en ofrenda al Padre Eterno con la fuerza de la redención de Cristo. Son ofrecidos en el Corazón del redentor, traspasado en la crucifixión.

22 de mayo

Santa Rita de Casia

De todos es conocido que el itinerario terreno de Rita de Casia sigue una serie de estadios, cronológicamente sucesivos y, lo que es más importante, progresivamente ascendentes, a tenor de las fases por las que pasó su vida de unión con Dios. *¿Por qué Rita es santa?* No tanto por la fama de los prodigios que la devoción popular atribuye a su intercesión ante Dios omnipotente, cuanto por la asombrosa «normalidad» de su vida cotidiana, vivida primero por ella como *esposa* y *madre,* luego como *viuda,* y finalmente como *monja agustina.*

Hija espiritual de San Agustín, Rita puso en práctica sus enseñanzas, aun sin haber leído sus obras. Agustín había recomendado a las mujeres consagradas «seguir al Cordero por donde vaya» y «contemplar con los ojos del alma las llagas del crucificado, las cicatrices del resucitado, la sangre del moribundo..., sopesando todo en la balanza de la caridad» (cfr. *Sancti Augustini De Sancta Virginitate,* 52.54.55; PL 40,428). Rita le obedeció «ad litteram», literalmente, y —sobre todo en su período de enclaustramiento— demostró la constancia y solidez de su contacto con la víctima divina del Gólgota.

Rita es verdaderamente y al mismo tiempo la «mujer fuerte» y la «virgen prudente» de las que habla la Sagrada Escritura (Prov 31, 10 ss.; Mt 25, 2), y así nos muestra en cualquier estado de vida, y no tanto con palabras, cuál es el camino auténtico que conduce a la santidad como fiel seguimiento de Cristo hasta la cruz.

Por este motivo he querido brindar a todos sus devotos del mundo su dulce y doliente figura con el deseo de que, inspirándose en ella, nos propongamos ser coherentes —cada uno en el estado de vida que le corresponde— con su vocación cristiana y con las exigencias de claridad, testimonio y valentía que de ella dimanan: *sic luceat lux vestra coram hominibus...* (Mt 5, 16).

23 de mayo

María, humilde esclava de Dios

También nosotros, como María, dando gracias al Omnipotente, cuyo nombre es Santo, queremos entonar juntos el himno de nuestro alborozo por que El se ha fijado en sus humildes esclavos.

La Virgen Santa entona el *Magníficat,* consciente de que, para culminar su plan salvífico de todos los hombres, el Señor ha querido contar con ella, una sencilla muchacha de su pueblo. Estamos reunidos en este lugar para entonar, siguiendo el ejemplo de María, nuestro *Magníficat,* conscientes de haber sido llamados por Dios a un servicio de redención y de salvación, a pesar de nuestras limitaciones.

Cuanto más grandiosa es la obra a realizar, tanto más pobres son los *instrumentos* que colaboran en el proyecto divino. Así como es verdad que la pobreza de los medios utilizados sirve para poner de manifiesto el poderío de Dios, también es un hecho que cuanto más diminutas son las personas humanas invitadas a cooperar, tanto más grandiosas son las cosas que el Omnipotente está dispuesto a realizar por medio de nosotros...

«Grandes cosas ha hecho el Poderoso por mí», afirma María. Ella es plenamente consciente de la grandeza de su misión, pero, simultáneamente, reconociéndose y declarándose «humilde esclava», atribuye todo el mérito a Dios salvador. La grandiosidad de la misión redentora se hace realidad, en María, aunando armónicamente la omnipotencia divina y la humilde docilidad humana.

24 de mayo

María, Madre de la misericordia

María es también, de forma especial y excepcional, como ningún otro, la que ha experimentado personalmente la misericordia, así como también, de modo igualmente excepcional, la que ha hecho posible, con el sacrificio de su corazón, su participación en la revelación de la misericordia divina. Tal sacrificio está ligado estrechamente a la cruz de su Hijo, al pie de la cual se encontraba sobre el monte calvario. Su sacrificio significa una singular participación en la revelación de la misericordia, es decir, en la fidelidad absoluta de Dios a su propio amor, a la alianza proyectada desde la eternidad y establecida en el tiempo con el hombre, con el pueblo, con la humanidad; significa la participación en la revelación consumada definitivamente mediante la cruz. *Nadie ha experimentado como la Madre del crucificado* el misterio de la cruz, el conmovedor encuentro de la trascendente justicia divina con el amor: ese «beso» de la misericordia a la justicia (cfr. Sal 85 (84), 11).

Nadie como ella, María, ha aceptado de corazón ese misterio, la dimensión verdaderamente divina de la redención, acontecida en el calvario con la muerte del Hijo, a la que unió el sacrificio de su corazón de madre, su «fiat» definitivo.

María es, por consiguiente, quien *conoce más a fondo el misterio de la misericordia divina*. Sabe su precio, sabe el alto coste del mismo. En este sentido la llamamos también *Madre de la misericordia:* Señora de la misericordia o Madre de la misericordia divina; cada uno de estos títulos encierra un profundo significado teológico, ya que expresan la especial preparación de su alma, de toda su personalidad, para saber percibir esa misericordia de la que «de generación en generación» (Lc 1, 50) nos hacemos partícipes, según los planes eternos de la Santísima Trinidad.

25 de mayo

En honor de San Gregorio VII

Oración a María por las vocaciones

Oh Madre, Madre de Dios, Madre de la Iglesia,
en estos momentos tan significativos para nosotros
somos un solo corazón y una sola alma:
como Pedro, los apóstoles, los hermanos,
congregados en la oración, contigo, en el cenáculo.

Te confiamos nuestra vida,
todos y cada uno te repetimos ahora: *totus tuus ego sum,*
a fin de que hagas tuya nuestra consagración
y la unas a la de Jesús y a la tuya propia,
como ofrenda a Dios Padre por la vida del mundo.

Te rogamos que contemples
la indigencia de tus hijos,
como hiciste en Caná, cuando asumiste como tuya
la situación de aquella familia.
Hoy, la indigencia mayor de tu familia
es la de vocaciones sacerdotales, diaconales,
religiosas y misioneras.

Llega, pues, con tu «intercesión omnipotente»
al corazón de muchos hermanos nuestros,
para que atiendan, entiendan y respondan
a la voz del Señor.
Repíteles en lo profundo de sus conciencias lo que dijiste
a los servidores de Caná: haced todo lo que Jesús os diga.

Seremos ministros de Dios y de la Iglesia,
dedicados a evangelizar, santificar,
apacentar a nuestros hermanos:
enséñanos y danos las cualidades del buen pastor;
alimenta y desarrolla nuestra dedicación apostólica;
fortifica y regenera siempre nuestro amor por los que
        sufren,
ilumina y vivifica nuestro propósito de virginidad
por el Reino de los cielos;
infunde en nosotros y mantén en nosotros
el sentido de fraternidad y de comunión.

26 de mayo

San Felipe Neri

Como ya sabéis, durante el período de su estancia en
Roma, desde que llega a ella como oscuro y pobre pere-
grino en 1534 hasta 1595, año de su beatífica muerte,
San Felipe Neri sintió *un vivísimo amor por Roma.* Por
Roma vivió, trabajó, estudió, sufrió, oró, amó y murió.
Roma estuvo en su mente, en su corazón, en sus preocu-
paciones, en sus proyectos, en sus instituciones, en sus

alegrías y también en sus penas. Por Roma fue San Felipe un hombre de cultura y de caridad, de estudio y de organización, de magisterio y de oración; por Roma fue un sacerdote santo, un confesor infatigable, un educador ingenioso y un amigo de todos, y, de modo especial, fue también experto consejero y sutil director espiritual. A él recurrieron papas y cardenales, obispos y sacerdotes, príncipes y políticos, religiosos y artistas; en su corazón de padre y amigo confiaron ilustres personas, como el historiador Cesare Baronio y el célebre compositor Palestrina, San Carlos Borromeo y San Ignacio de Loyola, y también el cardenal Federico Borromeo.

Sin embargo, la minúscula y humilde habitación de su casa fue sobre todo meta de una inmensa multitud de personas sencillas del pueblo, de seres que sufrían, de desheredados, de marginados por la sociedad, de jóvenes y muchachos que acudían a él para pedirle consejo, perdón, paz, ánimo, ayuda material y espiritual.

Le tocó vivir en un siglo dramático, embriagado por los descubrimientos del ingenio humano y por el arte clásico y pagano, e inmerso a la vez en una crisis radical a causa del cambio de mentalidad. No obstante, San Felipe, hombre de profunda fe y sacerdote fervoroso, genial y profético, dotado también de singulares carismas, supo mantener indemne el depósito de la verdad recibido y transmitirlo íntegro y puro, viviéndolo plenamente y anunciándolo sin paliativos.

Por este motivo, su mensaje *mantiene su plena vigencia hoy,* y nosotros debemos escucharlo y secundar su ejemplo.

Maternidad espiritual de María

Desde el instante en que Jesús, moribundo en la cruz, dijo a Juan: «Esa es tu Madre», desde el momento en que «el discípulo la tuvo en su casa», el misterio *de la maternidad espiritual* de María se ha consumado en la historia sin ningún tipo de límites. «Maternidad» quiere decir solicitud por la vida del hijo. Pues bien, si María es Madre de todos los hombres, su preocupación por la vida del hombre tiene *un alcance universal.* La solicitud de una madre abarca al hombre se su totalidad. La maternidad de María se inicia con sus maternales cuidados a Cristo. En éste acepta bajo la cruz a Juan y, en El, *acepta a todos los hombres y al hombre considerado globalmente.* María abraza a todos con una solicitud singular *en el Espíritu Santo,* el cual, como profesamos en nuestro *Credo,* es el que «da la vida»...

La maternidad espiritual de María es, pues, una *participación de la potencia del Espíritu Santo,* del que «da la vida», a la vez que un humilde servicio por parte de quien dijo de sí misma: *«Aquí está la esclava del Señor».*

A la luz de este misterio de la maternidad espiritual de María, intentemos comprender el *extraordinario mensaje* difundido al mundo desde Fátima a partir del 13 de mayo de 1917, y que se prolongó a lo largo de cinco meses, hasta el 13 de octubre de ese mismo año.

28 de mayo

El significado de los santuarios marianos

«La tuvo en su casa» puede también significar, literalmente, en su morada. Una manifestación peculiar de la maternidad de María para con los hombres son los lugares donde ella se encuentra con nosotros, *las casas en las que habita;* casas donde se nota una presencia particular de la Madre.

Tales lugares y tales moradas son numerosísimos y de una gran variedad: desde las hornacinas en las casas o en las calles, en las que relumbra la imagen de la Madre de

Dios, a las capillas y las iglesias construidas en su honor. Hay, sin embargo, algunos *lugares* donde los hombres *sienten especialmente viva la presencia de la Madre.* En algunos casos, tales sitios irradian ampliamente su luz y atraen mucha gente desde tierras lejanas. Sus rayos pueden alcanzar toda una diócesis, toda una nación, y hay casos que incluso abarcan varias naciones, varios continentes. Se trata, entonces, de los *santuarios* marianos. En todos estos lugares se hace realidad de modo admirable el singular testamento del Señor crucificado: el hombre se siente acogido y confiado a María; el hombre acude allí para estar con ella, con su Madre; el hombre le abre su corazón y le habla de todo: «La tiene en su casa», es decir, dentro de sus problemas, tan intrincados algunas veces. Problemas personales y problemas de los demás. Problemas de las familias, de la sociedad, de las naciones, de toda la humanidad.

29 de mayo

Utilidad concreta de los santuarios marianos

Todos nosotros *vamos andando por los caminos del mundo,* hacia la meta final, la patria celestial. Aquí estamos sólo de paso. Debido a ello, nada puede darnos mejor el sentido profundo de nuestra vida sobre la tierra, el estímulo para vivirla como una breve fase de experimentación y de enriquecimiento, que la vivencia interior de *sentirnos peregrinos.*

Los santuarios marianos, esparcidos por todo el mundo, son como mojones colocados para señalar las etapas de nuestro itinerario sobre la tierra; nos permiten hacer una pausa para tomar aliento en el viaje, nos devuelven la alegría y la seguridad en nuestro caminar, así como nuevas fuerzas para continuar adelante; son como oasis en medio del desierto, que ofrecen agua y sombra.

De esta forma, estando en contacto directo con la naturaleza, el alma se siente espontáneamente transportada a la contemplación, al diálogo con Dios, a profundizar en el sentido de nuestro peregrinar en este mundo, a remontar el nivel de las preocupaciones cotidianas y situarse más cerca del mundo de los valores imperecederos.

La Santísima Virgen María es venerada como Señora de las Gracias y el Evangelio que leemos en su festividad es el cántico del *Magníficat*. «Proclama mi alma la grandeza del Señor, se alegra mi espíritu en Dios mi Salvador, porque se ha fijado en su humilde esclava... Porque el Poderoso ha hecho tanto por mí; El es santo».

30 de mayo

Tener a María en nuestra casa

«Desde entonces el discípulo la tuvo en su casa». ¿Se puede decir lo mismo de nosotros? *¿Tenemos a María en nuestra casa?* Lo cierto es que deberíamos abrirle de par en par la casa de nuestra vida, de nuestra fe, de nuestros afectos y de nuestras ilusiones, reconocerle su papel de Madre, es decir, una función de guía, de consejera, de animadora o incluso de silenciosa presencia, que por sí sola basta a veces para infundir fuerza y valor... Los primeros discípulos, después de la Ascensión de Jesús, estaban reunidos *«con María, la Madre de Jesús»*. En la comunidad que ellos formaban estaba también ella; más aún, posiblemente era ella quien les daba cohesión.

El hecho de que se le denomine ahora «la Madre de Jesús» pone de manifiesto hasta qué punto se la vinculaba con la figura de su Hijo: manifiesta, pues, que María remite siempre y sólo al valor salvífico de la obra de Jesús, nuestro único Salvador, y, por otro lado, muestra también que creer en Jesucristo no puede eximirnos de incluir en nuestro acto de fe la figura de aquella mujer

que es su Madre. En la familia de Dios... María salva-
guarda la diversidad de cada persona individual dentro de
la comunión colectiva. Al mismo tiempo, ella puede ser
para nosotros un modelo de disponibilidad ante el Espíritu Santo, de arrebatado compartir el abandono total de
Cristo a la voluntad del Padre, sobre todo de íntima participación en la Pasión de su Hijo y de inquebrantable
fecundidad espiritual... «Esta es tu Madre»: que cada uno
sienta que estas palabras se dirigen personalmente a él
mismo y obtenga así seguridad y fuerza para mantener un
camino cada vez más firme y sereno en el compromiso de
su vida...

31 de mayo

La Visitación de la Virgen María

La festividad de la Visitación que hoy celebramos nos
ofrece un... rasgo de la vida interior de María: su actitud
de humilde servicio y de amor desinteresado hacia el que
se encuentra necesitado... «Quien ama a Dios, ame también a su hermano» (1 Jn 4, 21), dice San Juan...

¿Quién mejor que María ha llevado a cabo este mensaje?
¿Y no es acaso Jesús, al que ella llevó en su regazo, quien
la impulsaba, estimulaba e inspiraba a esta constante
actitud de servicio generoso y de amor desinteresado
hacia los otros?

«Este Hombre no ha venido a que le sirvan, sino a servir»
(Mt 20, 28), dirá Jesús a sus discípulos, pero su madre ya
había realizado antes perfectamente esta actitud del
Hijo...

El misterio de la Visitación es un misterio de gozo. Juan
Bautista salta de alegría en el vientre de Santa Isabel;
ésta, llena de alborozo por el don de la maternidad, pro-
rrumpe en bendiciones al Señor.

María entona el *Magnificat,* un himno rebosante de júbilo mesiánico. Ahora bien, ¿cuál es la misteriosa y oculta fuente de tal alegría? Es Jesús, que María ya ha concebido por obra del Espíritu Santo y que comienza ya a disipar la raíz misma del miedo, de la angustia, de la tristeza: el pecado, la esclavitud más humillante para el hombre...

Madre del amor hermoso, ruega por nosotros. Enséñanos a amar a Dios y a nuestros hermanos como tú los has amado; haz que nuestro amor a los demás sea siempre paciente, benigno, respetuoso...

Causa de nuestra alegría, ruega por nosotros. Amén.

Junio

1   *A la espera de Pentecostés*
2   *Implorar los dones del Espíritu Santo*
3   *San Charles Luvanga y compañeros mártires*
4   *El siervo de Dios, Papa Juan XXIII*
5   *¡Oh Espíritu Santo, llena nuestros corazones!*
6   *¿Quién es el Espíritu Santo?*
7   *El sabio influjo del Espíritu Santo*
8   *Pentecostés continúa*
9   *El Espíritu Santo, don de santidad*
10 *La santa confirmación crea testigos de Cristo*
11 *El Espíritu Santo, fuerza misteriosa de la confirmación*
12 *La confirmación y la lucha contra el mal*
13 *San Antonio, hombre evangélico*
14 *San Antonio, predicador de penitencia*
15 *La dimensión comunitaria de la confirmación*
16 *La huella imborrable de la confirmación*
17 *La conversión interior, fundamental para el ecumenismo*
18 *El Espíritu Santo, fuente de toda unidad*
19 *La Eucaristía, don de Cristo a su Iglesia*
20 *La Iglesia nace siempre de la Eucaristía*
21 *La Iglesia crece mediante la Eucaristía*
22 *Santos John Fisher y Thomas More, mártires*
23 *La Eucaristía, sacrificio redentor de Cristo*
24 *El nacimiento de San Juan Bautista*
25 *La Eucaristía, sacrificio de la Iglesia*
26 *La Eucaristía, sacrificio por la humanidad*
27 *La transmisión de la Eucaristía*
28 *Llevar la Eucaristía por los caminos del mundo*
29 *Dichoso tú, Simón, hijo de Jonás*
30 *San Pablo, apóstol del mundo pagano*

1 de junio

A la espera de Pentecostés

Año tras año, la Iglesia celebra en su liturgia la Ascensión del Señor cuarenta días después de la Pascua. Año tras año, durante los diez días que van de la Ascensión hasta Pentecostés, se sume en oración al Espíritu Santo. En cierto sentido, la Iglesia, año tras año, se prepara para la celebración de su cumpleaños. En efecto, como enseñan los Padres, nació en la cruz el Viernes Santo, pero la revelación al mundo de su nacimiento aconteció el día de Pentecostés, cuando los apóstoles fueron «revestidos de fuerza de lo alto» (Lc 24, 49) y «bautizados con Espíritu Santo» (Hch 1, 5).

Esforcémonos en perseverar en esta actitud de la Iglesia. A lo largo de estos días, ella nos invita a participar en la novena del Espíritu Santo. Puede decirse que es la novena más antigua, cuyo origen, en cierto sentido, se remonta a su *institución por el propio Cristo Señor*. El recomendó a los apóstoles pasar esos días en oración, a la espera de la venida del Espíritu Santo.

Tal recomendación no se limitaba a aquel momento, sino que sigue siendo válida siempre. El período de diez días después de la Ascensión del Señor implica, cada año, la misma llamada del Maestro. Encierra dentro de sí también el mismo *misterio de la gracia, vinculada a la cadencia del tiempo litúrgico.* Debemos sacar provecho de este tiempo. Tratemos durante este período de favorecer una vida recogida y entrar en el cenáculo junto con María y los apóstoles, preparando nuestra alma para recibir al Espíritu Santo y su acción sobre nosotros.

Todo ello tiene gran importancia para que podamos madurar internamente nuestra fe, nuestra vocación cristiana. Y también tiene gran importancia para la Iglesia como comunidad: cada comunidad eclesial y la Iglesia en su conjunto, como comunidad de todas las comunidades, maduran, año tras año, *mediante el don de Pentecostés.*

2 de junio

Implorar los dones del Espíritu Santo

También este año debemos prepararnos para recibir este don. Hagamos lo posible por participar en la plegaria de la Iglesia. Es imposible entender al Espíritu sin escuchar lo que El dice a la Iglesia.

«El soplo oxigenador del Espíritu ha venido a despertar en la Iglesia energías adormecidas, a suscitar carismas aletargados, a infundir el sentido de vitalidad y júbilo que define en cualquier época a la Iglesia como joven y actual, dispuesta y alegre a volver a anunciar a los nuevos tiempos su eterno mensaje» (Pablo VI, AAS 66, 1974, 18).

Recemos también en soledad. Hay una oración en concreto, que resonará con toda su fuerza en la liturgia de Pentecostés, pero que también podemos recitarla ya muchas veces, sobre todo ahora, a la espera de su venida: «Ven, Espíritu Santo, mándanos del cielo un rayo de tu luz. Ven, Padre de los pobres, ven, dador de los dones; ven, luz de los corazones... dulce huésped del alma, dulcísimo consuelo. En el *cansancio,* descanso; en la canícula, solaz; en el llanto, consuelo... Lava lo sórdido, riega lo árido, sana lo herido. *Dobla* lo rígido, *calienta* lo gélido, endereza lo torcido».

Dirijamos, pues, en este período nuestras oraciones al Espíritu Santo. Imploremos *sus dones.* Oremos por la transformación de nuestras almas. Pidamos fortaleza en la confesión, coherencia entre nuestra vida y nuestra fe. Roguemos por la Iglesia, para que cumpla su misión en el Espíritu Santo, para que le asista el consejo y el Espíritu del Esposo y de su Dios.

Roguemos por la unión de todos los cristianos. Para que, juntos, llevemos a cabo la misma misión.

3 de junio

San Charles Luvanga y compañeros mártires

Hoy, por primera vez, tengo ocasión de presidir aquí, en Roma, el rito de la consagración de una Iglesia: un monumento público y grandioso en honor de los *Mártires de Uganda.*

Un nuevo grupo de testigos de Cristo viene a añadirse al «candidatus exercitus», al que la Iglesia tantas veces ha dedicado un lugar especial de culto en suelo romano. En efecto, en el siglo pasado se dio en Uganda un magnífico testimonio de fe. Hoy, pues, se puede decir que la *Roma cristiana* mira al *Africa cristiana* una vez más por la página moderna y heroica que ésta ha añadido a su martirologio y a su historia.

Queridos peregrinos ugandeses, es una gran satisfacción teneros hoy aquí. Sois los herederos de los mártires en cuyo honor se ha edificado esta Iglesia. Ellos os han transmitido el tesoro de la fe cristiana, cuyo valor es de tanta cuantía precisamente a causa de su testimonio. Sabían que vale más que cualquier riqueza terrenal, pues otorga riquezas infinitamente superiores y eternas y da acceso a una vida que no tiene parangón con la vida corporal.

Mostraos dignos de la herencia recibida. Demostrad que dais a vuestra fe cristiana el mismo valor que le dieron San Charles Luvanga y sus santos compañeros. Vivid de acuerdo con el programa que Pablo VI os propuso cuando visitó vuestro país: «En primer lugar, tened un gran amor a Jesucristo. En segundo lugar, sed fieles a la Iglesia. En tercer lugar, sed fuertes y valientes; sed felices y vivid siempre en alegría, ya que, recordadlo siempre, la vida cristiana es algo hermosísimo».

4 de junio

El siervo de Dios, Papa Juan XXIII

Juan XXIII, Angelo Giuseppe Roncalli. Su pontificado duró poco más de cuatro años, pero estuvo marcado por su personalidad de supremo Pastor, dulce, sereno, profético, dejando una huella indeleble en la historia de la Iglesia. A los pocos meses de su elección, el 25 de enero de 1959, en San Pablo Extramuros, anunció la convocatoria del *Concilio Ecuménico,* del *Sínodo Romano* y de la *reforma del Código de Derecho Canónico para la Iglesia latina.* Pudo ver la conclusión del Sínodo Romano, el comienzo y las primeras fases del Concilio y de la reforma jurídica. Lo cierto es que estos acontecimientos eclesiales muestran su impronta profética y seguirán vinculados a su nombre y a su intuición, que veía la necesidad de «renovación» interior y de «aggiornamento» de algunas estructuras de la Iglesia peregrina, la cual debe caminar y dialogar con los hombres de su tiempo.

Del fecundo magisterio de Juan XXIII podemos entresacar dos documentos, cuya publicación produjo un gran eco y una profunda conmoción en todo el mundo: la encíclica *Mater et Magistra,* del 15 de mayo de 1961, y la encíclica *Pacem in Terris,* del 11 de abril de 1963.

No puedo dejar de resaltar el gran impulso que Juan XXIII dio con su personalidad, su actuación y su magisterio, al *ecumenismo.* Con ocasión del anuncio solemne del Concilio, colocaba la unión de los cristianos como uno de los objetivos primarios del mismo; las comunidades ecuménicas fueron invitadas a participar en esta labor, «en esta búsqueda de unidad y de gracia» (*Discorsi,* I, 1959, p. 133).

«Ofrezco mi vida por la Iglesia, la prosecución del Concilio Ecuménico, la paz del mundo, la unión de los cristianos... Mis días sobre la tierra tocan a su fin, pero Cristo vive y la Iglesia continúa su misión; las almas, las almas: ut unum sint, ut unum sint...» (*Discorsi,* V, 1963, p. 618). Estas fueron sus últimas palabras pronunciadas en este mundo.

5 de junio

¡Oh Espíritu Santo, llena nuestros corazones!

Pentecostés. Ante los ojos de nuestra fe se abre el cenáculo de Jerusalén, del que surgió la Iglesia y en el que ésta siempre permanece. Es realmente en el cenáculo donde nació la Iglesia como comunidad viva del Pueblo de Dios, como comunidad consciente de su propia misión en la historia del hombre.

La Iglesia implora en este día: «*Ven, Espíritu Santo,* llena los corazones de tus fieles y enciende en ellos el fuego de tu amor». Palabras repetidas en tantas y tantas ocasiones, pero que hoy poseen un eco especialmente vehemente.

¡Llena los corazones! Pensad en *qué amplitud tendrá el corazón humano* cuando solamente Dios puede llenarlo mediante el Espíritu Santo. Ante vosotros se abre el

maravilloso mundo de la ciencia humana en sus distintas especialidades. Paralelamente a esta ciencia del mundo, se desarrolla igualmente el conocimiento que tenéis de vosotros mismos. Sin duda os planteáis ya desde hace mucho tiempo el interrogante: «¿quién soy yo?». Es ésta la pregunta más interesante de todas, la más fundamental. ¿Con qué medida podemos medir al hombre? ¿Con la medida de las fuerzas físicas de que dispone? ¿Con la de los sentidos, que le permiten el contacto con el mundo exterior? ¿O bien con la de su inteligencia, a través de los distintos tests o pruebas?

La respuesta que hoy nos ofrece la liturgia de Pentecostés hace referencia a dos tipos de medidas: *hay que medir al hombre con la medida del «corazón»*... «Corazón», en el lenguaje bíblico, significa concretamente *la interioridad espiritual* del hombre, su *conciencia*... Hay que medir al hombre, por tanto, con la medida de la conciencia, con la medida del espíritu abierto a Dios. Sólo el Espíritu Santo puede «llenar» este corazón, es decir, guiarlo para que se realice a través del amor y de la sabiduría.

6 de junio

¿Quién es el Espíritu Santo?

¿Quién es el Espíritu Santo? Es Dios mismo. La tercera persona de la Santísima Trinidad. Ha sido enviado a cada uno de nosotros por el Padre y por el Hijo. Es el don más excelso y permanece constantemente en nosotros. Mora dentro de nosotros.

La más diáfana descripción de la acción del Espíritu Santo nos la ofrece San Pablo: los frutos del Espíritu son «amor, alegría, paz, tolerancia, agrado, generosidad, lealtad, sencillez, dominio de sí» (Gál 5, 22).

Estas cualidades son ideales en cualquier momento y circunstancia de la vida: en casa, con los padres, hermanos y hermanas; en la escuela, con los profesores y compañeros; en las fábricas y en las universidades; con todas las personas que conozcáis.

También el profeta Isaías atribuía características especiales al Espíritu Santo: «espíritu de prudencia y sabiduría, espíritu de consejo y valentía, espíritu de conocimiento y respeto del Señor» (Is 11, 2). Y San Pablo dice justamente: «Si el Espíritu nos da vida, sigamos también los pasos del Espíritu» (Gál 5, 25).

Con estos dones y prendas, somos capaces de llevar a cabo cualquier tarea y de superar cualquier dificultad. Nuestras vidas nos pertenecen, y el Espíritu actúa en cada uno de nosotros de forma diferente, de acuerdo con nuestra personalidad propia y las características heredadas de nuestros padres y adquiridas a través de la educación.

Estando tan cercano a nosotros y actuando en nosotros de forma tan discreta, debemos dirigirnos a El en todas nuestras necesidades y pedirle que nos guíe y ayude.

¿Qué más podría hacer Dios por nosotros? ¿Acaso hay algo más que podamos esperar de Dios?

7 de junio

El sabio influjo del Espíritu Santo

Si interpretamos de modo correcto las enseñanzas de Jesús, tenemos entonces la capacidad de reaccionar de forma creativa y complexiva ante los problemas de la vida, sin miedo a equivocarnos o a estar solos, seguros de estar bajo la sabia influencia del Espíritu Santo en todo momento y circunstancia, ya sea importante o insignificante.

Esta extraordinaria asistencia divina constituye una garantía para todos los que ofrecen su vida a Jesús. El plan salvífico de Dios Padre comprende a toda la humanidad; ha enviado a su Espíritu Santo como don para todos los que estén dispuestos a recibirlo en la fe. Cada uno de nosotros forma parte de este plan único de Dios. *Una actitud exclusivamente personal e individualista frente a la salvación no es cristiana* y es prueba de una mentalidad básicamente equivocada.

Por consiguiente, *no podemos vivir de forma aislada.* Al pensar en vuestro futuro, no podéis dejar al margen vuestras responsabilidades como cristianos para con los demás.

No hay sitio en vuestras vidas para la apatía o la indiferencia hacia el mundo que os rodea. En la Iglesia no hay sitio para el egoísmo. Debéis ser conscientes de que los modos de vida de la sociedad han de ser conformes con los planes de Dios. Cristo cuenta con vosotros para que el influjo del Espíritu Santo pueda pasar a los otros a través vuestro y penetrar así en cualquier ámbito, público y privado, de la vida nacional. «La manifestación particular del Espíritu se le da a cada uno para el bien común» (1 Cor 12, 7).

No permitáis que la visión de los intrincados problemas de este mundo o la amenaza de una guerra nuclear hagan flaquear nuestra confianza en Jesús.

Imitad el ejemplo de nuestra santa Madre, modelo perfecto de fe en Dios y de generosa cooperación en su plan salvífico para toda la humanidad. Recordad su consejo a los servidores de Caná: «Haced lo que Él os diga».

Jesús, por intercesión de su madre, convirtió en aquella ocasión el agua en vino; también por su intercesión, cambiará nuestras vidas.

8 de junio

Pentecostés continúa

«El día de Pentecostés»,... día de gran solemnidad, parangonable, por su excelsitud y riqueza de contenido espiri-

tual, al día mismo de la Pascua. ¿Es posible establecer un parangón entre el Pentecostés del que hablan los Hechos de los Apóstoles, acontecido cincuenta días después de la resurrección del Señor, y el Pentecostés de hoy? Por supuesto que sí. No sólo es posible tal vinculación, sino algo cierto, indudable y corroborador *en la vida y para la vida* de la Iglesia, tanto si consideramos su historia a lo largo de dos mil años como si nos concretamos en la época en que vivimos los hombres de nuestra generación. Tenemos el derecho, el deber y la alegría de afirmar que Pentecostés continúa. Hablamos con absoluta legitimidad de la «perennidad» de Pentecostés. Los Apóstoles, reunidos en el mismo cenáculo que había visto celebrar por primera vez la Eucaristía y, posteriormente, el primer encuentro con el Resucitado, *describen dentro de sí mismos la fuerza del Espíritu Santo,* que había descendido sobre ellos; fortalecidos por El, se ponen manos a la obra, es decir, a realizar su misión. Nace la *Iglesia apostólica.* Pues bien, nosotros estamos reunidos aquí *para renovar el misterio de ese gran día.*

Tal misterio debe manifestarse ante todo mediante el sacramento de la Confirmación, que hoy, tras la debida preparación, van a recibir todos estos muchachos y jóvenes de la diócesis de Roma congregados en este lugar. A ellos va dirigido en primer lugar mi saludo como signo de la predilección y confianza que siento por ellos en esta mañana. Mi saludo comprende igualmente a sus padrinos y madrinas, a sus padres y familiares, y a cuantos participan en esta significativa y sugestiva celebración.

9 de junio

El Espíritu Santo, don de santidad

Debemos reflexionar ahora sobre el hecho de que *Pentecostés* comienza *precisamente la tarde misma de la resu-*

233

rrección, cuando el Señor resucitado, en el cenáculo, sopló sobre ellos y les dijo: «Recibid el Espíritu Santo: a quienes les perdonéis los pecados, les quedarán perdonados...». Sí, ciertamente se trata del don pascual, pues estamos en el *primer día,* por decirlo así, en el momento motriz de toda la serie posterior de días, de la que Pentecostés es el quincuagésimo: se trata de la realidad misma de la resurrección, en virtud de la cual, en un orden más causal que cronológico, *Cristo ha dado el Espíritu Santo* a la Iglesia como *el don divino* y *la fuente* incesante e inagotable *de la santificación.*

«Recibid el Espíritu Santo...», y este don de santidad comienza a actuar. La santificación tiene como punto de arranque el perdón de los pecados. En primer lugar está el *bautismo,* el sacramento de la remisión total de la culpa; luego está la *penitencia,* el sacramento de la reconciliación con Dios y con la Iglesia, así como la *unción de los enfermos.* Sin embargo, esta obra de santificación alcanza su cenit en la *Eucaristía,* el sacramento de la plenitud de santidad y de gracia. ¿Cuál es, entonces, el puesto que ocupa la *Confirmación* en este flujo admirable de vida sobrenatural? A este respecto hay que decir que la santificación se expresa también como reforzamiento, como *Confirmación.*

En la confirmación se da también con absoluta plenitud el Espíritu Santo y santificante, en una dimensión peculiar: es la dimensión dinámica, la eficacia de la acción inspirada y guiada desde el interior.

La naturaleza del sacramento de la *Confirmación* brota de este *otorgamiento de fuerza* comunicada a cada bautizado, para hacer de él un perfecto cristiano y soldado de Cristo, dispuesto a testimoniar con valentía su resurrección y su poder redentor: «Vosotros seréis mis testigos».

La santa confirmación crea testigos de Cristo

Queridos candidatos a la confirmación, el sacramento que estáis a punto de recibir confirma y sella lo que en nosotros ya ha efectuado misteriosamente el bautismo, cuando os convertisteis con pleno derecho en hijos adoptivos de Dios, es decir, beneficiarios de su acción amorosa: no sólo del amor que muestra como Creador por todas las cosas, sino sobre todo del amor excepcional por el hombre que ha demostrado en Jesucristo como Redentor.

Con la confirmación adquirís una relación absolutamente singular precisamente con el Señor Jesús. Vais a ser oficialmente consagrados por El como testigos ante la Iglesia y ante el mundo. El os necesita, quiere contar con vosotros como muchachos valerosos, alegres y generosos. En cierto modo le prestáis vuestro rostro, vuestro corazón, toda vuestra persona, de tal forma que su comportamiento dependerá de cómo os vais a comportar ante los demás: si sois buenos, si os dedicáis decididamente al bien del prójimo, si sois fieles servidores del Evangelio, entonces será el propio Jesús el que quedará bien; pero si os mostráis vacilantes e innobles, entonces haréis borrosa su auténtica identidad y le haréis quedar mal.

Está claro, pues, que estáis llamados a realizar una tarea importantísima, que os convierte en cristianos verdaderos y de cuerpo entero. La Confirmación os introduce en la edad adulta del cristiano, es decir, se os va a confiar y a reconocer una responsabilidad que no es para niños. El niño no es aún dueño de sí mismo, de sus actos, de su vida. El adulto, en cambio, sabe hacer valerosamente sus propias opciones y acarrear con sus consecuencias, sabe asumir su responsabilidad personal, pues ha obtenido una plenitud interior tal que puede decidir por sí mismo, comprometer como él cree adecuado su propia existencia y, sobre todo, dar amor, y no recibirlo solamente.

11 de junio

El Espíritu Santo, fuerza misteriosa de la Confirmación

Queridos muchachos y muchachas, todo esto no podéis hacerlo solos. Nadie logra ser un auténtico discípulo de Cristo si se empeña en hacerlo en solitario, contando con sus solas energías e iniciativas individuales. Es imposible. Se conseguiría solamente una caricatura del verdadero cristiano. Así como, desde el punto de vista humano, no se puede llegar a adulto sin una aportación nueva y decisiva de la naturaleza, lo mismo ocurre con el cristiano, a un nivel distinto. Con la confirmación recibís unos dones y prendas del Espíritu Santo, el cual vivifica, impulsa y fortalece, como lo hace el viento, que es la palabra con la que se le denomina.

El es nuestra *fuerza secreta* o, dicho con otras palabras, la reserva inagotable y la energía propulsora de nuestros pensamientos y actos como cristianos. El os infunde arrojo, como lo hizo con los apóstoles en el cenáculo de Pentecostés. El os hace comprender la verdad y la belleza de las palabras de Jesús. El os da la vida.

El, ciertamente, es el Espíritu de Dios y el Espíritu de Cristo, lo cual significa que, al venir a nosotros, no lo hace solo, sino acompañado del Padre y del Hijo Jesús. Al mismo tiempo, os introduce en el misterio trinitario, que —si bien es difícilmente expresable con palabras— no por ello deja de ser el fundamento y el sello inconfundible de nuestra identidad cristiana.

Tratándose de realidades tan excelsas, debéis pensar que de ahora en adelante, precisamente por ser ya adultos en la fe, no podéis ni debéis haceros indignos de ellas.

Queridos muchachos y muchachas, os deseo de todo corazón que vuestros pulmones estén siempre repletos de ese viento del Espíritu que hoy vais a recibir en abundan-

cia y que os posibilita a vosotros y a la Iglesia respirar
según el ritmo de Cristo.

12 de junio

La confirmación y la lucha contra el mal

En el primer Pentecostés, el Salvador otorgó a los apóstoles el poder de perdonar los pecados al infundir en sus
corazones el don del Espíritu Santo. Este mismo Espíritu
viene ahora a vosotros en el sacramento de la confirmación, a fin de insertaros más plenamente en la lucha que
la Iglesia sostiene contra el pecado y en su misión de
promover la santidad. Viene para morar con mayor plenitud en vuestros corazón y fortaleceros en la lucha contra el mal. Queridos jóvenes, el mundo actual os necesita,
necesita hombres y mujeres llenos del Espíritu Santo.
Necesita vuestro coraje y vuestra esperanza, vuestra fe y
vuestra perseverancia. Vais a construir el mundo del
mañana. Hoy recibís el don del Espíritu Santo para que
vuestras obras se revistan de fe profunda y caridad constante, para que seáis capaces de contribuir a llevar al
mundo los frutos de la reconciliación y de la paz. Fortalecidos por el Espíritu Santo y sus múltiples dones, com-
prometed radicalmente vuestras vidas en la lucha de la
Iglesia contra el pecado. Sed desinteresados, no os dejéis
embaucar por las cosas materiales. Sed miembros activos
del Pueblo de Dios; reconciliaos los unos con los otros y
dedicaos a las obras de justicia, que traerán paz a la tierra.

El primer día de Pentecostés, el Espíritu Santo descendió
sobre los apóstoles y sobre María, y los colmó de su
fuerza. Hoy rememoramos este evento y permanecemos
asimismo abiertos al don del Espíritu Santo. En este
Espíritu hemos sido bautizados. En este Espíritu hemos
sido confirmados. En este Espíritu somos llamados a

compartir con Cristo su misión. En este Espíritu llegaremos a ser realmente el pueblo de Pentecostés, los apóstoles de nuestros tiempo.

13 de junio

San Antonio, hombre evangélico

Antonio fue, a lo largo de su existencia, un *hombre evangélico.* Al honrarlo como tal, creemos que en él se posó con especial riqueza el Espíritu del Señor, colmándolo de sus dones admirables e impeliéndolo «interiormente» a emprender una acción, que, siendo especialmente admirable ya en sus cuarenta años de vida, no perdió vigencia con el tiempo, sino que —por el contrario— continúa siendo vigoroso y providencial aún en nuestros días.

Os invito ante todo a que meditéis precisamente sobre este *carácter evangélico* de su personalidad, razón por la cual Antonio es denominado «el santo».

Sin que ello signifique exclusiones o preferencias, este hecho es un signo de que en él la santidad alcanzó cotas excepcionalmente altas, imponiéndose a todos con la fuerza del ejemplo y confiriendo a su culto una gran universalidad por todo el mundo. En efecto, difícil es encontrar una ciudad o una región dentro del orbe católico donde no haya un altar o una imagen del Santo: su efigie serena ilumina con su dulce sonrisa millones de hogares cristianos, en los que, por su mediación, la fe nutre la esperanza en la providencia del Padre celestial. Los creyentes, y especialmente los más humildes y desvalidos, lo consideran y sienten como «su santo», dispuesto siempre a interceder en su favor.

Exulta, Lusitania felix; o felix Padua, gaude, repito ahora con mi predecesor Pío XII (cfr. AAS, 38, 1946, 200): exulta, noble tierra de Portugal; alégrate tú, Padua. A la gloria de tus orígenes romanos e incluso prerromanos, a la grandeza de tu historia, añades también el título nobilísimo de custodiar, junto con su glorioso sepulcro, la memoria viva y palpitante de San Antonio. Sí, pues desde ti se ha esparcido y sigue escuchándose su nombre por todo el mundo, mostrando su *rasgo peculiar:* el carácter genuino de su personalidad evangélica.

San Antonio, predicador de penitencia

Predicación y penitencia: éste es el gran binomio, de entraña puramente evangélica, que hoy aparece también ante vosotros, a raíz de la actividad en nuestra época, tan distinta de la suya. Cambian los tiempos; pueden cambiar y, de hecho, cambian, siguiendo las sabias directrices de la Iglesia, los métodos y las formas de la acción pastoral. Sin embargo, los principios fundamentales de la misma y, sobre todo, la realidad sacramental permanecen invariables, como idénticos siguen siendo la naturaleza y los problemas del hombre, culmen de la creación divina y, al mismo tiempo, expuesto a la dramática posibilidad del pecado. Esto quiere decir que también al *hombre contemporáneo* urge anunciar, en su contenido inalterado, el kérigma de la salvación (en esto consiste la predicación); igualmente, también al *hombre pecador* urge hoy ofrecer el instrumento-sacramento de la reconciliación (en esto estriba la penitencia). En definitiva, sigue siendo necesaria *la actividad evangelizadora,* en su doble dirección de anuncio y la oferta de salvación.

Las celebraciones realizadas con motivo del aniversario de San Antonio serán más que una mera conmemoración sólo si en todos vosotros, sacerdotes seculares y religiosos, si en vosotros, laicos, crece el deseo e incluso la necesidad de obtener fruto para vuestro progreso espiritual. ¿No es cierto acaso que muchas veces una buena confesión no supone en todo este proceso un punto de partida o de llegada? Y todo ello siempre en la línea evangélica de la penitencia-conversión.

En el otoño del próximo año se celebrará una nueva sesión del Sínodo de los Obispos, dedicada a la penitencia y a la reconciliación. Tras analizar los grandes temas de la evangelización, de la catequesis y de la familia, se ha considerado oportuno examinar en sus múltiples facetas —sin olvidar la pastoral-sacramental— este importante aspecto que tanto incide en la vida y la actividad de la Iglesia en el mundo.

15 de junio

La dimensión comunitaria de la confirmación

Teniendo en cuenta que la Confirmación desempeña un papel muy especial en el reforzamiento en nosotros mismos del «hombre interior», en la triple dirección de la fe, la esperanza y la caridad, resulta fácil entender que, lógicamente, tenga una gran importancia también *para la construcción de la comunidad de la Iglesia como Cuerpo de Cristo.* Es preciso reconocer la importante función que tiene también este segundo significado de la confirmación, ya que nos permite captar no sólo la dimensión personal, sino también la comunitaria y, por tanto, eclesial de la acción fortalecedora del Espíritu. Hemos escuchado cómo Pablo nos hablaba de esta acción y del reparto, por parte del Espíritu, de sus carismas «para el bien común». ¿No es cierto que en este marco excelso se encuadra también la vasta temática, tan de actualidad hoy, del apostolado y, de modo especial, del apostolado de los laicos? Si «la manifestación particular del Espíritu se le da a cada uno para el bien común», ¿cómo podría un cristiano sentirse ajeno, indiferente o dispensado de cooperar en la obra de la edificación de la Iglesia? La exigencia del apostolado de los laicos tiene aquí su origen y se define como una respuesta obligatoria a los dones recibidos.

A este respecto, creo conveniente traer a la memoria, aunque sea de forma concisa, el texto conciliar que, sobre la base bíblico-teológica de nuestra inserción *por medio del bautismo* en el Cuerpo Místico de Cristo y de la fortaleza obtenida del Espíritu *por la confirmación,* presenta el ministerio que atañe a cada miembro de la Iglesia como una «gloriosa tarea de trabajar». «Para practicar ese apostolado, el Espíritu Santo da también a los fieles dones peculiares», lo cual implica paralelamente el deber de *obrar* y de *cooperar* en «la edificación de todo el Cuerpo en la caridad».

16 de junio

La huella imborrable de la confirmación

La confirmación se recibe una sola vez en la vida. No obstante, deja *una huella imborrable.* Precisamente por dejar una señal indeleble en el alma, en ningún caso podrá quedar reducida a un recuerdo lejano o a una práctica religiosa pasajera. Debemos, pues, plantearnos cómo el encuentro sacramental y vital del Espíritu Santo, que hemos recibido de manos de los apóstoles mediante la confirmación, puede y debe *perdurar y arraigar más hondamente* en la vida de cada uno de nosotros.

Es algo que expresa espléndidamente el himno de Pentecostés *«Veni, Sancte Spiritus»:* nos recuerda ante todo que debemos invocar con fe e insistencia este don admirable, a la vez que nos enseña cómo y cuándo hemos de invocarlo. Ven, Espíritu Santo, danos tu dulce consuelo, danos descanso en la fatiga, alivio en el llanto. Danos tu fuerza, pues sin ella nada hay en nosotros, nada está exento de culpa.

Pentecostés es un día de gozo y por ello deseo expresar una vez más este sentimiento ante el hecho de que podamos así renovar el misterio de Pentecostés en la Basílica de San Pedro. Sin embargo, el Espíritu de Dios no queda reducido a un ámbito limitado: inspira donde quiere, penetra en todas partes, con libertad soberana y universal. De ahí que, en el recinto de esta Basílica, como humilde sucesor de Pedro, el cual, precisamente el día de Pentecostés, inició con arrojo intrépidamente apostólico el ministerio de la palabra, encuentro en estos momentos la fuerza para gritar *Urbi et Orbi:* «Ven, Espíritu Santo, llena los corazones de tus fieles, enciende en ellos el fuego de tu amor». Que así sea para toda la Iglesia, para toda la humanidad.

17 de junio

La conversión interior, fundamental para el ecumenismo

Los cristianos no sólo se esfuerzan actualmente por reconciliar al mundo, sino que también sienten la necesidad, más imperiosa que nunca, de estar reconciliados entre sí. *En efecto, el pecado de la desunión entre los cristianos,* existente desde hace siglos, *pesa gravemente sobre la Iglesia.* La gravedad de este pecado quedó patente durante el Concilio Vaticano II, que declaró: «Esta división contradice abiertamente a la voluntad de Cristo, es un escándalo para el mundo y daña a la causa santísima de la predicación del Evangelio a todos los hombres» (*Unitatis Redintegratio,* 1).

Nadie puede eximirse de esta responsabilidad. Por el contrario, cada uno puede aportar su grano de arena, por pequeño que sea, y todos estamos llamados a realizar esa conversión interior, que es la condición fundamental del ecumenismo. Como enseña el Concilio Vaticano II, «esta conversión del corazón y esta santidad de vida, junto con las oraciones públicas y privadas por la unidad de los cristianos, han de considerarse como el alma de todo el movimiento ecuménico y con toda verdad pueden llamarse ecumenismo espiritual» (*Unitatis Redintegratio*, 8).

18 de junio

El Espíritu Santo, fuente de toda unidad

El Espíritu Santo, fuente de toda unidad, confiere al Cuerpo de Cristo «dones variados» (1 Cor 12, 3), para edificación y fortalecimiento del mismo. Así como el Espíritu Santo otorgó a los apóstoles el don de lenguas para que todos los que se encontraban en Jerusalén durante el primer día de Pentecostés pudieran oír y entender la única palabra de Cristo, ¿qué razón hay para que también nosotros no podamos implorar que ese mismo Espíritu Santo nos dé los dones que precisamos para proseguir la obra de salvación y para estar reunidos como un único Cuerpo de Cristo? En ello creemos y por ello rogamos, confiados en el poder que el Espíritu ha dado a la Iglesia en Pentecostés: «Envía tu Espíritu... y renueva la faz de la tierra» (Sal 104, 30). Con estas palabras del salmo dirigimos hoy nuestras plegarias de corazón a Dios Omnipotente, para que renueve la faz de la tierra en virtud del poder del Espíritu que da la vida. Envía tu Espíritu, oh Señor, renueva nuestros corazones y nuestras mentes con los dones de la luz y de la verdad. Renueva nuestras casas y nuestras familias con los dones de la unidad y de la alegría. Renueva nuestras ciudades y nuestros países con la auténtica justicia y la paz permanente. Renueva a tu Iglesia en el mundo con los dones de la penitencia y de la reconciliación, con la unidad en la fe y en el amor.

Envía tu Espíritu, oh Señor, y renueva la faz de la tierra.

19 de junio

La Eucaristía, don de Cristo a su Iglesia

La Iglesia, nacida el día de Pentecostés por la fuerza del Espíritu Santo, *nace constantemente de la Eucaristía,* en la que el pan y el vino se convierten en el Cuerpo y la Sangre del redentor, en virtud asimismo del Espíritu Santo.

Cuando los apóstoles creen y confiesan de corazón que «Jesús es el Señor», *la potencia del Espíritu Santo pone en sus manos la Eucaristía,* el Cuerpo y la Sangre del Señor; la misma Eucaristía que en la última cena Cristo les había confiado, antes de su Pasión.

Mientras les repartía el pan, les dijo: «Tomad y comed todos de él: *éste es mi cuerpo,* que se entrega por vosotros». Dándoles la copa del vino, les dijo: «Tomad y bebed todos: esta copa es la Nueva Alianza sellada con mi sangre, que se derrama por vosotros y por todos para el perdón de los pecados». Y tras pronunciar estas palabras, añadió: *«Haced esto en memoria mía».* Cuando llegó el día del Viernes Santo, y luego el Sábado, las palabras misteriosas de la última cena se cumplieron *mediante la Pasión de Cristo.* En efecto, había entregado su Cuerpo, había derramado su Sangre. Y cuando Cristo resucitado apareció en medio de ellos, al atardecer del día de Pascua, sus corazones, bajo el soplo del Espíritu Santo, latieron con *un nuevo ritmo de fe.*

Sí, el Resucitado estaba ante sus ojos. *Les había dado la Eucaristía.* Fue en esos momentos cuando les dijo: «Como el Padre me ha enviado, os envío yo también». Los envía en virtud del Espíritu Santo *con la palabra de la Eucaristía y con el signo de la Eucaristía,* pues realmente les había dicho: «Haced esto en memoria mía». «Jesucristo es el Señor».

La Iglesia nace siempre de la Eucaristía

La Iglesia nace el día de Pentecostés. Nace bajo el soplo potente del Espíritu Santo, el cual ordena a los apóstoles salir del cenáculo y dar comienzo a su misión.

Al atardecer del día de la resurrección, Cristo les dijo: «Como el Padre me ha enviado, os envío yo también». En la mañana de Pentecostés, el Espíritu Santo hace que emprendan su misión en medio de los hombres y recorriendo los caminos del mundo.

Antes de que todo ello sucediese, el mundo —el mundo humano— *había entrado en el cenáculo*. En efecto, «se llenaron todos de Espíritu Santo y empezaron a hablar en diferentes lenguas, según el Espíritu les concedía expresarse (Hch 2, 4). *Mediante este don de lenguas* entra a la par en el cenáculo el mundo de los hombres, con sus distintas lenguas, a los que hay que hablar en su propia lengua para que comprendan el anuncio de las «maravillas de Dios» (Hch 2, 11).

Por consiguiente, en el día de Pentecostés nace la Iglesia bajo el soplo potente del Espíritu Santo. Nace, en cierto sentido, en todo el mundo habitado por el hombre, con sus diferentes idiomas. Nace para ir por todo el mundo, enseñando, en cada lengua, a todas las naciones.

Nace *para* que, enseñando a hombres y naciones, *ella nazca siempre de nuevo* mediante la palabra del Evangelio; para nacer en ellos siempre de nuevo en el Espíritu Santo, *en virtud del poder sacramental de la Eucaristía.*

Todos los que escuchan la palabra del Evangelio, todos los que se alimentan del Cuerpo y de la Sangre de Cristo en la Eucaristía bajo el soplo del Espíritu Santo, profesan que «Jesús es el Señor» (1 Cor 12, 3).

La Iglesia crece mediante la Eucaristía

De esta forma, bajo el soplo del Espíritu Santo, y partiendo del Pentecostés de Jerusalén, *crece la Iglesia.*

En ella hay diversidad de «carismas», diversidad de «ministerios» y diversidad de «actividades», pero *«el Espíritu es el mismo», «el Señor es el mismo»* y *«es el mismo Dios», «quien lo activa todo en todos»* (1 Cor 12, 4-6).

En cada hombre, en cada comunidad humana, en cada país, lengua y nación, en cada generación, la Iglesia es concebida de nuevo y crece de nuevo.

Crece como cuerpo, porque, así como el cuerpo unifica una multitud de miembros, de órganos y de células, de igual modo la Iglesia *unifica con Cristo* a una multitud de hombres.

La multiplicidad se manifiesta, por obra del Espíritu Santo, en la unidad; la unidad encierra dentro de sí la multiplicidad: «También a todos nosotros nos bautizaron *con el mismo Espíritu* para formar un solo cuerpo, y sobre todo derramaron el único Espíritu» (1 Cor 12, 13).

Pues bien, *en la base* de esta unidad espiritual, que cada día nace y se manifiesta siempre de nuevo, *está el sacramento del Cuerpo y de la Sangre,* el gran memorial de la cruz y de la resurrección, el signo de la nueva y eterna Alianza, que el propio Cristo ha depositado en manos de los apóstoles, como fundamento de su misión.

En virtud del Espíritu Santo, se edifica la Iglesia *como cuerpo mediante el sacramento del Cuerpo.* En virtud del Espíritu Santo, se edifica la Iglesia *como pueblo* de la nueva Alianza *mediante la Sangre de la nueva y eterna Alianza.*

Por el Espíritu Santo, el poder vivificador de este *sacra-*

mento es ilimitado. La Iglesia vive de él, en el Espíritu Santo, con la vida misma de su Señor: «Jesús es el Señor».

22 de junio

Santos John Fisher y Thomas More, mártires

Quisiera ahora poner de relieve otro aspecto del bautismo, que quizá sea el que nos resulte más familiar: en el bautismo se nos pone un nombre, nuestro «nombre de pila». Según la tradición de la Iglesia, escogemos el nombre de un santo, el nombre de uno de los héroes de entre los discípulos de Cristo (un apóstol, un mártir o el fundador de una orden religiosa, como San Benito, cuyos monjes fundaron la cercana abadía de Westminster, donde vuestros reyes son coronados). El hecho de asumir un nombre nos recuerda que entramos a formar parte de la comunión de los santos y, al mismo tiempo, nos ofrece eximios modelos de vida cristiana. Londres se enorgullece justamente de dos grandes santos, importantes personajes históricos también a los ojos del mundo, hombres que han contribuido no poco a vuestro patrimonio nacional: John Fisher y Thomas More.

John Fisher, personaje de la cultura en Cambridge y modelo de erudito del Renacimiento, llegó a ser obispo de Rochester. Constituye un ejemplo para todos los obispos por su lealtad a la fe y su dedicación a los miembros de su diócesis, en especial a los pobres y enfermos. Thomas More fue un modelo de laico, que vivió el Evangelio en toda su plenitud. Fue un gran hombre de la cultura, que hizo honor a su profesión, un esposo y padre amable, humilde en la prosperidad, animoso en la adversidad, dotado de un gran humorismo y una profunda espiritualidad.

Juntos —un obispo y un laico— sirvieron a Dios y a su

país. Juntos murieron, víctimas de una época triste. Hoy tenemos todos la gracia de poder proclamar su grandeza y de dar gracias a Dios por haber dado hombres de tal talante a Inglaterra.

En esta Inglaterra de grandes y generosas personas, nadie podrá acusar a la comunidad católica de no sentirse orgullosa de su historia.

23 de junio

La Eucaristía, sacrificio redentor de Cristo

Queridísimos hermanos y hermanas. En la Eucaristía *vuelve a revivirse la redención en la actualidad:* el sacrificio de Cristo, transformado en sacrificio de la Iglesia, produce en la humanidad de hoy sus frutos de reconciliación y de salvación.

Cuando el sacerdote, en nombre y en la persona de Cristo, pronuncia las palabras «Este es mi cuerpo, que se entrega por vosotros», no está afirmando solamente la presencia del cuerpo de Cristo, sino que expresa además el sacrificio mediante el cual Jesús entregó su vida para la salvación de todos. Ya en el discurso de Cafarnaún, tras la multiplicación de los panes y para que comprendiesen la excelencia del pan que quería suministrar a la muchedumbre hambrienta, Jesús había declarado: «El pan que voy a dar es mi carne, para que el mundo viva» (Jn 6, 51). El don del alimento eucarístico debía costar a Jesús la inmolación de su propia carne. Gracias a ese sacrificio, esta carne podría comunicar la vida.

Las palabras consacratorias del vino son aún más explícitas: «Esta es la copa de mi sangre para la nueva y eterna alianza, que se derrama por vosotros y por todos para el perdón de los pecados». La sangre dada como bebida es la sangre derramada en el calvario para instituir la nueva alianza. La primera alianza había sido quebrantada por el pecado. Cristo establece una nueva alianza, que nunca más podrá romperse, pues se realiza en su propia persona, a través de la cual la humanidad ha sido reconciliada definitivamente con Dios. De este modo, en la consagración del pan y del vino, se hace presente el sacrificio redentor.

La Eucaristía no sólo representa un recuerdo del sacrificio ofrecido una vez por siempre en el calvario. *Ese sacrificio vuelve a hacerse actual,* renovándose sacramentalmente en cada comunidad que lo ofrece por medio del ministro consagrado.

24 de junio

El nacimiento de San Juan Bautista

«Y a ti, niño, te llamarán profeta del Altísimo». Estas palabras se refieren al santo de hoy. Con ellas el sacerdote Zacarías saludó a su propio hijo, tras haber recuperado la capacidad de hablar. Con tales palabras saludó a su hijo, a quien, por iniciativa personal y para sorpresa de toda su familia, dio el nombre de Juan. Hoy la Iglesia nos recuerda este acontecimiento, al celebrar la solemnidad *del nacimiento de San Juan Bautista.*

Podríamos denominar esta festividad también como *«el día de la llamada»* de Juan, hijo de Zacarías y de Isabel de Ain-Karim, para ser el último profeta de la Antigua Alianza, para ser el mensajero y el precursor inmediato del Mesías, Jesucristo. En efecto, él, venido al mundo en circunstancias tan insólitas, trae ya consigo la llamada divina. Esta llamada tiene su origen en el plan establecido por Dios, en su amor salvífico, y se inscribe en la historia del hombre desde el momento mismo de su concepción en el vientre de su madre.

Todas las circunstancias que rodean esta concepción, como después ocurrirá igualmente con motivo del nacimiento de Juan de Ain-Karim, indican una llamada extraordinaria: «Irás delante del Señor a preparar sus caminos».

Sabemos que Juan Bautista responde a esta llamada con su vida entera. Sabemos que *permaneció fiel* a ella hasta su último hálito de vida, truncado en la cárcel por orden de Herodes, a ruegos de Salomé, a su vez instigada por su pérfida madre, Herodías. Sin embargo, la liturgia de hoy no menciona estos hechos, que reserva para otro día. Hoy la liturgia nos invita a *alegrarnos sólo por el nacimiento* del precursor del Señor y a dar gracias a Dios por la llamada de Juan Bautista.

25 de junio

La Eucaristía, sacrificio de la Iglesia

Ciertamente, el sacrificio del calvario bastó para obtener para la humanidad todas las gracias de la salvación: el sacrificio eucarístico no hace más que recoger sus frutos. No obstante, Cristo ha querido que su ofrecimiento se hiciese presente de continuo, asociando así en él a la comunidad cristiana. La Eucaristía es, al mismo tiempo *sacrificio de Cristo* y *sacrificio de la Iglesia,* pues en ella Cristo incluye a la Iglesia en su obra redentora, haciéndola partícipe de su propio sacrificio.

De ahí la gran importancia, pues, de que los fieles, al participar en la Eucaristía, adopten una actitud personal de *oferta.* No basta con que escuchen la palabra de Dios u oren en comunidad; es preciso que hagan suyo propio el sacrificio de Cristo, ofreciendo con él y en él sus penas, sus problemas, sus cuitas y, sobre todo, a sí mismos, para hacer llegar esta donación, junto con la que Cristo hace de sí mismo, hasta el Padre.

Formando parte de la oferta sacrificial del Salvador, los fieles participan de la victoria de éste sobre el mal del mundo. Cuando nos sintamos sobresaltados ante la visión del mal que se expande por el universo, con toda la devastación que el mismo implica, no hemos de olvidar que el desencadenamiento de las fuerzas del pecado está sometido al poder salvífico de Cristo. Cada vez que en la Eucaristía se pronuncian las palabras de la consagración, y el cuerpo y la sangre del Señor se hacen presentes en el acto sacrificial, también está presente el triunfo del amor sobre el odio, el triunfo de la santidad sobre el pecado. La fuerza de la celebración eucarística es mayor que todo el mal del universo, pues significa una realización concreta de la redención, una reconciliación cada vez más profunda de la humanidad pecadora con Dios, en el horizonte de un mundo mejor.

26 de junio

La Eucaristía, sacrificio por la humanidad

Ampliando la aplicación de la obra redentora a toda la humanidad, el sacrificio eucarístico contribuye a *la edificación de la Iglesia*. En el calvario Cristo ha merecido la salvación no sólo para cada hombre individual, sino también para el conjunto de la comunidad; su sacrificio ha obtenido la gracia de reunificar a los hombres dentro del Cuerpo de la Iglesia. La Eucaristía tiende a realizar concretamente este objetivo, edificando día a día la comunidad eclesial. El sacrificio eucarístico tiene como efecto reforzar la santidad de la Iglesia y favorecer su expansión por el mundo. En este sentido, puede decirse que la Eucaristía es siempre un acto misionero, ya que obtiene, de forma invisible, una mayor fuerza de penetración de la Iglesia en todos los ámbitos humanos.

Edificar la Iglesia significa, por otro lado, consolidar cada vez más su unidad. No hay que olvidar que Jesús, en la última cena, oró por la unidad de sus discípulos. Por esta razón, la Iglesia, en cada celebración eucarística, y siguiendo el ejemplo del Maestro, ruega porque la unidad sea cada vez más real y más perfecta.

Con ello la Eucaristía hace avanzar el acercamiento ecuménico de todos los cristianos y, dentro de la Iglesia católica, ésta tiende a estrechar los vínculos que unen a los fieles, por encima de las legítimas diferencias que existan entre ellos. Mediante la cooperación responsable en esta dinámica de unificación, los cristianos manifiestan ante el mundo que su Maestro no ha padecido en vano por la unidad de los hombres.

27 de junio

La transmisión de la Eucaristía

«Porque lo mismo que yo recibí y que venía del Señor os lo transmití a vosotros» (1 Cor 11, 23). El testimonio de Pablo que acabamos de escuchar es el mismo testimonio que el de los demás apóstoles: transmiten lo que han recibido. Y al igual que ellos, también sus sucesores siguieron transmitiendo fielmente lo que habían recibido. El sucesor de Pedro que ahora os habla se hace eco fiel de este mismo testimonio: «Lo mismo que yo recibí y que venía del Señor os lo transmití a vosotros».

Lo que los apóstoles nos han transmitido es Cristo mismo y su mandato de repetir y transmitir a todas las gentes lo que El, el divino Maestro, dijo e hizo en la última cena: «Este es mi cuerpo, que se entrega por vosotros» (1 Cor 11, 14).

Perteneciendo a una tradición que se remonta a casi dos mil años, también nosotros repetimos hoy el gesto de «partir el pan». Lo repetimos en el mil novecientos cincuenta aniversario de aquel momento inefable en que Dios se hizo tan cercano al hombre, testimoniando en el don total de sí mismo la dimensión «increíble» de un amor ilimitado.

«Esto es mi cuerpo, que se entrega por vosotros». Una intensa vibración de estremecimiento recorre nuestro ánimo al pensar que, al pronunciar la palabra *«vosotros»*, Cristo estaba refiriéndose *a cada uno de nosotros* y ofrecía su propia muerte por cada uno de nosotros.

¿Cómo no sentirnos profundamente conmovidos pensando que «la entrega de su propio cuerpo» por todos nosotros no es un hecho lejano, perteneciente a las frías páginas de la crónica historiográfica, sino un acontecimiento que continúa ahora vivo, *si bien de forma incruenta,* en el sacramento del Cuerpo y de la Sangre, presentes sobre el altar? En la fragilidad de nuestra *carne mortal* se ha sembrado la semilla de la *vida inmortal.*

28 de junio

Llevar la Eucaristía por los caminos del mundo

Nada tiene de extraño, reflexionando sobre este misterio, que la Iglesia custodie con celoso amor este tesoro de valor inestimable. Más bien resulta lógico y natural que los cristianos, a lo largo de su historia, hayan sentido la necesidad de expresar *también externamente* su alegría y agradecimiento por el hecho de un don tan excelso. Consideraron que la celebración de este misterio no podía quedarse recluido dentro de los muros de los templos, por muy magníficos y artísticos que ellos fueran, sino que era preciso llevarlo *por los caminos del mundo,* ya que, aquel que quedaba oculto bajo las frágiles especies de la hostia eucarística, había venido a la tierra para ser «la vida del mundo» (Jn 6, 51).

Surgió así la procesión del *Corpus Christi,* que la Iglesia celebra desde hace muchos siglos con particular solemnidad y alegría.

También nosotros vamos a ir en procesión por las calles de nuestra ciudad. Iremos entre cánticos y plegarias, llevando con nosotros al sacramento del Cuerpo y de la Sangre del Señor. Andaremos entre las casas, las escuelas, las oficinas y las tiendas; caminaremos por donde transcurre la vida ajetreada de los hombres, donde se agitan sus pasiones, donde estallan sus conflictos, donde se consuman sus sufrimientos y florecen sus esperanzas. Iremos en procesión para testimoniar con sencilla alegría que en esta humilde y blanca hostia está la respuesta a los interrogantes más acuciantes, el consuelo del dolor más desgarrador; en ella está, en prenda, el apagamiento de esa sed abrasadora de felicidad y de amor que cada uno lleva dentro, en el secreto de su corazón.

Atravesaremos la ciudad, saldremos al encuentro de nuestros hermanos y hermanas, y mostraremos a todos el sacramento de la presencia de Cristo.

29 de junio

Dichoso tú, Simón, hijo de Jonás

«Dichoso tú, Simón, hijo de Jonás» (Mt 16, 16). En ningún momento fue cancelada esta bendición, como tampoco quedó nunca ofuscada en el espíritu de Pedro la confesión que él hizo en Cesarea de Filipo. Pedro la mantuvo durante toda su vida, hasta el último momento. La mantuvo en aquella terrible noche del apresamiento de Jesús en el huerto de Getsemaní, en esa noche en que quedó de manifiesto su propia debilidad, la mayor de las debilidades, al negar al hombre..., pero sin que ello supusiera la destrucción de la fe en el hijo de Dios. La prueba de la cruz se vio recompensada por el testimonio de la resurrección, la cual aportó a la confesión de Cesarea de Filipo un argumento definitivo.

Pedro iba ahora, sostenido por su fe en el hijo de Dios, *al encuentro de la misión* que el Señor le había encomendado.

Cuando, por orden de Herodes, se hallaba en la cárcel de Jerusalén, encadenado y condenado a muerte, pareció que su misión iba a durar muy poco. Sin embargo, Pedro fue liberado por la misma fuerza que le había llamado. Le esperaba aún un largo camino. *Al final del mismo,* y según una tradición confirmada por numerosas y serias investigaciones, se encontraba solo el 29 de junio del año 68 de nuestra era, cuyo inicio se empieza a contar a partir del nacimiento de Cristo.

«La carne y la sangre» llegaron a su destrucción total, quedaron sometidas a la muerte. Sin embargo, lo que en otro tiempo le *había revelado el Padre* (cfr. Mt 16, 17) *sobrevivió a la muerte de la carne,* convirtiéndose en el inicio del encuentro eterno con el Maestro, del que dio testimonio hasta el último momento. *El comienzo de la visión beatífica* del Hijo del Padre. Se convirtió igualmente en el *fundamento inquebrantable de la fe de la Iglesia.* En su piedra, en su roca.

«Dichoso tú, Simón, hijo de Jonás» (cfr. Mt 16, 16).

30 de junio

San Pablo, apóstol del mundo pagano

«El Señor... estuvo a mi lado». Sabemos bien cómo y dónde le ocurrió todo esto; conocemos ya lo que le pasó junto a los muros de Damasco. «El Señor estuvo a mi lado y me dio fuerzas; quería anunciar íntegro el mensaje por mi medio y que lo oyera todo el mundo pagano» (2 Tim 4, 17).

Pablo, en un grandioso resumen de su vida, nos ofrece una visión panorámica de la misma. Escribe desde aquí, desde Roma, a su dilecto discípulo, cuando ve cercano el final de sus días, totalmente dedicados al Evangelio.

Incluso en esta etapa muestra una honda conciencia del pecado y de la gracia, de esa gracia que supera al pecado y abre el camino hacia la gloria: «El Señor seguirá librándome de toda acción malvada y me guardará incólume para su Reino celeste» (2 Tim 4, 18).

La Iglesia romana conmemora hoy, de modo especial, las dos últimas miradas en una misma e idéntica dirección: *en dirección a Cristo crucificado y resucitado.* La mirada de Pedro, agonizante en la cruz, y la de Pablo, a punto de ser decapitado por la espada.

Estas dos miradas de fe, de esa fe que llenó sus vidas hasta el último momento y puso los cimientos de la luz divina en la historia del hombre sobre la tierra, siguen vivas en nuestra memoria.

En este día, nuestra fe en Cristo se revitaliza de forma especial.

En este marco festivo, tengo sumo gusto en saludar a la delegación enviada por nuestro amado hermano, el Patriarca ecuménico Dimitrios I, para celebrar conjuntamente la festividad de los jefes de los apóstoles, los santos Pedro y Pablo, y testimoniar así que las relaciones entre ambas Iglesias se intensifican cada vez más en un esfuerzo común hacia la unidad plena.

Julio

1 *Ave, Cuerpo de Cristo, nacido de la Virgen María*
2 *El sacramento de los enfermos*
3 *Santo Tomás, apóstol*
4 *Día de la Independencia*
5 *El mundo creado por Dios para el hombre*
6 *Santa María Goretti*
7 *En Cristo se recrea el mundo visible*
8 *La Iglesia revive incesantemente a Cristo*
9 *Cristo, a través de la Iglesia, camino para cada hombre*
10 *La vocación cristiana*
11 *San Benito de Norcia*
12 *San Benito, padre de Europa*
13 *El Papa en Castelgandolfo*
14 *La familia es insustituible*
15 *El descanso de las vacaciones veraniegas*
16 *La vocación cristiana personal*
17 *Soledad y silencio, alimentos de la vida espiritual*
18 *La oración descubre la presencia de Dios en nuestro interior*
19 *La oración transforma nuestra vida*
20 *La oración ayuda a interpretar los «signos de los tiempos»*
21 *La pureza es vida según el Espíritu*
22 *La promulgación del nuevo Código de Derecho Canónico*
23 *La cruz de Cristo, ejemplo de obediencia*
24 *La «nueva criatura», fruto de la redención*
25 *Santiago, apóstol*
26 *Santa Ana, madre de la Virgen María*
27 *San Joaquín y Santa Ana, dos santos esposos*
28 *Cristo ha venido a traer la alegría*
29 *Santa Marta*
30 *San Leopoldo Mandic, «el confesor»*
31 *San Ignacio de Loyola*

Ave, Cuerpo de Cristo, nacido de la Virgen María

Hoy, a la vez que en esta plaza de San Pedro queremos manifestar el culto especial a la Eucaristía, el santísimo Cuerpo de Cristo, nuestras mentes se dirigen a la mujer en la que Dios, el hijo de Dios, se hizo carne: la Virgen, cuyo nombre es María.

Concretamente, en el momento en que nos congregamos aquí, cada domingo, para el rezo del Angelus, la oración que nos recuerda tres veces al día el misterio de la Encarnación: «El Verbo se hizo carne y habitó entre nosotros».

Saludamos, pues, con veneración y amor al Cuerpo del Verbo eterno y a la que, como Madre, ha dado cuerpo al Verbo eterno.

Este Cuerpo es el sacramento de la redención del hombre y del mundo: «Padeció verdaderamente, fue inmolado en la cruz por el hombre».

Este cuerpo martirizado hasta la muerte en cruz, junto con su sangre derramada como signo de la nueva y eterna Alianza, es el sacramento más excelso de la Iglesia, al que hoy deseamos adorar especialmente y demostrar un amor y gratitud particulares. En efecto, este Cuerpo es verdaderamente la comida y su Sangre es verdaderamente la bebida de nuestras almas, bajo las especies del pan y del vino. Restaura las energías interiores del hombre y fortalece en el camino hacia la eternidad. Nos permite ya aquí, en este mundo, degustar previamente la unión con Dios en la verdad y en el amor, a la que el Padre nos llama en Cristo, su Hijo. Esta es la razón de que en la última invocación se diga: *«haz que gustemos de él en la hora de la muerte»*. Haz que todos nosotros podamos recibirte, Cuerpo de Dios, en la hora postrera de nuestra existencia terrena, antes de aparecer en presencia de Dios.

2 de julio

El sacramento de los enfermos

Entendemos que la unción de los enfermos va en beneficio de la persona en su conjunto. Ello se demuestra en los textos litúrgicos de la celebración sacramental: «Que este óleo sea medicina para todos los que quedan ungidos con él: que sean sanados en el cuerpo, el alma y el espíritu, y sean liberados de todo mal».

La unción es, pues, fuente de fuerza tanto para el alma como para el cuerpo.

Entre las enseñanzas tocantes a este sacramento, la Iglesia nos propone la verdad contenida en la epístola de Santiago: «¿Hay algunos enfermo? Llame a los responsables de la comunidad, que recen por él y lo unjan con aceite, invocando al Señor. La oración hecha con fe dará la salud al enfermo y el Señor hará que se levante; si, además, tiene pecados, se le perdonarán» (Sant 5, 14-15).

Al igual que la Verónica socorrió a Cristo en su camino hacia el calvario, también los cristianos se han hecho cargo del deber de auxiliar a los que sufren, como ocasión privilegiada de socorrer al propio Cristo. Debo alabar y bendecir a todos los que trabajan por los enfermos en los hospitales, en las casas y en los centros asistenciales para enfermos graves. Quisiera deciros a vosotros, médicos, enfermeros, capellanes y personal sanitario, que la vuestra es una noble vocación. *Recordad que es a Cristo a quien auxiliáis cuando aliviáis los sufrimientos de vuestros hermanos y hermanas.*

3 de julio

Santo Tomás, apóstol

Todo esto supone en nosotros la fe, una fe viva y, al mismo tiempo, humilde y gozosa. El texto del evangelio que acabamos de escuchar nos recuerda el episodio de la incredulidad de Tomás. Su actitud dubitante nos sirve en cierto modo de ayuda en nuestra indecisión, pues el hecho ocurre con ocasión de una nueva y convincente aparición de Jesús. Tomás cae, finalmente, de rodillas ante El, confesando abiertamente: «¡Señor mío y Dios mío!». Jesús, sin embargo, no alaba la actitud inicial de Tomás, sino que formula, en cambio, una bienaventuranza, dirigida a todos los que iban a existir después, a cada uno de nosotros: «Dichosos todos los que tienen fe sin haber visto». Esta es la clase de fe que nosotros debemos renovar, siguiendo la estela de las incontables generaciones cristianas que a lo largo de dos mil años han confesado a Cristo, Señor invisible, llegando incluso al martirio. Debemos hacer nuestras, como las hicieron suyas antes otros muchos, las palabras de Pedro en su primera Carta: «Vosotros no lo visteis, pero lo amáis; ahora, creyendo en El sin verlo, sentís un gozo indecible». Esta es la auténtica fe: entrega absoluta a cosas que no se ven, pero que son capaces de colmar y ennoblecer toda una vida. También los ideales que profesáis y servís son invisibles. Ahora bien, si, en vez de conceptos abstractos, tales como «deber», «ley» o «servicio», tenéis a Jesucristo, esos mismos ideales tendrán un nombre y conseguiréis así un motivo más para entregaros generosamente al bien de los hombres, vuestros hermanos.

Queridos hermanos, que vuestro encuentro pascual de hoy con Cristo sea para todos vosotros estímulo y viático en vuestro caminar, así como también fuente permanente de energía en vuestro esfuerzo por cumplir adecuadamente las obligaciones correspondientes a vuestro estado y por dar un testimonio profundo de vida cristiana.

4 de julio

Día de la Independencia

Cada nación tiene sus símbolos históricos, bien sean santuarios o estatuas o documentos, pero su auténtico significado reside en las verdades que representan para los ciudadanos de la propia nación y en la imagen que ellos expresan para las otras naciones. Para los Estados Unidos, su símbolo es la estatua de la Libertad.

La libertad, considerada en todas sus facetas, debe estar basada en la verdad. Quiero repetir las palabras de Jesús: «La verdad os hará libres» (Jn 8, 32). Por consiguiente, hago votos para que vuestro sentimiento de libertad vaya siempre de la mano de un profundo sentido de la verdad y de la honestidad para con nosotros mismos y nuestra realidad social. En el mundo contemporáneo, el deseo de libertad, al igual que la búsqueda de la justicia, constituyen una aspiración universal.

La libertad conseguida debe estar ratificada cada día por el rechazo de todo aquello que lesiona, debilita o va en detrimento de la vida humana. Hago una llamada a todos los amantes de la libertad y de la justicia a fin de que den oportunidades reales a los menesterosos, a los pobres y a los indefensos. Romped los míseros reductos de la pobreza y la ignorancia, que esclavizan a tantos hermanos y hermanas; los muros de los prejuicios aún existentes, a pesar del progreso alcanzado en orden a la igualdad en la educación y en el trabajo; los círculos de la desesperanza que aprisionan a los que carecen de alimentos, casa y trabajo; las áreas del subdesarrollo causado por mecanismos internacionales que subordinan la existencia humana al dominio de un mal entendido progreso económico; finalmente, los inhumanos cercos de la guerra, originada por la violación de los derechos fundamentales del hombre y causa, a su vez, de violaciones todavía mayores.

5 de julio

El mundo creado por Dios para el hombre

Nuestro tiempo, el de nuestra generación, en este último período del siglo XX de la era cristiana, aparece como una época de enorme progreso, pero también como un tiempo de multiformes amenazas para el hombre. La Iglesia debe hablar sobre ello a todos los hombres de buena voluntad y dialogar con ellos sobre estos problemas.

La situación del hombre en el mundo contemporáneo, de hecho, parece estar lejos de las exigencias objetivas del orden moral, de los postulados de la justicia y, mucho más, del amor social. No se trata de otra cosa que de lo que se hizo realidad en el primer mensaje del Creador, dirigido al hombre al hacerle entrega de la tierra para que la «dominase». Este primer mensaje fue confirmado después por Cristo Señor en el misterio de la redención. El Concilio Vaticano II tiene unos capítulos bellísimos sobre la «realeza» del hombre, es decir, sobre su vocación a participar en la actividad real, el *munus regale,* de Cristo. El significado esencial de esta «realeza» y de este «dominio» del hombre sobre el mundo visible, encomen-

263

dado a él por el Creador como tarea, consiste en la prioridad de la ética sobre la técnica, en la primacía de la persona sobre las cosas, en la superioridad del espíritu sobre la materia.

6 de julio

Santa María Goretti

María Goretti fue una mártir de la castidad, es decir, de ese específico comportamiento moral virtuoso, tenido siempre en tan alta estima en la historia del cristianismo, a pesar de que en nuestros días, como ocurrió en otras épocas del pasado, se atenta de múltiples modos contra ella, despreciando su valor. Indudablemente, el mensaje que se desprende de la historia de María Goretti no tiene un carácter maniqueo, de desvalorización del cuerpo y de la sexualidad, pues la misma revelación bíblica desarrolla una profunda y sana teología del cuerpo. Se trata, más bien, de un mensaje tocante tanto a la dignidad personal en un plano simplemente humano (la cual rechaza toda vejación y violencia) como a la consagración de las propias energías —también las físicas— al Señor y a la Iglesia, obedeciendo así radicalmente a la ley de Dios. El cristiano no cultiva la castidad o cualquier otra virtud por sí misma, haciendo de ella un fin aislado o un ideal absoluto. «Ya puedo dejarme quemar vivo, que si no tengo amor de nada me sirve». La castidad es un valor nobilísimo si está ordenada a Cristo Señor y se inserta dentro del contexto global de la vida cristiana, a la cual el Espíritu confiere un carácter fundamental e inconfundible, y entre cuyos frutos se cuenta el «dominio de sí mismo», precedido y rodeado por otros muchos.

El mensaje que María Goretti nos ofrece a todos nosotros, y especialmente a los jóvenes y a las jóvenes, es el de cuidar con esmero nuestra propia identidad bautismal e incluir dentro de este marco general, como uno de sus elementos constitutivos, el cultivo activo y delicado de nuestra dignidad integral, no sólo cristiana, sino también simplemente humana, de la que la castidad es una expresión de capital importancia.

7 de julio

En Cristo se recrea el mundo visible

Precisamente en este punto, queridísimos hermanos, hijos e hijas, es preciso dar una respuesta radical y esencial, consistente en el hecho de que la única orientación del espíritu, la única dirección de la inteligencia, de la voluntad y del corazón, es —para nosotros— la que se dirige hacia Cristo, redentor del hombre, hacia Cristo, redentor del mundo. Hacia El dirigimos nuestras miradas, pues solamente en El, Hijo de Dios, hay salvación, haciendo nuestra la aseveración de Pedro: «Señor, ¿a dónde iremos? Tú tienes palabras de vida eterna».

A través de la conciencia de la Iglesia, desarrollada tanto por el Concilio, a través de los diversos grados de dicha conciencia, a través de todas las actividades en que la Iglesia se manifiesta, se identifica y se consolida, debemos constantemente tender hacia *aquel* «que es la cabeza», hacia *aquel* «en virtud del cual existen todas las cosas y nosotros somos por El», hacia *aquel* que es «el camino, la verdad» y «la resurrección y la vida», hacia *aquel,* que, viéndolo, vemos al Padre, hacia *aquel* que debía dejarnos (por su muerte en la cruz y por su ascensión a los cielos) a fin de que viniese a nosotros el Consolador y siga viniendo incesantemente a nosotros como Espíritu de Verdad. En El están «todos los tesoros de la sabiduría y de la ciencia», y la Iglesia es su Cuerpo. La Iglesia es «en Cristo como sacramento, o sea, signo e instrumento de la unión íntima con Dios y de la unidad de todo el género humano». El es la fuente de todo esto. El, el redentor del mundo.

En Jesucristo el mundo visible, creado por Dios para el hombre, que «ha estado sometido a la caducidad» al haberse introducido en él el pecado, recupera de nuevo el vínculo original con la fuente divina de la sabiduría y del amor.

8 de julio

La Iglesia revive incesantemente a Cristo

La Iglesia no cesa de escuchar sus palabras, las relee una y otra vez, reconstruye con toda devoción cualquier detalle de su vida. Tales palabras son escuchadas también por nosotros, los cristianos. Sin embargo, la vida de Cristo habla igualmente a muchos hombres que aún no están dispuestos a decir con Pedro: «Tú eres el Mesías, el Hijo de Dios vivo». Cristo, Hijo de Dios vivo, habla a los hombres también como Hombre: habla su vida entera, su humanidad, su fidelidad a la verdad, su amor universal. Habla, además, su muerte en la cruz, es decir, la inescrutable hondura de sus sufrimientos y su abandono. La Iglesia revive incesantemente su muerte en la cruz y su resurrección, que constituyen el núcleo de su vida cotidiana. Más aún, por mandato de Cristo, su Maestro, la Iglesia celebra sin cesar la Eucaristía, hallando en ésta «la fuente de la vida y de la santidad», el signo eficaz de la gracia y de la reconciliación con Dios, la prenda de la vida eterna.

La Iglesia vive el misterio de Cristo, bebe de El sin descanso y busca continuamente caminos para acercar este misterio de su Maestro y Señor al género humano, a los pueblos, a las naciones, a las sucesivas generaciones, a cada individuo, repitiendo siempre las palabras del apóstol: «Con vosotros decidí ignorarlo todo, excepto a Jesucristo, y a éste, crucificado».

La Iglesia permanece en la esfera del misterio de la redención, convertido verdaderamente en el principio fundamental de su vida y de su misión. Jesucristo es el camino principal de la Iglesia. El es nuestro camino «hacia la casa del Padre».

9 de julio

Cristo, a través de la Iglesia, camino para cada hombre

Jesucristo es también el camino para cada hombre. En este camino que va de Cristo al hombre y donde Cristo se une a cada hombre, nadie puede detener a la Iglesia. Aquí radica la normatividad del bien temporal y del bien eterno del hombre. Cara a Cristo y en razón del misterio constitutivo de la Iglesia, ésta no puede permanecer impasible frente a todo lo que se ordena al auténtico bien del hombre, al igual que no puede quedar indiferente a lo que lo amenaza. El Concilio Vaticano II, en distintos fragmentos de sus documentos, ha manifestado esta solicitud básica de la Iglesia porque «la vida del hombre *esté* más en consonancia con la dignidad eminente del hombre» en todas sus facetas y sea «cada vez más humana». Es la misma solicitud que la de Cristo, el Buen Pastor de todos los hombres. En nombre de tal solicitud, como leemos en la Constitución pastoral del Concilio, «la Iglesia, que por razón de su misión y de su competencia no se confunde en modo alguno con la comunidad política ni está ligada a sistema político alguno, es a la vez signo y salvaguardia del carácter trascendente de la persona humana».

No se trata del hombre «abstracto», sino del real, del hombre «concreto» e «histórico». Se trata de «cada» hombre, pues cada individuo ha sido incluido en el misterio de la redención y con cada uno se ha unido Cristo para siempre, a través de este misterio. Todo hombre viene al mundo tras ser concebido en el seno materno y nacer de la madre; precisamente a raíz del misterio de la redención, es también confiado a la solicitud de la Iglesia.

10 de julio

La vocación cristiana

¿Qué quiere enseñarnos hoy a cada uno de nosotros el divino Maestro? Clara y simplemente, Jesús expresó las *condiciones para ser admitidos en el Reino de los cielos,* indicando diversos aspectos sacados de la vida cotidiana. Jesús propuso una concepción nueva de la vida. En las primeras frases introductorias del sermón de la Montaña, Jesús enunció el motivo fundamental del tiempo nuevo que había venido a proclamar.

El nuevo espíritu es el de la mansedumbre, la generosidad, la sencillez y, sobre todo, la sinceridad. Evitar el engreimiento, la crítica, la búsqueda del bien puramente egoísta. Los discípulos del Reino nuevo han de buscar la felicidad incluso en la pobreza, en las privaciones, en el dolor y en la opresión. Buscar el Reino presupone un cambio radical de mentalidad, de conducta, de forma de relacionarse con los demás. Así como la Ley fue revelada a Moisés en el monte Sinaí, de igual modo en el *Sermón de la Montaña* Jesús, el nuevo Legislador, ofrece a toda la humanidad un nuevo modelo de vida, una *declaración fundamental de la vida cristiana.*

La paternidad amorosa de Dios penetra todas y cada una de las palabras de Jesús. A lo largo del Sermón, éste exhorta a sus oyentes a responder al Padre, a darle una respuesta de amor filial. Todo aquel que está imbuido de este espíritu nuevo es hijo de Dios.

Es el «Espíritu que os hace hijos» y que permite gritar: «¡Abba! ¡Padre!» (Rm 8, 14-15). El fundamento del tiempo nuevo será el amor. Así lo dirá también Jesús en otra ocasión: «Uno que me ama hará caso de mi mensaje, mi Padre lo amará y los dos nos vendremos con El y viviremos con El» (Jn 14, 23).

11 de julio

San Benito de Norcia

Dotado de una fina sensibilidad humana, San Benito tuvo especialmente presente en su proyecto de reforma de la sociedad al hombre, teniendo en cuenta tres líneas maestras:

— el valor del individuo como persona;
— la dignidad del trabajo, como servicio de Dios y de los hermanos;
— la necesidad de la contemplación, es decir, de la oración: habiendo comprendido que Dios es lo Absoluto y que vivimos en lo Absoluto, la oración ha de ser el alma de todas las cosas: «Ut in omnibus glorificetur Deus».

En resumen, pues, se puede decir que el mensaje de San Benito es una llamada a la interioridad. El hombre debe antes de nada entrar dentro de sí mismo, debe conocerse profundamente, ha de descubrir en sí mismo el anhelo de Dios y las huellas de lo Absoluto. El carácter teocéntrico y litúrgico de la reforma social emprendida por San Benito parece subrayar las famosas exhortaciones de San Agustín: «Noli foras ire, teipsum redi; in interiore homine habitat veritas». San Gregorio, en sus célebres «Diálogos», donde narra la vida de San Benito, escribe que éste «vivió solo consigo mismo bajo la mirada de quien nos contempla desde lo alto; solus superni spectatoris oculis habitavit secum».

Escuchemos la voz de San Benito: de la soledad interior, del silencio contemplativo, del triunfo sobre el fragor del mundo exterior, de este «vivir con uno mismo», nace el diálogo interior, el diálogo con Dios, que transporta hasta las cumbres de la ascética y de la mística.

12 de julio

San Benito, padre de Europa

En nuestra época, que con tanta ansia y conmoción vivimos, podemos detectar una tendencia cada vez mayor a la unidad entre los hombres, una necesidad —en el plano personal y en el comunitario— de un mejor conocimiento recíproco. Hoy, en lo que respecta a Europa, ésta está realizando su unidad, no sólo económica, sino también social y política, respetando al mismo tiempo las peculiaridades de cada nacionalidad integrante. Muchos y delicados problemas han de ser afrontados y resueltos para ello, desde el cultural y educativo hasta el jurídico y el económico. A la sombra de San Benito, proclamado por Pío XII «Padre de Europa» y declarado por Pablo VI Patrón celeste de la misma, los tiempos llevan a una comprensión mutua cada vez más honda, capaz de vencer y superar las desigualdades sociales, la indiferencia egoísta, la prepotencia y la intolerancia.

¿No es éste acaso el mensaje de la fe cristiana? La fe cristiana es el alma y el espíritu de Europa y nos invita a ser apacibles, pacientes, misericordiosos, fomentadores de la paz, limpios de corazón, pobres de espíritu, hambrientos y sedientos de justicia.

La voz de San Benito se funde en una sola con la voz de los tiempos. El programa de vida para Europa se identifica con las bienaventuranzas.

Queremos rogar aquí por la paz de Cristo. Al contemplar el movimiento actual hacia la unidad progresiva de los pueblos europeos, esperamos también que suponga una

270

conciencia más profunda de sus raíces (raíces espirituales, raíces cristianas), que lleven a construir una casa común, unos cimientos más sólidos. No basta un fundamento superficial. Pues bien, esos cimientos más hondos han de ser siempre «espirituales».

Que María nos ayude a que todos nos pongamos de acuerdo en la unión de Europa y del mundo entero, bajo el único sol que es Cristo.

13 de julio

El Papa en Castelgandolfo

Parece que estáis contentos de verme. Esto quiere decir que Castelgandolfo no está superpoblado y que aquí hay siempre sitio para otro ciudadano. *Deo gratias.* También yo estoy francamente contento de volver a estar con vosotros, esta vez por un período más largo. En el curso de este año he venido ya aquí en otras ocasiones, si bien casi de paso. Esta vez, en cambio, voy a ser prácticamente un paisano vuestro y, por tanto, también en cierto modo diocesano de la diócesis de Albano, cuyo obispo está aquí, a mi lado, y miembro de vuestra parroquia. Quisiera que mis semanas vacacionales que voy a pasar entre vosotros transcurriesen en este clima. Es de esperar que, sobre todo los domingos, vengan otras gentes para el rezo del «Angelus», como ocurrió ya el año pasado. He de confesaros que esta vez vengo aquí aún un tanto «brasiliero», por lo que tendréis que ayudarme a ponerme de nuevo a tono con el idioma italiano. Confío en que me seréis de gran ayuda para ello, pues opino que Castelgandolfo es el lugar ideal para realizar este aprendizaje. Por lo que a mí respecta, os prometo una cierta internacionalización de Castelgandolfo durante las vacaciones. Todos los fieles procedentes de otros países que se acerquen a esta localidad deben sentirse como en su propia casa; por

271

ello, creo que con el permiso de las autoridades locales, del señor alcalde, podremos proclamar a Castelgandolfo «ciudad abierta».

Así, los irlandeses venidos hoy hasta aquí podrán pensar que están en Galway; las religiosas españolas presentes, que están en España; los franceses, en Chartres o en París; y de igual forma todos los demás: como si estuviesen en su casa. Es decir, trataremos de encontrarnos todos a gusto juntos, bajo la protección de la Virgen venerada en este pueblo.

14 de julio

La familia es insustituible

Como sucedió en Nazaret, también en cada familia se hace presente Dios y se introduce en la vida de cada día. La familia, unión del hombre y de la mujer, se ordena por su propia naturaleza a la procreación de nuevos seres humanos, los cuales recibirán a lo largo de su existencia un diligente apoyo educativo, no solamente en su desarrollo físico, sino sobre todo en el espiritual y moral. La familia es, por tanto, el lugar privilegiado, el santuario donde se desarrolla todo el vasto e íntimo mundo vivencial de cada persona, irrepetible en sí misma. Sobre la familia recae una serie de deberes fundamentales, cuyo generoso ejercicio enriquece no poco sin duda a los propios responsables principales de la familia, haciendo de ellos colaboradores de Dios en la formación de nuevos seres humanos.

Por esta razón, es insustituible la familia y hay que defenderla —como tal— con toda energía. Hay que hacer todo lo posible para que nada reemplace a la familia. Como motivo de ello no sólo está el bien «privado» de cada persona individual, sino también el bien común de la sociedad, la nación y el Estado. La familia está situada

272

en el punto central del bien común, en sus diferentes dimensiones, precisamente porque en su seno se concibe y nace el hombre. Hemos de hacer todo lo que esté en nuestras manos para que el nuevo ser humano, desde el primer instante, desde el momento mismo de su concepción, sea un ser deseado, esperado, vivido como un valor específico, único e irrepetible. Debe sentir que es importante, útil, estimado y de gran valor, aunque sea inválido o minusválido (en estos casos, y precisamente por ello, aún merece mayor estima).

15 de julio

El descanso de las vacaciones veraniegas

«Abre, Señor, nuestros corazones para que escuchemos atentamente las palabras de tu Hijo».

Esta plegaria conserva su vigencia, al igual que siguen moviéndonos a la reflexión Marta y María, y lo que Cristo les dijo a ellas y acerca de ellas. Hoy deseo muy especialmente pronunciar esta plegaria pensando en todos los que ahora y a lo largo del verano (a lo largo de las vacaciones) están gozando de su descanso tanto en Italia como en los demás países. Descansar significa dejar las ocupaciones cotidianas, alejarse de las cuitas normales de cada jornada, de cada semana, de todo el año. Dejar y alejarse de todo lo que, en principio, podría simbolizar «Marta». Es importante que el descanso no sea andar de vacío, que no esté vacío (en tal caso, no sería un auténtico descanso). Es importante, por el contrario, que el descanso se llene con el encuentro.

Estoy pensando, concretamente, en el encuentro con la naturaleza, con la montaña, con el mar y con los bosques. El hombre en contacto consciente con la naturaleza recupera la quietud y la calma interior. Pero el descanso no se agota en esta dimensión. Hay que llenarlo además

de un contenido nuevo, con el contenido que simboliza
«María». María significa el encuentro con Cristo, el
encuentro con Dios. Significa abrir la mirada interior a la
palabra de su verdad, y esto corresponde especialmente a
los muchachos y muchachas que, exonerados de sus
tareas escolares o universitarias, se dedican a viajar en
este tiempo, conocen otros mundos y otras gentes o participan en colonias y campamentos veraniegos.

Sé también que para algunos de ellos el tiempo de vacaciones de verano es al mismo tiempo un período dedicado a un encuentro especial con el Señor en comunidades fraternas, que congregan a muchos jóvenes de su
edad. ¡Cuán preciosas resultan entonces las vacaciones!

16 de julio

La vocación cristiana personal

Es esencial para nosotros comprender que Jesús nos ha
encomendado a cada uno una misión específica en la
vida. Hemos sido elegidos uno a uno, llamados por nuestro nombre, por Jesús. Ninguno de nosotros puede afirmar que no tiene una vocación divina. Recordemos lo
que Pablo nos acaba de decir en su carta a los Efesios:
«Cada uno hemos recibido el don en la medida en que
Cristo nos lo dio... Fue El quien dio a unos como apóstoles, a otros como profetas, a otros como evangelistas, a
otros como pastores y maestros, con el fin de equipar a
los consagrados para la tarea del servicio» (Ef 4, 7.
11-12).

Ante todo y sobre todo, Dios nos ha llamado a la existencia. Nos ha llamado a que vivamos. Nos ha llamado, por
medio de su Hijo Jesucristo, a un conocimiento de nuestro Padre amoroso. Nos ha llamado a ser sus hijos. Nos
ha llamado a que llevemos a cabo su proyecto eterno en
cada una de nuestras vidas, bajo la guía de Jesús. Nos ha

llamado a ser herederos, con Jesús, de su Reino celeste. Dios Padre nos ofrece a través de su Hijo una *vida nueva como verdaderos hijos suyos, con nuestro hermano Jesús:* una apremiante llamada a vivir, amar y cooperar en la venida de su Reino. Aunque nos sintamos titubeantes y desorientados, Jesús se ofrece a sí mismo como guía, y nos dice: «Sígueme» (Lc 9, 59).

17 de julio

Soledad y silencio, alimentos de la vida espiritual

Todos sabéis que Jesús, antes de iniciar su vida pública, se retiró a orar durante cuarenta días en el desierto. Intentad también vosotros hacer en vuestra vida *un poco de silencio* para poder pensar, meditar, rezar con mayor fervor y tomar decisiones con mayor entereza.

Resulta difícil en esta época crear «zonas de desierto y de silencio», inmersos como estamos en el trajín de nuestras ocupaciones, en el bullicio de los acontecimientos, en el reclamo de los medios de comunicación, por lo que encontramos no pocos obstáculos para la paz interior y los pensamientos supremos que deben caracterizar la existencia del hombre. Es difícil, sí, pero también es posible e importante lograrlo.

Reservad algo de vuestro tiempo, especialmente al acabar la jornada, para rezar, para meditar, para leer una página del Evangelio o un episodio de la biografía de un santo; cread en vosotros una zona de desierto y de silencio, tan necesaria para la vida espiritual. Y si os es posible, participad en los retiros y ejercicios espirituales que organizan en vuestras diócesis y parroquias. Además de la valía del recogimiento, Jesús inculca también la necesidad de *esforzarse por vencer el mal.* Por los relatos evangélicos sabemos que Jesús mismo quiso someterse a la tentación, a fin de que quedase patente su realidad y enseñarnos así la estrategia para hacerla frente y triunfar sobre ella. Ser cristiano significa aceptar la realidad de la vida y emprender la lucha necesaria contra el mal, tal como nos ha enseñado el divino Maestro. Os exhorto a que seáis ahora y siempre valerosos, sin dejaros desorientar en las adversidades, confiando siempre en aquel que es nuestro amigo y nuestro redentor, vigilando y orando para mantener incólume vuestra fe y viva vuestra «gracia».

18 de julio

La oración descubre la presencia de Dios en nuestro interior

Orar es tan importante que Jesús mismo nos dice: «Pedid en todo momento» (Lc 21, 36). Quiere que recemos para obtener luz y fuerza. Quiere que nos dirijamos a su Padre, como Él lo hizo. El Evangelio nos cuenta que Jesús se pasó la noche orando a Dios antes de elegir a sus apóstoles (cfr. ibíd. 6, 12). Más tarde, en su Pasión, en el momento culminante de su sufrimiento, Cristo «se puso a orar con más insistencia» (ibíd. 22, 44).

Jesús no sólo nos ha dado ejemplo de oración, sino que, de hecho, *nos ha enseñado cómo orar*. En una de las escenas más bellas del Evangelio, vemos cómo Jesús enseña a rezar a los discípulos que le rodeaban: «Padre nuestro, que estás en los cielos, santificado sea tu nombre; venga tu reino; hágase tu voluntad en la tierra como en el cielo». Jesús instruía así a sus discípulos sobre la estima que merece la alabanza de Dios: la importancia del nombre de Dios, de su Reino y de su voluntad. Al mismo tiempo, les recomendaba pedir el pan, el perdón y la ayuda en las dificultades. «Nuestro pan del mañana dánoslo hoy, perdónanos nuestras deudas, que también nosotros perdonamos a nuestros deudores, y no nos dejes caer en la prueba, sino líbranos del mal» (cfr. Mt 6, 9-13; Lc 11, 2-4). Mis queridos jóvenes, Jesús nos conduce al Padre a través de la oración. En ella transforma el Espíritu Santo nuestras vidas. En ella llegamos a conocer a Dios, a descubrir su presencia en nuestra alma, a escuchar su voz a través de nuestra conciencia, a valorar el don que El nos hace de la responsabilidad personal por nuestra vida y nuestro mundo.

Por medio de la oración nos hacemos capaces de *percibir más límpidamente la persona de Jesús* y asumir plenamente sus enseñanzas en nuestra vida.

19 de julio

La oración transforma nuestra vida

La oración transforma nuestra vida personal y la vida del mundo. Cuando vosotros, jóvenes, salís al encuentro de Cristo en la oración, cuando os ponéis en contacto con el Evangelio y meditáis sobre él, situando bajo su luz vuestras esperanzas y proyectos de futuro, *entonces todo se hace nuevo.* Todo resulta diferente cuando empezáis a examinar en la oración los hechos cotidianos según la escala de valores que Jesús os ha enseñado. Estos valores están formulados en las bienaventuranzas: «Dichosos los que prestan ayuda, porque ésos van a recibir ayuda. Dichosos los limpios de corazón, porque ésos van a ver a Dios. Dichosos los que trabajan por la paz, porque a ésos los va a llamar Dios hijos suyos» (Mt 5, 7-9).

En la oración, unidos a Jesús —vuestro hermano, vuestro amigo, vuestro salvador, vuestro Dios—, empezáis a respirar un aire nuevo. Creáis nuevos objetivos, nuevos ideales. Sí, en Cristo comenzáis a comprenderos más plenamente a vosotros mismos, como subraya el Concilio Vaticano II, al declarar: «En realidad, el misterio del hombre sólo se esclarece en el misterio del Verbo encarnado» (*Gaudium et Spes*, 22). En otras palabras, Cristo no sólo revela Dios al hombre, sino que también revela el hombre a sí mismo. En Cristo captamos el misterio de nuestra propia humanidad.

Pero esto no es todo. A través de la oración llegáis *a experimentar la verdad que Jesús ha enseñado:* «Las palabras que yo os he dicho son espíritu y vida» (Jn 6, 63). Encontrando a Jesús en la oración, vuestras aspiraciones de justicia y vuestras aspiraciones de paz se hacen más definidas y tienden a ser realizadas en la práctica. Manteniéndoos en contacto con el Príncipe de la paz, percibís la radical oposición existente entre su mensaje y la violencia y el terrorismo, el odio y la guerra. En El experimentáis el significado pleno de una relación interpersonal basada en el amor generoso. Cristo os ofrece una amistad que no desilusiona, una fidelidad que no tiene parangón.

20 de julio

La oración ayuda a interpretar los «signos de los tiempos»

Gracias a la oración, especialmente uniéndoos a Jesús en la comunión eucarística, podréis comprender un buen número de cosas sobre este mundo, en sí mismo y en su relación con Jesús, y seréis capaces de detectar correctamente qué realidades han de interpretarse como «signos de los tiempos». Sobre todo, tendréis algo que ofrecer a los que se acerquen a vosotros en petición de ayuda. Gracias a la oración, tendréis a Cristo y podréis comunicarlo a los demás. Esta es la mayor aportación que podéis dar en vuestra vida: *comunicar a Cristo al mundo.*

Gracias a la oración obtendréis la fuerza para resistir al espíritu del mundo. Obtendréis la capacidad de mostrar compasión por cualquier ser humano, como hizo también Jesús. Gracias a la oración entraréis a *formar parte de la historia de la salvación,* concretamente aquella que corresponde a vuestra generación.

Gracias a la oración, podréis penetrar en el corazón de Jesús y comprender sus sentimientos para con la Iglesia. Recurriendo al Salterio, ese libro de oración utilizado por Jesús, podréis repetir, bajo la acción del Espíritu Santo, la oración de alabanza y de acción de gracias ofrecida a Dios por su pueblo a lo largo de los siglos. En todos los hechos de vuestra vida comprobaréis que Jesús está con vosotros: está a vuestro lado en la oración. La oración llevará alegría a vuestras vidas y os ayudará a vencer los obstáculos que se oponen a una vida cristiana.

Cuando os aproximáis a Jesús en la oración —y, a través de El, al Padre—, obtendréis siempre inspiración en María, su Madre. Junto con todas las generaciones de discípulos, aprenderéis a orar con ella, a esperar en su compañía la acción del Espíritu Santo en vuestra vida (cfr. Hch 1, 14).

21 de julio

La pureza es vida según el Espíritu

«Sabéis muy bien que vuestro cuerpo es templo del Espíritu Santo, que está en vosotros porque Dios os lo ha dado. No os pertenecéis, os han comprado pagando» (1 Cor 6, 19-20).

«¿Se os ha olvidado que sois miembros de Cristo?» (ibíd. 6, 15).

El apóstol expone el misterio de la «redención del cuerpo», realizada por Cristo, fuente de un deber moral particular que compromete a los cristianos a la pureza, a esa pureza que en otro lugar Pablo define como exigencia de «controlar su propio cuerpo santa y respetuosamente»

(1 Ts 4, 4). Si bien este mantenimiento del propio cuerpo «santa y respetuosamente» se realiza —ineludiblemente— *apartándose del «libertinaje»*, fructifica siempre en la experiencia de ese amor inscrito «desde el principio», y a imagen y semejanza de Dios, en todo ser humano y, por consiguiente, también en nuestro cuerpo. De aquí las palabras de San Pablo: «Glorificad a Dios con vuestro cuerpo» (1 Cor 6, 20). La pureza, virtud o facultad de «controlar el propio cuerpo santa y respetuosamente», vinculada con el don de la piedad, en cuanto fruto del hecho de que el Espíritu Santo mora en el «templo» del cuerpo, hace realidad en éste una tal plenitud de dignidad dentro de las relaciones interpersonales que *Dios mismo resulta glorificado.* La pureza es gloria del cuerpo humano ante los ojos de Dios. Es la gloria de Dios en el cuerpo humano, a través del cual se manifiesta la masculinidad y la femineidad.

De la pureza irradia una singular belleza que baña todos los ámbitos de la convivencia mutua entre los seres humanos y permite manifestar la sencillez y la profundidad, la cordialidad y la autenticidad irrepetible de la entrega personal.

22 de julio

La promulgación del nuevo Código de Derecho Canónico

El Código de Derecho Canónico es absolutamente necesario, ya que la Iglesia, en cuanto realidad visible, necesita también normas, a fin de que su estructura jerárquica y orgánica resulte visible; a fin de organizar adecuadamente las funciones que Dios ha encomendado a su Iglesia, en especial las de su sagrada autoridad y la administración de los sacramentos; a fin de poder regular las multiformes relaciones entre los fieles sobre una base justa, basada en la caridad, y garantizar y delimitar con esmero los derechos individuales finalmente, para conservar, fortalecer y promover mediante las normas canónicas las iniciativas comunes, dirigidas a una vida cristiana cada vez más perfecta.

Por último, las leyes canónicas, por su propia naturaleza, han de ser observadas. Se ha puesto sumo cuidado en que, a lo largo de la dilatada elaboración del Código, la expresión de las normas fuese la más adecuada posible y en que éstas estuviesen basadas en un sólido fundamento jurídico, canónico y teológico.

Confiado, pues, en el auxilio de la gracia divina, alentado por la autoridad de los santos apóstoles Pedro y Pablo, consciente del acto que llevo a cabo, recogiendo las oraciones de los obispos de todo el mundo que con espíritu colegial han colaborado conmigo, con la suprema autoridad de que he sido investido, por medio de esta Constitución, cuya validez establezco de ahora en adelante, promulgo el presente Código, tal como ha sido ordenado y revisado. Ordeno que en el futuro tenga fuerza de ley para toda la Iglesia latina y encomiendo su observancia a la custodia vigilante de todos aquellos a quienes corresponde esta función.

23 de julio

La cruz de Cristo, ejemplo de obediencia

«Jesucristo se abajó, obedeciendo hasta la muerte y muerte en cruz» (Flp 2, 8). Se abajó, se hizo obediente. Palabras estas que parecen pasadas de moda hoy, cuando existe una oposición sistemática a la obediencia, considerada una humillación de la propia personalidad, un rebajamiento de la inteligencia y de la voluntad, una abdicación de la propia dignidad humana, y se predica, en cambio, la autonomía, la protesta, la rebelión.

Sin embargo, Jesús nos ha dado *ejemplo de obediencia* hasta la muerte en la cruz. Todos los santos han pasado por la prueba de la obediencia, en algunos casos incluso heroica: por ejemplo, María Santísima y San José, los cuales no hicieron otra cosa que acatar la voz de Dios que los llamaba a una misión, sublime sin duda, pero también desconcertante y misteriosa.

¿Por qué debéis obedecer? En primer lugar, porque la obediencia es necesaria en el marco general de la providencia: Dios no nos ha creado al azar, sino en orden a un fin claro y preciso: su historia eterna y nuestra felicidad. Todos los que tienen responsabilidades sobre nosotros deben, en nombre de Dios, ayudarnos a alcanzar el objetivo querido por el Creador. Por otro lado, la obediencia exterior enseña también a acatar la ley interior de la conciencia, es decir, la voluntad de Dios, expresada en la ley moral.

¿Y cómo se debe obedecer? Con amor y también con santa valentía, aun sabiendo que casi siempre la obediencia es difícil, cuesta sacrificio, exige nuestro esfuerzo, que —en algunos casos— puede incluso llegar a ser heroico. Debemos mirar a Cristo crucificado. Hemos de obedecer con confianza, convencidos de que nunca nos faltará la gracia de Dios y nuestra alma se sentirá luego colmada de una inmensa alegría interior. El esfuerzo de la obediencia viene recompensado con un permanente gozo interior.

24 de julio

La «nueva criatura», fruto de la redención

El fruto de la redención es la «nueva criatura». La redención es una «nueva creación». ¿Por qué «nueva»? Porque, a causa del pecado, el hombre cayó de su «justicia original», rompió la alianza con Dios y, como consecuencia, causó la desintegración interior y la incapacidad de realizar la comunión con los demás en la verdad del don de sí mismo. Nunca se reflexionará lo suficiente sobre esta destrucción llevada a cabo por el pecado. Estamos celebrando este Año Santo extraordinario para profundizar en nuestra conciencia del pecado, punto de partida indispensable para participar personalmente en el misterio de la redención.

La redención de Cristo ha devuelto al hombre «a la dignidad de su primer origen», como dice la liturgia. Dios, en Cristo, ha recreado al hombre, al igual que Cristo es el segundo y verdadero Adán, del que se origina la nueva humanidad: «Por consiguiente, donde hay un cristiano, hay humanidad nueva; lo viejo ha pasado; mirad, existe algo nuevo» (2 Cor 5, 17). Se trata de un cambio en el ser mismo de la persona humana redimida. «Os despojasteis del hombre que erais antes y de su manera de obrar, y os vestisteis de ese hombre nuevo que el conocimiento se va renovando a imagen de su Creador» (Col 3, 9). Estas últimas palabras de San Pablo remiten —como ya habréis notado— al texto del Génesis que relata la creación del hombre a imagen de Dios.

La nueva creación que es la redención renueva al hombre, devolviéndole la plenitud de su ser más profundo, reintegrándolo en su verdad: *ser él mismo,* es decir, *imagen de Dios.*

Damos gracias al Padre de nuestro Señor Jesucristo por habernos creado tan admirablemente y habernos recreado más admirablemente aún.

25 de julio

Santiago, apóstol

Depositado en el mausoleo de vuestra catedral, conserváis el recuerdo de un amigo de Jesús, de uno de sus discípulos predilectos, el primer apóstol que dio testimonio del evangelio con su sangre: Santiago el Mayor, él hizo de Zebedeo.

Santiago era hermano de Juan Evangelista. Ambos fueron los dos discípulos a los que —en uno de los más importantes diálogos relatados por el Evangelio— Jesús hizo la famosa pregunta: «¿Podéis beber del cáliz que yo he de beber?». Y ellos respondieron: «Podemos». Era la palabra de la disponibilidad, de la fuerza; una actitud propia no sólo de gente joven, sino de todos los cristianos, y especialmente de todos los que aceptan ser apóstoles del Evangelio.

Jesús acepta la generosa respuesta de los dos discípulos y les dice: «Beberéis de mi cáliz».

Estas palabras se cumplieron en Santiago, hijo de Zebedeo, el cual dio testimonio con su sangre de la resurrección de Cristo en Jerusalén... Santiago el Mayor llevó a término su *vocación de servicio* en el Reino instituido por el Señor, entregando, como su divino Maestro, «la vida para el rescate de todos». Aquí, en Compostela, conservamos un testimonio de ello. Un testimonio de la fe que, a lo largo de los siglos, generaciones enteras de peregrinos han deseado «tocar» con sus manos o «besar» con sus labios, viniendo hasta la catedral de Santiago cristianos procedentes de todos los países europeos y del Oriente. Así, sigue en pie en Compostela el testimonio apostólico y se hace realidad el diálogo entre las distintas generaciones, a través del cual crece la fe, la auténtica fe de la Iglesia, la fe en Jesucristo, hijo de Dios hecho hombre, muerto y resucitado para salvarnos. El, lleno de misericordia, es el redentor del hombre. Una fe que se traduce en un estilo de vida en consonancia con el Evangelio, o, por decirlo así, un estilo de vida reflejado en las bienaventuranzas, que se manifiesta en el amor como realidad clave de la existencia humana y que potencia los valores de la persona, con el fin de introducirla en la solución de los problemas humanos de nuestro tiempo.

284

Santa Ana, Madre de la Virgen María

La figura de Santa Ana está asociada con la casa paterna de María, madre de Cristo. Allí vino al mundo María, haciendo realidad en sí misma el misterio extraordinario de su Inmaculada Concepción. Allí estuvo rodeada del amor y de la solicitud de sus padres. Joaquín y Ana. Allí «aprendió» de su madre, Santa Ana, cómo ser madre. Y aunque, desde el punto de vista humano, hubiese renunciado a la maternidad, el Padre celestial, aceptando su entrega absoluta, la recompensó con la maternidad más perfecta y más santa. Cristo, desde la cruz, transfirió en cierto sentido la maternidad de su madre a su discípulo preferido, haciéndola extensiva igualmente a toda la Iglesia, a todos los hombres. De ahí que, cuando, como «herederos de la promesa divina», estamos situados bajo el rayo de su maternidad y sentimos su profundidad y plenitud, hemos de pensar que fue precisamente Santa Ana la primera en enseñar a María, su hija, cómo ser madre.

«Anna», en hebreo, significa «Dios (sujeto implícito) ha otorgado gracia». Al reflexionar sobre el significado del nombre de Santa Ana, San Juan Damasceno exclamaba: «Ya que debía ocurrir que la Virgen, madre de Dios, naciese de Ana, la naturaleza no osó anteponerse al germen de la gracia, sino que quedó sin fruto, a fin de que la gracia produjese el suyo. En efecto, debía nacer la primogénita de la que más tarde nacería el primogénito de toda criatura».

Todos unidos, elevemos a ella nuestros corazones y, por su mediación, digamos a María, hija y madre:

Muéstrate madre para todos,
ofrece nuestra oración,
que Cristo la acepte benigno,
El, que se ha hecho hijo tuyo.

San Joaquín y Santa Ana, dos santos esposos

Santa Ana y San Joaquín fueron en su tiempo miembros del pueblo nacido de la fe de Abrahán y formado por Moisés, que el relato del Exodo describe como sediento de conocer la faz de Dios, actitud ésta que es propia de la oración y de la contemplación, en las que vuestro Centro quiere formaros.

Imagino, como probablemente también vosotros, que este pasaje nutrió a menudo las meditaciones de Teresa de Jesús y de Juan de la Cruz, tan queridos por vuestro corazón y por el mío. El evangelio de hoy nos recuerda con realismo que la humanidad está siempre y simultáneamente marcada por los signos de la santidad y los focos de pecado. La humanidad está siempre necesitada de redención.

Queridos cristianos, jóvenes y adultos, lo esencial estriba precisamente en que dentro de este mundo, tal cual es, los discípulos del Señor, continuamente purificados, iluminados y reconfortados por el contacto frecuente con Dios, en un clima de ternura y de piedad, sean *canales de la acción salvífica de Dios.*

Ana y Joaquín fueron, dentro de su tiempo y de sus circunstancias históricas concretas, un eslabón precioso del proyecto divino de salvación de la humanidad. Todos nosotros, y sobre todo vosotros, los jóvenes, podemos hacernos servidores humildes y valerosos, sencillos y generosos, de la Iglesia de Cristo, la cual es precisamente el sacramento de la salvación.

Que vuestro servicio se caracterice siempre por su vinculación regular y confiada con los pastores de las iglesias locales. Cristo, cuya vida, muerte y resurrección se actualizan en la celebración eucarística, os dé la gracia de cooperar generosamente en la realización de su gran obra redentora. Amén.

28 de julio

Cristo ha venido a traer alegría

Me presento a vosotros como un siervo de Jesucristo y de El quiero hablaros ahora. Cristo ha venido a traer alegría: alegría a los niños, alegría a los padres, alegría a las familias y los amigos, alegría a los trabajadores y los estudiantes, alegría a los enfermos y los ancianos, alegría a toda la humanidad. En su auténtico significado, la alegría es el rasgo característico del mensaje cristiano y un tema fundamental del Evangelio. Recordad las palabras de saludo del ángel a María: «Alégrate, favorecida, el Señor está contigo» (Lc 1, 28). Y con motivo del nacimiento de Jesús, los ángeles anunciaron a los pastores: «Tranquilizaos, mirad que os traigo una buena noticia, una gran alegría, que lo será para todo el pueblo» (ibíd. 2, 10). Años más tarde, cuando Jesús entró en Jerusalén a lomos de un borrico, «los discípulos en masa, entusiasmados, se pusieron a alabar a Dios a gritos... *Bendito el que viene como rey en nombre del Señor*» (ibíd. 19, 37-38). Sabemos que algunos fariseos que estaban entre la gente decían: «Maestro, reprende a tus discípulos». El replicó: «Os digo que si éstos se callan gritarán las piedras» (ibíd. 19, 39-40).

¿No siguen siendo verdaderas hoy estas palabras de Jesús? Si nos callásemos la alegría que produce conocer a Jesús, gritarían las piedras de nuestra ciudad. Somos el pueblo de la Pascua y nuestra canción es el «Aleluya». Os digo con San Pablo: «Como cristianos, estad siempre alegres; os lo repito, estad alegres» (Flp 4, 4).

Estad siempre alegres, pues El es el Señor de nuestra vida.

Santa Marta

Marta y María. Estas dos hermanas han representado en la historia de la espiritualidad cristiana paradigmas de la acción y de la contemplación, respectivamente. Marta está siempre atareada con las labores de la casa, mientras que María, sentada a los pies de Jesús, escucha sus palabras. Dos lecciones podemos sacar de este texto evangélico.

En primer lugar, fijémonos en la frase final de Jesús: «María ha escogido la mejor parte, y ésa no se le quitará». Con ello Jesús resalta el valor fundamental e insustituible para nuestra existencia de la escucha de la palabra de Dios: ella debe constituir nuestro constante punto de referencia, nuestra luz y nuestra fuerza. Ahora bien, hay que escucharla. Es preciso crear silencio, configurar ámbitos de soledad o, más exactamente, de encuentro personal e íntimo con el Señor.

Es preciso saber contemplar. Por desgracia, nuestra vida cotidiana corre el peligro e incluso está de hecho inmersa, más o menos abiertamente, en una especie de contaminación interior. El contacto creyente con la Palabra del Señor, sin embargo, nos purifica, nos eleva y nos devuelve la energía.

La segunda lección a sacar es que nunca debemos considerar incompatibles la acción y la contemplación. En efecto, según cuenta el Evangelio, fue «Marta», y no María, la que recibió a Jesús «en su casa». Ambas dimensiones son conciliables: el episodio en que Abrahán recibe en su casa a los tres misteriosos personajes enviados por el Señor, que, según una antigua interpretación, representan incluso a la Santísima Trinidad, nos enseña que con nuestras ocupaciones cotidianas más nimias también podemos servir al Señor y estar en contacto con él. «Ora y trabaja» Ora et labora. Estas dos palabras implican todo un programa; no una contradicción, sino una síntesis; no una oposición, sino una fusión entre dos elementos igualmente importantes.

30 de julio

San Leopoldo Mandic, «el confesor»

Leopoldo Mandic fue en su época un heroico siervo de la reconciliación y de la penitencia.

San Leopoldo no nos ha legado obras teológicas o literarias, no fascinó por su cultura, no fundó ninguna obra social. Para todos los que lo conocieron fue más que nada un humilde fraile, diminuto y enfermizo.

Su grandeza reside en otro ámbito: en su *inmolación* día a día, a lo largo de toda su vida sacerdotal, que duró cincuenta y dos años, en el silencio, en el recogimiento, en la *humildad de un confesionario:* «el buen pastor da la vida por su rebaño».

Fray Leopoldo siempre estaba allí, dispuesto y risueño, prudente y modesto, confidente discreto y padre fiel de las almas, maestro respetuoso y consejero espiritual comprensivo y paciente.

Si hubiera que sintetizar su vida con una sola palabra, como durante su vida lo hicieron sus penitentes y hermanos de religión, tal palabra sería «confesor». El sabía solamente «confesar».

Pues bien, precisamente aquí radica su grandeza. En su ocultamiento, para que apareciese en primer término el verdadero Pastor de las almas. El padre Leopoldo fue un sacerdote que no podía predicar debido a un defecto de pronunciación. Fue un sacerdote que deseó ardientemente dedicarse a las misiones y hasta el último día estuvo a la espera del día de su partida, pero nunca vio logrado su sueño, pues su salud era muy frágil. Fue un sacerdote con un espíritu ecuménico tan grande que se ofreció como víctima al Señor, en el transcurso cotidiano, con el fin de conseguir la plena unidad entre la Iglesia latina y las Iglesias orientales separadas, y que volviese a haber «un solo rebaño y un solo pastor». Esa vocación ecuménica la vivió fray Leopoldo de una forma completamente oculta: «Seré misionero aquí, en la obediencia y en el ejercicio de mi ministerio». Y dijo además: «Toda alma que solicite mi ministerio constituirá mi Oriente».

31 de julio

San Ignacio de Loyola

Un hijo de la Iglesia a quien se puede admirar con gusto y legítimo orgullo... Al hablar de San Ignacio en Loyola, cuna y lugar de su conversión, acuden espontáneamente a la memoria los ejercicio espirituales, un método acrisolado de eficaz aproximación a Dios, así como también la Compañía de Jesús, esparcida por todo el mundo, y todos los frutos que ha recogido y continúa recogiendo por la causa del Evangelio.

Ignacio supo obedecer cuando, en pleno restablecimiento de sus heridas, la voz de Dios resonó con fuerza en su corazón. Fue sensible a la inspiración del Espíritu Santo, gracias al cual comprendió qué soluciones requerían los males de su época. Permaneció siempre obediente a la Sede de Pedro, en cuyas manos quiso depositar un instrumento adecuado para evangelizar. Tanto fue así que la obediencia constituye uno de los rasgos característicos del carisma de su Compañía.

San Pablo acaba de decirnos: «Sed mis imitadores, como yo lo soy de Cristo...; así como yo trato de ser útil a todos en todo, sin buscar mi propio interés, sino el de todos, para que todos se salven». Estas palabras podríamos ponerlas en labios de San Ignacio *también hoy,* pasados ya algunos siglos. En efecto, el carisma de los fundadores debe mantenerse vivo en las comunidades que ellos instituyeron. Debe constituir siempre el principio de vida de cada familia religiosa: «Reconózcanse y manténganse fielmente el espíritu y propósito propios de los fundadores, así como las sanas tradiciones, todo lo cual constituye el patrimonio de cada instituto» (*Perfectae Caritatis,* 2).

Loyola representa una llamada a la fidelidad. No solamente para la Compañía de Jesús, sino indirectamente para todos los demás institutos.

Agosto

1   *San Alfonso de Ligorio*
2   *Estad siempre alegres*
3   *La auténtica liberación cristiana*
4   *La evangelización*
5   *Recuerdo del Papa Pablo VI*
6   *La Transfiguración del Señor*
7   *La catequesis*
8   *Santo Domingo de Guzmán*
9   *La actividad misionera*
10 *La importancia del Sacro Colegio Cardenalicio*
11 *La función del obispo en la Iglesia*
12 *El obispo, signo viviente de Jesucristo*
13 *El obispo no está solo*
14 *San Maximiliano Kolbe*
15 *La Asunción de María Santísima al cielo*
16 *La gloria de la Asunción de María*
17 *En torno al bimilenario del nacimiento de María*
18 *El sacerdote ha de ser verdadero amigo de Cristo y de la gente*
19 *El sacerdote, don de Dios a la Iglesia*
20 *El sacerdote debe amar su sacerdocio y no tergiversar la palabra de Dios*
21 *A los profesores de sagrada teología*
22 *Cristo espera a los seminaristas que El ha llamado*
23 *El seminario debe proporcionar una sana disciplina*
24 *Recuerdo del Papa Juan Pablo I*
25 *El seminario debe enseñar la palabra de Dios*
26 *Fiesta de la Virgen de Czestochowa*
27 *El seminario, escuela de fidelidad*
28 *San Agustín, doctor de la Iglesia*
29 *El estado religioso, signo profético del Reino de Dios*
30 *La vida contemplativa*
31 *Los institutos seculares, levadura en y para el mundo*

San Alfonso de Ligorio

He constatado con gran alegría que os habéis preocupado
de interrogaros con lúcida franqueza acerca del fin primario de vuestro instituto, que San Alfonso colocó en el
anuncio de la palabra de Dios «a las almas más abandonadas». Con razón ha recordado sabiamente el Concilio
que una renovación auténtica de la vida religiosa exige
necesariamente una «vuelta a las fuentes», y los padres
conciliares formularon con este fin la norma: «Reconózcanse y manténganse fielmente el espíritu y propósito
propios de los fundadores, así como las sanas tradiciones,
todo lo cual constituye el patrimonio de cada instituto».

Conscientes de ello, os habéis esforzado en acrisolar el
significado preciso de la evangelización en el mundo contemporáneo y os habéis planteado a quiénes hay que
considerar «pobres» y «abandonados» en vuestro entorno
social, para establecer así «prioridades de trabajo» respecto a las cuales orientar, respetando el pluralismo legítimo, el esfuerzo misionero de la Congregación. Todo
ello era necesario para ahorrar un desgaste inútil de energías y conservar en la congregación la fisonomía que San
Alfonso mismo configuró y el pueblo cristiano ha apre-
ciado tan claramente a lo largo de los siglos. En este
contexto, quisiera llamar vuestra atención concretamente

sobre la conveniencia de dar un nuevo impulso a las misiones tradicionales, que, como ya he expresado en un documento reciente sobre la catequesis, y si se llevan a cabo de acuerdo con criterios conformes a la mentalidad moderna, demuestran ser un instrumento insustituible para la renovación periódica y vigorosa de la vida cristiana. Como ya sabéis, San Alfonso tenía una gran confianza en ellas.

2 de agosto

Estad siempre alegres

Sin embargo, ¿cuántas personas no han conocido jamás esta alegría? Ellas viven en el vacío y caminan por el camino de la desesperación. «Viven en tinieblas y en sombra de muerte» (Lc 1, 79). No hay que buscarlas en sitios remotos. Viven a nuestro alrededor, recorren las mismas calles, pueden incluso ser miembros de nuestras propias familias. Viven sin la verdadera alegría porque viven sin esperanza; viven sin esperanza porque nunca han oído, realmente, la Buena Nueva de Jesucristo, porque nunca han encontrado un hermano o una hermana que llevase a sus vidas el amor de Jesús y los liberase de su infelicidad.

Debemos ir a ellos como mensajeros de esperanza. Debemos llevarles el testimonio de la verdadera alegría. Debemos prometerles nuestro compromiso de trabajar por una sociedad justa, por una sociedad en que se sientan respetados y amados.

Os exhorto, pues, a que seáis hombres y mujeres de fe profunda y constante. Sed heraldos de la esperanza. Sed mensajeros de la alegría. Sed auténticos trabajadores de la justicia. Irradiad la Buena Noticia de Cristo desde vuestros corazones; que la paz que Él sólo puede dar esté siempre en vuestro espíritu. Queridos hermanos y hermanas míos de la comunidad negra: «Estad siempre alegres; os lo repito, estad alegres».

La auténtica liberación cristiana

La Iglesia tiene la obligación de anunciar la liberación de millones de seres humanos..., pero tiene también el deber paralelo de proclamar la liberación en su significado integral, profundo, tal como lo ha anunciado y realizado Jesús. «Liberación de todo lo que oprime al hombre, lo cual se concreta ante todo en salvación del pecado y del maligno, en la alegría de conocer a Dios y ser conocido por El». Liberación consistente en reconciliación y en perdón. Liberación que proviene de la realidad de ser hijos de Dios, al que podemos llamar: «¡Abba! ¡Padre!» (Rm 8, 15) y, gracias a la cual, reconocemos en cada hombre a nuestro hermano, cuyo amor puede quedar transformado por la misericordia de Dios. Liberación como superación de las distintas esclavitudes e ídolos que el hombre se forja y como desarrollo del hombre nuevo. Liberación que no se reduce, en la misión propia de la Iglesia, a la dimensión económica, política, social o cultural... Hay que evitar a toda costa cualquier tipo de exclusivismo o de ambigüedad. Existen muchos signos que ayudan a discernir si se trata de una liberación cristiana: ...la fidelidad a la palabra de Dios, a la tradición viva de la Iglesia, a su magisterio; el sentido de comunión con los obispos, en primer término, y con los demás sectores del Pueblo de Dios.

Qué tipo de amor orienta nuestra solicitud por los pobres, los enfermos, los desheredados, los indefensos, los oprimidos, y cómo, descubriendo en ellos la imagen de Jesús, «pobre y paciente, nos esforzamos en liberarnos a nosotros mismos y en servir a través de ellos a Cristo».

No nos engañemos; los fieles humildes y sencillos intuyen, casi por instinto evangélico, cuándo se sirve en la Iglesia al Evangelio y cuándo se lo vacía o sofoca con otros intereses.

4 de agosto

La evangelización

No hay verdadera evangelización si no se proclama el nombre, la doctrina, la vida, las promesas, el Reino, el misterio de Jesús de Nazaret, Hijo de Dios. Del conocimiento vivo de esta verdad dependerá el vigor de la fe de millones de hombres.

Debemos, pues, confesar a Cristo ante la historia y ante el mundo con profunda, sentida y viva convicción, tal como Pedro lo confesó: «Tú eres el Mesías, el Hijo de Dios vivo» (Mt 16, 16). Esta es la Buena Noticia, única, en cierto sentido. Este es el único Evangelio, e «incluso si nosotros mismos o un ángel bajado del cielo os anunciara una buena noticia distinta de la que os hemos anunciado, ¡fuera con él!», como escribía Pablo en términos diáfanos (Gál 1, 6).

La evangelización en el presente y en el futuro jamás puede dejar de afirmar la fe de la Iglesia: Jesucristo, Verbo e Hijo de Dios, se hizo hombre para llegar hasta el hombre y ofrecerle, con la fuerza de su misterio, la salvación, don excelso de Dios.

De esta fe en Cristo, del seno de la Iglesia, obtenemos la capacidad de servir al hombre y a nuestros pueblos, de introducir el Evangelio en su cultura, de transformar los corazones, de humanizar sistemas y estructuras. Cualquier omisión, olvido, mutilación o inadecuada parcelación del misterio íntegro de Jesucristo que se aleje de la fe de la Iglesia no puede ser un contenido válido de la evangelización.

Nunca me cansaré de repetir, en cumplimiento de mi tarea de evangelizar a toda la humanidad: «No temáis. Abrir aún más, *abrid de par en par las puertas a Cristo.* Abrid a su fuerza salvífica las puertas de los Estados, los sistemas económicos y políticos, los vastos campos de la cultura, de la civilización y del desarrollo».

5 de agosto

Recuerdo del Papa Pablo VI

La fe que hace remontarse al hombre de las cosas visibles a la realidad invisible de Dios y a la vida eterna se asemeja al camino al que Dios llamó a Abrahán (denominado «padre de todos los creyentes»). De ahí que la actitud espiritual propia del creyente sea una postura de vigilancia, expresión de su aspiración espiritual a Dios mediante la fe. Cuando escuchamos estas palabras y meditamos sobre ellas, nuestra mente recuerda lo que ocurrió en este mismo lugar, en Castelgandolfo, hace dos años. Aquí murió el Papa Pablo VI, precisamente en estos días de agosto, en la fiesta de la Transfiguración del Señor. La vida entera de este «siervo de los siervos de Dios» fue un peregrinaje, una aspiración creyente hacia lo que es infinito e invisible: Dios, que es invisible, y que se ha revelado a nosotros en Jesucristo, su Hijo. Fue una aspiración a la eternidad. Pablo VI siguió la llamada de Cristo, el camino que éste le indicó, y por este mismo camino guió a los demás, primero como sacerdote, luego como arzobispo de Milán y, finalmente, como Papa en la sede romana de San Pedro. En esta aspiración espiritual vigiló con el esmero de un siervo fiel. Toda su vida es un testimonio de tal aspiración y tal vigilancia para sí mismo y para los demás. Encomiendo a Dios el alma de este gran Papa; aprendamos de él su fe sencilla, parecida a la del niño, y al mismo tiempo responsable, madura y acrisolada. La fe que nuestra época exige de nosotros, los cristianos. «Fe manifiesta y valerosa. Fe repleta de esperanza. Fe viva mediante la caridad».

La Transfiguración del Señor

«Su rostro brillaba como el sol y sus vestidos se volvieron esplendentes como la luz. De pronto se les aparecieron Moisés y Elías conversando con El» (Mt 17, 2-3). En el centro de este acontecimiento están las palabras divinas, que dan su verdadero significado: «Este es mi Hijo, a quien yo quiero, mi predilecto. Escuchadlo» (Mt 17, 5). Con esto comprendemos que se trata de una cristofanía, es decir, la transfiguración representa la revelación del Hijo de Dios. El relato esclarece una serie de cosas: la gloria, con motivo del esplendor mostrado; su puesto central y su carácter de compendio de la historia de la salvación, representados por las figuras de Moisés y de Elías; la autoridad profética, legítimamente expresada mediante la perentoria invitación: «escuchadlo»; sobre todo, el título de «Hijo», que subraya los estrechos y únicos vínculos existentes entre Jesús y el Padre celestial.

Por otro lado, las palabras de la Transfiguración repiten las ya pronunciadas en el relato del Bautismo en el Jordán, como para significar que, aun después de haber recorrido un buen trecho del camino de su vida pública, Jesús sigue siendo el mismo «Hijo predilecto, proclamado al comienzo».

Los apóstoles manifiestan su felicidad: «Viene muy bien que estemos aquí nosotros» (Mt 17, 4). Sin embargo, Cristo les hace ver que el acontecimiento del monte Tabor es sólo una escala *en el camino hacia la revelación de misterio pascual:* «No contéis a nadie la visión. Esperad a que este Hombre resucite de la muerte» (Mt 17, 9).

Hay que buscar... la cercanía de Cristo. Hay que vivir en

intimidad con El, abrir ante El el propio corazón, la propia conciencia.

La catequesis

La Iglesia ha considerado siempre la catequesis como uno de sus deberes fundamentales, nacido del mandato último del Señor resucitado: convertir en discípulos a todos los hombres y enseñarles a cumplir todo lo que El había ordenado. En la catequesis, Cristo, Verbo encarnado e Hijo de Dios, constituye el núcleo de las enseñanzas, y todo el resto está referido a El. Sólo Cristo es nuestro Maestro; cualquier otro lo es en tanto en cuanto es su portavoz, permitiendo a Cristo enseñar a través de él.

La catequesis, por ser ante todo una vía... debe posibilitar un encuentro vital con la persona de Cristo mediante la fe. Ser cristianos significa decir «sí» a Jesucristo. Este «sí»... consiste en abandonarse a la palabra de Dios, apoyarse en ella, pero también en esforzarse por conocer mejor el sentido profundo de la misma.

La catequesis es necesaria. *Todos tienen necesidad de ser catequizados.* La catequesis debe ser una escuela permanente de la fe y acompañar todas las grandes etapas de la vida, como si de un faro que ilumina el camino se tratara. Vivimos en un mundo difícil, en el que la angustia que produce ver cómo los grandes hallazgos del hombre se escapan de sus manos e incluso se vuelven en su contra crea un clima de incertidumbre. Pues bien, es precisamente en este mundo concreto donde la catequesis debe ayudar a los cristianos a ser «luz» y «sal» para alegría propia y servicio de todos.

La catequesis debe enseñar a jóvenes y adultos a ser lúcidos y coherentes en su fe, a mantener serenamente su propia identidad, cristiana y católica, a entregarse intensamente a la dimensión absoluta de Dios, de tal modo que puedan dar testimonio de El en cualquier lugar y circunstancia.

8 de agosto

Santo Domingo de Guzmán

El principio básico de la fe afirma la *supremacía absoluta de Dios* en la inteligencia, en el corazón, en la vida del hombre. Ya conocéis cómo Santo Domingo respondió a esta exigencia de la fe en su vida religiosa: «Hablaba solamente con Dios o de Dios». Quien no acepta esta subordinación, quien exalta la grandeza del hombre por encima y en detrimento de la supremacía de Dios, acaba en la bancarrota de las ideologías que postulan la autosuficiencia del hombre y dan origen a la proliferación de todos esos errores que pesan sobre el mundo moderno y cuyo yugo cultural y psicológico no es capaz de quitar.

He aquí algunos fragmentos de la «Oración al bienaventurado Domingo» escrita por su sucesor, el Maestro Jordán, y que tan familiar os debe de resultar:

«Tú, una vez emprendido el camino de la perfección, lo dejaste todo para seguir desnudo a Cristo desnudo, prefiriendo acumular tesoros en el cielo. Sin embargo, renunciaste aún con mayor fuerza a ti mismo y, cargando virilmente con tu cruz, te esforzaste en seguir las huellas del redentor, único guía verdadero.

Tú, inflamado del celo divino y de ardor sobrenatural, por sobreabundancia de tu caridad, en un impulso inmenso de generosidad, te entregaste totalmente en aras de la pobreza perpetua, la vida apostólica y la predicación evangélica. Para realizar esta grandiosa obra, y no sin inspiración de lo alto, fundaste la Orden de los Frailes Predicadores...

Tú, que con tanto ardor buscaste la salvación del género humano, ven en ayuda del clero, del pueblo cristiano...

Sé para vosotros verdaderamente un "dominicanus", es decir, un diligente custodio del rebaño del Señor...».

9 de agosto

La actividad misionera

Frente a esta carencia objetiva, la Iglesia no puede quedar cruzada de brazos, ignorando las necesidades de tantos millones de hermanos que esperan el anuncio del mensaje de salvación. «Dios quiere —nos recuerda San Pablo— que todos los hombres se salven y lleguen a conocer la verdad» (1 Tm 2, 4).

El mandato hecho por Cristo resucitado a sus discípulos: «Id y predicad...» (cfr. Mc 16, 15; Mt 28, 19), estableciendo cuidadosamente la imagen y la función de la Iglesia peregrina, expresa el dinamismo misionero, vinculado intrínsecamente a su propia naturaleza. La Iglesia, impulsada incesantemente por el Espíritu, es «enviada» perennemente a los hombres para transmitirles la fuente inagotable de agua viva que mana de la palabra y de la obra del Señor.

La evangelización, es decir, la actividad misionera pertenece, pues, a la vocación específica de la Iglesia, la cual, respetando siempre la libertad, va al encuentro de los hombres de nuestro tiempo que todavía «in umbra mortis sedent» (Lc 1, 79); puede decirse incluso que *la Iglesia es la misión encarnada.*

No sin razón afirma explícitamente el Concilio: «La Iglesia peregrinante es, por su naturaleza, misionera, puesto que toma su origen de la misión del Hijo y de la misión del Espíritu Santo, según el propósito de Dios Padre» (*Ad Gentes*, 2).

Depositaria de la buena noticia, la Iglesia, al igual que no puede dejar de hablar, *debe* necesariamente *seguir enviando*, hoy en la misma medida que ayer, a apóstoles y misioneros, que sepan anunciar a los hombres la salvación transcendente y liberadora, preparándolos —con fidelidad plena al Espíritu— para el conocimiento de la verdad.

10 de agosto

La importancia del Sacro Colegio Cardenalicio

Venerables hermanos, supone un acto de confianza y a la vez de gran valentía haber querido elegir como obispo de Roma a un «no italiano». Poco más puede decirse a este respecto, salvo inclinar la cabeza ante tal decisión del Sacro Colegio.

Nunca quizá como en estos últimos tiempos, que han dejado conmocionada a la Iglesia a causa de la desaparición por dos veces consecutivas de su Pastor universal, el pueblo cristiano ha sentido y experimentado la importancia, la delicadeza, la responsabilidad de las tareas que debía llevar a cabo el Sacro Colegio Cardenalicio; nunca tampoco como en este período los fieles han manifestado por los eminentísimos Padres tan afectuosa estima y tan benévola comprensión.

Quisiera resaltar aún otro aspecto con motivo de este breve encuentro: *el sentido de fraternidad* que en este último período se ha ido manifestando y consolidando cada vez más en el seno del Sacro Colegio: «O quam bonum et quam iucundum habitare fratres in unum!». El Sacro Colegio ha debido solventar, en dos ocasiones y en breve intervalo de tiempo, uno de los problemas más delicados de la Iglesia: la elección del Romano Pontífice.

Con motivo de ello, ha brillado la auténtica universalidad de la Iglesia. Se ha podido constatar lo que otrora afirmó San Agustín: «La Iglesia habla la lengua de todos los pueblos» (*Comentario al evangelio de San Juan,* tratado 32, 7). Experiencias, exigencias, problemas eclesiales complejos, variados e incluso, a veces, diferentes. Sin embargo, toda esta variedad ha sido y seguirá siendo siempre *concorde dentro de una misma fe,* como también San Agustín subraya la belleza y variedad de la Iglesiareina. «Estas lenguas constituyen la variedad dentro de la vestimenta de la Reina. Así como la variedad de la vestimenta guarda una unidad de conjunto, de igual modo todas las lenguas se funden en una sola fe» (del Salmo 44, 23).

11 de agosto

La función del obispo en la Iglesia

Entre las cartas que me legó el Papa Pablo VI, hay una, escrita por un obispo, con motivo de la elevación de este último al episcopado. Se trata de una carta bellísima. En forma de declaración programática, contiene una *clara afirmación* de la función episcopal de salvaguardar y enseñar el depósito de la doctrina cristiana y de proclamar el misterio global de Cristo. Motivado por las espléndidas intuiciones que dicha carta encierra, transcribo con mucho gusto algunos fragmentos de la misma.

A fin de manifestar su compromiso de ser leal en la obediencia a Pablo VI y a sus sucesores, el obispo escribía:

«Estoy decidido:
— a ser fiel y perseverante en la proclamación del evangelio de Cristo;
— a mantener íntegro e incólume el contenido de la fe, tal como ha sido transmitido por los apóstoles y profesado por la Iglesia en todo tiempo y lugar.

Con la ayuda de Dios, estoy determinado:

— a edificar la Iglesia, como Cuerpo de Cristo, y a permanecer unido a ella por medio de vuestro vínculo y el del colegio episcopal, bajo la autoridad del Sucesor de San Pedro Apóstol;

— a mostrar benevolencia y compasión en nombre del Señor por los pobres, los extranjeros y todos los necesitados;

— a ir en busca de las ovejas descarriadas y reunirlas en el redil del Señor;

— a orar incesantemente por el Pueblo de Dios y a cumplir las graves obligaciones del sacerdocio de modo que no haya lugar para la reprobación».

Aquí tenéis el testimonio edificante de un obispo, de un obispo americano, en relación con el ministerio episcopal de santidad y de verdad.

12 de agosto

El obispo, signo viviente de Jesucristo

Rasgo fundamental de la identidad episcopal es la obligación de ser *signo viviente de Jesucristo.* Dice el Concilio Vaticano II: «En la persona, pues, de los obispos, a quienes asisten los presbíteros, el Señor Jesucristo, Pontífice supremo, está presente en medio de los fieles» (*Lumen Gentium,* 21).

Este principio fundamental nos invita a analizarnos por dentro y examinar *nuestra necesidad de santidad de vida.* La eficacia sobrenatural de nuestro ministerio va en relación con nuestro grado de santidad —el grado de nuestra configuración en Cristo a través de la caridad y de la gracia. Por ello, debemos hacer nuestra la recomendación de San Pablo y considerarla dirigida directamente a nosotros: «Revestíos de ese hombre nuevo creado a imagen de Dios, con la rectitud y santidad propias de la verdad» (Ef 4, 24).

No hay dudas sobre este punto: nuestra fidelidad al amor de Jesús y nuestra amistad con El son necesarias para toda la obra apostólica que forma parte de nuestra vida cotidiana. Sólo la unión con Cristo hace que nos convirtamos en ministros reales del Evangelio. Recordemos las palabras de Jesús: «El que sigue conmigo y yo con él es quien da fruto abundante» (Jn 15, 5).

En cuanto obispos, tenemos la obligación de meditar sobre la santidad de Cristo. Sin embargo, nuestro pueblo nos pide algo más: desea y tiene necesidad del signo de una anticipación profética, de la santidad a la que le invitamos. Nos pide que seamos su *guía hacia la santidad,* que les indiquemos a todos el camino que lleva a Cristo.

13 de agosto

El obispo no está solo

Reunidos todos vosotros como *Conferencia* habéis podido constatar la solidaridad del obispo de Roma con vosotros, en la oración y en el amor fraterno.

En vuestro ministerio episcopal sabéis hasta qué punto dependen vuestros sacerdotes de vosotros y *hasta qué punto dependéis de vuestros sacerdotes.* Juntos —y no solos— habéis sido encargados de proclamar el Evangelio y de formar el Cuerpo de Cristo. Los sacerdotes son vuestros hermanos y los colaboradores de vuestro orden episcopal.

El Concilio Vaticano II y sus documentos que hablan de vosotros han contribuido mucho a esclarecer la función genuina de los religiosos en el apostolado de las Iglesias locales. También en este ámbito desempeñáis una función muy importante, no sólo como coordinadores de la actividad pastoral, sino también como garantes de que el espléndido trabajo de los religiosos y las religiosas sea utilizado adecuadamente dentro de un espíritu de responsabilidad compartida por el Evangelio, «Para que el mensaje del Señor se propague rápidamente y sea acogido con honor» (2 Ts 3, 1). En vuestro compromiso pastoral, la *colaboración ordenada y fructífera entre obispos y religiosos* corroborará vuestra gozosa experiencia de que no estáis solos en la obra de evangelización y de catequesis.

En lo tocante a los laicos, estoy convencido de que el hecho de aumentar las posibilidades del apostolado de los laicos es una fuente peculiar de fuerza para vosotros, pastores del Pueblo de Dios. El Concilio Vaticano II ha afirmado muy claramente cuánto contribuyen los laicos al bienestar de toda la Iglesia.

Pues bien, en todos estos ámbitos, el papel del obispo continúa siendo extraordinario. Es un ministerio de grave responsabilidad, pero la presencia de Cristo, así como el grado adecuado de corresponsabilidad asumida por la comunidad, son más que suficientes para convencernos a todos nosotros, obispos, de que no estamos solos.

14 de agosto

San Maximiliano Kolbe

San Maximiliano María Kolbe dio su vida en el campo de concentración de Oswiecim (Auschwitz) para salvar a un hombre casado y padre de dos hijos. Existe una cierta relación entre los mártires de Nagasaki y el Padre Kolbe: su pronta disposición a dar testimonio del mensaje evangélico.

Permitidme ahora indicar otra relación más, que acabo de descubrir aquí, en estos momentos: la relación existente entre el sacrificio sublime de San Maximiliano y su actividad como misionero en Nagasaki. ¿No fue acaso la misma convicción de fe, el mismo compromiso por

Cristo y por el Evangelio, lo que le impulsó a dirigirse al Japón y, más tarde, lo que le llevó al búnker del hambre? No hubo ninguna escisión en su vida, ningún cambio de dirección, sino únicamente la expresión de un mismo amor en distintas circunstancias.

Cuando llegó al Japón en 1930, quiso realizar de inmediato, en un ambiente japonés, lo que había descubierto como su misión específica: promover la devoción de la Virgen y ser instrumento de evangelización a través de la palabra impresa. Fundar la «Ciudad de la Inmaculada» y publicar el «Seibo No kishi» fueron para él dos componentes de un mismo gran proyecto: llevar a Cristo, el Hijo de Dios, nacido de la Virgen María, a todos los hombres. Sabéis que sus esfuerzos no obedecieron o se limitaron a simples cálculos humanos, sino que se apoyaron en su incansable confianza en la divina Providencia. Dios no hizo inútil esta confianza. El proyecto iniciado por él en una vieja imprenta ha adquirido ahora una nueva e imprevista dimensión: la fuerza inspiradora que mana de su sacrificio.

Hay aún otro elemento tocante a la evangelización en la vida de San Maximiliano: la devoción a María.

15 de agosto

La Asunción de María Santísima al cielo

Hoy nos hallamos en el umbral de la eternidad. La vida de la Madre de Cristo ha concluido ya en este mundo. Pues bien, en el momento en que se cumple en ella la ley de la muerte, vencida por la resurrección de su Hijo, *brota de nuevo* del corazón de María el *cántico* de salvación y de gracia, el cántico de la Asunción al cielo, el «Magníficat»: «El Poderoso ha hecho tanto por mí» (Lc 1, 47). Grandes cosas ha hecho desde el principio...

Cuando... la liberó del yugo de la herencia del pecado

309

original. Cuando la llamó totalmente para El, para su servicio. Más tarde, a través de la Anunciación, en Nazaret, a través de la noche de Belén y a través de los treinta años de vida oculta. Posteriormente, mediante las experiencias de los años de predicación de su Hijo Jesucristo, los terribles sufrimientos de su cruz y la aurora de la resurrección.

En verdad, «el Poderoso ha hecho tanto por mí»... En las palabras del «Magníficat» se expresa todo el corazón de nuestra Madre. Son *su testamento espiritual*. Cada uno de nosotros ha de examinar su propia vida con los ojos de María; lo que ha hecho en ella, también lo ha hecho por nosotros y, por tanto, lo ha hecho también a nosotros.

Las palabras de María nos ofrecen *una nueva perspectiva de la vida*. Perspectiva de una fe perseverante y coherente. Fe que ilumina la vida cotidiana en estos tiempos, a veces tranquilos, pero con frecuencia tempestuosos y difíciles. Fe que alumbra las tinieblas de la muerte de cada uno de nosotros. Que esta visión de la vida y de la muerte constituya el fruto de la festividad de la Asunción.

16 de agosto

La gloria de la Asunción de María

Nos encontramos congregados en Lourdes celebrando la solemnidad de la Asunción de María al cielo, en que la Iglesia proclama la gloria *de su nacimiento definitivo en el cielo*. Queremos venerar al mismo tiempo, a través de la gloria de su nacimiento en el cielo, *el momento bienaventurado... de su nacimiento en la tierra*. El Año de la Redención eleva nuestras mentes y corazones hasta este momento beatífico. Sin embargo, en primer término aparece el nacimiento en el cielo, *la Asunción al cielo*. Esta dimensión se expresa ya en la casa de Zacarías, con motivo de la Visitación. María, en el umbral de la casa de Zacarías e Isabel, pronuncia una frase que conecta con el comienzo del misterio de la redención: «El Poderoso ha hecho tanto por mí: El es santo». Esta frase se encuadra, a través de la liturgia de hoy, en el contexto de la Asunción.

El *Magníficat* entero de la Visitación se convierte en la liturgia de hoy en *el himno de la Asunción de María al cielo.*

La segunda faceta, la Asunción de la Madre de Cristo al cielo, forma parte de la victoria sobre la muerte, victoria que se inicia *con la resurrección de Cristo.* En el núlceo mismo de la redención realizada por la cruz en el calvario, en *la fuerza de la redención* que se revela en la resurrección, está la fuente de la victoria sobre la muerte vivida por la Madre del Redentor, en otras palabras, *su Asunción al cielo.*

Hay aún un tercer aspecto: la hija del rey, adornada con vestiduras preciosas, se dispone a ocupar *su puesto al lado del trono del rey.* María, Madre del Redentor, es la primera en participar en este Reino de gloria y de unión con Dios en la eternidad. Allí es donde se manifiesta el misterio de su Asunción al cielo, en cuerpo y alma.

17 de agosto

En torno al bimilenario del nacimiento de María

A través de la Asunción de la Madre de Dios al cielo, de su nacimietno en el cielo, queremos venerar el momento bienaventurado de su nacimiento en la tierra.

Muchos se preguntan cuándo nació, especialmente ahora que se aproxima el bimilenario del nacimiento de Cristo. El nacimiento de la Madre debe ser lógicamente anterior en el tiempo al nacimiento de su Hijo. ¿No sería oportuno celebrar antes el segundo milenio del nacimiento de María?

La Iglesia hace uso de la historia y de los datos históricos siempre que celebra aniversarios o jubileos (respetando siempre las precisiones aportadas por la ciencia). No obstante, el ritmo real de los aniversarios y jubileos viene determinado por la *historia de la salvación.* En este sentido, asumimos que el jubileo de la Redención de este año se refiera a la muerte y la resurrección de Cristo. Al mismo tiempo, hacemos hincapié constantemente en que el jubileo extraordinario del presente año *prepara a la Iglesia para el gran jubileo del segundo milenio (del año 2000).*

Desde esta perspectiva, nuestro Año de la Redención reviste al mismo tiempo el carácter de *un Adviento,* pues nos inserta en la espera del jubileo de la venida del Señor. Ahora bien, *el Adviento* es de modo especial *el tiempo de María.* Mediante el jubileo de la Redención de este año queremos entrar en *este Adviento.* Deseamos que, en el jubileo de este acontecimiento salvífico, que tiene carácter de Adviento, esté presente también su venida, su nacimiento en este mundo.

Este es el motivo de nuestra peregrinación a Lourdes: no solamente para venerar, en la festividad de la Asunción, el nacimiento de María en el cielo, sino también para honrar el momento bienaventurado de su nacimiento en la tierra.

18 de agosto

El sacerdote ha de ser verdadero amigo de Cristo y de la gente

Debéis ser *hombres de Dios, verdaderos amigos suyos.* Debéis prever momentos regulares de oración a incluir la penitencia como parte cotidiana de vuestra vida. La oración y la penitencia os ayudarán a comprender mejor que la fuerza de vuestro ministerio se apoya en el Señor y no en bases humanas.

Tenéis que esforzaros por hacer cada día más profunda vuestra amistad con Cristo. *Debéis, además, aprender a compartir vuestras esperanzas y alegrías, los disgustos y frustraciones que conllevará vuestra labor.* Anunciadles el mensaje de paz de Cristo, que de tanta ayuda les será. Id en busca de los miembros de vuestras parroquias, hasta sus casas. Es ésta una práctica pastoral que no deberéis ignorar. No olvidéis tampoco a todos los que se encuentran en un estado de especial necesidad. A través de vosotros, Jesucristo quiere ofrecer la paz de las conciencias y el perdón de todos los pecados. A través de vosotros, Jesucristo quiere sembrar la esperanza en los corazones. A través de vosotros, Jesucristo quiere amar a todos aquellos por los que ha muerto. Con la fidelidad con que conducís vuestra vida, enseñad a todo vuestro pueblo que creéis en ese amor fiel.

Debéis proclamar el Evangelio con vuestra vida. Cuando celebréis los sacramento en los momentos decisivos de la vida de vuestro prójimo, tenéis que ayudarles a confiar en la clemencia y en la compasión prometidas por Cristo. Cuando ofrezcáis el sacrificio redentor de la Eucaristía, ayudadles a comprender la necesidad de transformar este gran amor en actos concretos de caridad.

Hermanos míos, sed conscientes de la *influencia que vuestro testimonio de vida tiene sobre los demás.*

19 de agosto

El sacerdote, don de Dios a la Iglesia

Mi saludo se dirige en primer lugar a los sacerdotes, tanto diocesanos como religiosos, partícipes del sacerdocio único de Cristo, sumo sacerdote, «escogido entre los hombres y establecido para que los represente ante Dios y ofrezca dones y sacrificios por los pecados» (Heb 5, 1). Vuestra presencia me produce gran alegría y me supone una gran ayuda fraterna. Reconozco en vosotros al buen pastor, al siervo fiel, al sembrador que sale a esparcir la buena semilla, al trabajador en la viña, al pescador que echa sus redes. *Sois los amigos íntimos de Cristo:* «Ya no os llamo más siervos, porque un siervo no está al corriente de lo que hace su amo; os llamo amigos» (Jn 15, 15).

Como sacerdotes debemos reconocer el misterio de la gracia en nuestras vidas, lo cual es un don. Es un acto de confianza por parte de Cristo, que nos llama a ser «encargados de anunciar los secretos de Dios» (1 Cor 4, 1). Es una configuración sacramental con Cristo, sumo sacerdote. No tenemos el sacerdocio para hacer lo que nos venga en gana. No podemos reinventar su significado, de acuerdo con nuestros puntos de vista. Debe ser fiel a aquel que nos ha llamado.

Se nos ha dado el sacerdocio como un don. Ahora bien, en nosotros y a través de nosotros, el sacerdocio es *un don para la Iglesia.* No separemos nunca nuestra vida sacerdotal del ministerio de la comunión plena y generosa con toda la Iglesia. Hermanos en el ministerio sacerdotal, ¿qué es lo que la Iglesia espera de vosotros? La Iglesia espera que vosotros, al igual que vuestros hermanos y hermanas religiosos, seáis los primeros en amarla, en escuchar su voz y hacer realidad sus aspiraciones, y servir así realmente a las personas de nuestro tiempo.

20 de agosto

El sacerdote debe amar su sacerdocio y no tergiversar la palabra de Dios

Como sacerdotes, estáis al servicio de Cristo, el Maestro (cfr. *Presbyterorum Ordinis,* 1). Parte primordial de vuestro ministerio consiste en orar y en enseñar el mensaje cristiano. Pablo describe así su propia postura ante tal ministerio: «Nosotros hemos renunciado... a falsear el mensaje de Dios; en vez de eso, manifestando la verdad, nos recomendamos a la íntima conciencia que tiene todo hombre ante Dios» (2 Cor 4, 2). *No debemos falsear la palabra de Dios.* Hemos de esforzarnos por aplicar la buena noticia a las cambiantes situaciones del mundo y resistir, valerosamente y a cualquier precio, la tentación de tergiversar su contenido o reinterpretarla, con el fin de que caiga mejor al espíritu de nuestra época. El mensaje que proclamamos no es la sabiduría de este mundo (cfr. 1 Cor 1, 20), sino *las palabras de vida,* palabras que parecen locura a los ojos del mundo (cfr. ibíd. 2, 14).

No hemos de sentirnos sorprendidos, pues, si *nuestro mensaje de conversión y de vida* no tiene siempre buena acogida. Haced todo lo que esté en vuestras manos por presentar la palabra lo más fielmente posible, creed en el poder de esta palabra, no os desaniméis nunca. ¡Cuán solícitos tenemos que ser en nuestra predicación! Esta debería ser la continuación de nuestra oración.

Entregad vuestras vidas al servicio del Pueblo de Dios; con la palabras y los sacramentos. En esto consiste vuestra difícil tarea, vuestra gloria, vuestro tesoro. Debemos amar nuestra vocación y nuestra misión. Ahora bien, debemos *demostrar* también que amamos nuestro sacerdocio. Permitid que vean que tratáis los sagrados misterios con amor y respeto. Haced que vean que vuestro compromiso por la paz, la justicia y la verdad es sincero, incondicional y audaz.

21 de agosto

A los profesores de sagrada teología

La teología ha de concentrar su reflexión sobre los temas más radicales y decisivos: *el misterio de Dios,* del misterio trinitario, revelado en Cristo como Dios-Amor; *el misterio de Cristo,* el Hijo de Dios hecho hombre, el cual, con su muerte y resurrección, ha iluminado definitivamente los aspectos más profundos de la existencia humana; *el misterio del hombre,* el cual, en el marco de su insuperable tensión entre la propia finitud y su anhelo de infinito, encierra dentro de sí el interrogante fundamental sobre el sentido último de su vida.

La fe cristiana es eclesial, brota y está vinculada a la comunidad de los creyentes en Cristo que llamamos «Iglesia». En cuanto reflexión surgida de esta fe, «la teología es ciencia eclesial, pues se desarrolla en la Iglesia y actúa en la Iglesia. De ahí que nunca pueda ser obra de un especialista aislado en una especie de torre de marfil. Está al servicio de la Iglesia y, por consiguiente, debe sentirse integrada dinámicamente dentro de la misión de la Iglesia, especialmente dentro de su misión profética» (*Discurso a la Universidad Gregoriana,* 15 de diciembre de 1979, n. 6). La función del teólogo reviste, por tanto, el carácter de misión eclesial, en cuanto participación en la misión evangelizadora de la Iglesia y en cuanto servicio eminente a la comunidad eclesial. Esto explica la grave responsabilidad del teólogo.

La esencial conexión de la teología con la fe, cimentada y centrada en Cristo, ilumina con absoluta claridad el vínculo de la teología con la Iglesia y su magisterio. No se puede creer en Cristo, no se puede creer con la fe católica en la Iglesia, sin creer en su magisterio irrenunciable.

Sed, por tanto, fieles a vuestra fe, sin separar a Cristo de su Iglesia, ni a la Iglesia de su magisterio.

Cristo espera a los seminaristas que El ha llamado

Queridísimos clérigos..., la Iglesia y la sociedad os esperan con ansia, dada la extrema necesidad de ministros de Dios esclarecidos y rectos, equilibrados y prudentes, de sacerdotes convencidos y valerosos. En estos tiempos atribulados y angustiados, la Iglesia continúa anunciando y testimoniando a Jesucristo, *luz y salvación* de los hombres.

El Señor os llama también a vosotros a esta grande, inmensa misión.

Por consiguiente, también a vosotros son aplicables las palabras del Señor anunciadas por el profeta Isaías: «Yo, el Señor, te he llamado para la justicia, te he cogido de la mano, te he formado y te he hecho alianza de un pueblo, luz de las naciones. Para que abras los ojos de los ciegos, saques a los cautivos de la prisión y de la mazmorra a los que habitan las tinieblas» (Is 42, 6-7).

Dejaos guiar por el Señor, pues El quiere realizar la redención hoy por medio de vosotros. La redención es siempre actual, pues siempre es actual la parábola del buen grano y de la cizaña, siempre son actuales las bienaventuranzas. La humanidad necesita siempre la revelación y la redención de Cristo, y por ello está a la espera de vosotros.

Siempre hay almas que iluminar, pecadores que perdonar, lágrimas que enjugar, desilusiones que consolar, enfermos que animar, niños y jóvenes que guiar: siempre estará el hombre que amar y salvar, en nombre de Cristo. Esta es vuestra vocación, que debe haceros alegres y valientes.

Ahora bien, debéis prepararos para ello con un gran sentido de responsabilidad y una profunda y firme seriedad:

seriedad en la formación cultural, especialmente filosófica, bíblica y teológica, sin olvidar la faceta ascética y disciplinar, de tal forma que os consagréis total y gozosamente sólo a Jesús y a las almas.

23 de agosto

El seminario debe proporcionar una sana disciplina

En segundo lugar, el seminario debe proporcionar una sana disciplina como preparación a una vida de servicio consagrado, siguiendo el ejemplo de Cristo. Su finalidad está claramente definida por el Concilio Vaticano II: «Hay que apreciar la disciplina de la vida del seminario no sólo como eficaz defensa de la vida común y de la caridad, sino como parte necesaria de toda la formación, para adquirir el dominio de sí mismo, fomentar la sólida madurez de la persona y lograr las demás disposiciones de ánimo que sirven sobremanera para la ordenada y fructuosa actividad de la Iglesia» (*Optatam Totius*, 11).

Si se aplica la disciplina de modo adecuado, ésta crea una atmósfera de recogimiento que posibilita al seminarista desarrollar interiormente las actitudes que han de esperarse de todo sacerdote, como la obediencia religiosa, la generosidad y la abnegación. En las distintas modalidades de vida comunitaria propias del seminario, aprenderéis a dialogar, a adquirir la capacidad de escuchar a los demás y descubrir en ellos la riqueza de su personalidad, así como la habilidad de daros. La disciplina del seminario, lejos de disminuir vuestra libertad, la reforzará, pues os ayudará a desarrollar en vosotros mismos los rasgos y actitudes de mente y de corazón que Dios os ha dado y que enriquecen vuestra humanidad, y que también os ayudarán a servir al pueblo con más eficacia. La disciplina os ayudará asimismo a consolidar día a día en vues-

tro corazón la obediencia que debéis a Cristo y a su Iglesia.

24 de agosto

Recuerdo del Papa Juan Pablo I

*«Yo soy el camino, la verdad y la vida. Nadie va al Padre
si no es a través de mí».*

Estas palabras nos llevan a que *nuestra memoria* se dirija
hacia el Papa Juan Pablo I, que fue llamado a la cátedra
de Pedro. Queremos una vez más meditar sobre los ines-
crutables designios de la Providencia divina. En efecto,
tras apenas treinta días de labor pastoral en la Sede de
Roma, hubo de «ir al Padre» por el camino que es Cristo
mismo: camino, verdad y vida. Sí, por medio de Cristo,
fue al Padre este excepcional siervo de los siervos de
Dios, al que Cristo confió su Iglesia, su rebaño en la
tierra, para que se manifestase, aunque fuese por un
período tan breve, su bondad y su solicitud pastoral, que
colmaban su corazón. Un corazón de *buen samaritano.*

Cuando, en el transcurso del Concilio, él, Albino
Luciani, predicaba a sacerdotes unos ejercicios espirituales, acostumbraba basarlos totalmente en la parábola
evangélica del misericordioso samaritano. Ciertamente,
deseaba servir en este espíritu a toda la Iglesia. Este fue
su espíritu, como pudieron intuirlo, sin duda, todos los
que antes tuvieron ocasión de conocer al cardenal Albino
Luciani y posteriormente al Papa Juan Pablo II. A pesar
de la brevedad de su servicio como Pontífice, el espíritu
del buen samaritano se ha manifestado de nuevo y ha
permanecido en la Iglesia.

El modelo del buen samaritano establece que *nos incline-
mos* hacia el hombre sufriente. De esta forma, nuestro
corazón se eleva hacia Dios, ya que el amor demostrado

al hombre tiene siempre su fuente definitiva en Dios, que
es Amor.

25 de agosto

El seminario debe enseñar la palabra de Dios

Quisiera decir a todos los seminaristas cuán importantes
sois para mí y cuán importantes sois para el futuro de la
Iglesia: para el futuro de la misión que Cristo nos ha
encomendado.

Mi convicción de la importancia de los seminarios me
incitó a escribir las siguientes palabras en la carta a los
obispos de la Iglesia el Jueves Santo pasado:

«La plena reconstrucción de la vida de los seminarios en
toda la Iglesia será la prueba más fehaciente de que se ha
llevado a cabo la renovación hacia la que el Concilio ha
orientado a la Iglesia».

Si los seminarios han de cumplir su misión dentro de la
Iglesia, son absolutamente necesarias dos actividades en
el programa general del seminario: la enseñanza de la
palabra de Dios y la disciplina.

La formación intelectual del sacerdote, tan necesaria en
nuestro tiempo, comprende diversas ciencias humanas y
varias ciencias sagradas. Todas ellas tienen una gran
importancia en vuestra preparación al sacerdocio. Sin
embargo, para los seminarios de hoy tiene prioridad
absoluta la enseñanza de la palabra de Dios en toda su
integridad y pureza, con todas sus exigencias y en su
pleno vigor. Mi predecesor Pablo VI afirmó claramente
este mismo principio cuando declaró que las Sagradas
Escrituras «serán así para todos un componente perenne
de vida espiritual, un instrumento de primer orden para
transmitir la doctrina cristiana y, finalmente, la esencia
de toda la teología» (Pablo VI, Misal Romano, 3 de abril
de 1969).

Por consiguiente, si vosotros, seminaristas de esta generación, debéis estar preparados convenientemente para recibir la herencia y el reto del Concilio Vaticano II, necesitáis estar bien formados en la palabra de Dios.

26 de agosto

Fiesta de la Virgen de Czestochowa

Hoy, 26 de agosto de 1982, me encuentro ante el altar de la capilla de los últimos Papas en Castelgandolfo. Pío XI, otrora Nuncio Apostólico en Polonia, pocos años después de la reconquista de su independencia, introdujo en esta capilla, sobre el altar principal, la imagen de la Madre de Dios de Jasna Góra que le ofreció el episcopado polaco. No hay duda de que el recuerdo de Jasna Góra quedó hondamente grabado en el corazón de aquel sucesor de San Pedro, dado que quiso colocar esta efigie sobre el altar principal de su capilla.

Aquí, pues, ante este altar, me encuentro hoy, sintiéndome estrechamente *vinculado con Jasna Góra,* que celebra el Jubileo del sexto centenario de la presencia de la Madre de Dios, Reina de Polonia, en su veneradísima efigie.

Mis queridos compatriotas, por muy difícil que sea la vida de los polacos este año, triunfe en vosotros la conciencia de que esta vida está *abrazada* por el *corazón de la Madre;* así como ha triunfado en Maximiliano María, caballero de la Inmaculada, venza igualmente en vosotros.

Que triunfe el corazón de la Madre. Que triunfe la Virgen de Jasna Góra en nosotros y mediante nosotros. Que triunfe incluso a través de nuestros disgustos y derrotas. Que ella haga que *no desistamos de esforzarnos y de luchar* por la verdad y la justicia, por la libertad y la dignidad de nuestra vida.

¿Las palabras de María: «Haced lo que El os diga (mi Hijo)» no tienen acaso también este significado? Que el poder se manifieste plenamente en la fragilidad, según las palabras del Apóstol del mundo pagano y según el ejemplo de nuestro compatriota, el padre Maximiliano Kolbe. ¡María, Reina de Polonia, estoy junto a ti, me acuerdo de ti, velo!

27 de agosto

El seminario, escuela de fidelidad

Quiero recordaros la importancia de la fidelidad. Antes de poder ser ordenados, habéis sido llamados ya por Cristo a entregaros libre e irrevocablemente y a ser fieles a El mismo, y a su Iglesia. La dignidad humana requiere que mantengáis este compromiso, que mantengáis la promesa hecha a Cristo, por encima de cualquier dificultad que podáis encontrar y de cualquier tentación a que podáis estar expuestos.

Es importante que asumáis este compromiso con plena conciencia y libertad personal. Así, durante estos años de seminario, tenéis tiempo suficiente para reflexionar sobre las serias obligaciones y sobre las dificultades que forman parte de la vida del sacerdote.

Reflexionad sobre si Cristo os llama a una vida de celibato. Seréis capaces de tomar una decisión responsable sobre el celibato sólo si habéis llegado previamente a la firme convicción de que Cristo os ha otorgado realmente este don, dirigido al bien de la Iglesia y al servicio de los demás (Juan Pablo II, Carta a todos los sacerdotes de la Iglesia *Novo Incipiente,* 8 de abril de 1979, 9).

Para comprender qué significa ser fieles, debemos mirar a Cristo, «el testigo fidedigno» (Ap 1, 5), al Hijo «que aprendió a obedecer sufriendo» (Heb 5, 8), a Jesús, que dijo: «Mi sentencia es justa porque no persigo un designio mío, sino el designio del que me envió» (Jn 5, 30). Miremos a Cristo no sólo para ver y contemplar su fidelidad al Padre, a pesar de todos los obstáculos (cfr. Heb 3, 2; 12, 3), sino también para aprender de El qué medios utilizó para ser fiel: especialmente, la oración y el abandono a la voluntad de Dios (cfr. Lc 22, 39 ss.).

Recordad que, a fin de cuentas, la perseverancia en la fidelidad es prueba, no de poder y valentía humanos, sino de la eficacia de la gracia de Cristo.

28 de agosto

San Agustín, doctor de la Iglesia

¡San Agustín! El, que había ascendido tan alto en la contemplación divina y había escrutado también tan profundamente los abismos de los misterios de Dios y del hombre, comprendió la necesidad absoluta de la oración humilde y totalmente confiada: por muy aguda que pueda ser la inteligencia humana, el misterio la supera infinitamente y la oración se convierte en una necesidad del alma: «En la oración se transforma el corazón y, en tal conversión, se hace pura la mirada interior» (*Sermón de la Montaña,* II, 3, 14). Ora en la esperanza, ruega con fe y amor (*Epístola* 130, 19). La oración es tan necesaria como la gracia que obtenemos a través de ella: «Tarde te he amado, oh belleza tan antigua y tan nueva, tarde te he amado», exclamaba con serena amargura San Agustín. Sin embargo, una vez alcanzada la verdad, se consagró totalmente a ella y no vivió más que para ella, dando testimonio de la misma, predicándola, defendiéndola, sacrificándose por completo por ella: «Oh verdad eterna y amor verdadero y amada eternidad! Tú eres mi Dios, por ti suspiro día y noche» (*Confesiones,* VII, 10, 16), y añade en los «Soliloquios»: «Ya sólo te amo a ti, solamente te sigo a ti, a ti únicamente busco. A ti solamente estoy dispuesto a seguir, porque Tú eres el único que gobiernas justamente y por ello quiero ser de tu propiedad» (1, 5).

Amad la verdad ante todo, sintiendo una comprensión viva de la sociedad moderna en que vivimos.

Amad, además, la verdad sobre todo salvaguardando la ortodoxia, escuchando ávidamente al Mestro que habla en el interior y permaneciendo fuertemente unidos a la Iglesia, Madre de salvación.

Amad, en fin, la verdad entregándoos con solicitud a la obra de vuestra perfección.

Queridísimos hermanos, como conclusión de nuestro afable encuentro, os ofrezco la doctrina de este Santo doctor para inculcarnos un amor tierno y profundo a María Santísima.

29 de agosto

El estado religioso, signo profético del Reino de Dios

Hermanos y hermanas, miembros de las comunidades religiosas, quisiera saludaros a cada uno de vosotros personalmente, escuchar de cada uno de vosotros los «magnalia Dei», cómo el Espíritu Santo actúa en vuestras vidas. En lo más hondo de vuestros corazones, en la lucha entre la gracia y el pecado, en los distintos momentos y situaciones de vuestro peregrinar creyente —de cuántas formas os ha hablado Cristo y os ha dicho: «Venid a mí».

Al haber llevado la gracia bautismal, en la consagración religiosa, a un grado de «total consagración de sí mismo a Dios, amado sobre todas las cosas» (*Lumen Gentium,* 44), os habéis convertido en signo de una vida superior, una «vida que vale *más* que el alimento y el cuerpo más que el vestido» (Lc 12, 23). A través de la profesión de los consejos evangélicos, os habéis hecho *un signo profético del Reino eterno del Padre*. En este mundo dirigís vuestra mirada a «lo único necesario», al «tesoro inagotable», poseéis la fuente de inspiración y de fuerza para las diferentes modalidades de apostolado que definen a vuestros institutos.

Los que pertenecéis a comunidades contemplativas servís al Pueblo de Dios «en el corazón de Cristo». Recorɑáis proféticamente a los que se dedican a la construcción de la ciudad terrena que, si no está cimentada sobre el Señor, estará construida *en vano*. El vuestro es un *testimonio singular* del mensaje evangélico, cuya importancia es notable dado que hay personas en nuestra época que frecuentemente se dejan seducir por un falso significado de independencia respecto del Creador.

Y vosotros, hermanos y hermanas, cuya vocación es una labor activa en el servicio eclesial, debéis incluir en vuestras vidas también la contemplación y entregaros a Dios con la mente y con el corazón; con amor y ardor apostólico colaboráis en la obra de la redención y en la expansión del Reino de Dios.

30 de agosto

La vida contemplativa

La vida contemplativa ha ocupado y seguirá ocupando un puesto de honor en la Iglesia. Dedicada a la oración y al silencio, a la adoración y a la penitencia desde el momento mismo en que entráis en el claustro, «vuestra vida está oculta con Cristo en Dios». Esta vida consagrada es el desarrollo y tiene su base en el don recibido en el bautismo. En efecto, a través de este sacramento, Dios, que nos escogió en Cristo «antes de la creación del mundo para que fuésemos santos e inmaculados ante El en el amor», nos iibró del pecado y nos insertó en Cristo y en su Iglesia para que viviésemos «una vida nueva». Esta vida nueva ha fructificado en vosotros, siguiendo totalmente a Jesucristo a través de la virginidad, la obediencia y la pobreza, fundamento de la vida contemplativa. El constituye el centro de vuestra vida, la razón de vuestra existencia: «Mi Jesús es el bien de todos los bienes», decía Santa Teresa a modo de compendio.

La experiencia del claustro hace que este seguimiento sea aún más absoluto, hasta llegar a identificar la vida religiosa con Cristo: «Nuestra vida es Cristo», decía Santa Teresa, haciendo suya la afirmación de San Pablo. Este ensimismamiento de la religiosa con Cristo constituye el núcleo de la vida consagrada y la clave que la identifica como contemplativa. En el silencio, en su modo de vida humilde y obediente, la espera vigilante del Esposo se convierte en pura y verdadera amistad: «Puedo tratarlo como un amigo, aun siendo tan excelso el Señor».

La Iglesia sabe muy bien que vuestra vida silenciosa y apartada, en la soledad exterior del convento, es fermento de renovación y de presencia del Espíritu de Cristo en el mundo.

31 de agosto

Los institutos seculares, levadura en y para el mundo

Siento la necesidad de llamar vuestra atención sobre tres condiciones *de fundamental importancia* para la eficacia de vuestra misión.

Debéis ser, en primer lugar, *verdaderos discípulos de Cristo.* Como miembros de un Instituto secular, queréis serlo mediante vuestro compromiso radical de seguir los consejos evangélicos, *de tal forma* que esta vía no cambie vuestro estado —sois y seguís siendo laicos—, sino que, por el contrario, lo mejore, en el sentido de que *vuestro estado secular* sea en sí mismo una consagración, sea más exigente, y el compromiso en el mundo y por el mundo que implica este estado secular sea permanente y fiel.

La segunda condición es que seáis, en el plano intelectual y en el práctico, realmente competentes en vuestro campo y especialidad concretos, a fin de llevar a cabo, con vuestra presencia, ese apostolado de testimonio y de compromiso con los demás que vuestra consagración y vuestra vida en la Iglesia os exigen.

La tercera condición sobre la que os invito a meditar se basa en vuestra decisión peculiar de dedicaros a *lograr cambiar al mundo desde dentro*. De hecho estáis inmersos en el mundo como dimensión espiritual profunda, y no sólo por vuestra condición sociológica: tal inserción ha de ser sobre todo fruto de una actitud interior. Debéis, por tanto, consideraros «parte» del mundo, llamados a santificarlo, asumiendo totalmente las obligaciones que dimanan de la legítima autonomía de la realidad del mundo, de sus valores y sus leyes.

Queridos hijos e hijas, vuestro campo de acción, como podéis comprobar, es bastante extenso. La Iglesia espera mucho de vosotros. Necesita vuestro testimonio para llevar al mundo el «gozoso anuncio» de que todas las aspiraciones auténticamente humanas pueden tener en Cristo su cumplimiento.

Septiembre

1   *El laico hace profesión de su fe*
2   *El laico comunica su fe*
3   *Los campos del apostolado de los laicos*
4   *No existe apostolado sin vida interior*
5   *Los planes de Dios sobre el matrimonio y la familia*
6   *Familia, sé lo que eres*
7   *Un hermoso recuerdo del Papa Pío IX*
8   *María Santísima, Niña*
9   *El sacramento del matrimonio*
10 *A las Confraternidades y movimientos eclesiales*
11 *El progreso de nuestra generación*
12 *Sombras y desequilibrios de nuestra generación*
13 *La Iglesia vive con los hombres de nuestra época*
14 *Exaltación de la Santa Cruz*
15 *La Virgen Dolorosa consuela*
16 *La Iglesia comparte la inquietud de nuestro tiempo*
17 *La Iglesia recurre a la misericordia divina*
18 *Armonizar la técnica con la conciencia*
19 *Relaciones entre fe y cultura*
20 *Diálogo constructivo entre fe y cultura*
21 *San Mateo, apóstol y evangelista*
22 *El Consejo Pontificio para la Cultura*
23 *Otros objetivos del Consejo Pontificio para la Cultura*
24 *San Gerardo de Esztergom, obispo y mártir*
25 *La cultura popular, moralidad básica común*
26 *La oración, instrumento privilegiado*
27 *San Vicente de Paúl*
28 *Santa Luisa de Marillac*
29 *La educación escolar*
30 *El «ethos» de la escuela católica*

El laico hace profesión de su fe

«Alumbre también vuestra luz a los hombres; que vean el bien que hacéis y glorifiquen a vuestro Padre del cielo» (Mt 5, 16).

Vosotros sois la sal de la tierra. Vosotros sois la luz del mundo. «La vocación cristiana es, por su naturaleza, vocación al apostolado» (ibíd., 2).

Aquí se sitúa el núcleo del anuncio y del testimonio de la fe cristiana. Por ello, *la actitud primordial del testigo de la fe consiste en profesar la fe que predica,* dejándose transformar dócilmente por el Espíritu de Dios y conformando su vida a esta sabiduría divina. Como testigos de Dios, no somos propietarios que pueden disponer a su antojo del anuncio recibido; somos responsables de un don que hay que transmitir con fidelidad. Con temor y temblor por la propia fragilidad, el apóstol confía en la manifestación del Espíritu, en el poder persuasivo de la «fuerza de Dios» (1 Cor 2, 4-5).

No se trata de acomodar el Evangelio a la *sabiduría de este mundo.* Con palabras que podrían traducir las vivencias de Pablo, hoy se podría afirmar que no son los análisis de la realidad o el empleo de las ciencias sociales o la aplicación de las estadísticas o la perfección de los métodos y técnicas organizativos —en algunos casos, medios útiles e instrumentos válidos— los que deben determinar los contenidos del evangelio recibído y profesado. Como tampoco será la connivencia con ideologías secularizadas lo que abrirá los corazones al anuncio de la salvación.

El apóstol no debe tampoco dejarse seducir por la presunta «sabiduría del mundo» (ibíd., v. 6), basada en el poder, en la riqueza y en el placer, y que, proponiendo el espejismo de una felicidad humana, conduce de hecho a una destrucción total a cuantos sucumben a su culto.

¡Sólo Cristo! Lo proclamamos, agradecidos y maravillados. En él reside la plenitud de «lo que Dios ha preparado para los que lo aman» (ibid., v. 9). Es el anuncio que la Iglesia confía a todos los llamados a proclamar, celebrar, comunicar y vivir el Amor infinito de la Sabiduría divina.

2 de septiembre

El laico comunica su fe

La *sabiduría divina* es esa *ciencia sublime* que hace que la sal conserve su sabor y no se vuelva insípida, que alimenta la luz de la lámpara, a fin de que ilumine lo recóndito del corazón humano y guíe sus aspiraciones secretas, su búsqueda y sus esperanzas.

El Papa exhorta a todos los laicos a que asuman con coherencia y energía su dignidad y responsabilidad. Como ya he mencionado, la vocación cristiana es esencialmente apostólica; sólo en esta dimensión de servicio al Evangelio encontrará el cristiano *la plenitud de su propia dignidad y responsabilidad.* En efecto, los laicos, «incorporados a Cristo por el bautismo, integrados al Pueblo de Dios y hechos partícipes, a su modo, de la función sacerdotal, profética y real de Cristo» (*Lumen*

Gentium, 31), son enviados a anunciar y realizar el Reino de Cristo hasta que éste vuelva.

Si queréis ser fieles a esta dignidad, no basta con aceptar pasivamente las riquezas de la fe transmitidas por vuestra tradición y vuestra cultura. *Se os ha confiado un tesoro, se os han dado talentos* que tenéis que asumir con responsabilidad a fin de que fructifiquen abundantemente. La gracia del bautismo y de la confirmación, que la Eucaristía renueva y la penitencia restaura, posee energías vivas para revitalizar la fe y para orientar, con el dinamismo creador del Espíritu Santo, la actividad de los miembros del Cuerpo Místico.

También los laicos han sido llamados a este desarrollo espiritual interior que conduce a la santidad y a esta dedicación apostólica creadora, que les hace *colaboradores del Espíritu Santo,* el cual, con sus dones, renueva, rejuvenece y culmina la obra de Cristo (cfr. *Lumen Gentium,* 4).

3 de septiembre

Los campos del apostolado de los laicos

¿Es preciso afirmar una vez más que el desarrollo progresivo de la identidad cristiana del laico no disminuye o limita sus posibilidades, sino que, por el contrario, delimita, alimenta y potencia la presencia y la actividad específica y original que la Iglesia ha encomendado a sus hijos, en los distintos campos de la actividad personal, profesional y social?

El propio Evangelio nos impele *a compartir todas las situaciones y condiciones del hombre* con un amor apasionado por todo lo concerniente a su dignidad y a sus derechos, basados en su condición de criatura de Dios, «hecho a su imagen y semejanza» (Gn 1, 26), partícipe de la filiación divina por la gracia de Cristo. El Concilio Vaticano II ha subrayado certeramente que la tarea principal de los laicos católicos consiste en impregnar y transformar todos los ámbitos de la convivencia humana con los valores del Evangelio (cfr. *Lumen Gentium*, 36), con el anuncio de una *antropología cristiana* fundamentada en tales valores.

Pablo VI especifica los campos del apostolado de los laicos del modo siguiente: «La vía específica de su actividad evangelizadora es el vasto y complejo mundo de la política, de lo social, de la economía, así como también de la cultura, de las ciencias, de las artes, de la vida internacional, de los medios de comunicación social y otras muchas realidades susceptibles de evangelización: el amor, la familia, la educación de los niños y de la juventud, el trabajo profesional, el sufrimiento» (*Evangelii Nunziandi*, 70). No hay actividad humana que sea ajena a la tarea responsable de evangelización por parte de los laicos: el testimonio de vida y el esfuerzo evangelizador cara a la familia cristiana; el dilatado campo del mundo del trabajo, expuesto a tan profundas crisis; el campo de la política y las delicadas decisiones que conlleva; el mundo de la cultura, de los intelectuales y científicos, de los educadores y artistas.

4 de septiembre

No existe apostolado sin vida interior

Quiero concluir con una recomendación especial dirigida al corazón cristiano de los laicos. No existe, no puede existir ningún apostolado (tanto por parte de los sacerdotes como de los laicos) sin vida interior, sin oración, sin una tendencia permanente a la santidad.

Esta santidad, de acuerdo con las palabras que hemos proclamado en esta celebración, es el don de la sabiduría, que para el cristiano se traduce en una actuación particular del Espíritu Santo, recibido en el bautismo y en la confirmación: «Que me conceda Dios saber expresarme y pensar como corresponde a ese don, pues El es el mentor de la sabiduría y quien marca el camino a los sabios. Porque en sus manos estamos nosotros y nuestras palabras, y toda la prudencia y el talento» (Sab 7, 15-16).

Sentíos todos llamados a la santidad. Sentid necesidad de la abundancia del Espíritu Santo para llevar a cabo con su sabiduría la labor nueva y original del apostolado laico. Para ello habéis de estar unidos a Cristo y participar así de su función sacerdotal, profética y real, en las circunstancias difíciles y maravillosas de la Iglesia y del mundo de nuestros días.

Ciertamente, debemos ponernos en sus manos para poder realizar nuestra vocación cristiana, para poder llevar a todos hasta Dios. En las manos de la eterna sabiduría, para participar fructíferamente de la misión de Cristo. En las manos de Dios, para construir su Reino dentro de las realidades temporales de este mundo.

Queridos hermanos y hermanas, pido hoy al Señor para todos vosotros, laicos, una santidad que fructifique en un apostolado original y creativo, impregnado de sabiduría divina.

Lo imploro mediante la intercesión de la Virgen.

5 de septiembre

Los planes de Dios sobre el matrimonio y la familia

Dios ha creado al hombre a su imagen y semejanza. Llamándolo a la existencia *por amor,* al mismo tiempo lo ha llamado *al amor.* Dios es amor y dentro de sí mismo vive un misterio de comunión personal de amor. Creándolos a su imagen y conservándolos permanentemente en el ser, Dios acuña en la humanidad del hombre y de la mujer la vocación y, por consiguiente, la capacidad y la responsabilidad del amor y de la comunión. El amor es, por tanto, la vocación fundamental y natural de todo ser humano. En cuanto espíritu encarnado, es decir, alma que se expresa en el cuerpo y cuerpo animado por un espíritu inmortal, el hombre es llamado al amor en su ser integral y único. El amor comprende también al cuerpo, y éste ha sido hecho partícipe del amor espiritual.

La Revelación cristiana conoce dos vías específicas de llevar a cabo la vocación de la persona humana, en su integridad, al amor: el matrimonio y la virginidad. Tanto uno como otra, dentro de su peculiaridad, son una concreción de la verdad más honda del ser humano, en cuanto «hecho a imagen de Dios».

Por consiguiente, la sexualidad, mediante la cual el varón y la mujer se entregan mutuamente con los actos propios y exclusivos de los esposos, no es en modo alguno algo puramente biológico, sino que pertenece al núcleo más profundo de la persona humana en cuanto tal. Una realización auténticamente humana de la sexualidad es posible solamente si entra a formar parte del amor con que el varón y la mujer se comprometen totalmente uno con el otro hasta la muerte.

Esta dimensión integral y total exigida por el amor conyugal implica asimismo los deberes de una fecundidad responsable, la cual, al estar ordenada a la generación de un ser humano, supera por naturaleza el nivel puramente biológico.

6 de septiembre

Familia, sé lo que eres

Dentro de los planes de Dios, Creador y Redentor, la familia descubre no solamente su «identidad», o sea, lo que ella «es», sino también su «misión», lo que ella puede y debe «hacer». La tarea a la que la familia ha sido llamada por Dios para hacerla realidad en la historia brota de su propio ser y representa su desarrollo dinámico y existencial. Cada familia descubre y halla dentro de sí misma una llamada ineludible que define al mismo tiempo su dignidad y su responsabilidad: familia, «sé» lo que «eres».

Acceder al «principio» de la dimensión creadora de Dios es, por tanto, una necesidad para la familia, si es que quiere conocerse a sí misma y realizarse según la verdad intrínseca, no sólo de su ser, sino también de su actuación histórica. Dado que, de acuerdo con los planes divinos, la familia está constituida como «comunidad íntima de vida y de amor», tiene también la misión de llegar a ser cada vez más aquello que es, es decir, comunidad de vida y amor. Por este motivo, la familia recibe *la misión de custodiar, revelar y comunicar el amor,* como reflejo vivo y participación real del amor de Dios por la humanidad y del amor de Cristo Señor por la Iglesia, su Esposa.

Todos los deberes propios de la familia son expresión y concreción de esta misión fundamental.

Es necesario, según esto, ahondar más profundamente en la singular riqueza de la misión que atañe a la familia y escudriñar sus variados y unitarios contenidos. En este sentido, partiendo del amor y teniendo a éste siempre como punto de mira, el reciente Sínodo ha expuesto cuatro obligaciones generales de la familia: 1. la formación de una comunidad de personas; 2. el servicio a la vida; 3. la participación en el desarrollo de la sociedad; 4. la participación en la vida y en la misión de la Iglesia.

Un hermoso recuerdo del Papa Pío IX

Al dirigiros mi cordial saludo, unido a mi sincero agradecimiento por el caluroso recibimiento que me habéis reservado, deseo expresar mi alegría por este encuentro, que me da pie a recordar la estancia entre vosotros de mi predecesor Pío IX, con motivo del viaje que realizó para inaugurar el tramo ferroviario Roma-Velletri.

Aquella visita pontificia a la ciudad de Velletri se debió a un acontecimiento de indudable importancia tecnológica y social. La presencia en este lugar y con tal motivo de ese gran Papa la interpreto cordialmente como un testimonio significativo de la valoración positiva con que la Iglesia acoge cualquier descubrimiento de la inteligencia humana y cualquier hecho que conduzca a un auténtico progreso. En efecto, la Iglesia es la primera en apoyar y alentar los esfuerzos del hombre en la conquista del mundo, en virtud de la misión que se la ha encomendado, es decir, la de iluminar con la luz del Evangelio todas las realidades temporales. A pesar· de ello, ha habido en el pasado algunas incomprensiones pasajeras, y sigue habiéndolas aún hoy.

Estas son las breves reflexiones que con mucho gusto os ofrezco en esta visita, visita que he querido incluir de buena gana en el programa de esta jornada, porque no quería que os faltase una prueba particular de la estima y del aprecio que siento por vosotros y por la importante labor que lleváis a cabo cada día. Como confirmación de estos sentimientos y auspiciándoos todos los favores celestiales, os concedo de corazón mi Bendición Apostólica, que hago extensiva a todos vuestros colegas y sus respectivas familias.

María Santísima, Niña

Deseo dirigir un cordial y afectuoso saludo a todos vosotros, congregados hoy en este lugar para recitar conmigo la plegaria mariana del «Angelus».

Quisiera asimismo expresaros mi sincero agradecimiento por vuestra presencia.

Este saludo y este sentimiento de gratitud quiero hacerlos extensivos también a *todos* los que, en este momento, están escuchando mis palabras a través de los medios de comunicación social.

Mientras *nos* disponemos a elevar nuestra oración a la Madre Inmaculada de Dios, no podemos olvidar que ayer, 8 de septiembre, la Iglesia ha celebrado en la liturgia la festividad del nacimiento de la bienaventurada Virgen María, «esperanza y aurora de salvación del mundo entero» (*Misal Romano,* 8 de septiembre, «Postcomm.).

Se trata de una fiesta mariana profundamente arraigada en la devoción y en el corazón de los fieles, los cuales miran a la Virgen María con ferviente confianza y emocionada esperanza, sabedores de que, en los designios de Dios, su nacimiento era el comienzo de los acontecimientos salvíficos en los que María debía estar íntimamente asociada a su Hijo. Por tanto, debemos sentirnos llenos de alegría al recordar a la Madre de nuestro Redentor. Como afirma San Pedro Damián, «si Salomón, con motivo de la dedicación del templo material, celebró con todo el pueblo de Israel solemnemente un sacrificio tan copioso y magnífico, ¿cuál y cuánta no será la alegría del pueblo cristiano al celebrar el nacimiento de la Virgen María, en cuyo seno, como en un templo sacratísimo, descendió Dios en persona para recibir de ella la naturaleza humana y se dignó vivir visiblemente entre los hombres?» (*Sancti Petri Damiani Sermo* 45: PL 144, 740 s.).

En las manos de María, «Niña», depositamos hoy nuestra humilde plegaria por el mundo y por la Iglesia.

9 de septiembre

El sacramento del matrimonio

En virtud del carácter sacramental del matrimonio, la recíproca pertenencia de los esposos es la representación real, mediante el signo sacramental, de la relación de Cristo con la Iglesia.

Los esposos son entre sí y para sus hijos testigos de la salvación, de la cual participan por medio del sacramento. De este acontecimiento salvífico, el matrimonio, como todos los sacramentos, es memorial, actualización y profecía: «En este memorial, el sacramento les otorga la gracia y el deber de rememorar las grandes obras de Dios y dar testimonio de las mismas ante sus hijos; en cuanto actualización, les concede la gracia y el deber de hacer realidad en el presente, recíprocamente y con sus hijos, las exigencias de un amor que perdona y que redime; en cuanto profecía, les otorga la gracia y el deber de testimoniar la esperanza en el futuro encuentro con Cristo». «Los esposos participan en el acontecimiento de la salvación juntos, como pareja, de tal forma que el efecto primario e inmediato del matrimonio es el vínculo conyugal cristiano, una comunión entre ambos típicamente cristiana, dado que representa el misterio de la Encarnación de Cristo y su misterio de Alianza. También el contenido de su participación en la vida de Cristo es específico: el amor conyugal está comprendido dentro de una totalidad que implica todos los componentes de la persona humana, las necesidades del cuerpo y del instinto, la energía de los sentimientos y de la afectividad, la aspiración del espíritu y de la voluntad; dice relación a una unidad profundamente personal, que, más allá de la unión en una sola carne, lleva a no tener más que un solo corazón y una sola alma; exige la indisolubilidad y la fidelidad de la recíproca donación definitiva y está abierta a la fecundidad» (cfr. *Humanae vitae*, 9).

10 de septiembre

A las Confraternidades y movimientos eclesiales

Queridísimos hermanos y hermanas, las Confraternidades, las Asociaciones, los grupos y los movimientos son el campo donde el laicado puede desarrollar sobre todo su talento cristiano. Frente a las graves dificultades, a menudo vinculadas con un contexto social que colea desde hace siglos y objeto hoy más que nunca de la atenta solicitud de vuestros pastores, cada uno debe comprometerse siempre a mantener una conciencia honesta, justa, sensible y responsable. Cada uno en su puesto debe convertirse en promotor de justicia, de fraternidad, de generoso altruismo.

A este respecto, resulta muy oportuna la siguiente afirmación del Concilio: «De muy poca utilidad serán las asociaciones más florecientes si no se ordenan a la educación de los hombres en la madurez cristiana...». Para conseguir una inserción eficaz dentro de la sociedad actual, son necesarias, por tanto, una sólida formación espiritual y una gran fuerza moral a fin de no resignarse nunca ante el mal, no ceder pasivamente a un sentido fatalista de lo ineluctable, que humilla y deprime. Los análisis sociológicos son, sin duda alguna, importantes, útiles y hasta necesarios para poder conocer mejor las diferentes situaciones. Sin embargo, sobre todo es indispensable el análisis de la propia conciencia, análisis que cada cual debe realizar cada día ante Dios, ante sí mismo y ante la comunidad en la que vive. Queridos hermanos, arriba los corazones. Mantened viva y eficaz esa movilización psicológica y espiritual de las conciencias, alentándola sobre todo con la fuerza de la oración.

Una gran personalidad de la historia de la Iglesia, el cardenal John Henry Newman, antes de su conversión al catolicismo escribió una poesía que se hizo famosa: «Guíame tú, Luz amable, en medio de las tinieblas que me rodean. Negra es la noche, lejos está la casa: guíame tú».

También vosotros tenéis una gran misión que cumplir en unión con vuestros pastores.

11 de septiembre

El progreso de nuestra generación

Tenemos derecho a creer que también nuestra generación está incluida en las palabras de la Madre de Dios, cuando glorificaba esa misericordia de la que «de generación en generación» participan los que se dejan guiar por el temor de Dios.

En efecto, todos nosotros, los que actualmente vivimos sobre la tierra, *constituimos la generación* que ve acercarse el tercer milenio y siente profundamente el giro que se está verificando en la historia.

La actual generación se sabe de algún modo privilegiada, ya que el progreso le ofrece muchas posibilidades, insospechadas hace apenas pocos decenios. La actividad creadora del hombre, su inteligencia y su esfuerzo, han producido grandes cambios, tanto en el campo de la ciencia y de la técnica como en la vida social y cultural. El hombre ha ampliado su poder sobre la naturaleza y ha adquirido un conocimiento más exacto de las leyes de su propio comportamiento social. Ha visto cómo quedaban eliminados o reducidos los obstáculos y las distancias que separan a hombres y naciones, gracias a una conciencia cada vez más universal y también más clara de la unidad del género humano, a la aceptación de las dependencias recíprocas en un clima de auténtica solidaridad, y gracias, en fin, al deseo —y a la posibilidad— de entrar en contacto con los propios hermanos y hermanas, por encima de las divisiones artificiales creadas por la geografía o las fronteras nacionales o raciales.

Los jóvenes de hoy, sobre todo, saben que el progreso de la ciencia y de la técnica puede procurar no sólo nuevos bienes materiales, sino también una participación más amplia en el conocimiento mutuo. Así, por ejemplo, el desarrollo de la informática multiplicará las capacidades creadoras del hombre y le permitirá acceder a los tesoros intelectuales y culturales de los demás pueblos. Las nuevas técnicas de comunicación favorecerán una mayor participación en los acontecimientos y un creciente intercambio de ideas. Los nuevos hallazgos de las ciencias biológica, psicológica o social ayudarán al hombre a penetrar mejor en la riqueza de su propio ser.

12 de septiembre

Sombras y desequilibrios de nuestra generación

Ahora bien, al lado de todo esto o, mejor, dentro de todo esto, se dan también dificultades, que incluso parecen ir en aumento. Existen inquietudes e impotencias, que constriñen al hombre a dar una respuesta radical, que éste siente no poder eludir. El panorama del mundo contemporáneo presenta también sombras y desequilibrios, no siempre superficiales.

«En realidad, dice el Concilio, los desequilibrios que fatigan al mundo moderno están conectados con ese otro *desequilibrio fundamental* que hunde sus raíces *en el corazón humano.* Son muchos los elementos que se combaten en el propio interior del hombre.

A fuer de criatura, el hombre experimenta múltiples limitaciones; se siente, sin embargo, ilimitado en sus deseos y llamado a una vida superior.
Atraído por muchas solicitaciones, tiene que elegir y que renunciar. Más aún, como enfermo y pecador, no raramente hace lo que no quiere y deja de hacer lo que querría llevar a cabo. Por ello siente en sí mismo la división, que tantas y tan graves discordias provoca en la sociedad».

«...Ante la actual evolución del mundo, son cada día más numerosos los que se plantean o acometen con nueva penetración las cuestiones más fundamentales: ¿Qué es el hombre? *¿Cuál es el sentido del dolor, del mal, de la muerte, que,* a pesar de tantos progresos hechos, *subsisten todavía?* ¿Qué valor tienen las victorias logradas a tan caro precio?». ¿Este panorama de tensión y de amenazas características de nuestra época es acaso ahora menos inquietante? Parece que no.

Al contrario, las tensiones y las amenazas, que en el documento conciliar aparecían solamente esbozadas y no mostraban hasta el fondo todo el peligro que encerraban, en el espacio de pocos años se han manifestado mucho más claramente, han confirmado de diversas formas ese peligro y no permiten que nos hagamos ilusiones como antaño.

13 de septiembre

La Iglesia vive con los hombres de nuestra época

La Iglesia comparte con los hombres contemporáneos este deseo ardiente y profundo de una vida justa en todas sus facetas, en ningún momento deja de someter a reflexión los distintos aspectos de la justicia, tal como la exige la vida de las personas y de las comunidades.

Confirmación de ello es toda la doctrina social católica,

ampliamente desarrollada a lo largo de este último siglo. Siguiendo las huellas de esta doctrina, han de conducirse tanto la educación y la formación de las conciencias humanas en el espíritu de la justicia como asimismo las iniciativas individuales, especialmente en el ámbito del apostolado de los laicos, que precisamente se van desarrollando en dicho espíritu.

Sin embargo, sería difícil no percatarse de que muy frecuentemente *los programas basados en la idea de justicia* y que deben servir para su aplicación en la convivencia de los hombres, de los grupos y de las sociedades humanas, *sufren en la práctica deformaciones.* Aunque ellos sigan apelando a la misma idea de justicia, la experiencia demuestra que la justicia ha quedado subordinada a otras fuerzas negativas, como el rencor, el odio e incluso la crueldad.

En tal caso, el ansia de aniquilar al enemigo, de limitar su libertad o hasta de imponerle una dependencia total, se convierte en el motivo fundamental de la acción, lo cual está en contraposición con la esencia de la justicia, la cual, por su propia naturaleza, aspira a establecer la igualdad y la equiparación entre las partes en conflicto. Esta especie de abuso de la idea de justicia y la tergiversación de la misma ratifican hasta qué punto la acción humana puede *alejarse de la justicia,* aun cuando se lleve a cabo en su nombre.

Resulta obvio, en efecto, que en nombre de una presunta justicia (por ejemplo, histórica o de clase) a veces se aniquila al prójimo, se le mata, se le priva de libertad, se le despoja de los derechos humanos elementales.

14 de septiembre

Exaltación de la Santa Cruz

«Te adoramos, Jesucristo, y te bendecimos, porque con tu santa cruz redimiste al mundo»... Los que murieron por la fe, abrazaban con amor la cruz de Cristo, repitiendo: «Te bendecimos, oh Cristo, pues con tu santa cruz redimiste al mundo»...

Nosotros te adoramos, Jesucristo. Te adoramos. Nos ponemos de rodillas. No encontramos palabras suficientes ni gestos para expresarte la *veneración* que nos inspira tu cruz, el don de tu redención, ofrecido a toda la humanidad, a todos y cada uno, mediante el sometimiento total e incondicional de tu voluntad a la voluntad del Padre. El ha revelado el amor del Padre en su amor. Desde lo alto de su cruz tiene el derecho de dirigirse a todos los hombres de todos los tiempos: «Quien me ve a mí está viendo al Padre» (Jn 14, 9). Mediante su muerte, nos ha revelado que en el mundo exterior el Amor, *el Amor más fuerte que la muerte...* El ha abierto ante nosotros el camino de la esperanza.

Queremos, oh Cristo, *clamar hoy hacia esta misericordia,* el mayor poder y fuerza sobre los que puede apoyarse el hombre. Ten piedad.

La fuerza de tu amor se muestra una vez más, más potente que el mal que nos amenaza. Se muestra mayor que los numerosos pecados que actualmente parecen ser objeto de engreimiento de forma progresiva, a título de derecho público de ciudadanía, en la vida de los hombres y de las sociedades.

La fuerza de tu cruz, oh Cristo, se muestra *más poderosa que el autor del pecado,* «el jefe de este mundo» (Jn 12, 32). Pues con tu Sangre y tu Pasión has *redimido al mundo.* Amén.

15 de septiembre

La Virgen Dolorosa consuela

La Virgen María sigue siendo la amorosa consoladora de tantos dolores físicos y morales que afligen y atormentan a la humanidad. Ella conoce bien nuestros dolores y nuestras penas, pues *también ella ha sufrido, desde Belén hasta el Calvario:* «Una espada te traspasará el corazón». María es nuestra Madre espiritual, y la madre comprende siempre a sus hijos y les consuela en sus cuitas.

Por otro lado, ella ha recibido *de Jesús en la cruz* la misión específica de amarnos, sólo y siempre amarnos para salvarnos. María nos consuela sobre todo mostrándonos el crucifijo y el paraíso.

Virgen Santísima, sé el consuelo único y perenne de la Iglesia a la que amas y proteges. Consuela a tus obispos y sacerdotes, a los misioneros y religiosos, que deben iluminar y salvar a la sociedad moderna, tan compleja y a veces también adversa. Consuela a las comunidades cristianas, otorgándoles el don de numerosas y sólidas vocaciones sacerdotales y religiosas.

Consuela a este pueblo bueno, que te ama y te venera; a tantas familias de emigrantes, a los parados, los que sufren, los que llevan en su cuerpo y en su alma las heridas asestadas por dramáticas situaciones límites; a los jóvenes, especialmente aquellos que por tantos motivos dolorosos se hallan desorientados y abatidos; a todos los que sienten en su corazón un ardiente deseo de amor, de altruismo, de caridad, de entrega, que alimentan altos ideales de logros espirituales y sociales.

Oh Madre Consoladora, consuélanos a todos, haz que todos comprendamos que la clave de la felicidad está en la bondad y en el seguimiento siempre fiel de tu Hijo, Jesús.

16 de septiembre

La Iglesia comparte la inquietud de nuestro tiempo

La experiencia del pasado y del presente demuestra que la justicia no basta por sí sola, sino que, por el contrario, puede llegar a la negación y la destrucción de sí misma, si no se abre a *esa fuerza más profunda, que es el amor;* si no es capaz de plasmar la vida humana en sus distintas dimensiones. Ha sido precisamente la experiencia histórica la que, entre otros, ha formulado el dicho: *summum ius, summa iniura.*

Tal afirmación no quiere ir en detrimento del valor de la justicia o de la importancia del orden basado en la misma, sino que indica solamente, desde otro ángulo, la necesidad de acceder a las fuerzas del espíritu, más profundas aún, que condicionan el orden mismo de la justicia.

Contemplando el panorama de nuestra generación, *la Iglesia comparte la inquietud de muchos hombres contemporáneos.* Por otro lado, debe también preocupar el declive de muchos valores fundamentales, que constituyen un bien innegable no sólo de la moral cristiana, sino también *de la moral humana, de la cultura moral,* como, por ejemplo, el respeto a la vida humana desde el momento de su concepción, el respeto por el matrimonio de la familia. La laxitud moral atenta especialmente contra este ámbito más sensible de la vida y de la convivencia humana. Paralelamente, aparecen también la crisis de la verdad en las relaciones interpersonales, la carencia de responsabilidad en las declaraciones, la relación puramente utilitarista del hombre con el hombre, el ocaso del sentido del auténtico bien común y la facilidad con que se niega al mismo. Finalmente, está la secularización, convertida frecuentemente en «deshumanización»: el hombre y la sociedad, para los que ya nada hay «sagrado», sucumben a una decadencia moral, a pesar de lo que digan las apariencias.

La Iglesia recurre a la misericordia divina

La Iglesia proclama la autenticidad de la misericordia de Dios, revelada en Cristo crucificado y resucitado, y la profesa de diversas maneras. Además, trata de hacer realidad la misericordia con los hombres a través de los hombres, considerándolos condición indispensable de la solicitud por un mundo mejor y «más humano», ahora y en el futuro. No obstante, en ningún momento y en ningún período histórico, especialmente en una época tan crítica como la nuestra, la Iglesia puede olvidar *la oración, que es el grito dirigido a la misericordia de Dios* a la vista de las múltiples formas del mal que pesan sobre la humanidad y la amenaza...

Elevemos nuestras *súplicas, guiados por la fe, la esperanza y la caridad* que Cristo ha inculcado en nuestros corazones. Esta postura es, al mismo tiempo, amor a Dios, que el hombre contemporáneo ha apartado a veces tanto de sí, proclamando de diversas formas que le resulta «superfluo». La ofensa y repulsa del amor a Dios por parte del hombre contemporáneo nos conmueve profundamente y nos mueve a gritar con Cristo crucificado: «Padre, perdónalos porque no saben lo que hacen». Significa asimismo *amor a los hombres,* a todos los hombres, sin excepción y división: sin diferencias de razas, de cultura, de lengua, de mentalidad, sin distinción de amigos y enemigos.

Es, por tanto, amor a los hombres, y quiere el bien verdadero para cada uno de ellos y para cada comunidad humana, para las familias, las naciones, los grupos sociales, los jóvenes, los adultos, los esposos, los ancianos, los enfermos, para todos, sin excepción alguna. Amor, es decir, solícita preocupación por garantizar a cada persona cualquier bien auténtico y combatir cualquier tipo de mal.

Armonizar la técnica con la conciencia

La Iglesia precisa claramente la *distinción específica* entre el conocimiento científico y el religioso y sus métodos propios. Tiene certeza igualmente de que son complementarios y de su *armonía profunda* en torno a un mismo Dios Creador y Redentor del hombre. Quiere también eliminar cualquier equívoco sobre este punto. Respeta, en su ámbito, las ciencias naturales, a las que, lejos de considerar una amenaza, ve más bien como manifestación del Dios creador. Le alegran sus progresos y, por tanto, señores y señoras, alientan vuestras investigaciones, según el espíritu que acabamos de exponer. Reconoce, además, que la cultura científica actual exige a los cristianos una maduración de su fe, una apertura al lenguaje y a las cuestiones de los científicos, un sentido de los diferentes niveles del conocimiento y de los diversos modos de enfocar una verdad. En resumidas cuentas, desea que el diálogo entre ciencia y fe, aun a pesar de las tensiones surgidas en el pasado histórico, entre en una fase cada vez más positiva y se intensifique a cualquier nivel. El amor a la verdad, buscada con humildad, constituye uno de los grandes valores capaces de unir a los hombres de hoy *a través de las distintas culturas.*

La cultura científica no se contrapone ni a la cultura humanística ni a la cultura mística. *Toda cultura auténtica es apertura a lo esencial,* y no hay verdad alguna que no pueda llegar a ser universal.

Espero que el científico, en el ámbito de su cultura, conserve el sentido de la trascendencia del hombre sobre el mundo y de Dios sobre el hombre, y que, en el ámbito de su praxis, añada al sentido universal de su cultura propia el sentido universal del amor fraterno, del que Cristo ha dado de forma especial ejemplo al mundo.

(Juan Pablo II, Alocución a la UNESCO, 23, 2-6-1980:
Insegnamenti di Giovanni Paolo II, III, 1, 1980, 1655).

19 de septiembre

Relaciones entre fe y cultura

Siguiendo las líneas maestras del Concilio, la sesión del
Sínodo de los Obispos, celebrada en el otoño de 1974,
adquirió clara conciencia del papel de las distintas culturas en la evangelización de los pueblos. Mi predecesor
Pablo VI, haciendo suyas las conclusiones de sus trabajos
en la Exhortación Apostólica *Evangelii Nuntiandi,* declaraba: El Evangelio y, por tanto, la evangelización, no se
identifican con la cultura y son independientes de toda
cultura. Sin embargo, el reino que anuncia el Evangelio
es vivido por personas estrechamente ligadas a una cultura, y la construcción del Reino no puede prescindir de
los elementos de las culturas y de las culturas humanas.
Aunque independientes frente a las culturas, el Evangelio
y la evangelización no son necesariamente incompatibles
con ellas, sino capaces de hacer uso de todas ellas, sin
caer en ningún tipo de servilismo».

Recogiendo también yo la rica herencia del Concilio
Ecuménico, del Sínodo episcopal y de mi venerado predecesor Pablo VI, el 1 y 2 de junio de 1980, he proclamado en París, primeramente en el Instituto Católico y
después en la Asamblea extraordinaria de la Unesco, el
vínculo orgánico y constitutivo existente entre el cristianismo y la cultura; por tanto, con el hombre en su ser
integral. Este vínculo del Evangelio con el hombre, afirmaba en mi discurso ante ese aerópago de hombres y
mujeres de la cultura y de la ciencia de todo el mundo,
«es efectivamente creador de la cultura en su fundamento
mismo». Siendo la cultura el factor por el que el hombre,
en cuanto tal, se hace cada vez más hombre, en ella está
en juego, pues, el propio destino del hombre.

Diálogo constructivo entre fe y cultura

Aun en aquellos casos en que ideologías agnósticas, hostiles a la tradición cristiana, e incluso abiertamente ateas, inspiran el pensamiento de determinados intelectuales, la Iglesia siente la urgente necesidad de entablar un diálogo con las culturas, a fin de que el hombre actual pueda descubrir que Dios, lejos de ser su antagonista, le da la oportunidad de realizarse plenamente, a su imagen y semejanza. En efecto, el hombre demuestra su deseo de superarse infinitamente a sí mismo, y prueba evidente de ello son los esfuerzos realizados por tantos genios creadores por dejar plasmados de forma duradera en las obras de arte o de pensamiento valores trascendentes de belleza y de verdad, intuidos más o menos fugazmente como expresión de lo absoluto. De esta forma, el encuentro de las culturas es hoy un terreno de diálogo privilegiado entre hombres comprometidos en la búsqueda de un humanismo nuevo para nuestra época, más allá de cualquier divergencia que pueda separarles...

Por otro lado, es urgente que el hombre actual, y especialmente los católicos, se interroguen seriamente sobre las condiciones que fundamentan el desarrollo de los pueblos. Cada vez es más evidente que el progreso cultural va íntimamente ligado a la construcción de un mundo más justo y más fraternal...

Por consiguiente, en virtud de mi misión apostólica, soy sensible a la responsabilidad que me incumbe, en el corazón de la colegialidad de la Iglesia universal, y en contacto y de acuerdo con las Iglesias locales, de intensificar las relaciones de la Santa Sede con todas las realizaciones de la cultura, fomentando asimismo una relación original que lleve a una fecunda colaboración internacional, dentro de la familia de las naciones, es decir, de las grandes «comunidades de los hombres unidos por vínculos diversos, y —sobre todo y especialmente— por la cultura».

21 de septiembre

San Mateo, apóstol y evangelista

Queridos hermanos y hermanas, quiero en primer lugar saludaros cordialmente y expresaros mi bienvenida en este encuentro de oración y de comunión eclesial. En la fiesta de *San Mateo,* apóstol y evangelista, la sagrada liturgia ofrece a nuestra reflexión la figura de este «escritor prudente», que tan admirablemente supo vivir y enseñar las palabras del Señor. Atraído por la llamada del Maestro, Mateo, sin pensárselo dos veces, «se levantó y lo siguió» (Mt 9, 9).

Desde ese momento hubo un cambio radical en su vida, en su modo de pensar y de actuar. Se hizo discípulo de Jesús y anunció ese evangelio, escrito por él, en el que el cristiano es presentado ante todo como *seguidor* de Cristo, como una persona consciente de los compromisos que se desprenden de asumir el Evangelio y que los lleva a la práctica con valentía rayana en el heroísmo, dado que ir en pos de Jesús está por encima de cualquier otra obligación.

Recordaréis las palabras de Jesús: «No basta decirme: Señor, Señor, para entrar en el Reino de Dios; no, hay que poner por obra el designio de mi Padre del cielo» (cfr. ibíd. 7, 21).

En este momento de recuperación de los compromisos espirituales y sociales, pido al Señor que nos otorgue, mediante la intercesión de su Santa Madre y de San Mateo, que consagró su vida entera a la causa de la fe cristiana, saber llevar a la práctica las enseñanzas del Evangelio y testimoniar con arrojo nuestra fe dentro de la sociedad contemporánea de la que formamos parte.

Que la bendición apostólica que ahora imparto a todos
de todo corazón os sirva de aliento para ello.

22 de septiembre

El Consejo Pontificio para la Cultura

Por esta razón, he decidido fundar e instituir un Consejo
para la Cultura, capaz de dar a toda la Iglesia un impulso
común en el encuentro, renovado de continuo, del mensaje salvífico del Evangelio con la pluralidad de las culturas propias de los distintos pueblos, a los que debe llevar
sus frutos de gracia.

El Consejo tendrá una serie de objetivos específicos, en
un espíritu ecuménico y fraternal, promoviendo también
el diálogo con las religiones no cristianas y con individuos o grupos que se declaran fuera de cualquier planteamiento religioso, en la búsqueda conjunta de una comunicación cultural con todos los hombres de buena
voluntad. Dicho Consejo transmitirá regularmente a la
Santa Sede el eco de las grandes aspiraciones culturales
del mundo de hoy, profundizando en las expectativas de
las civilizaciones contemporáneas y explorando las nuevas vías del diálogo cultural, lo cual permitirá al Consejo
Pontificio para la Cultura responder más adecuadamente
a los objetivos para los que ha sido fundado y que, en sus
líneas generales, son los siguientes:

1. Testimoniar ante la Iglesia y el mundo el vivo interés
que la Santa Sede, debido a su específica misión, presta al
progreso de la cultura y al diálogo fecundo entre las culturas, así como a su benéfico encuentro con el Evangelio.

2. Ser partícipe de las preocupaciones culturales que los
Dicasterios de la Santa Sede encuentran en su labor, de
forma tal que faciliten la coordinación de sus trabajos
para la evangelización de las culturas y garanticen la cooperación de las instituciones culturales de la Santa Sede.

Otros objetivos del Consejo Pontificio para la Cultura

3. Dialogar con las Conferencias Episcopales, con el fin también de que toda la Iglesia se beneficie de las investigaciones, iniciativas, realizaciones y creaciones que permitan a las Iglesias locales una presencia activa en su propio ambiente cultural.

4. Colaborar con las organizaciones internacionales católicas, universitarias, históricas, filosóficas, teológicas, científicas, artísticas, intelectuales, a fin de promover su cooperación recíproca.

5. Salvaguardando sus características propias y respetando en cualquier caso las competencias específicas de otros organismos internacionales, comenzando por la Unesco y por el Consejo de cooperación cultural del Consejo de Europa, estar en conexión con todos los interesados en la cultura, en la filosofía de la ciencia, en las ciencias del hombre, así como consolidar la participación eficaz de la Santa Sede en los Congresos internacionales que se ocupen de ciencia, de cultura y de educación.

6. Apoyar la política y la acción cultural de los distintos gobiernos del mundo, legítimamente preocupados en situar en su plena dimensión humana la promoción del bien común de las personas de las que son responsables.

7. Facilitar el diálogo entre Iglesia y cultura a nivel de universidades y organismos de investigación, organizaciones de artistas y especialistas, investigadores y hombres de ciencia, y promover encuentros fructíferos a través de estos mundos culturales.

8. Recibir en Roma a representantes de la cultura interesados en conocer más a fondo la acción de la Iglesia en este campo y que, a su vez, beneficien a la Santa Sede

con sus ricas experiencias, proporcionándoles un lugar de reunión y de diálogo en Roma.

San Gerardo de Esztergom, obispo y mártir

La figura de San Gerardo aparece ante nosotros bajo tres típicas formas de vida cristiana: como monje, como apóstol y como mártir. El monje es un hombre de Dios, que, mediante la oración y el trabajo, dedica absolutamente su vida a Dios. El apóstol, mensajero de la buena noticia salvífica del Evangelio, educa al cristiano en la santidad de vida y conduce al pagano al cristianismo. El mártir, como testimonio supremo de su amor, hace donación total a Dios de sí mismo, de su vida de oración y de su actividad apostólica. San Gerardo fue un hombre de Dios porque consagró a Dios su vida entera como servicio de obediencia. ¿De qué forma? Según los dictámenes de la regla, en su doble dimensión armónica de oración y de trabajo.

San Gerardo dio con su vida testimonio de servicio perseverante de evangelización. No pretendió anunciar sus propias ideas, sino la buena nueva de Cristo. Comprendió igualmente que una comunidad eclesial adecuada puede nacer solamente si se busca la comunión con Cristo y se ofrece la propia vida en servicio de los hermanos.

El martirio coronó esta vida dedicada a Dios en la oración y la acción apostólica. Su martirio fue el testimonio supremo del amor de San Gerardo por una nueva patria, por su nuevo pueblo.

El monumento de San Gerardo, monje, apóstol y mártir, se alza en el centro de vuestra capital, a orillas del Danubio, y, con el crucifijo elevado en alto, continúa aún hoy diciéndoos: sed testigos de la fe en Cristo y del amor fraterno, distintivo del cristianismo, en medio de vuestro pueblo.

Que el Espíritu de Cristo os dé fuerzas, mediante la poderosa intercesión de la Santísima Virgen, «Magna Domina Hungarorum».

25 de septiembre

La cultura popular, moralidad básica común

Hoy creo oportuno hablar con vosotros de algunos problemas particulares, a fin de recalcar la importancia de una acción pastoral atenta y amplia en el campo de la cultura. La primera cuestión es la de la llamada *«cultura popular»*, es decir, el conjunto de principios y valores que constituyen el «ethos» de un pueblo, la fuerza que lo unifica interiormente y que la experiencia histórica ha hecho madurar, a costa a veces de grandes sufrimientos colectivos, configurando un fundamento común, antes y por encima de cualquier línea ideológica y política. Ningún pueblo se desarrolla al margen de este fundamento. Ninguna experiencia política, ninguna forma de democracia puede subsistir sin apelar a esta moralidad básica común. Ninguna ley escrita basta para garantizar la convivencia humana si su fuerza íntima no brota de este fundamento moral. Esta «cultura popular» es, en su mayor parte, en nuestra región, fruto de la fe cristiana y de la educación impartida por la Iglesia durante siglos.

Hoy se encuentra amenazada por diversos motivos; a veces parece estar en grave peligro de ser atropellada. Poned suma atención en este punto: el futuro de la Iglesia y hasta de la misma sociedad depende de ello.

La «cultura popular» está hoy en gran medida bajo la influencia *de los medios de comunicación de masas.* No se puede dudar de la importancia de dichos medios en la formación de las costumbres y de la opinión pública... Es

357

preciso redoblar los esfuerzos para que tales medios no supongan el desquiciamiento de una moralidad de base que ha constituido siempre la fuerza secreta del pueblo.

26 de septiembre

La oración, instrumento privilegiado

La oración es un instrumento privilegiado para participar en la búsqueda de la unidad de todos los cristianos. Jesucristo nos ha legado su deseo póstumo de unidad mediante su oración al Padre: «Que sean todos uno, como Tú, Padre, estás conmigo y yo contigo; que también ellos estén con nosotros, para que el mundo crea que Tú me enviaste» (Jn 17, 21).

También el Concilio Vaticano II ha recomendado vivamente la oración por la unidad de los cristianos, definiéndola como «el alma de todo el movimiento ecuménico» (*Unitatis Redintegratio,* 8). Como el alma es al cuerpo, la oración infunde vida, cohesión, espíritu y finalidad al movimiento ecuménico.

La oración nos sitúa en primer lugar ante el Señor, purifica nuestras intenciones, nuestros sentimientos, nuestro corazón, y produce esa «conversión interior», sin la que no hay verdadero ecumenismo.

La oración nos recuerda, además, que la unidad, en definitiva, es un don de Dios, don que debemos implorar y para el que hemos de prepararnos a fin de que se nos conceda. De igual modo, también la unidad, como todo don, como toda gracia, depende de que «Dios tenga misericordia» (Rm 9, 16). Puesto que la reconciliación de todos los cristianos «excede las fuerzas y la capacidad humana» (*Unitatis Redintegratio,* 24), la oración perseverante y fervorosa manifiesta nuestra esperanza, que no es engañosa, y nuestra confianza en el Señor, que renovará todas las cosas (cfr. Rm 5, 5; Ap 21, 5).

San Vicente de Paúl

La vocación de este pionero genial de la acción caritativa y social alumbra aún hoy el rumbo de sus hijos e hijas, de los laicos que se conducen según su espíritu, de los jóvenes que buscan con anhelo la clave de una existencia útil y radicalmente consumada en la donación de sí mismos.

Para mejor servir a los pobres, Vicente «quiso ofrecerse como ayuda de los clérigos para que, renunciando a cualquier beneficio, pudiesen dedicarse por entero, con el beneplácito de los obispos, a la salvación del pueblo humilde del campo, mediante la predicación, el catecismo y las confesiones generales, sin admitir retribución alguna, del tipo o clase que fuere». Este grupo de sacerdotes, llamados «lazaristas», creció rápidamente hasta convertirse en *la Congregación de la Misión.* Vicente no cesó de inculcar a sus compañeros «el espíritu de Nuestra Señora», que condensó en cinco virtudes fundamentales: sencillez, dulzura con el prójimo, humildad personal y, además, como condición de estas tres primeras virtudes, la mortificación y el celo que en cierto modo hace dinámico a todo el conjunto. Las recomendaciones que él hizo a los que inició en la predicación del Evangelio están llenas de sabiduría espiritual y de realismo pastoral: no se trata de ser amados por ellos mismos, sino de inculcar el amor a Jesucristo.

En el curso de sus misiones, Vicente de Paúl tiene la certeza también de que este método de evangelización no dará frutos a no ser que exista un clero instruido y celoso. Por tal motivo, los lazaristas se encargarán muy pronto de la formación de los sacerdotes a la vez que de las misiones populares, y fundarán seminarios conformes con las instancias urgentes del Concilio de Trento.

Santa Luisa de Marillac

Por último, otro aspecto del dinamismo y del realismo de Vicente de Paúl consistió en dar a las «Charitée», que se habían multiplicado en ese tiempo, una estructura de unidad y de eficacia. Luisa de Marillac, siguiendo las directrices del propio Monsieur Vincent, se consagró a la inspección y aliento de las «Charitée». Luisa hizo maravillas y su encanto fue importantísimo para que una serie de «animosas campesinas jóvenes» se decidiesen a prestar su contribución a que las «Charitée» secundasen su ejemplo de oblación total a Dios y a los pobres. El 29 de noviembre de 1633, la Compañía de las Hijas de la Caridad vio la luz y Vicente de Paúl les dio un reglamento original y de gran exigencia: «Tendréis por monasterio el cuarto de los enfermos; por celda, un cuarto alquilado; por capilla, la iglesia parroquial; por claustro, las calles de la ciudad; por clausura, la obediencia; por rejas, el temor de Dios; por velo, la santa modestia».

El espíritu de la Compañía quedaba resumido así: «Debéis hacer lo mismo que el Hijo de Dios hizo sobre la tierra. Debéis entregar vuestra vida a estos pobres enfermos, la vida del cuerpo y la vida del alma».

Sin haber conocido los movimientos feministas de nuestra época, monsieur Vincent supo encontrar entre las mujeres de su tiempo colaboradoras inteligentes, generosas, fieles y constantes.

La historia de la Compañía ilumina de modo singular el aspecto más profundo sin duda de la femineidad: su vocación a la ternura y a la piedad, de las que tanta necesidad tendrá siempre la humanidad. Siempre habrá pobres en su seno y las sociedades modernas hacen surgir nuevas formas de pobreza.

La educación escolar

Parece que, en nuestro tiempo, la positiva valoración de un programa concreto o un sistema de instrucción se deba, en gran parte, a la valoración oficial que los mismos pueden ofrecer en vistas de sus perspectivas de trabajo profesional. Esto es particularmente evidente en la escuela secundaria, donde la elección de futuro profesional es de crucial importancia. De ahí también la importancia hasta ahora de una especialización, como si un diploma fuese la garantía de una carrera profesional asegurada.

Por desgracia, hoy nos percatamos de que un trozo de papel no equivale a un empleo seguro. Esta amarga realidad no sólo ha provocado una *profunda frustración* entre los jóvenes, muchos de los cuales han trabajado duramente por obtener un título, sino también una *sensación de malestar* generalizada en el sistema de enseñanza. Podemos preguntar entonces dónde está el error. ¿Qué ha aportado la especialización hoy, en términos reales, en términos de vida concreta? ¿Cuál es la solución?

Quizá debiéramos reflexionar sobre la filosofía *inspiradora de la educación:* la educación en cuanto complementación de la persona. Educar quiere decir estar más preparados *para la vida;* tener una mayor capacidad de apreciar la calidad de la misma, lo que ésta puede ofrecer y lo que la persona tiene que ofrecer a cambio a la humanidad en su conjunto. Si nuestras capacidades y recursos educativos modernos estuviesen basados en esta filosofía, podríamos llegar a ofrecer valores duraderos a nuestros estudiantes, como antídoto de las perspectivas inmediatas de frustración y de aburrimiento, por no hablar de la incertidumbre ante el futuro... concediendo la importancia adecuada a la educación como desarrollo integral de la personalidad; no solamente a la capacidad intelectual, sino también al desarrollo afectivo, físico y social.

El «ethos» de la escuela católica

El desarrollo de la personalidad completa, la dimensión espiritual de la educación, y la implicación de los padres en esta labor, han estado siempre en la base *del «ethos» de la escuela católica*. Esto es cierto sobre todo en la escuela *primaria,* donde concurren íntimamente la familia, la escuela, la parroquia y la comunidad local, sin olvidar tampoco su obviedad en la situación, más compleja, de la escuela secundaria, donde la diócesis proporciona en muchos casos capellanes, principalmente para la escuela como comunidad de fe centrada en la Eucaristía y también, en aquellos casos en que sea posible, para servir de nexo de conjunción pastoral con las parroquias locales. No obstante, atenta siempre a su permanente necesidad de mejora, la Iglesia católica debería hacer uso pleno de las nuevas posibilidades existentes, aunque no sea más que para realizar su función e identidad. Y a este respecto hay que hacer referencia a lo que constituye la *identidad* y los objetivos de la escuela católica.

Esta referencia recordatoria ha sido certeramente explicada en un documento titulado *«La escuela católica»,* publicado por la Sagrada Congregación de la Santa Sede para la Educación Cristiana en marzo de 1977: «La escuela católica», afirma, «está comprometida... en el desarrollo del hombre completo, dado que en Cristo, Hombre perfecto, todos los valores humanos encuentran su cumplimiento y su unidad. Aquí reside el carácter específicamente católico de la escuela. Su tarea de cultivar valores humanos, como derecho legítimo y en conformidad con su peculiar misión de servir a todos los hombres, tiene su origen en la figura de Cristo... Su tarea es fundamentalmente una síntesis de cultura y fe, una síntesis de fe y vida» (*The Catholic School,* 35-37).

Octubre

1 *Santa Teresa del Niño Jesús*
2 *El punto central de la educación católica*
3 *La universidad, alto nivel de educación*
4 *San Francisco de Asís*
5 *La universidad católica*
6 *El santo rosario, oración colegial de los redimidos*
7 *El «sentido» del santo rosario*
8 *El santo rosario, participación en la meditación de María*
9 *Recuerdo del Papa Pío XII*
10 *El santo rosario introduce en los misterios divinos*
11 *En el santo rosario María ruega por nosotros y con nosotros*
12 *La Iglesia, al servicio de la familia*
13 *Consagración del mundo al Corazón Inmaculado de María*
14 *La «gran prueba divina»*
15 *Santa Teresa, doctora de la Iglesia*
16 *Santa Eduvigis de Silesia*
17 *La familia cristiana en el mundo moderno*
18 *San Lucas, evangelista*
19 *El matrimonio, vínculo indisoluble*
20 *La relación interpersonal en el matrimonio*
21 *Los hijos, don precioso del matrimonio*
22 *Inauguración del ministerio apostólico de Juan Pablo II*
23 *La educación de los hijos*
24 *Beato Luis Guanella*
25 *La familia cristiana y las vocaciones sacerdotales*
26 *Beato Luis Orione*
27 *Matrimonio y virginidad*
28 *La familia, célula básica y vital de la sociedad*
29 *La tarea social y política de la familia*
30 *Beato Jeremías de Valaquia*
31 *Labor eclesial propia y original de la familia*

Santa Teresa del Niño Jesús

Habéis recibido un espíritu de hijos adoptivos que os hace gritar: ¡Abba! ¡Padre! Entiendo que sería difícil encontrar palabras más apropiadas y profundas para caracterizar en síntesis el carisma particular de Teresa Martin; en otras palabras, lo que constituye el don singular de su corazón y que, a través de éste, ha llegado a ser don especial para la Iglesia. Don maravilloso en su sencillez, universal y único, al mismo tiempo. De Teresa de Lisieux puede decirse taxativamente que el Espíritu de Dios permitió a su corazón revelar directamente a los hombres de nuestro tiempo el misterio fundamental, la realidad del Evangelio: el hecho de haber recibido realmente «un espíritu de hijos adoptivos que nos hace gritar: ¡Abba! ¡Padre!». El «pequeño camino» es el camino de la «santa infancia». En él hay algo singular, el genio especial de Teresa de Lisieux.

Esta verdad, la más *fundamental* y la más *universal,* ha sido en cierto sentido descubierta de nuevo con la experiencia interior de su corazón y la actitud adoptada durante toda su vida, acabada a los veinticuatro años.

Nos ha legado el recuerdo del joven cuya «confianza» alcanza el heroísmo y consiguientemente es «libre» también hasta el heroísmo. En su Carmelo, Teresa se sintió especialmente unida a todas las misiones y misioneros de la Iglesia esparcidos por el mundo entero. Ella misma se sintió «misionera». Por esta razón ha sido proclamada por la Iglesia patrona de las misiones. ¡Abba! ¡Padre! Gracias a ella, toda la Iglesia ha encontrado de nuevo la sencillez y frescura de este grito, cuyo origen y fuente están en el corazón de Cristo.

2 de octubre

El punto central de la educación católica

A este respecto, la escuela católica implica el imperativo del *compromiso cristiano* por parte de sus *enseñantes*. La escuela católica «ha de ser una comunidad que tiene como objetivo la transmisión de valores al servicio de la vida. Su actividad debe considerarse como promoción del vínculo de fe con Cristo, en el cual tienen cumplimiento todos los valores. Sin embargo, la asimilación de la fe se realiza sobre todo a través del contacto con las personas que son testigos de ello en su vida cotidiana» (*The Catholic School,* 53).

Al considerar el valor de las escuelas católicas y la importancia de los enseñantes y educadores católicos, es preciso hacer hincapié en el punto central de la educación católica.

La educación católica es principalmente comunicación con Cristo, un medio de llevar a Cristo a la vida de los otros. Quien ha sido bautizado debe acostumbrarse a vivir su nueva vida cristiana en la justicia y en la santidad de la verdad. Las miras de la educación católica es la causa de Jesucristo y de su Evangelio al servicio del hombre.

No podemos olvidar *la integridad del mensaje catequístico:* «Quien se hace discípulo de Cristo tiene derecho a recibir la palabra de la fe» (Rm 10, 8), no mutilada,

falsificada o disminuida, sino completa e íntegra... Por
consiguiente, ningún catequista auténtico puede escoger
a su arbitrio lo que considera importante dentro del
depósito de la fe y lo que le parece no importante, a fin
de enseñar lo primero y rechazar lo segundo... El método
y el lenguaje utilizados deben ser sólo instrumentos para
comunicar la totalidad, y no sólo una parte, de las «palabras de vida eterna» (Jn 6, 68; cfr. Hch 5, 20; 7, 38), o de
los "caminos de vida" (Sal 16, 11, cit. en Hech 2, 28)»
(Juan Pablo II, *Catechesi Tradendae,* 30-31).

3 de octubre

La universidad, alto nivel de educación

Desde sus orígenes y por su propia naturaleza, *el objetivo
de la universidad* es la adquisición de un *conocimiento
científico* de la verdad, de toda la verdad. Constituye,
pues, uno de los medios fundamentales creados por el
hombre para remediar su necesidad de saber. Ahora bien,
como se desprende del Concilio Vaticano II, «hoy día es
más difícil que antes sintetizar las varias disciplinas y
ramas del saber. Porque, al crecer el acervo y la diversidad de elementos que constituyen la cultura, disminuye
al mismo tiempo la capacidad de cada hombre para cap-
tarlos y armonizarlos orgánicamente, de forma que cada
vez se va desdibujando más la imagen del hombre universal» (*Gaudium et Spes,* 61). Por ello, cualquier interpretación que ignore o parcele el elemento espiritual del
hombre, sus aspiraciones a la plenitud del ser, su sed de
verdad y de absoluto, todos los interrogantes que se plantea a sí mismo frente a enigmas tales como el dolor y la
muerte, no satisface sus necesidades más hondas y autén-
ticas. Y dado que es precisamente en la universidad
donde *los jóvenes* cotejan el *alto nivel* de su formación y
educación, deberían tener la posibilidad de encontrar respuestas, no sólo sobre la legitimidad y objetividad de la

ciencia, sino también sobre los valores espirituales y morales más elevados. Tales respuestas reforzarían su confianza en la capacidad del saber y en el ejercicio de la razón, en beneficio de ellos mismos y de toda la sociedad.

Es necesario, pues, recuperar por parte de todos la conciencia de la preeminencia de los valores morales, que son *los valores de la persona humana* en cuanto tal. La tarea fundamental que tenemos hoy a la hora de afrontar la renovación de la sociedad consiste en hallar de nuevo el sentido último de la vida y de sus valores fundamentales (Juan Pablo II, *Familiaris Consortio,* 8).

En cuanto cristianos, creemos que el significado último de la vida y de sus valores fundamentales han sido revelados en Jesucristo. Jesucristo, verdadero Dios y verdadero hombre, es quien nos dice: «Vosotros me llamáis Maestro y Señor, y con razón, porque lo soy» (Jn 13, 13-14).

4 de octubre

San Francisco de Asís

San Francisco. Todos sabemos qué ha representado para la humanidad el nacimiento de este gran Santo de Asís; con él —dice Dante— «nace al mundo un sol» (*Paraíso,* XI, v. 54). Muchos son los motivos de que haya producido, y siga produciendo, una fascinación tan viva en la Iglesia e incluso fuera de ella: su visión optimista de la cuestión, como epifanía de Dios y patria de Cristo, ensalzada por él en su famoso «Cántico de las criaturas»; su elección de la pobreza como expresión de su vida entera y a la que llama «Señora», al modo como los caballeros medievales llamaban a sus damas y los cristianos se dirigen a la Madre de Dios.

Como base de todo ello estaba una virtud teologal practicada en su plenitud, a la que Francisco raramente llama por su nombre, pues de hecho representa su estado de ánimo, que hace que concentre todo en Dios, esperarlo todo de Dios, y que le hace sentirse feliz de no tener ninguna otra cosa que a El. Con acento apasionado manifiesta él este estado de ánimo en la «Chartula» dada a fray León en el monte La Verna: «Tú eres el bien, todo el bien, el sumo bien, Señor Dios, vivo y verdadero... Tú eres nuestra esperanza» (*Opuscula,* ed. C. Esser, Grottaferrata, 1978, pág. 90 y ss.). Sí, ya que la esperanza verdadera, este don del Espíritu que no defrauda (cfr. Rm 5, 5), tiene su origen en la certeza de que «el Hijo de Dios me amó y se entregó por mí» (Gál 2, 20). La recuperación de esta certeza es urgente en el mundo actual, sacudido por tantas inquietudes que de algún modo atentan contra la esperanza traída a todos por Cristo: «Animo, que yo he vencido al mundo» (Jn 16, 33).

5 de octubre

La universidad católica

La fe cristiana nos capacita a nosotros, los cristianos, para interpretar mejor que nadie las expectativas más profundas del ser humano e indicar con serena y tranquila seguridad los caminos y medios que pueden colmarlas. Este es, por tanto, el testimonio que la comunidad cristiana y el mundo de la cultura esperan de vosotros, profesores y alumnos de universidad:

— mostrar con hechos que la inteligencia no se siente disminuida, sino, por el contrario, estimulada y fortalecida por esa fuente incomparable de comprensión de la realidad humana que es la palabra de Dios; mostrar con hechos que, en torno a esta palabra, es posible construir una comunidad de hombres y mujeres que lleven a cabo sus investigaciones, cada uno en su campo específico, sin perder el contacto con los puntos de referencia esenciales de una visión cristiana de la vida;

— una comunidad de hombres y mujeres que buscan respuestas concretas a problemas concretos, pero que, a la vez, están animados por la conciencia gozosa de poseer la respuesta última a los problemas últimos; una comunidad de hombres y mujeres, sobre todo, que se esfuerzan por encarnar en su vida y en su ambiente social el anuncio de salvación que han recibido del que es «la luz verdadera que alumbra a todos los hombres»;

— una comunidad de hombres y mujeres, que, respetando la legítima autonomía de las realidades terrenas, creadas por Dios, dependientes de El y ordenadas a El, se sienten comprometidos a «que la ley divina quede grabada en la ciudad terrena» (*Gaudium et Spes,* n. 43).

6 de octubre

El santo rosario, oración colegial de los redimidos

En este mes de octubre, dedicado tradicionalmente al santo rosario, quisiera dedicar la reflexión del Angelus a esta oración, tan estimada por los católicos, tan apreciada por mí mismo y tan recomendada por otros predecesores míos.

En este Año Santo extraordinario de la Redención, también el rosario adquiere nuevas perspectivas y contiene intenciones más intensas y amplias que antes. No se trata hoy ya de pedir grandes victorias, como las de Lepanto y Viena, sino sobre todo de pedir a María que nos haga valerosos combatientes contra el espíritu del error y del mal, con las armas del Evangelio, o sea, la cruz y la palabra de Dios.

El rezo del rosario es una oración del hombre para el hombre: es la oración de la solidaridad humana, oración colegial de los redimidos, que nos lleva a meditar sobre el espíritu y las intenciones de la primera redimida, María, madre y modelo de la Iglesia; oración por todos los hombres del mundo y de la historia, vivos o difuntos, llamados a ser con nosotros Cuerpo de Cristo y a llegar a ser con El herederos de la gloria del Padre. Teniendo en cuenta las orientaciones que el rosario nos sugiere, oración sencilla y evangélica (cfr. *Marialis cultus,* 46), descubrimos de otra forma las intenciones que San Cipriano hallaba en el *Padre nuestro.* Decía: «El Señor, maestro de paz y de unidad, no ha querido que orásemos individualmente y solos. En efecto, no decimos "Padre mío, que estás en los cielos" ni "dame el pan de cada día". Nuestra oración es por todos, de forma que, cuando rezamos, no lo hacemos por uno solo, sino por todo el pueblo, puesto que con todo el pueblo formamos una sola cosa» (*De dominica oratione,* 8).

7 de octubre

El «sentido» del santo rosario

El evangelista Lucas cuenta que María «se turbó» al oír las palabras del arcángel Gabriel en la Anunciación, «preguntándose qué saludo era aquél».

Estas reflexiones de María constituyen el primer modelo del rezo del rosario. Esta es la oración de aquellos que aprecian el saludo del ángel a María. Las personas que rezan el rosario hacen suyos el pensamiento y el corazón de María y, a través de la recitación, meditan «qué sentido tiene este saludo».

En primer lugar, *repiten las palabras* dirigidas a María por Dios mismo a través de su mensajero. Los que aprecian el saludo del ángel a María repiten las palabras *que provienen de Dios.* En el rezo del rosario, recitamos repetidamente tales palabras. No se trata de una repetición mecánica y simplista. Las palabras dirigidas a María por Dios y pronunciadas por el mensajero divino encierran *un contenido inescrutable*.

«Alégrate, favorecida, el Señor está contigo» (Lc 1, 28), «bendita tú entre las mujeres» (Lc 1, 42). Su contenido *está estrechamente ligado al misterio de la redención*. Las palabras del saludo del ángel a María nos introducen en este misterio y, al mismo tiempo, encuentran en él su explicación.

En el libro del Génesis *Dios anuncia por primera vez* el misterio de la redención. Por primera vez da a conocer su acción en la historia futura del hombre y del mundo. Efectivamente, dice el Creador al tentador, oculto bajo el disfraz de serpiente: «Pongo hostilidad *entre ti y la mujer, entre tu linaje y el suyo:* él herirá tu cabeza cuando tú hieras su talón».

8 de octubre

El Santo rosario, participación en la meditación de María

Las palabras oídas por María en la Anunciación revelan que ha llegado *el tiempo del cumplimiento de la promesa* contenida en el libro del Génesis. Del protoevangelio pasamos al evangelio. El misterio de la redención está a punto de hacerse realidad. El mensaje del Dios eterno saluda a la *«Mujer»:* esta mujer es María de Nazaret. La saluda en vistas del *«Linaje»* que ella deberá asumir de Dios mismo: «El Espíritu Santo bajará sobre ti y la fuerza del Altísimo te cubrirá con su sombra»... «vas a concebir, darás a luz un hijo y le pondrás de nombre Jesús».

Palabras realmente *decisivas*. El saludo del ángel a María constituye el comienzo de las *mayores «maravillas de Dios»* en la historia del hombre y del mundo. Dicho saludo abre inmediatamente el horizonte de la redención.

Nada tiene de sorprendente que María, tras oír las palabras de ese saludo, quedase «turbada». *El acercamiento del Dios vivo suscita siempre un santo temor.* Tampoco tiene nada de sorprendente que María se preguntara «qué saludo era aquél».

Las palabras del arcángel *la colocan* ante un misterio divino inescrutable. Más aún, *la introducen* en la órbita de tal misterio. No podemos darnos simplemente por enterados de ese misterio. Es preciso meditarlo siempre de nuevo, cada vez más profundamente. Tiene la capacidad *de llenar, no sólo la vida, sino también toda la eternidad.*

Todos los que apreciamos el saludo del ángel nos esforzamos por *participar* en la meditación de María. Pues bien, lo hacemos sobre todo cuando rezamos el rosario.

9 de octubre

Recuerdo del Papa Pío XII

Pío XII, Eugenio Pacelli, surge ante nosotros como un *defensor animoso y un apasionado servidor de la paz:* un tres de marzo, a la mañana siguiente de su elección, y como primer mensaje, dirigía desde la Capilla Sixtina a los miembros de la Iglesia y a todos los hombres la invitación y la recomendación de la paz. Escribió y trabajó incansablemente para que no estallase la guerra (la terrible segunda guerra mundial); posteriormente, hizo todo lo posible por aminorar los efectos espantosos y trágicos del sangriento conflicto, cuyo término no se acababa de ver y que supuso millones de víctimas. Utilizó todos los medios a su alcance para acelerar la paz y aliviar los sufrimientos de la posguerra. «Con la paz nada se pierde, pero todo puede perderse con la guerra»; este grito angustiado, pronunciado ya a las puertas del desastre, no fue, por desgracia, escuchado, y se convirtió en una profecía.

En sus diecinueve *discursos navideños,* definidos por su sucesor como «monumento de su sabiduría y de su fervor apostólico», Pío XII habló de la paz como armonía de justicia y de caridad; paz de las conciencias, paz de las familias; paz social; paz internacional. Pablo VI dijo de él: «Debemos recordar a Pío XII, hombre fuerte y valeroso en defensa de la justicia y de la paz, preocupado por cualquier desventura humana, especialmente abundante e inmensa en el período de la guerra» (*Insegnamenti,* 1974, pp. 222-223).

De este Papa inolvidable queremos recordar hoy su lúcido magisterio en el campo bíblico, teológico, moral y social; la nueva traducción del Salterio; las excavaciones junto a la tumba de San Pedro; la convocatoria y realización del Año Santo de 1950; la definición solemne de la Asunción de María Santísima el 1 de noviembre de ese mismo año.

10 de octubre

El santo rosario introduce en los misterios divinos

A través de las palabras pronunciadas por el mensajero en Nazaret, María intuye de algún modo, en Dios, *todo el conjunto de su vida* sobre la tierra y en la eternidad.

Tras escuchar que debía ser Madre del Hijo de Dios, no se deja llevar por un sentimiento de exultación espiritual, sino que en primer término responde con el *humilde «fiat»:* «Aquí está la esclava del Señor, cúmplase en mí lo que has dicho». ¿Por qué?

¿No se debe acaso a que ya entonces sintió *el punzante dolor de ese reinar «sobre el trono de David»* que aguardaba a Jesús?

Al mismo tiempo, el arcángel anuncia: «Reinará *para siempre*».

Mediante las palabras del saludo del ángel a María empiezan a desvelarse *todos los misterios* en los que se llevará a cabo la redención del mundo: misterios gozosos, dolorosos y gloriosos. El rosario no es otra cosa. María, que «se preguntaba qué saludo era aquél», parece *entrar* en todos estos misterios, metiéndonos en ellos también a nosotros. *Nos introduce* en los misterios de Cristo y, mediante ellos, en los propios misterios. Sus reflexiones en el momento de la Anunciación *desbrozan el camino de nuestras reflexiones* durante el rezo del santo rosario y a través de éste.

El rosario es la oración por la que, repitiendo el saludo del ángel a María, intentamos *extraer* de la meditación de la Virgen María nuestras propias consideraciones sobre el misterio de la redención. Pues bien, *su meditación* —iniciada en el momento de la Anunciación— continúa en la gloria de la Asunción.

En la eternidad, María, profundamente inmersa en el misterio del Padre, del Hijo y del Espíritu Santo, *se une* como Madre nuestra *a la oración* de los que aprecian el saludo del ángel y demuestran esta estima con el rezo del rosario.

11 de octubre

En el santo rosario, María ruega por nosotros y con nosotros

En esta oración *nos unimos a ella como los apóstoles* reunidos en el cenáculo, después de la Ascensión de Cristo. «Todos ellos se dedicaban a la oración en común, junto con algunas mujeres, además de María, la madre de Jesús, y sus parientes».

Con esta oración se preparaban para recibir al Espíritu Santo el día de Pentecostés. María, que en el momento de la Anunciación había recibido *al Espíritu Santo con una eminente plenitud,* oraba con ellos.

La plenitud especial del Espíritu Santo determina en ella también una *plenitud especial en la oración.* Mediante esta singular plenitud, María ruega *por nosotros* y ora *con nosotros.*

Preside maternalmente nuestra oración. De este modo, la Iglesia se prepara continuamente para recibir el Espíritu Santo, como en el día de Pentecostés.

Se cumple este año el primer centenario de la encíclica del Papa León XIII *Supremi Apostolatus,* en la que este gran Pontífice decretaba que el mes de octubre estuviese especialmente dedicado al culto de la Virgen del Rosario. En este documento hacía especial hincapié en la extraordinaria eficacia de esta devoción, recitada con ánimo puro y fervoroso, para obtener del Padre celestial, en Cristo, y por intercesión de la Madre de Dios, la protección contra los males más graves que pueden amenazar a la cristiandad y a la humanidad, y conseguir así los bienes supremos de la justicia y de la paz para los individuos y los pueblos.

Con este gesto histórico, León XIII no hacía otra cosa que secundar a numerosos Pontífices que le habían precedido —entre ellos, San Pío V— y legar una pauta a todos los que iban a sucederle en la promoción del rezo del rosario. Debido a ello, también yo quiero deciros a todos vosotros: haced del rosario «la dulce cadena que os ata a Dios» por mediación de María.

12 de octubre

La Iglesia, al servicio de la familia

En los tiempos modernos, la familia, al igual —y quizá en mayor medida— que otras instituciones, ha estado condicionada por los rápidos y profundos cambios de la sociedad y de la cultura. Muchas familias afrontan esta situación manteniendo fielmente los valores que constituyen el fundamento de la institución familiar. Otras, en cambio, se sienten dubitantes y desorientadas en relación con sus objetivos, o —incluso— inseguras y casi ignorantes del significado último y de la verdad de la vida conyugal y familiar. Otras, en fin, se sienten impedidas por erróneas situaciones de injusticia en la realización de sus derechos fundamentales.

La Iglesia siente una vez más la necesidad de anunciar el Evangelio, es decir, la «Buena Nueva», a todos sin excepción, y especialmente a todos los llamados al matrimonio o que se preparan a él, a todos los esposos y padres del mundo. Está profundamente convencida de que solamente si se asume el Evangelio encuentran su plena realización todas las esperanzas que el hombre deposita legítimamente en el matrimonio y en la familia. Queridos por Dios desde la creación misma, el matrimonio y la familia están ordenados intrínsecamente a realizarse en Cristo y necesitan su gracia para ser sanados de las heridas del pecado y colocados de nuevo en su «comienzo», o sea, en el pleno conocimiento y en la realización integral de los planes de Dios.

En este momento histórico en que la familia es objeto de los embates de numerosas fuerzas, que intentan destruirla o deformarla de algún modo, la Iglesia, consciente de que el bien de la sociedad y de ella misma está estrechamente vinculado al bien de la familia, siente de forma más viva y urgente su misión de proclamar a todos los designios de Dios sobre el matrimonio y sobre la familia, garantizándoles la plena vitalidad y promoción humana y cristiana, y contribuyendo así a la renovación de la sociedad y del mismo Pueblo de Dios.

13 de octubre

Consagración del mundo al Corazón Inmaculado de María

Bendita seas sobre todas las cosas, tú, sierva del Señor, que de la forma más plena has acatado la llamada divina. A ti te saludamos, unida por entero a la consagración redentora de tu Hijo. Madre de la Iglesia, ilumina al Pueblo de Dios por los caminos de la fe, de la esperanza y de la caridad. Ayúdanos a vivir con toda la verdad de la consagración de Cristo al servicio de toda la familia humana del mundo contemporáneo. Confiándote, Madre, el mundo, todos los hombres y pueblos, te confiamos también la consagración misma del mundo, ofreciéndola a tu corazón maternal.

¡Oh Corazón Inmaculado! Ayúdanos a superar las amenazas del mal, tan fácilmente arraigado en los corazones de los hombres de nuestro tiempo, y que, dadas sus consecuencias inconmensurables, es ya una pesada carga para nuestra época y parece cerrar todo camino hacia el futuro.

Líbranos del hambre y de la guerra. De la guerra nuclear, de una autodestrucción incalculable, de cualquier clase de guerra. Líbranos del pecado contra la vida del hombre desde su concepción. Líbranos del odio y del envilecimiento de nuestra dignidad de hijos de Dios. Líbranos de cualquier género de justicia nacional e internacional. Líbranos de la facilidad de conculcar los mandamientos de Dios. Líbranos de los pecados contra el Espíritu Santo. Líbranos.

Acepta, oh Madre de Cristo, este grito repleto del sufrimiento de todos los hombres, del sufrimiento de sociedades enteras. Que una vez más se muestre en la historia del mundo su misericordia. Que sea un muro frente al mal. Que transforme las conciencias.

Que en tu Corazón Inmaculado resplandezca para todos la luz de la esperanza. Amén.

La «gran prueba divina»

Aunque sea brevemente, quisiera compartir con vosotros lo que ha sido objeto de mis meditaciones durante el período de esos meses en los que he sufrido una *gran prueba divina.* He dicho bien: «prueba divina». Aunque los hechos acontecidos el 13 de mayo tengan su propia dimensión plenamente humana, ésta no puede hacernos olvidar otra dimensión, aún más profunda: la dimensión precisamente de la *prueba* permitida por Dios.

Dios me concedió la oportunidad de experimentar durante los meses pasados el sufrimiento, me concedió la oportunidad de experimentar el peligro de perder la vida. Me permitió igualmente comprender claramente y hasta el fondo que ello es una *gracia suya especial* para mí mismo como hombre y, a la vez, considerando el servicio que se me ha encomendado como Obispo de Roma y sucesor de San Pedro, una gracia para la Iglesia.

Así es, queridos hermanos y hermanas. Soy consciente de haber vivido una gran gracia. Al recordar con vosotros los hechos acaecidos el 13 de mayo y todo el período sucesivo, he de hablar sobre todo acerca de ello.

Cristo, luz del mundo, Pastor de su rebaño y, sobre todo, Príncipe de los Pastores, me ha concedido la gracia de poder *testimoniar,* mediante el sufrimiento y con peligro de la vida y de la salud, *su Verdad y su Amor.* Creo que precisamente en esto consiste la gracia especial que se me concedió.

Por esta razón, agradecido vivamente al Espíritu Santo, pienso en la prueba que El me permitió experimentar a partir del 13 de mayo, creyendo y confiando humildemente en que ella haya podido servir para el reforzamiento de la Iglesia y también el de mi propia persona.

Esta es la dimensión de la prueba divina, difícilmente desvelable por parte del hombre.

Santa Teresa, doctora de la Iglesia

Teresa de Jesús es el arroyo que lleva a la fuente, es el resplandor que lleva a la luz. Su luz es Cristo, el «Maestro de la Sabiduría», el «Libro vivo» que contiene las verdades. Ella invocaba a esta «luz del cielo», al Espíritu de la sabiduría, con el fin de que hablase en su nombre y guiase su pluma. Teresa de Jesús, *primera doctora de la Iglesia universal,* se hizo palabra viva en la búsqueda de Dios, invitó a la intimidad con Cristo, abrió nuevos caminos de fidelidad y servicio a la Santa Madre Iglesia. Supo llegar al corazón de los obispos y sacerdotes, y renovar en ellos deseos de sabiduría y de santidad, para que fuesen «luz de la Iglesia». Exhortó a los religiosos a «seguir los consejos evangélicos con total perfección» para ser «servidores del amor». Iluminó a los cristianos laicos con su doctrina sobre la oración y la caridad, camino universal de santidad, ya que la oración, como la vida cristiana, no consiste en «pensar mucho, sino en amar mucho» y «todos pueden naturalmente amar».

Su voz se ha oído más allá de la Iglesia católica, suscitando simpatías a nivel ecuménico y posibilitando vías de diálogo con los tesoros de espiritualidad de otras culturas religiosas.

Me alegra sobremanera saber que la palabra de Santa Teresa ha sido acogida con entusiasmo por parte de los jóvenes.

Entre las santas de la historia de la Iglesia, Teresa de Jesús es sin duda la que ha respondido a Cristo con mayor fervor de corazón.

Santa Eduvigis de Silesia

Contemplamos, pues, con la perspectiva de siete siglos, a Santa Eduvigis, y vemos en ella una gran luz que ilumina los problemas humanos de nuestros vecinos y, al mismo tiempo, los de nuestra tierra natal. En su vida se ha manifestado casi toda la plenitud de la vocación cristiana. Santa Eduvigis leyó el Evangelio en profundidad y en su plena y vivificante verdad. En ella no hubo contraposición entre su vocación de viuda —fundadora del convento de Trzebnica— y su vocación de esposa, madre de la casa de los Piast, de Enrique. Una cosa vino después de la otra, y a la vez estaban fuertemente arraigadas entre sí. Desde el principio, Eduvigis vivió para Dios, vivió del amor de Dios sobre todas las cosas, tal como reza el primer mandamiento del Evangelio. Por ello, vivió el matrimonio como esposa y madre. Cuando quedó viuda, se percató sencillamente de que este amor de Dios sobre todas las cosas podía ser ya exclusivo para el Esposo divino. Y siguió esta vocación.

En el mandato evangélico del amor está efectivamente la fuente más profunda del desarrollo espiritual del ser humano. Por ello, también a todos vosotros, queridos hermanos y hermanas, compatriotas míos que aquí, en Breslavia y en la Baja Silesia, os beneficiáis de esta herencia especial de Santa Eduvigis, os deseo de corazón que vuestra vida personal, familiar y social esté basada, siguiendo su ejemplo, en el mandamiento del amor. Este constituye la fuente más radical de cultura moral de los hombres y de las naciones; de esta cultura moral depende su esencial progreso.

El hombre es un ser creado a imagen y semejanza de Dios. Por tanto, su desarrollo esencial y la auténtica cultura están condicionados por el reconocimiento de esta imagen y semejanza.

La familia cristiana en el mundo moderno

En la Exhortación Apostólica tocante al papel de la familia cristiana en el mundo actual, he resaltado *los aspectos positivos de la vida familiar de hoy,* que son: una conciencia más viva de la libertad personal y una mayor atención a la calidad de las relaciones interpersonales en el matrimonio, una mayor voluntad de promover la dignidad de la mujer, de procrear de una forma responsable y de educar a los hijos. Sin embargo, al mismo tiempo, he creído también necesario poner de relieve *los aspectos negativos:* una degradación de la idea y de la experiencia de libertad, lo que lleva a un egoísmo en las relaciones humanas; graves equívocos en las relaciones entre padres e hijos; un número cada vez más abundante de divorcios; el flagelo del aborto; la propagación de una mentalidad en la contracepción, contraria a la idea de la vida. Además de estas fuerzas destructoras, hay condiciones sociales y económicas que influyen sobre millones de seres humanos, minando los cimientos sólidos y estables de la vida matrimonial y familiar. Por otro lado, una destrucción cultural de la familia es llevada a cabo por aquellos que consideran la vida matrimonial «inútil» y «anacrónica».

Todo ello representa un serio desafío a la sociedad y a la Iglesia. Como dejé escrito entonces: «La historia no es simplemente una marcha preestablecida hacia lo que es mejor, sino sobre todo un acto de libertad, más aún, una lucha entre diversas libertades, enfrentadas entre sí» (Juan Pablo II, *Familiaris Consortio,* 6).

Me dirijo a vosotros, parejas de esposos, para hablaros *de las esperanzas e ideales que constituyen la base de la visión cristiana del matrimonio* y de la vida familiar. En el amor de Dios hallaréis para vosotros y para vuestros hijos la fuerza para ser fieles a vuestros compromisos matrimoniales. Obrad de modo que este amor sea una roca que resiste cualquier clase de tempestad y de prueba.

San Lucas, evangelista

Aquí, sobre la colina de la Guardia, ante la antigua imagen de María Santísima, que una piadosa y seria tradición atribuye al evangelista Lucas, quisiera preguntaros: ¿Cómo habéis respondido, cómo respondéis hoy, a esta llamada de Jesús, que quiere haceros sus colaboradores y continuadores más íntimos de su misión salvífica?

Sed generosos con Jesús. Miradla a ella, a María, tal como la presenta —podríamos decir, como la pinta en su evangelio— con extraordinaria eficacia y fina delicadeza San Lucas, describiendo el misterio de la Anunciación. A la *llamada* de Dios, que la escoge para esa vocación única y singular de ser Madre del Mesías, Hijo del Altísimo, ella, tras sentirse al principio turbada ante un privilegio tan excepcional, responde: «Ecce, ancilla Domini. Fiat mihi secundum verbum tuum». Imitad esta *disponibilidad absoluta* de la Virgen ante el designio de Dios. Responded también vosotros a la llamada de Jesús: «Heme aquí, cúmplase en mí lo que has dicho».

El matrimonio, vínculo indisoluble

En el matrimonio, el hombre y la mujer se comprometen recíprocamente *en un vínculo de entrega mutua y total que nunca podrá ser disuelto.* Una completa unión de amor. Amor que no significa una emoción pasajera o un estado de emotividad momentáneo, sino una decisión libre y responsable de unirse completamente al otro cónyuge «en las duras y en las maduras». Es el don de sí mismo al otro. Es un amor que hay que proclamar ante el mundo entero, incondicionalmente.

Para ser capaces de experimentar este tipo de amor es precisa, *desde los primeros años hasta el día mismo del matrimonio, una cuidadosa preparación,* cuyo desarrollo adecuado exige el apoyo constante de la Iglesia y de la sociedad.

El amor entre marido y mujer, basado en Dios, se trasciende a sí mismo y genera una nueva vida: nace la familia. *La familia es una comunidad de amor y de vida,* el sitio donde los niños son guiados hasta su madurez.

El matrimonio es un santo sacramento. Los bautizados en nombre de Jesús se casan también en su nombre. Su amor consiste en participar del amor de Dios, fuente de todo amor. Los matrimonios de esposos cristianos son la imagen en la tierra de la maravilla de Dios, de la comunión plena de amor y de vida de tres Personas en un solo Dios, y de la alianza de Dios en Cristo con la Iglesia.

El matrimonio cristiano es un sacramento de salvación. Representa *la vía de santificación* para los miembros de una familia. Por tanto, os exhorto de todo corazón a que vuestras casas se conviertan en centros de oración, hogares en los que el prójimo se sienta invitado a compartir vuestra hospitalidad, oración y alabanza al Señor.

20 de octubre

La relación interpersonal en el matrimonio

San Pablo, dirigiéndose a los esposos, recomienda que sean «dóciles unos con otros por respeto a Cristo» (Ef 5, 21). Aquí se plantea la cuestión de una relación en una doble dimensión o nivel: recíproco y comunitario. Uno clarifica y caracteriza al otro. Las relaciones mutuas entre marido y mujer deben tener como fuente su común relación con Cristo. San Pablo habla del «respeto a Cristo» primordialmente en el sentido de respeto a la santidad, al sacrum, a lo sagrado. Es una cuestión de «pietas», que, *teniendo como origen* una profunda *conciencia del misterio de Cristo,* debe constituir *el fundamento* de las *relaciones mutuas entre maridos y mujeres.* Diciendo «las mujeres sean dóciles a sus maridos como si fuera al Señor» (Ef 5, 22), Pablo no pretende decir que el marido es el «Señor» de la mujer y que el pacto interpersonal del matrimonio es un pacto de dominación del marido sobre la mujer. El marido y la mujer han de ser «dóciles uno con otro» y deben estar recíprocamente subordinados entre sí. La *fuente* de esa subordinación mutua debe situarse en la *pietas* cristiana, en cuanto *expresión de amor.*

El amor hace que el marido se subordine igualmente a la mujer, y al Señor mismo, del mismo modo precisamente que la mujer respecto de su marido. La comunidad o unidad que ellos deben instituir mediante el matrimonio consiste en la recíproca donación de sí mismos, la cual es al mismo tiempo mutua subordinación. Cristo es fuente y modelo de esta subordinación, la cual, siendo recíproca, «por respeto a Cristo», confiere a la unión conyugal un carácter profundo y maduro, que suscita una nueva y preciosa «fusión» de las relaciones y de la conducta bilateral.

21 de octubre

Los hijos, don precioso del matrimonio

Conforme a los planes de Dios, el matrimonio es el fundamento de la comunidad más amplia de la familia, ya que la institución del matrimonio y el amor conyugal se ordenan a la procreación y educación de la prole, que es donde encuentran su relación plena.

En su realidad más profunda, el amor es esencialmente don; el amor conyugal, a la vez que lleva a los esposos al mutuo «conocimiento» y les hace ser «una sola carne», no se agota en la pareja misma, puesto que también les capacita para la máxima donación posible, en virtud de la cual se hacen cooperadores de Dios a la hora de dar vida a una nueva persona. De ahí que los cónyuges, a la vez que hacen don de sí mismos al otro, creen por encima de ellos mismos el don de la realidad de los hijos, reflejo viviente de su amor, signo permanente de la unidad conyugal y síntesis viva e indisociable de su paternidad y maternidad.

Al convertirse en padres, los esposos reciben de Dios el don de una responsabilidad nueva. Su amor como padres está llamado a convertirse para sus hijos en el signo visible del amor de Dios, «del cual adquiere nombre toda paternidad en el cielo y en la tierra».

No hay que olvidar, sin embargo, que también en los casos en que no es posible la procreación conserva su pleno valor la vida conyugal. La esterilidad física puede dar ocasión a los esposos a otros servicios importantes para la vida de la persona humana, como, por ejemplo, la adopción, la participación en distintas modalidades de labor educativa, la ayuda a otras familias, a niños pobres o disminuidos.

22 de octubre

Inauguración del ministerio apostólico de Juan Pablo II

A Cristo Redentor dirigí mis sentimientos y pensamientos, cuando el 16 de octubre del año pasado, tras la elección canónica, se me hizo la pregunta: «¿Aceptas?». Yo

386

respondí: «Obedeciendo en la fe a Cristo, mi Señor, confiando en la Madre de Cristo y de la Iglesia, y a pesar de todas las dificultades, acepto». Quiero daros a conocer públicamente mi respuesta a todos, sin excepción, para manifestar así que el misterio que con la aceptación de mi elección como Obispo de Roma y sucesor del apóstol Pedro se convirtió en mi tarea específica dentro de su misma Cátedra está ligado a la verdad original y fundamental de la Encarnación. Elegí los mismos nombres que había escogido mi amadísimo predecesor Juan Pablo I. De hecho, ya el 26 de agosto de 1978, cuando él declaró ante el Sacro Colegio que quería llamarse Juan Pablo, un binomio de este tipo no tenía precedentes en la historia del Papado, y me movió a percibir en este hecho un claro auspicio de la gracia que aguardaba a ese nuevo pontificado. Dado que el mismo duró apenas 33 días, me corresponde a mí no sólo continuarlo, sino en cierto modo partir casi del mismo punto. Confirmación de ello es precisamente la elección por mi parte de esos dos mismos nombres. Al hacerlo, siguiendo los pasos de mi venerado predecesor, quise como él expresar mi amor por la singular herencia legada a la Iglesia por los Pontífices Juan XXIII y Pablo VI, así como también mi disponibilidad personal a desarrollarla con la ayuda de Dios.

Mediante estos dos nombres, enlazo con toda la tradición de esta Sede Apostólica, con todos mis predecesores en el siglo XX y en siglos anteriores, vinculándome a la línea de misión y ministerio que confiere a la Sede de Pedro su puesto específico en el seno de la Iglesia.

23 de octubre

La educación de los hijos

La obligación de educar hunde sus raíces en la vocación primordial de los cónyuges a participar en la obra creadora de Dios: generando en el amor y por amor una nueva persona, la cual tiene en sí misma la vocación al crecimiento y al desarrollo, los padres asumen el deber de ayudarla eficazmente a vivir una vida plenamente humana: «Puesto que los padres han dado la vida a los hijos, tienen la gravísima obligación de educar a la prole, y, por tanto, hay que reconocerlos como los primeros y principales educadores de sus hijos. Este deber de la educación familiar es de tanta trascendencia, que, cuando falta, difícilmente puede suplirse. Es, pues, deber de los padres crear un ambiente de familia animado por el amor, por la piedad hacia Dios y hacia los hombres, que favorezcan la educación íntegra personal y social de los hijos. La familia es, por tanto, la primera escuela de las virtudes sociales, que todas las sociedades necesitan» (Concilio Vaticano II, *Gravissimum educationis,* 3). El derecho y el deber educativo de los padres es calificado de *esencial,* en conexión con la transmisión de la vida humana; de *primero y principal* frente a los demás estamentos educativos, dada la unicidad de la relación de amor que subsiste entre padres e hijos; de *insustituible e inalienable,* por lo que ni puede delegarse en otros, ni ser usurpado por otros.

Además de estas características, el elemento más radical y definitorio del deber educativo de los padres es *el amor paterno y materno,* que en la labor educativa obtiene su realización completa, al hacer pleno y perfecto el servicio a la vida: el amor de los padres se convierte de *fuente* en *alma* y, por tanto, en *norma* que inspira y guía toda la labor educativa concreta, enriqueciéndola con los valores de la dulzura, la constancia, la bondad, el servicio, el desinterés, el espíritu de sacrificio, que constituyen el don más preciado del amor.

Beato Luis Guanella

Don Guanella, desde muy joven, sintió fuertemente la llamada al amor por los pobres y los abandonados. Ordenado sacerdote en Como (26 de mayo de 1886), ya tenía muy claro su proyecto de trabajo y de apostolado. Sumamente sensible a la situación de los marginados, impedidos, huérfanos, ancianos, inválidos, de las personas sin casa o sin afecto, quiso ser siempre y para todos el Buen Samaritano del Evangelio y dedicó por completo su vida a las obras de misericordia. Como ya sabéis, tuvo que padecer mucho para poder llevar a cabo su sublime ideal.

El mensaje específico que nos ha legado don Guanella es el de la «paternidad» de Dios, es decir, su amor, su providencia, su presencia afectuosa y misericordiosa en medio de los problemas de los hombres. «Dios es quien actúa. Todo es Dios», afirmaba, «aunque el Señor quiera de ordinario que todo siga aquí abajo las vías normales». «¿Cómo puede Dios dejar de pensar en lo que El ha querido?». A pesar de utilizar los inventos y medios que ponía en sus manos la Providencia de Dios y la humana, don Guanella estaba convencido de que ser auténticos «servidores de la caridad» significa ser en primer término y en cualquier caso «servidores de la verdad». El oraba y actuaba. Hacía orar y hacía actuar. Decía a este respecto: «Se precisan siempre víctimas, especialmente víctimas conformes a la gran Víctima del Calvario, y levantar así torres de salvación para las almas». Y exhortaba a sus monjas: «Debéis deshaceros en la oración y el ocultamiento como el trigo que proporciona el pan a todos».

Un mensajero austero, en ocasiones incluso heroico, y aún hoy de gran actualidad. La bondad divina quiere hacerse ahora visible y presente también mediante nuestro amor: éste es el mensaje que nos ha legado don Guanella.

La familia cristiana y las vocaciones sacerdotales

Veamos, pues, cuán importante es la realidad familiar para que surjan santas vocaciones al sacerdocio, así como a los demás estados de vida. Tenemos aquí una de las pruebas más evidentes de la estrecha relación y el carácter complementario que existe entre matrimonio y familia, por un lado, y celibato «por el Reino de los cielos», por otro. El celibato consagrado, tanto en el sacerdocio como en la vida religiosa, que testimonia el carácter absoluto de Dios, una fraternidad universal, una paternidad y maternidad espirituales, ayuda a los cónyuges y familiares a mantener viva la conciencia y la práctica de los ideales más elevados de su unión; paralelamente, los afectos familiares verdaderamente cristianos no hacen sino preparar en el corazón de los hijos el terreno más propicio para que el divino Sembrador pueda esparcir con fruto, cuando y como quiera, la semilla de su llamada a seguirlo en el sacerdocio.

Acompañad con vuestra oración al miembro de vuestra familia que se prepara al sacerdocio. La meta del sacerdocio es muy bella y no defrauda, pero no siempre es fácilmente alcanzable: se necesita tenacidad, convicción, espíritu de sacrificio, una gran docilidad al Espíritu Santo y a la Iglesia, para poder llegar a ser, como decía Santa Catalina de Siena, «ministros de la sangre», padres de las almas, santos y santificadores. Vuestros hijos van a necesitar mucha, mucha oración, especialmente la vuestra, queridas madres. Sí, como María Santísima, Madre de los sacerdotes, también vosotras tenéis una misión muy especial en la preparación de vuestros hijos al sacerdocio. Debéis ayudarles, como verdaderas madres cristianas, a que descubran nuevos e ilimitados horizontes: los de un Amor «que ningún ojo humano ha visto, ni oído alguno ha escuchado, ni en corazón alguno ha penetrado nunca».

26 de octubre

Beato Luis Orione

Recibid mi saludo más cordial, religiosos y religiosas de
don Orione, superiores, sacerdotes, monjas y hermanos,
que hoy justamente exultáis de gozo y sentís más cercana
e íntima la dulce y austera figura de vuestro Padre fundador. Don Orione, que con su amplia inteligencia comprendió perfectamente las características y necesidades de
nuestro siglo, en estos momentos especialmente, tras su
beatificación, quiere iluminaros, animaros, confortaros,
para que seáis siempre dignos hijos suyos, testigos intrépidos de la fe cristiana, ardientes consoladores de la
humanidad en tantas de sus miserias, apóstoles fieles y
concretos de la caridad de Cristo.

Corren tiempos difíciles y a veces el ánimo se siente tur-
bado y deprimido. Pues bien, pensando precisamente en
esta época y en estos momentos, Don Orione, desde la
felicidad ya alcanzada, os dice: «Adelante, ánimo, queridos hijos. Estad contentos de sufrir: sufrís con Jesús crucificado y con la Iglesia; no podéis hacer nada más apre-
ciado por el Señor y la Santísima Virgen. Estad alegres de
sufrir y dar la vida por amor de Jesucristo».

Deseo de corazón que la alegría que hoy sentís a causa de
la exaltación de vuestro fundador permanezca en vuestro
ánimo como consuelo perenne y como irradiación de
vuestro amor a Dios y a las almas, imitando su ejemplo.

En este encuentro en que tenemos la sensación de ver
casi junto a nosotros a Don Orione, con su sonrisa bon-
dadosa y cercana, con su rostro sereno y expresivo, deseo
haceros una única recomendación, surgida de la ansiedad
pastoral de quien preside a toda la Iglesia: mantened
vuestro espíritu. Mantenedlo vivo e íntegro en vosotros
mismos, en vuestra Congregación, en todo lugar donde
seáis llamados a trabajar.

Matrimonio y virginidad

La virginidad y el celibato por el Reino de los cielos no sólo no se contraponen a la dignidad del matrimonio, sino que la presuponen y la ratifican. Cuando no se tiene aprecio al matrimonio, tampoco es posible la virginidad consagrada; cuando no se considera a la sexualidad humana como un gran valor concedido por el Creador, pierde también sentido la renuncia por el Reino de los cielos.

En la virginidad, el ser humano está a la espera, incluso corporalmente, de las nupcias escatológicas de Cristo con la Iglesia, entregándose por completo a la Iglesia en la esperanza de que Cristo se dé a ésta en la verdad plena de la vida eterna. La persona virgen anticipa así en su carne el mundo nuevo de la futura resurrección (Mt 22, 30).

En virtud de este testimonio, la virginidad mantiene viva en la Iglesia la conciencia del misterio del matrimonio y lo preserva de todo parcialismo o empobrecimiento.

Hace libre de modo especial al corazón del hombre (1 Cor 7, 32-35), «para que se encienda más en el amor de Dios y de todos los hombres» (*Perfectae Caritatis,* 12).

La virginidad testimonia que el Reino de Dios y su justicia son esa perla preciosa que se prefiere a cualquier otro valor, por grande que fuere. Por ese motivo, la Iglesia, a lo largo de toda su historia, ha defendido siempre la superioridad de este carisma frente al del matrimonio, en razón de su relación absolutamente especial con el Reino de Dios (Pío XII, *Sacra Virginitas,* II: AAS 46, 1954, 174 ss.). A pesar de renunciar a la fecundidad física, la persona virgen se hace espiritualmente fecunda, padre y madre de muchos, cooperando así a la realización de la familia según los designios de Dios.

Estas reflexiones sobre la virginidad pueden iluminar y

ayudar a aquellos que, por motivos ajenos a su voluntad, no han podido casarse y han asumido luego su situación con espíritu de servicio.

28 de octubre

La familia, célula básica y vital de la sociedad

«Puesto que el Creador de todas las cosas ha constituido al matrimonio como principio y fundamento de la sociedad humana», la familia representa «la célula básica y vital de la sociedad». La familia contiene vínculos vitales y orgánicos con la sociedad, pues es su fundamento y alimento continuo mediante su labor de servicio a la vida. En efecto, de la familia nacen los ciudadanos y en la familia tienen la escuela primera de las virtudes sociales que constituyen el alma de la vida y del desarrollo de la propia sociedad. Así, en virtud de su naturaleza y su vocación, lejos de quedar encerrada dentro de sí misma, la familia se abre a las otras familias y a la sociedad, asumiendo la tarea social que le corresponde.

La propia experiencia de comunión y de participación que debe caracterizar la vida cotidiana de la familia representa su primordial y fundamental aportación a la sociedad. Las relaciones entre los miembros de la comunidad familiar están inspiradas y guiadas por la ley de la «gratuidad», la cual, respetando y fomentando en todos y cada uno la dignidad personal como valor supremo, se transforma en acogida cordial, encuentro y diálogo, disponibilidad desinteresada, servicio generoso y solidaridad profunda.

Por tanto, la promoción de una comunión auténtica y madura de las personas dentro de la familia llega a ser una escuela primera e insustituible de socialización, modelo y estímulo para otras relaciones comunitarias más amplias, en un contexto de respeto, de justicia, de diálogo y de amor. Debido a ello, la familia es el lugar natural y el instrumento más eficaz de humanización y personalización de la sociedad, ya que colabora de forma original y profunda para la construcción del mundo, haciendo posible una vida auténticamente humana y especialmente custodiando y transmitiendo las virtudes y los «valores».

29 de octubre

La tarea social y política de la familia

La tarea social de la familia no se reduce exclusivamente a la labor procreadora y educativa, aunque sean en ésta donde encuentra su forma de expresión primaria e insustituible.

Las familias, tanto individual como asociadamente, pueden y deben dedicarse a múltiples labores de servicio social, especialmente en favor de los pobres, y —en cualquier caso— de todas las personas y situaciones que los organismos de previsión y asistencia públicas no consigan alcanzar.

Especialmente relevante es la importancia cada vez mayor que adquiere en nuestra sociedad la hospitalidad, en sus distintas modalidades, abrir las puertas de nuestras casas y sobre todo de nuestros corazones a las instancias de nuestros hermanos, al compromiso concreto de garantizar a cada familia su propia casa, en cuanto ambiente natural que la conserva y le permite desarrollarse. Sobre todo la familia cristiana está llamada a escuchar la recomendación del Apóstol: «Sed... solícitos en la hospitalidad», y, por tanto, a poner en práctica, siguiendo el ejemplo y compartiendo la caridad de Cristo, la acogida del hermano menesteroso: «Cualquiera que le dé a beber aunque sea un vaso de agua fresca a uno de esos humildes porque es mi discípulo, no perderá su paga, os lo aseguro».

La labor social de las familias ha de manifestarse también en el *plano político:* las familias deben ser las primeras interesadas en que las leyes e instituciones del Estado no sólo no sean contrarias, sino que favorezcan y defiendan positivamente los derechos y los deberes de la familia. En este sentido, las conciencias han de ser cada vez más conscientes de que son «protagonistas» de la llamada «política familiar» y deben asumir la responsabilidad de transformar a la sociedad; de lo contrario, las familias serán las primeras víctimas de esos mismos males que se han limitado a observar con indiferencia.

30 de octubre

Beato Jeremías de Valaquia

Jeremías de Valaquia, fraile capuchino, nació en Rumanía, esta noble nación que en su lengua y en su nombre lleva la impronta de Roma. La glorificación de este siervo fiel del Señor, después de tres siglos de misterioso ocultamiento, ha sido reservada a nuestros días, caracterizados por el esfuerzo ecuménico y el intento de solidaridad entre los pueblos a nivel internacional. El Beato Jeremías de Valaquia, yendo de Rumanía a Italia, enlazó con su acción histórica a Oriente y a Occidente, alzando un puente entre los pueblos y las iglesias cristianas.

Fuente inagotable de su vida interior era la oración, que le hacía crecer cada día en el Amor por el Padre y por los hermanos. Su inspiración y fuerza provenían de su asidua meditación del crucificado, de su intimidad con Jesús eucarístico y de una filial devoción por la Madre de Dios. Se prodigó generosamente por los pobres, utilizando todos los medios para aliviar sus miserias. Cuidó incansablemente de los enfermos, reservándose como privilegio los trabajos más costosos y duros. Una caridad tan extraordinaria no podía quedar recluida tras los muros de su convento. Eclesiásticos, nobles y gente del pueblo solicitaban en la enfermedad una visita del fraile polaco.

Al dirigirme a vosotros en vuestro idioma rumano me complace que hayáis querido poner sobre el candelabro esta lámpara luminosa. En vuestra historia bimilenaria, tan rica en valores de fe, Jeremías de Valaquia es el primer rumano que asciende oficialmente a los altares. El, que en su vida realizó una síntesis armoniosa entre la patria natural y la adoptiva, contribuya ahora, proclamado ya «Beato», a promover *la paz entre las naciones y la unidad de los cristianos,* mostrando con su ejemplo el camino a seguir: la caridad práctica con sus hermanos.

31 de octubre

Labor eclesial propia y original de la familia

La familia cristiana es llamada a participar intensa y responsablemente en la misión de la Iglesia de un modo específico y original, es decir, poniéndose al servicio de la Iglesia y de la sociedad en su ser y en su obrar, en cuanto *íntima comunidad de vida y de amor.* Siendo la familia cristiana comunidad, su participación en la misión de la Iglesia debe tener *un carácter comunitario:* ambos cónyuges, *como pareja;* padres e hijos, *como familia,* deben realizar su servicio a la Iglesia y al mundo. Han de ser en la fe «un solo corazón y una sola alma», mediante el espíritu apostólico común que les anima y la colaboración que les compromete en obras de servicio a la comunidad eclesial y civil.

La familia cristiana, además, edifica el Reino de Dios en la historia mediante los hechos cotidianos que corresponden y caracterizan su *estado de vida:* en el *amor conyugal y familiar* se expresa y realiza entonces la participación de la familia cristiana en la misión profética, sacerdotal y real de Jesucristo y de su Iglesia. El amor y la vida constituyen, pues, el núcleo de la misión salvífica de la familia cristiana en la Iglesia y por la Iglesia.

Así lo recuerda el Concilio Vaticano II: «La familia hará partícipes a otras familias, generosamente, de sus riquezas espirituales. Así es como la familia cristiana, cuyo origen está en el matrimonio, que es imagen y participación de la alianza de amor entre Cristo y la Iglesia, manifestará a todos la presencia viva del Salvador en el mundo y la auténtica naturaleza de la Iglesia, ya por el amor, la generosa fecundidad, la unidad y fidelidad de los esposos, ya por la cooperación amorosa de todos sus miembros».

Noviembre

1   Festividad de Todos los Santos
2   Conmemoración de los Difuntos
3   La oración en familia
4   San Carlos Borromeo
5   Matrimonios mixtos
6   Espíritu ecuménico en los matrimonios mixtos
7   Matrimonios en dificultades
8   Por una labor pastoral eficaz con la familia
9   Existe una espiritualidad del trabajo
10 El trabajo humano participa en la obra creadora de Dios
11 San Martín de Tours
12 Valor de lo cotidiano
13 Cristo cumple y enseña el «evangelio del trabajo»
14 El trabajo humano participa de la cruz y la resurrección de Cristo
15 San Alberto Magno, doctor de la Iglesia
16 Santa Gertrudis, «teóloga del Sagrado Corazón»
17 Santa Isabel de Hungría
18 Europa necesita a Cristo
19 Unidad de Europa
20 La dignidad de la persona, fundamento de justicia y de paz
21 Presentación de la Virgen, fiesta de la contemplación
22 La ONU respeta la dimensión religioso-moral
23 A las Naciones Unidas
24 La diplomacia, artífice de la paz
25 La verdad, fuerza de la paz
26 Testigos de la solidaridad con la misión del Papa
27 A los representantes de los medios de comunicación
28 Valores físicos y morales del deporte
29 Diferentes facetas del turismo
30 San Andrés, Apóstol y hermano de San Pedro
    Oración a la Virgen María

Festividad de Todos los Santos

«Alegrémonos todos en el Señor en esta fiesta de Todos los Santos». Nuestra alegría es sencilla, límpida, cierta, como la del perteneciente a una gran familia, que sabe que allí están arraigadas sus raíces, y de la que extrae la esencia de su propia vida y de su identidad espiritual.

Hoy estamos inmersos espiritualmente en esta innumerable muchedumbre de santos, de salvados, los cuales nos alientan y entonan juntos un himno de gloria a Aquel que los salmistas llaman «el Dios de mi gozo y mi alegría» (Sal 43, 4). En el centro de esta comunión está Dios mismo, que no sólo nos llama a la santidad, sino que la otorga en la sangre de Cristo, superando así nuestros pecados.

Hemos de cantar siempre al Señor un himno de gratitud, como hizo María, para proclamar con júbilo la bondad del «Padre, que os ha hecho dignos de tener parte en la herencia de los consagrados, en la luz» (Col 1, 12). La fiesta de Todos los Santos, por tanto, nos invita a no encerrarnos nunca en nosotros mismos, sino a mirar al Señor para quedar radiantes (cfr. Sal 34, 6); a no engreírnos de nuestras capacidades, sino confiar filialmente en Aquel que nos ha amado; a no cansarnos nunca de hacer el bien.

Todos los Santos han sido siempre y lo siguen siendo, aun en diferentes grados, los pobres de espíritu, los mansos, los afligidos, los hambrientos y sedientos de justicia, los misericordiosos, los puros de corazón, los que trabajan por la paz, los perseguidos a causa del Evangelio. Y eso mismo debemos ser también nosotros.

Nuestra santificación es «voluntad de Dios» (1 Tes 4, 3).

2 de noviembre

Conmemoración de los Difuntos

Queridos hermanos y hermanas, este cementerio donde estamos reunidos nos invita a meditar también sobre nuestro propio futuro, mientras cada uno piensa en sus seres queridos, que ya nos han precedido en el signo de la fe y duermen el sueño de la paz. «Hijos de Dios lo somos ya, aunque todavía no se ve lo que vamos a ser» (1 Jn 3, 2). Existe, pues, una línea divisoria entre lo que ya somos y lo que seremos más tarde. Entre estos dos polos se sitúa nuestra espera, y nuestra esperanza va mucho más allá de la muerte, puesto que la considera sólo como un tránsito hasta encontrar definitivamente al Señor y «ser como El, una vez veamos a Jesús como es» (1 Jn 3, 2).

El día de hoy es una invitación a vivir una comunicación especial con nuestros difuntos. En la fe y en la oración restablecemos los lazos familiares con ellos, a la vez que éstos nos contemplan, están a nuestra vera y nos asisten. Ellos ya ven al Señor «tal como es» y, por tanto, nos animan a proseguir el camino, más aún, el peregrinaje que aún nos espera en este mundo.

Sí, pues «aquí no tenemos ciudad permanente, andamos en busca de la futura» (Hb 13, 14). Lo importante es que no nos cansemos y, sobre todo, no perdamos de vista la meta final. Nuestros difuntos están ya donde estaremos también nosotros. Más aún, hay un terreno común entre nosotros y ellos: la inserción en el misterio trinitario del

Padre, del Hijo y del Espíritu Santo, en virtud del mismo bautismo. En este ámbito nos damos la mano, pues en El no existe la muerte, sino una corriente única de vida ilimitada.

3 de noviembre

La oración en familia

La Iglesia reza por la familia cristiana y la educa para que viva en generosa conformidad con el don y la función sacerdotal recibidos de Cristo, Sumo Sacerdote. En realidad, el sacerdocio bautismal de los fieles, vivido en el sacramento del matrimonio, constituye para los cónyuges y la familia el fundamento de una vocación y de una misión sacerdotal, mediante las cuales su vida cotidiana se transforma en «sacrificios espirituales gratos a Dios por medio de Jesucristo». Esto mismo ocurre también con la vida de oración, con el diálogo orante con el Padre por Jesucristo en el Espíritu Santo.

La oración en familia tiene sus características propias. Es una oración *hecha en común,* juntos el marido y la mujer, los padres y los hijos. La comunión en la oración es, a la vez, fruto y exigencia de la comunión recibida en los sacramentos del bautismo y del matrimonio. «En verdad os digo, donde hay dos o tres reunidos en mi nombre, yo estoy en medio de ellos». Dicha oración tiene como contenido primordial la *vida misma de familia,* que en cualquier tipo de situación es contemplada como vocación de Dios y se lleva a cabo como respuesta filial a su llamada: alegrías y penas, esperanzas y tristezas, nacimientos, cumpleaños, aniversarios de boda de los padres, viajes, alejamientos y regresos, elecciones importantes y decisivas, la muerte de personas queridas, etc., etc., son índice de la intervención del amor de Dios en la historia de la familia, así como también deben indicar los momentos oportunos para el agradecimiento, el ruego, el abandono confiado de la familia al Padre común que está en los cielos.

Por otro lado, la dignidad y la responsabilidad de la familia cristiana como Iglesia doméstica pueden hacerse realidad solamente con la ayuda incesante de Dios, que nunca faltará, si se la implora con humildad y confianza en la oración.

4 de noviembre

San Carlos Borromeo

A todos los que en el día de mi Santo Patrón se unen conmigo en la oración, quisiera repetir ahora las palabras de la carta a los Efesios: «Orad también por mí, para que Dios abra mis labios y me conceda palabras para comunicar sin temor su secreto, la buena noticia de la que soy portavoz» (Ef 6, 18-20). San Carlos es también uno de esos santos a los que se les ha concedido la palabra «para comunicar la buena noticia» de la que son «portavoces» y que han heredado la misión de los apóstoles. Carlos cumplió esta misión de modo heroico, dedicando todas sus energías. Exhortaba en una ocasión a los obispos de Lombardía: «Cristo indicó también a cada uno de nosotros, obispos, el motivo más sublime de nuestro ministerio y enseñó que es sobre todo el amor quien debe ser el maestro de nuestro apostolado, el amor que Él (Jesús) quiere manifestar, *por medio de nosotros,* a los fieles que nos ha encomendado».

Ahora bien, ¿de dónde sacaba San Carlos tanta fuerza en su celoso servicio eclesial? El secreto de sus logros estuvo en el espíritu de oración. Solía repetir: «Las almas se conquistan con las rodillas». En el discurso pronunciado en el último Sínodo al que pudo asistir, declaraba: «Nada tan necesario para los eclesiásticos como la oración mental, que precede, acompaña y va en pos de nuestros actos... Si administras los sacramentos, oh hermano, medita sobre lo que haces; si celebras la misa, piensa en lo que ofreces; si cantas en el coro, piensa a quién y de qué hablas; si diriges a las almas, date cuenta de qué sangre las ha redimido... De esta forma, recobraremos fuerzas para que Cristo surja en nosotros y en los demás».

5 de noviembre

Matrimonios mixtos

Las parejas que viven en régimen de matrimonio mixto presentan una serie de exigencias peculiares, que pueden reducirse a tres puntos principales. Hay que tener en cuenta, en primer lugar, las obligaciones por parte del cónyuge católico originadas en su fe en lo que concierne al ejercicio libre de la misma y al deber consiguiente de hacer realidad, dentro de las posibilidades personales, el bautismo y la educación católica de los hijos. Hay que tener presente las dificultades específicas que conllevan las relaciones entre marido y mujer en lo que respecta al respeto de la libertad religiosa, la cual puede ser violada bien por medio de presiones injustas a fin de obtener de la otra parte su cambio de convicciones religiosas, bien poniendo obstáculos a la libre manifestación de las mismas mediante la práctica religiosa. En lo tocante a la forma litúrgica y canónica del matrimonio, los Ordinarios pueden hacer un uso amplio de sus facultades en vistas de las diferentes necesidades.

En el tratamiento concreto de estas exigencias específicas hay que tener presente *los siguientes puntos:* en la pertinente preparación de este tipo de matrimonio, hay que llevar a cabo todos los esfuerzos razonables para que se comprenda claramente la doctrina católica sobre las características y obligaciones del matrimonio, saliendo así al paso de que en un futuro no se den las presiones y obstáculos mencionados anteriormente. Es de suma

importancia que, con el apoyo de la comunidad, la parte
católica resulte fortalecida en su fe y ayudada positivamente a madurar en la comprensión y práctica de la
misma, de forma que pueda llegar a ser un verdadero
testigo con credibilidad en el seno de la familia, a través
de su propia vida y de la calidad del amor demostrado al
otro cónyuge y a los hijos.

6 de noviembre

Espíritu ecuménico en los matrimonios mixtos

Los matrimonios entre católicos y otros bautizados presentan, dentro de sus peculiaridades específicas, numerosos elementos que deben ser valorados y estimulados,
tanto por su propio valor intrínseco como por su posible
contribución al movimiento ecuménico. Esto es un
hecho particularmente cierto cuando ambos cónyuges
son fieles a sus compromisos religiosos. El bautismo
común y el dinamismo de la gracia proporcionan a los
esposos de estos matrimonios base y motivación para
manifestar su unidad en el ámbito de los valores morales
y espirituales. Con tal finalidad, así como para demostrar
claramente la importancia ecuménica de los matrimonios
mixtos, vividos plenamente en la *fe* de los dos cónyuges
cristianos, es muy conveniente —aunque no siempre sencillo— una cordial colaboración entre el ministro católico y el no católico, desde el momento mismo de la
preparación al matrimonio y a la boda. En lo concerniente a la preparación del cónyuge no católico a la
comunión eucarística, han de seguirse las normas impar-
tidas por el Secretariado para la unión de los cristianos.

En vuestro país *se celebran muchos matrimonios entre
católicos y otros cristianos bautizados.* A veces, este tipo
de parejas encuentran dificultades muy concretas. Pues
bien, a estas familias les digo: vosotros, en vuestra vida

matrimonial, vivís las esperanzas y las dificultades características del camino que conduce hacia la unidad de los cristianos. Manifestad juntos esta esperanza en la oración, unidos por el amor. Invocad juntos al Espíritu Santo del amor para que entre en vuestros corazones y en vuestras casas. El os ayudará a acrecentar vuestra fe y vuestra comprensión.

Hermanos y hermanas, «la paz de Cristo tenga interiormente la última palabra... El mensaje de Cristo habite entre vosotros en toda su riqueza» (Col 3, 15-16).

7 de noviembre

Matrimonios en dificultades

No podemos ignorar el hecho de que *algunos matrimonios fracasan.* Es, sin embargo, nuestro deber proclamar las enseñanzas divinas en lo tocante al amor matrimonial e insistir en la fidelidad a tales enseñanzas, para alcanzar la plenitud de la vida en el Reino de los cielos. No olvidemos que el amor de Dios por su pueblo, el amor de Cristo por su Iglesia, es eterno y no tendrá fin. Pues bien, igualmente indisoluble e irrevocable es el pacto entre un hombre y una mujer unidos por el matrimonio cristiano (cfr. AAS 71, 1979, 1224). Esta verdad representa un gran consuelo para el mundo y, aun cuando algunos matrimonios fracasan, la Iglesia y sus miembros han de proclamarla siempre con fe.

Cristo, fuente viva de gracia y de misericordia, está junto a todas las personas *cuya vida matrimonial ha pasado por pruebas difíciles, dolorosas y angustiosas.* En todas las épocas, innumerables parejas de esposos han extraído del misterio pascual de la cruz y de la resurrección de Cristo la fuerza suficiente para testimoniar de un modo cristiano —no exento a veces de grandes dificultades— la indisolubilidad del matrimonio cristiano.

Como ya he explicado en la Exhortación Apostólica *Familiaris Consortio*, la Iglesia trabaja intensamente en la labor pastoral con las familias que de una u otra forma tienen dificultades. Debemos estar con amor —el amor de Cristo— al lado de los que han sufrido el dolor de su fracaso en el matrimonio, de aquellos que cargan solos con el peso de una familia que han de sacar adelante, de aquellos cuya vida familiar está marcada por la tragedia o por la enfermedad, física o mental. Me merecen los mayores elogios aquellas personas que ayudan a las víctimas de un matrimonio fracasado, llevándoles la piedad de Cristo y aconsejándoles según su verdad. *A las autoridades públicas* y a todos los hombres y mujeres de buena voluntad os digo: tened en gran estima a vuestras familias. Proteged sus derechos. Amparad las familias por medio de la ley y de una justa administración. Permitir que las familias manifiesten su opinión antes de tomar decisiones políticas. El futuro de vuestra sociedad y de toda la humanidad pasa por las familias.

8 de noviembre

Por una labor pastoral eficaz con la familia

El Sínodo de 1980 no se limitó solamente a discutir, estudiar y analizar el problema de la familia, sino que en cierto modo también sufrió por él. En efecto, hay una realidad humana, la familia, que, por una parte, nos fascina con su belleza y con su grandeza si nos centramos en el ideal, en el designio de Dios sobre la familia, que debemos predicar y presentar a nuestros hermanos y hermanas. Por otra parte, sin embargo, esta realidad, la familia, nos hace sufrir cuando contemplamos las diversas experiencias humanas, sus dificultades y múltiples conflictos. Tampoco quisiera hacer demasiado hincapié en este aspecto, pero sí decir que el documento *Familiaris Consortio* salido del Sínodo constituye verdaderamente el «abc» de la pastoral familiar y debe ser objeto de asidua lectura y estudio. Debemos leer atentamente este documento. En efecto, pienso que *una pastoral eficaz de la familia* en cada diócesis y también en cada parroquia ha de contar con una lectura cada vez más detenida de la *Familiaris Consortio*. Lectura no sólo en el sentido mecánico y material de la palabra, sino una lectura pastoral, en vistas de una tarea concreta, la labor pastoral.

Esta tarea pastoral ha sido encomendada a la Iglesia, a todos nosotros. Dicha labor corresponde también a la propia familia, pero siempre contando con nuestra ayuda: debemos ayudar a la familia a ser evangelizadora de sí misma. El programa fundamental de la pastoral familiar es el siguiente: ayudar a la familia a ser ella misma la que lleve a cabo tales tareas, a que descubra su identidad humana y cristiana, su vocación. Pues bien, de todo esto trata la *Familiaris Consortio*.

9 de noviembre

Existe una espiritualidad de trabajo

Puesto que el trabajo, en su dimensión subjetiva, es siempre una acción personal, *actus personae,* resulta lógico que en él esté *implicado el hombre completo, su cuerpo y su espíritu,* independientemente de que se trate de un trabajo manual o intelectual. De hecho, es a la totalidad del hombre que se dirige la palabra del Dios vivo, el mensaje evangélico de la salvación, en el que encontramos muchos puntos e indicaciones concretas sobre el trabajo humano. Ahora bien, es necesaria una adecuada asimilación de todos estos contenidos; hay que contar con el esfuerzo interior del espíritu humano, guiado por la fe, por la esperanza y por la caridad, para que *el trabajo* del hombre concreto *cobre,* con la ayuda de estos contenidos, *el significado que él tiene a los ojos de Dios,* en virtud del cual entra a formar parte de la obra de salvación, junto con toda su problemática y sus componentes cotidianos, tan importantes al mismo tiempo.

Si la Iglesia considera deber suyo pronunciarse en lo concerniente al trabajo sobre su valor humano y su dimensión moral, considerando la función importante que debe desempeñar dentro del contexto global del mensaje evangélico, al mismo tiempo reconoce como obligación específica por su parte *promover una espiritualidad del trabajo* que ayude a los hombres a acercarse a Dios, Creador y Redentor, a participar en sus planes salvíficos respecto del hombre y del mundo y a profundizar en su amistad con Cristo, asumiendo mediante la fe un compromiso vivo en su triple misión de sacerdote, profeta y rey, tal como nos enseña de forma admirable el Concilio Vaticano II.

10 de noviembre

El trabajo humano participa en la obra creadora de Dios

En la Palabra de la divina Revelación está inscrita profundamente la verdad fundamental de que *el hombre, creado a imagen de Dios, participa mediante su trabajo en la obra del Creador,* y, en la medida de sus posibilidades, en cierto sentido la desarrolla y la completa, progresando cada vez más mediante el descubrimiento de los recursos y los valores contenidos en todo lo creado. Encontramos ya esta verdad en las primeras páginas de la Sagrada Escritura, en el libro del *Génesis,* que presenta la obra de la creación como un «trabajo» llevado a cabo por Dios durante «seis días», tras del cual «descansa» en el séptimo día. Por otro lado, el último libro de la Sagrada Escritura proclama: «Grandes y admirables son tus obras, oh Señor, Dios ominipotente».

Esta descripción de la creación, presente ya en el capítulo primero del libro del Génesis, es también *hasta cierto punto el primer «evangelio del trabajo»*. De hecho, demuestra en qué consiste su dignidad: enseña que el hombre, al trabajar, debe imitar a Dios, su Creador, dado que lleva en sí mismo, él solo, el elemento singular de su semejanza con El. El hombre debe imitar a Dios tanto en el trabajo como en el descanso, puesto que Dios mismo ha querido presentar su labor creadora bajo la forma *de trabajo y de descanso.*

Esta actividad de Dios en el mundo existe siempre. Por consiguiente, también el trabajo humano no sólo exige el descanso en el «séptimo día», sino que tampoco puede consistir en el exclusivo ejercicio de las fuerzas del hombre en un plano puramente externo; debe permitir también un espacio interior, en el que el hombre, llegando a ser cada vez más lo que la voluntad de Dios quiere que sea, se prepara a ese *«descanso» que el Señor reserva a sus servidores y amigos.*

11 de noviembre

San Martín de Tours

Hoy la liturgia nos invita a celebrar la fiesta de San Martín, un oficial romano convertido del paganismo y bautizado cuando tenía unos veinte años, y que llegó primero a diácono, después a presbítero y finalmente a obispo de Tours, en Francia. ¿Cuál es la característica más pronunciada de su vida? La valentía de su fe y su generosidad para con los demás. Por fidelidad al mensaje de Cristo, hubo de luchar, sufrir, trabajar duramente frente a los paganos, herejes e incrédulos. Consagró toda su vida al amor del prójimo, comenzando por esa noche famosa en que, aún catecúmeno, durante la ronda y en pleno invierno, encontró a un pobre semidesnudo y cortó en dos con su espada su capa, dando la mitad al pobre. A la noche siguiente, vio en sueños a Jesús, vestido con aquella mitad de su capa que había regalado.

Sed valerosos también vosotros a la hora de vivir y testimoniar vuestra fe cristiana, convencidos de que en ella está verdaderamente la solución de los problemas más urgentes de la vida. Sed generosos siempre para con todos, con amor, con caridad, con espíritu de sacrificio, seguros de que la auténtica alegría se halla en el amor y en la entrega. Os deseo sinceramente que, como pedimos en la santa misa de hoy, y de acuerdo totalmente con la voluntad del Señor y acatando su voluntad, vuestros días transcurran en paz y podáis gozar de la alegría de ser auténticos cristianos.

Con estos votos, os imparto con verdadero afecto mi Bendición, que hago extensiva de corazón a todos vuestros seres queridos.

12 de noviembre

Valor de lo cotidiano

El convencimiento de que el trabajo humano es una participación en la obra de Dios debe incluir también, como enseña el Concilio, «*los quehaceres más ordinarios.* Porque los hombres y mujeres que, mientras procuran el sustento para sí y su familia, realizan su trabajo de forma que resulte provechoso y en servicio de la sociedad, con razón pueden pensar que con su trabajo desarrollan la obra del Creador, sirven al bien de sus hermanos y contribuyen de modo personal a que se cumplan los designios de Dios en la historia».

Es preciso, por tanto, que esta espiritualidad cristiana del trabajo sea patrimonio común de todos los hombres. Es preciso que, sobre todo en la época moderna, la *espiri-*

tualidad del trabajo demuestre esa madurez que exigen las tensiones e inquietudes de las mentes y de los corazones.

La convicción de que por medio del trabajo el hombre participa en la obra de la creación constituye la *motivación* primordial para hacerlo realidad en sus distintos aspectos. Como dice la Constitución *Lumen Gentium,* «los fieles deben conocer la íntima naturaleza de todas las criaturas, su valor y su ordenación a la gloria de Dios. Incluso en las ocupaciones seculares deben ayudarse mutuamente a una vida más santa, de tal manera que el mundo se impregne del espíritu de Cristo y alcance su fin con mayor eficacia en la justicia, en la caridad y en la paz. En el cumplimiento de este deber universal corresponde a los laicos el lugar más destacado. Por ello, con su competencia en los asuntos profanos y con su actividad elevada desde dentro por la gracia de Cristo, contribuyan eficazmente a que los bienes creados, de acuerdo con el designio del Creador y la iluminación de su Verbo, sean promovidos, mediante el trabajo humano, la técnica y la cultura civil, para utilidad de todos los hombres sin excepción».

13 de noviembre

Cristo cumple y enseña el «evangelio del trabajo»

El hecho de que el trabajo humano coopera a la obra creadora de Dios ha sido especialmente *puesto de relieve por Jesucristo.* En efecto, Jesús no sólo proclama, sino que ante todo lleva a la práctica el «Evangelio» a él encomendado, la palabra de la eterna Sabiduría. Por ello, fue también el «evangelio del trabajo», *pues el mismo que lo proclamaba era un trabajador,* un artesano, como José de Nazaret. ¿Acaso no es él quien dice: «Mi padre es el viñador»..., concretando de múltiples formas *en su enseñanza* la verdad básica del trabajo expresada ya a lo largo de toda la tradición veterotestamentaria y, especialmente, en el libro del *Génesis*?

En sus parábolas sobre el Reino de Dios, Jesucristo utiliza constantemente ejemplos sacados del trabajo humano: el trabajo de pastor (Jn 10, 1-16), de agricultor (Mc 12, 1-12), de médico (Lc 4, 23), de sembrador (Mc 4, 1-9), de padre de familia (Mt 13, 52), de criado (Mt 24, 45; Lc 12, 42-48), de administrador (Lc 16, 1-8), de pescador (Mt 13, 47-50), de comerciante (Mt 13, 45 ss.), de jornalero (20, 1-6).

Habla asimismo de los diversos trabajos de la mujer. Compara al apostolado con el trabajo manual del bracero (Mt 9, 37; Jn 4, 35-38) o de pescador. Hace mención además del trabajo de los letrados (Mt 13, 52).

14 de noviembre

El trabajo humano participa de la cruz y la resurrección de Cristo

Existe otro aspecto más del trabajo humano, una de sus dimensiones esenciales, donde está hondamente arraigada la espiritualidad basada en el Evangelio. Todo trabajo, manual o intelectual, implica inevitablemente *cansancio*.

El Evangelio dice en cierto sentido su última palabra también a este respecto en el misterio pascual de Jesucristo. En él hay que buscar la respuesta a estos problemas tan importantes para la espiritualidad del trabajo humano. *En el misterio pascual* está también la *Cruz* de Cristo, su obediencia hasta la muerte, que el apóstol contrapone a la desobediencia que ha padecido desde sus inicios la historia del hombre sobre la tierra. En dicho misterio está también *la elevación* de Cristo, el cual, mediante la muerte de cruz, vuelve a sus discípulos con el poder del Espíritu Santo en la resurrección.

En el trabajo humano, el cristiano encuentra una parte de la cruz de Cristo y la acepta dentro del mismo espíritu de redención con el que Cristo aceptó por nosotros su cruz. En el trabajo, gracias a la luz que penetra en nosotros por la resurrección de Cristo, encontramos siempre un *tenue resplandor* de la nueva vida, del *nuevo bien,* una especie de anuncio del «nuevo cielo y de una tierra nueva», de los que el hombre y el mundo participan de algún modo gracias precisamente al cansancio del trabajo. Mediante el cansancio, sí, y nunca sin él. Esto confirma, por una parte, el carácter indispensable de la cruz en la espiritualidad del trabajo humano; por otra, sin embargo, se revela en esta cruz y en este cansancio un bien nuevo, el cual tiene su inicio en el trabajo; trabajo, en su sentido profundo y abarcando todos sus aspectos.

15 de noviembre

San Alberto Magno, doctor de la Iglesia

Alberto ejerció en su tiempo un gran abanico de actividades como religioso y predicador, como superior de su Orden, como obispo y mediador de paz en su propia ciudad de Colonia. Posteriormente, se le declaró «doctor universalis» y la Iglesia le cuenta entre uno de sus «doctores» (*A científicos y estudiantes,* Colonia, 15-I-1980).

En el transcurso de su dilatada existencia fue al mismo tiempo un gran hombre de ciencia, un hijo espiritual de Santo Domingo y el maestro de Santo Tomás de Aquino. Fue una de las mentes más preclaras del siglo XIII. Concilió como nadie fe y razón, sabiduría divina y ciencia del mundo.

Os invito a meditar conmigo las palabras que le dedica la liturgia de hoy: «Si ésta es la voluntad del Señor, lo engrandecerá y lo colmará de espíritu de inteligencia; Dios le hará derramar sabias palabras, y él confesará al Señor en su oración; Dios guiará sus consejos prudentes, y él meditará sus misterios; Dios le comunicará su doctrina y enseñanza, y él se gloriará de la Ley del Altísimo. Muchos alabarán su inteligencia, que no perecerá jamás; nunca faltará su recuerdo, y su fama vivirá por generaciones; la comunidad contará su sabiduría y la asamblea anunciará su alabanza» (Eclo 39, 6-10). Estas palabras definen perfectamente la figura de este hombre, orgullo de toda la Iglesia, Alberto Magno, doctor universal, Alberto Magno, verdadero «discípulo del Reino de Dios». Dice Jesús: «Todo letrado que entiende del reinado de Dios se parece a un hombre de familia que saca de su arcón cosas nuevas y antiguas» (Mt 13, 52). San Alberto es semejante a este padre de familia.

16 de noviembre

Santa Gertrudis, «teóloga del Sagrado Corazón»

Queridísimos hermanos, habéis venido en gran número a Roma para visitar los gloriosos y artísticos monumentos pertenecientes a la historia antigua y moderna, así como también a la propia fe cristiana, y habéis querido participar en las manifestaciones del Año Santo, tener un encuentro con el Papa y ganar la indulgencia del jubileo. Me complacen sobremanera los sentimientos religiosos que han inspirado vuestra iniciativa y agradezco a vosotros, alumnos, y a vuestros profesores y padres, todo ello, deseándoos de corazón los abundantes favores celestiales en vuestra preparación para los deberes que os esperan en la vida y en el cumplimiento del bien. El Año Jubilar de la Redención sea para vosotros ocasión propicia para vivir intensamente la vida cristiana, abriendo las puertas de vuestro corazón a Cristo. Concretamente, deseo evocar ante vosotros a *la gran mística alemana Santa Gertrudis* (1256-1301), cuya fiesta litúrgica celebramos hoy, y que ha merecido justamente el título de *«teóloga del Sagrado Corazón»*. Es importante conocer la personalidad y la espiritualidad de nuestros santos, para poderlos imitar en su vida de gracia y de testimonio y para poderles invocar en los momentos de extravío de tentación. Como frecuentemente recomendaba Santa Gertrudis, os exhorto a que tengáis siempre una total y abierta confianza en Jesús, redentor y amigo, para que podáis ser hombres de ciencia valerosos y apreciados, haciendo felices a vosotros mismos y a los que os aman.

Os imparto a todos cordialmente mi bendición.

17 de noviembre

Santa Isabel de Hungría

Santa Isabel, de la dinastía de Arpad, aromática flor, brotada en la rama de Esteban el Santo, es un modelo espléndido de mujer y esposa joven, pues vivió apenas veinticuatro años.

Pronto aprendió de su madre a amar a Jesús y a María. Con su dinamismo y su amor sin trabas conquistó a cuantos la rodeaban. Quería solamente cumplir la voluntad de Cristo y toda su persona irradiaba amor de Cristo. Ante el crucifijo, se quitó su propia corona, diciendo: «¿Cómo podía yo llevar una corona de oro, cuando el Señor lleva una corona de espinas? ¡Y además la lleva por mí!».

Su vida transcurre en el amor del landgrave Luis. Isabel, de apenas catorce años, y Luis, de veintiuno, se amaban en Dios y se ayudaban mutuamente a amar cada vez más a Dios. Aceptaban del Creador con profunda gratitud el don de la nueva vida. Nadie podría quedar indiferente ante la cautivadora alegría de una madre de quince años y el inmenso amor de Luis e Isabel. La joven madre, impulsada por el amor de Cristo, visitaba a los pobres, los enfermos, los niños abandonados. Isabel se convirtió en madre de todos.

Nunca desapareció la alegría de su corazón y se daba con alegría evangélica: «Debemos dar con alegría y de buen grado todo lo que podamos». Acudía a ella gran número de enfermos y desesperados, e Isabel —viviendo incesantemente en la presencia de Dios— devolvía a muchos la salud y la paz de Dios: «Mirad, ya os lo he dicho: hay que hacer felices a los hombres».

En la noche de 16 al 17 de noviembre de 1231 murió, unida siempre a Cristo y rodeada de los suyos. Desde entonces, Isabel es una antorcha que alumbra a cuantos imitan a Cristo en el servicio del prójimo.

18 de noviembre

Europa necesita a Cristo

Tenemos la Europa de la cultura, con sus grandes movimientos filosóficos, artísticos y religiosos, que la identifican y la hacen maestra de todos los continentes. Tenemos la Europa del trabajo, que, mediante la investigación científica y tecnológica, se ha desarrollado en las diferentes culturas hasta llegar a la actual época de la industria y la cibernética. Tenemos, sin embargo, también la Europa de las tragedias de pueblos y naciones, la Europa de la sangre, de las lágrimas, de las sombras, del quebranto, de las crueldades más despiadadas. También sobre Europa, a pesar del mensaje de los grandes espíritus, se ha sentido grave y terrible el drama del pecado, del mal, que, según la parábola *evangélica,* siembra en el campo de la historia la insidiosa cizaña. Hoy el problema que nos acucia es precisamente salvar a Europa y al mundo de ulteriores catástrofes.

Europa necesita a Cristo. Necesita entrar en contacto con El, hacer suyo su mensaje, su amor, su vida, su perdón, sus verdades eternas y excelsas. Necesita comprender que la Iglesia fundada y querida por El tiene como único objetivo transmitir y salvaguardar la Verdad revelada por El, mantener vivos y vigentes los medios de salvación instituidos por El, es decir, los sacramentos y la oración. Esto mismo es lo que comprendieron espíritus selectos y profundos, como Pascal, Newman, Rosmini, Soloviev, Norwid...

Estamos en una Europa donde parece tener un lugar de honor la tentación del ateísmo y del escepticismo; donde crece una penosa incertidumbre moral, con la disgregación de la familia y la degeneración de las costumbres; donde domina un peligroso conflicto de ideas y movimientos.

La crisis de la civilización (Huizinga) y el ocaso de occidente (Spengler) quieren solamente mostrar la extrema actualidad y necesidad de Cristo y del Evangelio.

19 de noviembre

Unidad de Europa

La unidad cultural del continente europeo, que sigue perdurando a pesar de las crisis y las escisiones, no es comprensible sin el contenido del mensaje cristiano. Esta unidad, enraizada de forma maravillosa en el espíritu antiguo, constituye una herencia común, a la que Europa debe su riqueza y su fuerza, el floreciente desarrollo del arte y de la ciencia, de la formación cultural y del cultivo de la filosofía y de la cultura del espíritu. En el ámbito de esta herencia espiritual cristiana, la imagen cristiana del hombre ha determinado de modo especial a la cultura europea.

La convicción de la semejanza del hombre con Dios y de

419

su redención por medio de Jesucristo, el Hijo del Hombre, ha dado un fundamento histórico-religioso a la valoración y a la dignidad de la persona, al respeto de su exigencia de su desarrollo libre dentro de la solidaridad humana. Resulta lógico, por tanto, que la formulación y la proclamación de los derechos humanos en general hayan provenido de Occidente.

Pongamos nuevamente bajo el signo de la cruz a esta Europa, unida y formada por la fe en Cristo. Sí, puesto que «en la cruz hay esperanza».

En la cruz está la esperanza de una renovación cristiana de Europa, a condición de que los cristianos tomen en serio el mensaje de la cruz. «Cruz» significa que el amor es más fuerte que el odio y la venganza. Dar produce más satisfacción que recibir. Poner manos a la obra es más eficaz que pedir.

«Cruz» quiere decir que todo naufragio tiene esperanza, que no hay oscuridad sin estrellas; tempestad, sin el abrigo de un puerto seguro.

«Cruz» significa que Dios es más grande que los hombres, que la salvación es más fuerte que el más grande de los fracasos.

La vida es siempre más fuerte que la muerte.

20 de noviembre

La dignidad de la persona, fundamento de justicia y de paz

El motivo formal de mi *intervención* de hoy es sin duda los lazos especiales de cooperación que ligan a la Santa Sede con la Organización de las Naciones Unidas, como así lo atestigua la presencia en la misma de la Misión permanente de un observador de la Santa Sede. Tales lazos, tenidos en tan gran estima por la Santa Sede, tienen su razón de ser en la soberanía que detenta a lo largo de los siglos la Sede Apostólica, soberanía que está circunscrita territorialmente al pequeño Estado de la Ciudad del Vaticano, pero que está motivada por la exigencia por parte del Papado de llevar a cabo con plena libertad su misión, lo cual conlleva por parte de sus posibles interlocutores, gobiernos u organismos internacionales, la posibilidad de tratar con ella con independencia de cualquier otra soberanía. Naturalmente, la naturaleza y los fines de la misión espiritual propia de la Sede Apostólica y de la Iglesia hacen que su participación en las tareas y actividades de la ONU sea muy diferente de la de los Estados, en cuanto comunidades de carácter político-temporal.

La *Sede Apostólica* no solamente valora en alto grado su colaboración con la ONU, sino que desde el nacimiento de dicha Organización *ha expresado siempre su estima y aliento,* dado el significado histórico de este supremo foro de la vida internacional de la humanidad contemporánea.

Esta convicción y confianza de la Sede Apostólica, como ya he dicho, no se basan en razones puramente políticas, sino en la naturaleza misma religiosa y moral de la *misión de la Iglesia Católica Romana.* Esta, como comunidad universal que acoge en su seno a fieles pertenecientes a casi todos los países y continentes, naciones, pueblos, razas, lenguas y culturas, tiene sumo interés en la existencia y las actividades de la *Organización,* la cual —como se desprende de su mismo nombre— une y vincula a naciones y estados. Une y vincula, *no divide y enfrenta.*

Presentación de la Virgen, fiesta de la contemplación

Vuestra vida silenciosa y apartada es fermento de renovación y de presencia del Espíritu de Cristo en el mundo. Por tal motivo, el Concilio ha afirmado que las religiosas contemplativas «mantienen siempre un puesto eminente en el Cuerpo Místico de Cristo... ofrecen a Dios un eximio sacrificio de alabanzas, ilustran al Pueblo de Dios con ubérrimos frutos de santidad, lo mueven con su ejemplo y lo dilatan con misteriosa fecundidad apostólica» (*Perfectae Caritatis,* 7).

El Señor que os ha elegido, al identificaros con su misterio pascual, os une consigo mismo en la obra santificadora del mundo.

«Por *El* y en *El*» debe ser la perspectiva de fe y de gozo eclesial cada día. Para que no alberguéis dudas a este respecto, la Iglesia, en nombre de Cristo, toma posesión un día determinado de toda vuestra capacidad de vivir y de amar: el día de vuestra profesión monástica. Renovadla con frecuencia. Siguiendo el ejemplo de los santos, consagraos, inmolaos cada vez más, sin siquiera pretender saber cómo utiliza Dios vuestra colaboración.

Vuestra fecundidad virginal debe realizarse en el seno de la Iglesia universal y de las iglesias locales. Vuestros monasterios pueden ser también centros de hospitalidad cristiana para las personas, sobre todo jóvenes, que van buscando muchas veces una vida sencilla y transparente, contrapuesta a la que les ofrece la civilización del consumismo.

Quiero hacer una llamada a las comunidades cristianas y a sus pastores, recordándoles el puesto insustituible que ocupa la vida contemplativa dentro de la Iglesia. Todos hemos de tener en gran valor y estima la dedicación de las almas contemplativas a la adoración, *a la alabanza y al sacrificio.* Son profetisas y maestras vivientes para todos, son la vanguardia de la Iglesia que camina hacia el Reino.

La ONU respeta la dimensión religioso-moral

Este es el auténtico motivo, el *motivo sustancial* de mi presencia entre vosotros, y deseo expresar mi agradecimiento a tan ilustre asamblea al considerar este motivo, que puede hacer de algún modo útil mi presencia entre vosotros. Especial importancia tiene ciertamente el hecho de que entre los representantes de los Estados, cuya razón de ser es la soberanía de los poderes relacionados con el territorio y la población, se encuentra hoy también el representante de la sede apostólica y de la Iglesia católica. Esta es la Iglesia de Jesucristo, el cual, ante el tribunal del juez romano Pilato, declaró ser rey, si bien de un reino que no pertenecía a este mundo (cfr. Jn 18, 36-37). Interrogado luego sobre la razón de ser de su reino entre los hombres, Jesús explicó: «Tengo por misión ser testigo de la verdad, para eso nací yo y vine al mundo» (ibíd. 18, 37). Hallándome, pues, ahora *ante los representantes de las naciones,* quisiera no solamente agradeceros la oportunidad, sino también congratularme de modo especial por el hecho de haberme concedido la palabra en vuestra asamblea, pues ello demuestra que la *Organización de las Naciones Unidas acepta y respeta* la dimensión religioso-moral de los problemas humanos de que se ocupa la Iglesia, dado el mensaje de verdad y de amor que debe anunciar al mundo. Indudablemente, para las cuestiones que son objeto de vuestras funciones y ocupaciones, en especial en el ámbito de la cultura, la sanidad, la alimentación, el trabajo y la utilización pacífica de la energía nuclear, es esencial que *consideremos al hombre en su total integridad,* en toda la plenitud y multiforme riqueza de su existencia espiritual y material, como he expresado en la encíclica *Redemptor Hominis.*

23 de noviembre

A las Naciones Unidas

Los problemas que la familia afronta en la actualidad pueden parecer aplastantes. Por mi parte, estoy convencido de que existe un potencial enorme para hacerles frente. La historia nos dice que el género humano es capaz de reaccionar y cambiar el rumbo cada vez que percibe con claridad que va por un camino errado. Vosotros tenéis el privilegio de testimoniar en este edificio cómo los representantes de las naciones intentan trazar una ruta común, con el fin de que en este planeta se pueda vivir en paz, en orden, en la justicia y en el progreso de todos. Sin embargo, sois también conscientes de que cada invididuo debe obrar en vistas del mismo fin. Las acciones individuales, tomadas conjuntamente, son las que pueden ejercer, ahora y en el futuro, un influjo determinante en beneficio o en perjuicio de la humanidad.

Los diversos programas y las organizaciones existentes dentro de la estructura de las Naciones Unidas, así como las Agencias especializadas y las Organizaciones intergubernamentales, constituyen una parte importante de este esfuerzo global. En el ámbito de sus competencias específicas —alimentación, agricultura, comercio, medio ambiente, desarrollo, ciencia, cultura, educación, asistencia, infancia y refugiados—, cada una de estas organizaciones aporta una contribución única no solamente en la provisión de las necesidades de los pueblos, sino también en la promoción del respeto de la dignidad del hombre y de la causa de la paz mundial.

Mi saludo cordial se dirige también a los representantes de las distintas asociaciones protestantes, judías y musulmanas, y de forma especial a los representantes de las Organizaciones Internacionales Católicas. Vuestra dedicación y vuestro sentido moral no deben debilitarse por las dificultades. No perdáis nunca de vista el objetivo último de todos vuestros esfuerzos: cread un mundo donde todos los seres humanos puedan vivir según su dignidad y en armonía de amor como hijos de Dios.

24 de noviembre

La diplomacia, artífice de la paz

Me siento honrado con vuestra presencia. Es un honor hecho no tanto a mi persona cuanto a la Cabeza de la Iglesia católica, y por ello os doy las más sinceras gracias. La dedicación al servicio de la humanidad es común al Cuerpo Diplomático y a la Santa Sede. Cada uno actúa en su propio ámbito para alcanzar con perseverancia sus objetivos pertinentes, pero ambos están unidos en la gran causa de la comprensión y de la solidaridad entre los pueblos y las naciones.

Tenéis una noble misión. A pesar de las dificultades, los contratiempos, los inevitables fracasos, la importancia de la diplomacia tiene su origen en el hecho de que representa una de las vías a seguir a la hora de buscar la paz y el progreso de toda la humanidad. «La diplomacia —decía mi predecesor Pablo VI— es artífice de la paz» (Pablo VI, Alocución a los embajadores ante la Santa Sede, 12 de enero de 1974). Los esfuerzos de los diplomáticos por establecer la paz o por conservarla, tanto a nivel bilateral como multilateral, no siempre se ven coronados por el éxito. Es preciso, no obstante, alentarlos, hoy como ayer, a fin de suscitar nuevas iniciativas y trazar nuevos caminos, con la paciencia y tenacidad que caracterizan primordialmente a los diplomáticos.

Y puesto que hablo en nombre de Cristo, que se ha proclamado a sí mismo «el camino, la verdad y la vida», quisiera asimismo llamar la atención sobre otras cualidades que, en mi opinión, son indispensables para que la diplomacia de nuestra época responda a las esperanzas que están depositadas en ella. Es preciso que los valores supremos, tanto morales como espirituales, estén integrados cada vez con mayor profundidad en los objetivos a conseguir para los pueblos y en los medios utilizados para su consecución.

25 de noviembre

La verdad, fuerza de la paz

La verdad representa la primera exigencia moral que debe prevalecer en las relaciones entre las naciones y los pueblos. Para la Jornada Mundial de la Paz, del 1 de enero de 1980, he elegido como lema: «La verdad, fuerza de la paz». Estoy convencido de que los gobiernos y las naciones que vosotros representáis se asociarán una vez más, como ya han hecho otras veces admirablemente en el pasado, en vistas de esta gran empresa. Impregnar de verdad todas las relaciones, políticas o económicas, bilaterales o multilaterales.

Establecer la verdad en todas nuestras relaciones significa trabajar por la paz, permitiendo así encontrar a los problemas mundiales soluciones conformes con la razón y la justicia, conformes, en una palabra, con la verdad del hombre. Enlazo ahora con el segundo punto del que quería hablaros. Para que la paz sea real y duradera, tiene que ser humana. El deseo de paz es universal. Late en el corazón de todos los seres humanos y puede ser alcanzada sólo a condición de que la persona humana esté situada en el centro de todos los esfuerzos tendentes a conseguir la unidad y la fraternidad entre las naciones.

Vuestra misión, la misión del diplomático, tiene como base el mandato que habéis recibido de los que tienen la responsabilidad del bienestar de vuestro país. No se puede separar este poder del que formáis parte de las exigencias objetivas de orden moral y del destino de todos los seres humanos.

Invoco la bendición de Dios Omnipotente sobre vuestra misión, la cual conlleva la doble exigencia de defender vuestro propio país y, al mismo tiempo, mantener la paz universal. Que la paz de Dios reine siempre en vuestros corazones.

26 de noviembre

Testigos de la solidaridad con la misión del Papa

En la persona del Caballero Supremo y de los miembros del Supremo Consejo, saludo a todos los Caballeros de Colón: a los más de un millón trescientos mil laicos católicos de todo el mundo, que manifiestan un espíritu de profunda raigambre de su fe cristiana y de lealtad a la Sede Apostólica.

Muchas veces en el pasado y, una vez más, en la actualidad, habéis manifestado vuestra solidaridad con la misión del Papa.

Interpreto vuestro apoyo como una prueba más —por si fuese necesaria— de vuestra convicción de que los Caballeros de Colón tienen en gran estima su vocación de participar en la actividad evangelizadora de la Iglesia. Con gran satisfacción repito ahora lo que mi venerado predecesor Pablo VI dijo a propósito de esta tarea en su Exhortación Apostólica *Evangelii Nuntiandi,* subrayando el papel específico del laicado: «Dentro de la actividad evangelizadora, el campo asignado a los laicos es el vasto y complejo mundo de la política, de los asuntos sociales y de la economía, pero también el mundo de la cultura, de las ciencias y de las artes, de la vida internacional y de los medios de comunicación social. Comprende igualmente otra serie de realidades abiertas a la evangelización, como son el amor humano, la familia, la educación de los niños y adolescentes, el trabajo profesional y el sufrimiento» (Pablo VI, *Evangelii Nuntiandi*, 70).

Estas palabras, pronunciadas por una persona que nunca os negó su apoyo, indican claramente el camino a seguir por vuestra asociación. Estoy al corriente de vuestro interés en la promoción del uso de los «mass-media» con el fin de propagar el Evangelio y dar a conocer mis mensajes. Que el Señor os recompense y, a través de vuestros esfuerzos, haga brotar abundantes frutos de evangelización en la Iglesia.

27 de noviembre

A los representantes de los medios de comunicación

El mundo contemporáneo se convierte muchas veces en un inmenso auditorio, un público unitario, reunido en torno de los mismos acontecimientos culturales, deportivos, políticos y religiosos. Vuestra labor es un servicio de alcance incalculable. He utilizado muy a propósito la palabra *«servicio»*. En efecto, con vuestro trabajo servís y debéis servir la causa del hombre en su totalidad: su cuerpo, su espíritu, su necesidad de ocio honesto, de alimento cultural y religioso, de un criterio moral correcto para su vida individual y social.

Se trata de una noble misión, que eleva a quien la vive dignamente, pues ofrece una valiosísima contribución al bien de la sociedad, a su equilibrio y desarrollo.

La Iglesia concede gran importancia al sector de la comunicación social y de la transmisión de la cultura, donde están en juego valores tan elevados. Muchas cosas hay en común entre vuestra misión y la mía; vosotros y yo somos servidores de la comunicación entre los hombres. A mí me corresponde, especialmente, transmitir a la humanidad *la buena nueva* del evangelio y, con ella, el mensaje de amor, de justicia y de paz de Cristo. Valores éstos que vosotros podéis favorecer sobremanera con vuestro esfuerzo por construir un mundo más unido, pacífico, humano, donde resplandezcan la verdad y la moralidad. De esta forma, será posible ofrecer un servicio de comunicación que responda a la verdad profunda del hombre.

Respetar la verdad, defender el legítimo secreto profesional, evitar el sensacionalismo, valorar adecuadamente la importancia de la formación moral de la infancia y de la juventud, promover la convivencia en el legítimo pluralismo de las personas, de los grupos y de los pueblos... Dios bendiga vuestro trabajo.

28 de noviembre

Valores físicos y morales del deporte

Vuestra presencia me llena de alegría no solamente por el espectáculo de estupenda juventud que ofrecéis a mis ojos, sino también por los valores físicos y morales que representáis. El deporte, efectivamente, incluso bajo el aspecto de educación física, tiene todo el apoyo de la Iglesia en sus facetas buenas y sanas. La Iglesia no puede dejar de alentar todo lo que sirve para el desarrollo armonioso del cuerpo humano, justamente considerado la obra maestra de la creación, no sólo por su proporción, vigor y belleza, sino ante todo y sobre todo porque Dios lo ha hecho morada e instrumento de un alma inmortal, infundiéndole un «soplo de vida» (Gn 2, 7), por el que el hombre está hecho a su imagen y semejanza. Si se tiene en cuenta además el aspecto sobrenatural, resultan iluminadoras las palabras de San Pablo: «¿Se os ha olvidado que sois miembros de Cristo?... Sabéis muy bien que vuestro cuerpo es templo del Espíritu Santo, que está en vosotros porque Dios os lo ha dado... Glorificad, pues, a Dios con vuestro cuerpo» (1 Cor 6, 15).

He aquí, queridos jóvenes, algunos trazos de lo que nos enseña la revelación sobre la grandeza y la dignidad del cuerpo humano, creado por Dios y redimido por Cristo. Por tal motivo, la Iglesia no cesa de recomendar la valoración de este maravilloso instrumento mediante una educación física apropiada, que, evitando, por una parte, el culto exagerado del cuerpo, entrena al cuerpo y al espíritu para el esfuerzo, el valor, el equilibrio, el sacrificio, la nobleza, la fraternidad, las buenas maneras y, en una palabra, el «fair-play». Practicado de esta forma, el deporte os ayudará sobre todo a ser ciudadanos amantes del orden social y de la paz.

29 de noviembre

Diferentes facetas del turismo

Importante componente del tiempo libre, el turismo, en sus múltiples facetas, implica, tanto por parte del usuario como por parte del organizador, una serie de opciones libres, que resultarán positivas moralmente si son conformes con el recto uso de la libertad. Un turismo digno del hombre jamás puede significar evasión de los deberes morales, y el cristiano ha de realizar su ideal evangélico «en» y «mediante» todos los momentos de su existencia. Si se piensa detenidamente, también el tiempo libre, como todo tiempo instaurado por Cristo, es escatológico, en cuanto tiempo último y definitivo. Debe estar ordenado a la salvación eterna con un esfuerzo constante, pues «único es el curso de la vida terrena». Por tanto, corresponde a vuestra conciencia favorecer la promoción del tiempo libre en un contexto de valoración de los recursos naturales y espirituales en beneficio de toda la humanidad.

El turismo, además, representa un factor de encuentro y de paz entre los pueblos. Depende también del turismo que nuestra tierra, bañada por la sangre de Cristo para la salvación universal, aparezca cada vez más como «la casa de todos». El fin último del desarrollo turístico no consiste, pues, en el beneficio económico, aun a escala nacional, sino más bien en el servicio ofrecido para beneficiar a la persona considerada en toda su integridad, es decir, teniendo en cuenta sus necesidades, tanto materiales como espirituales. Mis más intensos y cordiales auspicios para que el turismo, con la sabia intervención de los responsables y organizadores, contribuya siempre a glorificar a Dios, creador del universo, a promover la dignidad del hombre y a incrementar el conocimiento recíproco, la fraternidad espiritual, el restablecimiento del cuerpo y del espíritu.

30 de noviembre

San Andrés, Apóstol y hermano de San Pedro

Hoy, fiesta de San Andrés, apóstol de Jesucristo, hermano de Simón Pedro, sentimos una *fresca inspiración* al contemplar a San Andrés. Este da testimonio de Jesucristo con aquel maravilloso anuncio llevado a su hermano: «Hemos encontrado al Mesías» (Jn 1, 41). Andrés descubre a Jesús, conduce a Pedro hasta Jesús, y después Jesús lleva a Pedro y, con él, a todos nosotros hasta el Padre. Andrés anuncia así al mundo a *Aquel* que ha sido esperado a lo largo de los siglos: «Hemos encontrado al Mesías». Hemos sido llamados a anunciarlo a todas las personas que siguen esperando su venida a sus corazones y sus vidas.

Como Andrés, también nosotros, por la gracia de Dios, hemos descubierto al Mesías y el significado de su mensaje de esperanza que hay que transmitir a nuestro pueblo. El Señor nos invita constantemente a renovar nuestras vidas, en espera del momento final, cuando El proclame definitivamente: «Todo lo hago nuevo» (Ap 21, 5). Debido a ello, el mensaje que hoy os anuncio es el de la fresca esperanza en el infinito poder del misterio pascual de Cristo, en el cual El envía a su Espíritu Santo a nuestros corazones. A todos los fieles de cualquier generación ofrezco *el gran tesoro de la Iglesia:* Jesucristo y su palabra, Jesucristo y sus promesas, Jesucristo y la comunión con el Padre en la unidad del Espíritu Santo «para que con la fuerza del Espíritu Santo desbordéis de esperanza» (Rm 15, 13).

Oración a la Virgen María

Ave María, Madre de Cristo y de la Iglesia. Ave, vida, dulzura y esperanza nuestra. A tus cuidados encomiendo las necesidades de todas las familias, las alegrías de los niños, los proyectos de los jóvenes, las preocupaciones de los adultos, el dolor de los enfermos y la serena madurez de los ancianos. Te encomiendo la fidelidad y la abnegación de los ministros de tu Hijo, la esperanza de los que se preparan para este ministerio, la gozosa donación de las vírgenes de los monasterios, la oración y la solicitud de los religiosos y religiosas, la vida y el compromiso de todos los que trabajan por el Reino de Cristo en este mundo. En tus manos deposito el cansancio y el sudor de los que ganan su sustento con sus propias manos; la noble labor de cuantos transmiten su saber y de los que se esfuerzan por aprenderlo; la hermosa vocación de los que con su ciencia y su servicio procuran aliviar el dolor ajeno; la tarea de los que buscan la verdad a través de su inteligencia. Dejo en tu corazón las aspiraciones de quienes, mediante la actividad económica, buscan con rectitud la prosperidad de sus hermanos; de quienes, al servicio de la verdad, informan y forman rectamente la opinión pública; de quienes, en la política, en el ejército, en los sindicatos o en el servicio del orden ciudadano, prestan su honesta colaboración en pro de una convivencia justa, pacífica y segura. Auxilia a cuantos padecen desgracias, a los que sufren a causa de la soledad, la ignorancia, el hambre o la falta de trabajo. Fortifica a los débiles en la fe. Virgen Santa, aumenta nuestra fe, refuerza nuestra esperanza, reaviva nuestra caridad.

Fiestas móviles

Primer Domingo de Adviento: *Mensaje de la esperanza y de la llamada*

Segundo Domingo de Adviento: *El progreso espiritual del hombre, medida del Adviento*

Tercer Domingo de Adviento: *El camino que lleva a Dios*

Cuarto Domingo de Adviento: *El tiempo de la llamada*

Domingo de la octava de la Navidad: *Festividad de la Sagrada Familia de Nazaret*

Domingo entre el 2 y el 8 de enero: *Epifanía, reto de Dios*

Domingo después de Epifanía: *El Bautismo del Señor*

Miércoles de Ceniza: *Nueva estación espiritual*

Primer Domingo de Cuaresma: *La Iglesia necesita fe*

Segundo Domingo de Cuaresma: *Este es mi Hijo, el Elegido. Escuchadlo.*

Tercer Domingo de Cuaresma: *La casa de mi padre*

Cuarto Domingo de Cuaresma: *La parábola del hijo pródigo*

Quinto Domingo de Cuaresma: *Scindite corda vestra*

Domingo de Ramos: *Comienzo de la Semana Santa*

Lunes Santo: *La cruz y la resurrección, revelación de la misericordia*

Martes Santo: *Que toda la humanidad crea en la misericordia*

Miércoles Santo: *La cruz triunfa sobre el mal y la muerte*

Jueves Santo: *O Sacrum Convivium*

Viernes Santo: *La agonía en el Calvario y el martirologio de la cruz*

Sábado Santo: *El silencio del sepulcro*

Pascua de Resurrección: *Cristo ha resucitado*

Octava de Pascua, lunes: *Aleluya, el grito de la alegría pascual*

Octava de Pascua, martes: *La losa removida, testimonio de la resurrección.*

Octava de Pascua, miércoles: *El mensaje de la resurrección*

Octava de Pascua, jueves: *Cristo resucitado, «nuestra Pascua»*

Octava de Pascua, viernes: *La Pascua, garantía de la vida que no decae*

Octava de Pascua, sábado in Albis: *La fuerza regeneradora de la resurrección de Cristo*

Domingo in Albis: *Victoria gozosa sobre la incredulidad*

Ascensión de Nuestro Señor: *Los dos significados de la Ascensión*

Pentecostés: *Dar gracias al Espíritu Santo*

Domingo de la «Santísima Trinidad»: *Insertados en la Comunión Trinitaria*

Solemnidad del «Corpus Christi»: *La Eucaristía nos da una vida nueva*

Solemnidad del Sagrado Corazón de Jesús: *La plenitud de la humanidad de Cristo*

Fiesta del Corazón Inmaculado de María: *Abramos nuestros corazones a la Madre*

La devoción al Sagrado Corazón de Jesús: *Extraer del Corazón de Cristo la energía vital*

Consagrar el mundo al Corazón Inmaculado de María: *Volver a la cruz del Hijo*

Festividad de Cristo Rey: *Venga tu Reino*

Fiesta de la madre: *El misterio de la maternidad*

Fiesta del padre: *El significado de la paternidad en José*

Fiesta del trabajo: *El trabajo es un bien para el hombre*

Jornada mundial de las Misiones: *Todos los fieles deben colaborar en el anuncio*

Fiesta de Acción de Gracias: *Dios, fuente de todo bien auténtico*

Mensaje de la esperanza y de la llamada

Primer Domingo de Adviento.

¿Cuál es la verdad que hoy penetra en nosotros y nos vivifica? ¿Qué mensaje nos anuncia la santa Iglesia, nuestra Madre?... El mensaje de la esperanza y de la llamada... He aquí lo que escribió el apóstol a los romanos de aquel tiempo y que nosotros debemos asumir también... en la actualidad: «Y más conociendo las circunstancias; ya es hora de despertaros del sueño... La noche está avanzada, el día se echa encima» (Rm 13, 11-12)...

Podría pensarse que los indicios humanos desmienten el mensaje de... la liturgia. Esta, en cambio... anuncia de antemano el designio divino que no degenera, que no cambia, aun cuando puedan cambiar los hombres, los programas, los progresos humanos...

Es el designio salvífico del hombre en Cristo. Sin embargo, el hombre puede estar sordo y ciego ante todo esto. Puede adentrarse cada vez más en la noche, por mucho que el día esté encima. Puede multiplicar las obras de las tinieblas, aunque Cristo le esté ofreciendo «el arma de la luz». De ahí la invitación imperiosa... del apóstol: «Revestíos del Señor Jesucristo» (Rm 13, 14). Con esta expresión se está definiendo en un cierto sentido al cristiano.

Ser cristiano significa «revestirse de Cristo». El Adviento es la nueva llamada a revestirse de Jesucristo.

Segundo Domingo de Adviento

El progreso espiritual del hombre, medida del Adviento

¡El Mesías está muy cerca!
La liturgia... está llena del contenido histórico del Adviento. Mediante este contenido, se revela *una llamada litúrgica,* no ya ligada a un pasado lejano, sino a nuestro Adviento contemporáneo...

Este Adviento no sólo persigue una preparación de *lo que ha de acontecer,* sino que también supone la plena conciencia de *lo que ya ha sucedido.*

Este Adviento litúrgico es la espera de lo ya realizado; espera que ha de renovarse continuamente en la memoria y en el corazón a fin de no relegarla al pasado y convertirla, en cambio, en algo constitutivo de nuestra contemporaneidad y de nuestro porvenir.

En la noche del nacimiento del Señor en Belén... éste cambiará la suerte de Sión... Con la venida del Mesías, la tristeza de los corazones humanos, fatigados por la dispersión de sus vidas, se transformará en alegría...

El Adviento es, por tanto, preparación para *un grande y gozoso cambio.* Este cambio transformará radicalmente la situación del hombre en el mundo.

El Adviento es sencillamente la meditación anual sobre la obra de la salvación y la santificación, la obra de la gracia y del amor que el Señor «ha comenzado» y continúa «iniciando» en cada hombre y en cada generación, hasta *la última venida* de Jesucristo, que llevará esta obra a su pleno cumplimiento.

El camino que lleva a Dios

Hoy es el tercer domingo de Adviento...

El Adviento manifiesta no solamente la venida de Dios a nosotros, sino que *indica también el camino* que lleva a Dios... Este camino consiste primordialmente en un *comportamiento acorde con la conciencia...*

Comportaos de forma justa. Cumplir vuestras obligaciones de acuerdo con vuestra conciencia. Sabed compartir lo vuestro con los demás. Compartid lo que tengáis con los necesitados.

El camino que lleva a Dios es sobre todo el *camino de la conciencia y de la moral.* Los mandamientos guían al hombre por este camino. El camino que lleva a Dios consiste no sólo en cumplir los mandamientos, sino una purificación más intensa del alma de su apego al pecado, a la concupiscencia y a las pasiones...

Sin embargo, hay veces que esta purificación tiene un alto precio para el hombre: va ligada al dolor y al sufrimiento, pero resulta *indispensable,* ya que el alma debe *conservar dentro de sí* lo que es honesto, noble y puro...

El hombre tiene miedo del poder purificador de Dios y de su Gracia... El deseo de salvación, es decir, de la vida en gracia de Dios, debe superar el miedo con el que el hombre se defiende de la fuerza purificadora de Dios. A medida que cede el mal arraigado en el alma y decrecen los apegos pecaminosos, Dios se acerca, y con El vienen también al alma la alegría y la paz...

El tiempo de la llamada

Todo el Adviento es un período de espera y de preparación a la venida del Salvador. La última semana del

Adviento podría llamarse *el tiempo de la llamada,* en el que la Iglesia nos llama a lo largo de estos días que preceden inmediatamente a la Navidad. Nos llama mediante su liturgia, en la cual ocupan un puesto de honor en este tiempo las llamadas «Antífonas mayores», acompañadas del canto del «Magnificat» durante las Vísperas. Son de una gran belleza, a la vez que de un contenido sencillo y profundo. La Antífona de hoy, última de este ciclo (mañana es ya vigilia), se dirige con estas palabras al que ha de venir:

«Oh Emmanuel, Dios-con-nosotros, rey y legislador nuestro, esperanza de los pueblos y su liberador: ven a salvarnos con tu presencia, Señor Dios nuestro».

¡Emmanuel! La última invocación, la última palabra de esas Antífonas de invitación. Parece testimoniar que la invocación ha sido escuchada, pues «Emmanuel» significa que *Dios está con nosotros.* Por consiguiente, la última Antífona de Adviento expresa la certeza de la venida del Señor. Habla ya de su presencia entre nosotros.

Cuando nos apercibamos de las circunstancias del nacimiento de Dios, cuando recordemos que «no encontraron sitio en la posada» (Lc 2, 7), comprenderemos aún mejor esta llamada de la liturgia del Adviento y la manifestaremos con la más profunda paz interior, *con el amor más intenso hacia el que está al llegar.*

¡Oh Emmanuel, Dios-con-nosotros! ¿Qué cosa mejor podemos desearnos para nosotros mismos que el hecho de que Dios esté con nosotros? Pues bien, esto es lo que yo os deseo de todo corazón.

Domingo de la octava de Navidad

Festividad de la Sagrada Familia de Nazaret

Este domingo de la octava de Navidad es al mismo tiempo la festividad de la *Sagrada Familia de Nazaret.*

El Hijo de Dios ha venido al mundo a través de la Virgen, cuyo nombre era María; ha nacido en Belén y crecido en Nazaret, bajo la protección de un hombre justo, llamado José.

Jesús fue desde el principio el centro de su gran amor, lleno de solicitud y de afecto; ésta fue la gran vocación de ambos, su inspiración, el gran misterio de sus vidas. En la casa de Nazaret «el niño iba creciendo y robusteciéndose, y adelantaba en saber; y el favor de Dios lo acompañaba» (Lc 2, 52). Fue obediente y sumiso, como un hijo debe serlo con sus padres. Esta obediencia por parte de Jesús en Nazaret frente a María y José ocupa casi todos los años vividos por él sobre la tierra y, por consiguiente, constituye el período más largo de la obediencia total e ininterrumpida de Jesús al Padre celestial. No son muchos los años que Jesús dedicó al servicio de la Buena Nueva y, finalmente, al sacrificio de la cruz.

En la festividad de la Sagrada Familia de Nazaret, la Iglesia, a través de la liturgia de este día, *expresa sus mejores y más fervientes felicitaciones a todas las familias del mundo.* Escojo de la carta a los Colosenses estas breves palabras, tan ricas de significado: «La paz de Cristo reine en vuestros corazones» (Col 3, 15).

La paz es, efectivamente, signo del amor, su ratificación en la vida de la familia. La paz es la alegría de los corazones, el consuelo en la fatiga cotidiana. La paz es el apoyo que se ofrecen recíprocamente marido y mujer, y que los hijos hallan en sus padres, y los padres en sus hijos.

Que todas las familias del mundo acepten los deseos de esta clase de paz.

Domingo entre el 2 y el 8 de enero

Epifanía, reto de Dios

Llegaron de Oriente... unos peregrinos poco normales: Reyes Magos. Y atravesaron Jerusalén.

Les guiaba una estrella misteriosa, una luz exterior... Sin embargo, les guiaba aún más la fe, luz interior. Llegaron... y, cayendo de rodillas, lo adoraron...

Debido a esta peregrinación hasta Belén, los Reyes Magos... se convirtieron en el comienzo y el símbolo de todos los que llegan a Jesús mediante la fe...

Se convirtieron en el inicio y el paradigma de cuantos, más allá de las fronteras del pueblo elegido de la Antigua Alianza, han accedido y siguen accediendo a Cristo mediante la fe...

La Epifanía es *la fiesta de la vitalidad de la Iglesia...* La Iglesia cobra identidad cuando los hombres —al igual que los pastores y los Reyes Magos— llegan a Cristo mediante la fe. Cuando vuelven a encontrar a Dios en Cristo-Hombre y por Cristo.

La Epifanía es, pues, *la gran fiesta de la fe.*

Participan en esta fiesta tanto los que ya han alcanzado la fe como los que están en camino de acceder a ella.

Participan agradeciendo este don de la fe, del mismo modo que los Reyes Magos, rezumando gratitud, se hincaron de hinojos ante el Niño. En esta fiesta participa la Iglesia, que cada año se hace más consciente de lo vasto de su misión. ¡A cuántos hombres hay aún que anunciarles la fe!

... Sin embargo, la Iglesia, consciente de este gran don, del don de la Encarnación de Dios, no puede detenerse nunca, jamás puede cansarse. Continuamente ha de buscar el acceso a Belén para cada hombre y para cada época.

La Epifanía es *la fiesta del reto de Dios.*

Domingo después de Epifanía

El bautismo del Señor

La Iglesia celebra en su liturgia la festividad del Bautismo del Señor... Esta ceremonia del bautismo quiere significar... que la Iglesia vive y actúa únicamente en función de la salvación eterna de la humanidad y en orden a dar a los hombres «la gracia, es decir, la vida divina que Jesús, el Verbo encarnado, ha venido a traer al mundo...

Jesús... dice a los apóstoles: «Id y haced discípulos de todas las naciones, bautizadlos para consagrárselos al Padre y al Hijo y al Espíritu Santo» (Mt 28, 19)...

Se trata del nuevo y definitivo Bautismo, que borra del alma el «pecado original» inherente a la naturaleza humana caída por el rechazo que las dos primeras criaturas racionales hicieron del amor, y devuelve al alma la «gracia santificante», o sea, la participación en la vida misma de la Santísima Trinidad...

Acontece así un hecho increíble y maravilloso; el rito es sencillo, pero el significado es sublime.

El fuego del Amor creador y redentor de Dios abrasa el pecado... y toma posesión del alma, que se convierte así en *morada del Altísimo...*

El Bautismo es un don sobrenatural, una transformación radical de la naturaleza humana, una inmersión del alma en la vida de Dios, la realización concreta y personal de la Redención.

Miércoles de Ceniza

Nueva estación espiritual

Este día abre una estación espiritual particularmente relevante para todo cristiano que quiera prepararse dig-

443

namente para la celebración del misterio pascual, o sea, el recuerdo de la Pasión, Muerte y Resurrección del Señor.

Este tiempo vigoroso del Año litúrgico se caracteriza por el mensaje bíblico que puede ser resumido en una sola palabra: «matanoeite», es decir, «convertíos». Este imperativo es propuesto a la mente de los fieles mediante el rito austero de la *imposición de la ceniza,* el cual, con las palabras «Convertíos y creed en el Evangelio» y con la expresión «Acuérdate de que eres polvo y al polvo volverás», invita a todos a reflexionar acerca del deber de la conversión, recordando la inexorable caducidad y efímera fragilidad de la vida humana, sujeta a la muerte.

La sugestiva ceremonia de la Ceniza eleva nuestras mentes a la realidad eterna que no pasa jamás, a Dios, principio y fin, alfa y omega de nuestra existencia. La conversión no es, en efecto, sino un volver a Dios, valorando las realidades terrenales bajo la luz indefectible de su verdad. Una valoración que implica una conciencia cada vez más diáfana del hecho de que estamos de paso en este fatigoso itinerario sobre la tierra, y que nos impulsa y estimula a trabajar hasta el final, a fin de que el Reino de Dios se instaure dentro de nosotros y triunfe su justicia.

Sinónimo de «conversión» es asimismo la palabra *«penitencia»*... Penitencia, como medicina, restauración, como cambio de mentalidad. Penitencia, como expresión de libre y positivo esfuerzo en el seguimiento de Cristo.

Primer Domingo de Cuaresma

La Iglesia necesita fe

Hoy es primer domingo de Cuaresma.

Cristo —Redentor del hombre— está presente en su Iglesia, a la que ha lavado con su propia Sangre derramada en la cruz. En el nombre de Cristo, la Iglesia, año tras año, anuncia al hombre el mensaje de la Cuaresma: el Evangelio de la conversión y del perdón. En Cristo encuentra ella al mismo tiempo la esperanza de su propia renovación y la certeza de su misión.

Cristo nos enseña que por amor a nosotros ha querido someterse a las pruebas y al sufrimiento.

«Christum Dominum pro nobis tentatum et passum, venite adoremus».

Diversas son las pruebas y sufrimientos de la humanidad, de las naciones, de los pueblos, de las familias y de los individuos. Diversas son las pruebas a las que el Señor somete a su Iglesia: exteriores e interiores.

La Iglesia vive en medio de los hombres y de los pueblos.

La Iglesia es testimonio de las generaciones y de las épocas. Por tanto, no puede quedar exenta de las dificultades y sufrimientos.

Es preciso que la Iglesia actual sea plenamente *consciente de las pruebas por las que atraviesa.*

Asimismo, debe tener conciencia de las tentaciones a que está sometida en estos tiempos.

La Iglesia no puede quedar al margen de las tentaciones, pues el mismo Señor pasó por ellas.

La conciencia de estar sometidos a las tentaciones constituye, en un cierto sentido, la condición básica de la penitencia, o sea, de la conversión.

Segundo Domingo de Cuaresma

«Este es mi Hijo, el Elegido. Escuchadlo»

¿Qué significa escuchar a Cristo?

Es ésta una pregunta que ningún cristiano puede soslayar. Tampoco la certeza y la conciencia de su planteamiento.

¿Qué significa escuchar a Cristo?

Toda la Iglesia debe dar siempre una respuesta a esta pregunta, en las circunstancias concretas de las generaciones, las épocas, las condiciones sociales, económicas y políticas, en constante mutación.

La respuesta debe ser auténtica, debe ser sincera, como auténtica y sincera es la doctrina de Cristo, su Evangelio y, después, Getsemaní, la cruz y la resurrección.

Cada uno de nosotros ha de dar siempre una respuesta a esta pregunta: si su cristianismo, su vida, son coherentes con su fe, son auténticos y sinceros.

Debe dar esta respuesta si no quiere exponerse a tener por dios a su estómago (Flp 3, 19) y comportarse como enemigo «de la cruz de Cristo» (Flp 3, 18). La respuesta será *en cada caso un poco distinta:* distinta será la respuesta del padre y de la madre de familia, la de los novios, la del niño, la de los muchachos y muchachas, la del anciano, la del enfermo postrado en el lecho del dolor, la del hombre de ciencia, de la política, de la cultura, de la economía, la del hombre que trabaja en labores físicas duras, la de la monja o el religioso, la del sacerdote, del pastor de almas, del obispo y del Papa.

Tercer Domingo de Cuaresma

La casa de mi Padre

«La casa de mi Padre». Hoy Cristo pronuncia estas palabras en el atrio del templo de Jerusalén.

Se presenta en el atrio para «reivindicar» ante los hombres la casa de su Padre, para reclamar sus derechos sobre esta casa. Los hombres han hecho de ella un mercado. Cristo les reprende severamente y se enfrenta enérgicamente a tal desviación.

La pasión por la casa de Dios lo consume (cfr. Jn 2, 17) y

por ello no le importa ser blanco de la malevolencia de los ancianos del pueblo judío y de todos aquellos que son responsables de ese atentado contra la casa de su Padre, contra el templo.

Se trata de un hecho memorable, de una escena memorable. Con las palabras de su santa ira, Cristo ha inscrito profundamente en la tradición de la Iglesia *la ley de la santidad de la casa de Dios.* Pronuncia esas misteriosas palabras referentes al templo de su cuerpo: «Destruid este templo y en tres días lo levantaré» (Jn 2, 19). Jesús ha consagrado de una sola vez todos los templos del Pueblo de Dios.

Estas palabras adquieren una gran riqueza de significado en el período de la Cuaresma, cuando, al meditar sobre la pasión de Cristo y su muerte (destrucción del templo de su cuerpo), nos preparamos para la solemnidad de la Pascua, es decir, el momento en que Jesús volverá a revelarse *en el templo de su cuerpo,* nuevamente elevado por el poder de Dios, que quiere edificar en El, de generación en generación, la casa espiritual de una fe, esperanza y caridad nuevas.

Cuarto Domingo de Cuaresma

La parábola del hijo pródigo

Cuántos hombres a lo largo de los siglos, cuántos de esta época pueden hallar en esta parábola los rasgos fundamentales de su propia historia personal.

Tres son los momentos claves en la historia de este hijo con el que cada uno de nosotros se siente en cierto sentido identificado cuando cede al pecado.

El primer momento es el alejamiento. Nos alejamos de Dios, como él se alejó de su padre, cuando nos comportamos con el bien que tenemos del mismo modo que él hizo con la parte de su herencia. Nos olvidamos de que nuestros bienes se nos han otorgado por Dios como tarea, como un talento evangélico. Por desgracia, a veces nos comportamos como si nuestros bienes, el bien del cuerpo y del alma, nuestras capacidades, facultades, energías, fuesen de nuestra exclusiva propiedad y pudiésemos usar y abusar de ellos de cualquier manera, derrochando y dilapidando.

El segundo momento en la parábola es el del recto examen de conciencia y la conversión. El hombre debe hallar de nuevo lo que ha perdido, de lo que se ha privado al cometer el pecado, al vivir en el pecado, a fin de que pueda dar el paso decisivo: «Voy a volver a casa de mi Padre» (Lc 15, 18). Debe volver a ver otra vez el rostro de su Padre, al que había dado la espalda.

El tercer momento, en fin, es el regreso. El regreso ha de ser como lo describe Cristo en la parábola. El Padre espera al hijo, olvida todo lo malo que él ha cometido, no tiene en cuenta el despilfarro que ha hecho. Una sola cosa le importa realmente al Padre: volver a encontrar a su hijo, que éste no haya perdido radicalmente su propia humanidad; que, a pesar de todo, tenga el firme propósito de vivir de nuevo como hijo...

Quinto Domingo de Cuaresma

Scindite corda vestra

«Rasgad vuestro corazón...»

Se trata de una invitación muy pertinente en este tiempo cuaresmal y sobre todo en estas dos últimas semanas anteriores a la Pascua. La llamada está dirigida a todos los hombres, a su interioridad, a su conciencia.

La conciencia es la medida del hombre. Testimonia su grandeza y su profundiad. Para que esta profundidad quede abierta, para que el hombre no se deje deslumbrar por su grandeza, Dios habla con la palabra de la cruz.

Verbum crucis: he aquí la palabra última y definitiva. Dios ha querido emplear con el hombre, y emplea siempre, esta palabra que penetra en la conciencia, que tiene la capacidad de rasgar el corazón humano.

El hombre interior debe preguntarse qué motivo ha llevado a Dios a hablar con esta palabra, qué significado tiene esta decisión de Dios en la historia del hombre. Esta es la pregunta fundamental de la cuaresma y del período litúrgico de la Pasión del Señor.

El hombre contemporáneo está bajo la amenaza de sucumbir a una insensibilidad espiritual e incluso a la muerte de la conciencia. Esta muerte es algo más profundo que la del pecado, pues en ella se mata el sentido mismo del pecado. Numerosos son hoy los factores que se dan cita a la hora de matar la conciencia en los hombres de nuestro tiempo. No es otra cosa lo que Cristo ha llamado «pecado contra el Espíritu Santo». Este pecado comienza cuando el hombre no percibe ya la palabra de la cruz como el grito extremo del amor, capaz de desgarrar los corazones.

Scindite corda vestra.

Domingo de Ramos

Comienzo de la Semana Santa

Es admirable la liturgia del Domingo de Ramos, como admirables fueron también los acontecimientos de la jornada a que hace referencia.

Sobre el entusiástico «hosanna» se ciernen espesas tinieblas. *Las tinieblas de la Pasión que se aproxima.* Cuán significativas resultan las palabras del profeta, que en esa jornada tienen su cumplimiento: «No temas, ciudad de

Sión / mira a tu rey que llega / montado en un borrico»
(Jn 12, 15; cfr. Zc 9, 9).

¿*Puede,* en este día de júbilo general del pueblo a causa
de la venida del Mesías, la ciudad de Sión *tener motivo
de temor?* Por supuesto que sí. Cercano está ya el tiempo
en que en labios de Jesús se cumplirán las palabras del
salmista: «Dios mío, Dios mío, ¿por qué me has abandonado?» (Sal 21 (22), 2). El va a ser quien pronuncie estas
mismas palabras desde lo alto de la cruz.

Para entonces, en vez del entusiasmo del pueblo que can-
ta «hosanna», seremos testigos de las burlas inferidas en
la casa de Pilato, en el Gólgota, como proclama el salmista: «Al verme se burlan de mí, / hacen visajes, mueven la cabeza: "Acudió al Señor, que lo ponga a salvo; /
que lo libre si tanto lo quiere"» (ibíd. 8 ss.).

La liturgia de este día, Domingo de Ramos, a la vez que
nos permite contemplar la entrada triunfal de Cristo en
Jerusalén, nos lleva a la *conclusión de su Pasión.*

«Me taladran las manos y los pies, / y puedo contar mis
huesos...». Y poco después: «Se reparten mi ropa, / se
sortean mi túnica» (Sal 21 (22), 17-19).

Es *como si* el salmista estuviese viendo con *sus propios
ojos* los acontecimientos del Viernes Santo. Verdaderamente, en ese día, ya próximo, Cristo se hará *obediente
hasta la muerte,* y muerte en cruz (cfr. Flp 2, 8).

Sin embargo, precisamente este desenlace significa *el comienzo de la exaltación.* La exaltación de Cristo implica
su previa humillación. *El inicio y la fuente* de la gloria
está *en la cruz.*

La cruz y la resurrección, revelación de la misericordia

El mensaje mesiánico de Cristo y su actividad entre los hombres acaban con la cruz y la resurrección. Debemos penetrar profundamente en este acontecimiento final, que, especialmente en el lenguaje conciliar, es definido como *mysterium paschale,* si queremos expresar hasta el fondo la verdad de su misericordia, tal como se ha revelado radicalmente en la historia de nuestra salvación...

Los acontecimientos del Viernes Santo y, previamente, la oración en Getsemaní introducen en todo el proceso de la revelación del amor y de la misericordia, en la misión mesiánica de Cristo, un cambio fundamental.

Aquel que «pasó haciendo el bien y curando toda dolencia y enfermedad» parece hoy merecer la mayor de las misericordias y hasta *apelar a la misericordia,* cuando es arrestado, ultrajado, condenado, azotado, coronado de espinas, clavado en la cruz y muere entre tormentos atroces. Ahora es cuando merece sobre todo la misericordia de los hombres a quienes ha ayudado, pero no la recibe. Incluso los que están a su lado no saben protegerlo y librarlo de las manos de sus opresores. En esta etapa final de la misión mesiánica se cumplen en Cristo las palabras de los profetas y especialmente de Isaías, pronunciadas en relación con el Siervo de Yavé: «Hemos sido sanados por sus heridas».

Cristo, como hombre que sufre realmente y de forma terrible en el huerto de los olivos y en el Calvario, se dirige al Padre, a ese Padre... cuyo amor ha predicado a los hombres, cuya misericordia ha testimoniado en todos sus actos.

A pesar de ello, no queda librado —precisamente El— del tremendo sufrimiento de la muerte en cruz. *«Al que no había conocido el pecado, Dios lo metió en el pecado en beneficio nuestro»,* escribirá San Pablo, compendiando en pocas palabras la profundidad del misterio de la cruz y la dimensión divina de la realidad de la redención.

Martes Santo

Que toda la humanidad crea en la misericordia

La cruz de Cristo en el calvario surge en medio del *admirabile commercium,* de esa *admirable comunicación de Dios al hombre,* que encierra al mismo tiempo *la llamada* dirigida al hombre a que, entregándose a Dios y, con El, todo el mundo visible, participe de la vida divina, y a que, en cuanto hijo adoptivo, se haga partícipe de la verdad y del amor que hay en Dios y que provienen de Dios. Precisamente en este proceso en el que el hombre ha sido elegido desde la eternidad como hijo adoptivo de Dios, surge en la historia la cruz de Cristo, Hijo unigénito, que, como «luz de luz, Dios verdadero de Dios verdadero», ha venido a dar el testimonio definitivo de la admirable *alianza de Dios con la humanidad, de Dios con el hombre,* con cada hombre.

Esta alianza, tan antigua como el hombre, se remonta al misterio mismo de la creación, se estableció después de varias ocasiones con un único pueblo elegido, y ahora es la alianza nueva y definitiva establecida en el calvario, no sólo con un único pueblo, Israel, sino con todos y cada uno...

Creer en Cristo crucificado significa «ver al Padre», significa creer que el amor está presente en el mundo y que dicho amor es más fuerte que cualquier tipo de mal en que estén implicados el hombre, la humanidad y el mundo. Creer en este amor equivale a *creer en la misericordia.*

Esta es realmente la dimensión ineludible del amor, la

452

otra cara de su identidad, la forma específica de su revelación y actuación frente al mal que existe en el mundo, que afecta y asedia al hombre, que se insinúa también en su corazón y puede hacerle perecer «en la Geenna».

Miércoles Santo

La cruz triunfa sobre el mal y la muerte

La cruz de Cristo en el Calvario es también testimonio de la fuerza del mal frente al propio Hijo de Dios, frente a Aquel que, único entre los hijos de los hombres, era por naturaleza absolutamente inocente y libre del pecado, y cuya venida al mundo se debió a la desobediencia de Adán y a la herencia del pecado original. Pues bien, precisamente en El, en Cristo, la justificación se realiza a costa de su sacrificio, de su obediencia «hasta la muerte». Al que no tenía pecado «Dios lo metió en el pecado en beneficio nuestro». Triunfa también sobre la muerte, asociada al pecado desde los inicios de la historia del hombre.

Este triunfo sobre la muerte debía hacerse precisamente por parte de quien estaba al margen del pecado, del único que podía —mediante su propia muerte— dar muerte a la muerte. Con ello, *la cruz de Cristo,* por la que el Hijo, consustancial al Padre, *da plena satisfacción a Dios,* es también *una revelación radical de la misericordia,* es decir, del amor que se opone a lo que constituye la raíz misma del mal en la historia del hombre: el pecado y la muerte.

La cruz representa el modo más profundo en que Dios se hace cargo del hombre y de lo que el hombre —especialmente en sus momentos difíciles y dolorosos— suele llamar «su destino fatal». La cruz es una especie de toque por parte del amor eterno de las heridas más dolorosas de la existencia terrena del hombre.

Jueves Santo

O Sacrum Convivium

«El Padre le había puesto todo en su mano» (Jn 13, 3).
Antes de la cena pascual, Jesús tenía clara conciencia de
que el Padre le había puesto todo en la mano. Es libre,
con la absoluta libertad que corresponde al Hijo del
hombre, el Verbo encarnado. *Es libre,* con una libertad
que ningún otro hombre puede poseer. La última cena:
todo lo que va a suceder tiene su origen *en la total libertad del Hijo frente al Padre.* En poco tiempo, El trasla-
dará su libertad humana a Getsemaní, y dirá: «Padre, si
quieres, aparta de mí este trago; sin embargo, que no se
realice mi designio, sino el tuyo» (Lc 22, 42). Entonces
aceptará el *sufrimiento* que le espera y que, a la vez, es
objeto de su libre *elección:* un sufrimiento de dimensiones inconcebibles para nosotros.

Ahora bien, durante la última cena ya estaba hecha la
elección. Cristo actúa con plena conciencia de que ya ha
escogido.

Sólo una elección de este tipo explica el hecho de que El
«cogiendo el pan, dio gracias, lo partió y se lo dio,
diciendo: "Esto es mi cuerpo, que se entregará por vosotros"» (Lc 22, 19). Y después de cenar, hizo igual con la
copa diciendo: «Esta copa es la nueva alianza sellada con
mi sangre», como refiere San Pablo (1 Cor 11, 25), y que
los evangelios precisan: «Con mi sangre, derramada por
vosotros» (Lc 22, 20) o «la sangre de la Alianza, que se
derrama por todos» (Mt 26, 28; Mt 14, 24).

Cristo, al pronunciar estas palabras en el cenáculo, *ha
elegido ya.* Hace mucho que eligió. Ahora vuelve a
hacerlo. En Getsemaní lo hará una vez más, aceptando
en el dolor toda la inmensidad del sufrimiento que
implica esta elección.

«El Padre le había puesto todo en su mano». Todo, el

designio entero de la salvación, ha sido puesto por el Padre en la elección libre de Cristo.

Y en su absoluto amor.

La agonía en el Calvario y el martirologio de la cruz

Crucem tuam adoramus.

Sí, ya estamos en el día en que adoramos de modo especial la cruz. La cruz de Cristo. Este signo, un instrumento de muerte infame, ha surgido con el alba ante nuestras miradas y empapa cada hora del Viernes Santo, durante el cual apresuramos el paso, con el pensamiento y el corazón, en pos de la Pasión del Señor, acompañándolo desde el pretorio de Pilato hasta el calvario; *la agonía sobre el calvario.* La muerte. El Vía Crucis: *crucifixión - muerte - sepultura.*

¿Por cuántos lugares de la tierra ha pasado esta cruz? ¿Por cuántas generaciones? ¿Para cuántos discípulos de Cristo ha sido su principal punto de referencia en su peregrinaje por el mundo?

¿A cuántos ha preparado en la hora del sufrimiento y la muerte? ¿A cuántos, para el martirio por Cristo? ¿A dar testimonio de El, cruenta o incruentamente?

¿Y a cuántos sigue preparándolos para todo esto? La historia de la Iglesia, en distintos continentes y países, puede dar cuenta solamente de una parte de este «martirologio».

Los altares de los templos no han podido recoger en su gloria a cuantos han dado testimonio de Cristo mediante la cruz. Bastaría recordar a todos los que han vivido en nuestro siglo.

La cruz es la puerta a través de la cual Dios ha entrado definitivamente en la historia del hombre y en la que sigue estando. La cruz es la puerta a través de la cual Dios entra incesantemente en nuestras vidas.

La cruz *nos abre a Dios.* La cruz *abre el mundo a Dios.* En el signo de la cruz se nos ha dado también la bendición.

Queridísimos hermanos y hermanas, que este día de Viernes Santo, dedicado al misterio de la cruz, sobre el que hoy hemos meditado, nos acerque cada vez más al Dios vivo, Padre, Hijo y Espíritu Santo.

El signo de la cruz vivifique en nosotros su presencia y su fuerza. Amén.

Sábado Santo

El silencio del sepulcro

La palabra «muerte» se pronuncia a veces con un nudo en la garganta. Aunque la humanidad se haya habituado en cierto modo a lo largo de tantas generaciones a la realidad de la muerte y a su carácter ineludible, ésta sigue implicando un cierto estremecimiento. La muerte de Cristo caló hondamente en los corazones de sus allegados, en la conciencia de toda Jerusalén. El silencio que siguió a su muerte llenó toda la tarde del viernes y todo el sábado siguiente...

Las tres mujeres de que habla el Evangelio de hoy tienen muy bien grabada en la memoria la pesada losa que cerraba la entrada del sepulcro. *Esta losa,* en la que pensaban y de la que hablaban seguramente al día siguiente camino del sepulcro, simboliza también el peso *que existía en sus corazones.* La losa que separaba al difunto de los vivos, la losa que marca el límite de la vida, el peso de la muerte.

Las mujeres que se dirigieron al sepulcro en la primera mañana después del sábado no hablaron de la muerte, sino de la losa. Llegadas allí, constatarán que la losa no impide ya la entrada al sepulcro. Ha sido removida. No hallarán a Jesús en el sepulcro. Lo habían buscado en vano. «No está aquí, ha resucitado, como tenía dicho» (Mt 28, 6). Deben regresar a la ciudad y anunciar a los discípulos que El ha resucitado y que lo verán en Galilea. Las mujeres no son capaces de pronunciar palabra. La noticia de la muerte se pronuncia en voz baja. Las palabras de la resurrección eran para ellas además difíciles de apresar. *Difíciles de repetir,* ya que tan hondamente había repercutido la realidad de la muerte sobre la mente y el corazón del hombre.

Este es precisamente el motivo de que la vigilia pascual, el día siguiente al Viernes Santo... *sea el día de una gran espera.* Es la «vigilia pascual», el día y la noche en que se espera el día que ha hecho el Señor.

Pascua de Resurrección

Cristo ha resucitado

Al tercer día resucitó... Hoy, junto con toda la Iglesia, repetimos estas palabras con especial emoción. Las repetimos con la misma fe con que fueron pronunciadas por primera vez. Las pronunciamos con la misma seguridad con que dijeron esta frase los testigos oculares del acontecimiento. Al tercer día resucitó...

Esta verdad, sobre la que está basado, como «piedra angular», todo el edificio de nuestra fe, queremos hoy una vez más compartirla entre todos, recíprocamente, como manifestación plena del Evangelio, pues somos confesores de Cristo, cristianos, Iglesia.

¿Cómo no alegrarnos de la *victoria* de Cristo, que pasó por el mundo haciendo el bien a todos y predicando el

457

Evangelio del Reino, donde se expresa la plenitud de la bondad redentora de Dios? En ella el hombre ha sido llamado a su más excelsa dignidad.

¿Cómo no alegrarse de la *victoria de aquél* que tan injustamente fue condenado a los padecimientos más grandes y a la muerte en cruz, de la victoria de *aquél* que antes fue azotado, abofeteado, cubierto de salivazos, con tanta crueldad humana?

Sí, este es el día de la esperanza universal. El día en que se congregan y reúnen en torno del Resucitado todos los sufrimientos humanos, las desilusiones, las humillaciones, las cruces, las violaciones de la dignidad del hombre, el no respeto de la vida humana, la opresión, la coacción, todas las cosas que claman a gritos: *«Hasta la víctima pascual se alce hoy el sacrificio de alabanza».*

El Resucitado no se aleja de nosotros; el Resucitado vuelve a nosotros... «Paz a vosotros».

Cuán necesaria es para el mundo su presencia..., el orden resultante de su mandamiento del amor, a fin de que los hombres, las familias, las naciones y los continentes puedan gozar de la paz.

Octava de Pascua, lunes

Aleluya, el grito de la alegría pascual

Aleluya: el grito que expresa la alegría pascual, la exclamación que resuena aún en medio de la noche de la espera y encierra dentro de sí el júbilo de la mañana. Lo que, en un primer momento, no pudieron pronunciar ante el sepulcro los labios de las mujeres o las bocas de los apóstoles, ahora la Iglesia, gracias al testimonio de ellos, lo expresa con su aleluya.

Este canto gozoso, entonado casi a medianoche, nos anuncia el Gran Día (en algunas lenguas eslavas, la Pascua recibe el nombre de «la Noche Grande»; tras esta «Noche Grande», llega el «Día Grande»: el «Día hecho por el Señor»).

Este *gran momento* no nos permite quedarnos en lo exterior; nos exige entrar dentro de nuestra propia humanidad. Cristo no solamente nos ha revelado la victoria de la vida sobre la muerte, sino que también nos ha traído, con su resurrección, la Nueva Vida. Nos ha dado esta vida nueva.

Dice San Pablo: «¿Habéis olvidado que a todos nosotros, al bautizarnos vinculándonos a Cristo Jesús, nos bautizaron, vinculándonos a su muerte? Luego aquella inmersión que nos vinculaba a su muerte nos sepultó con El, para que, así como Cristo fue resucitado de la muerte por el poder del Padre, también nosotros empezáramos una vida nueva» (Rm 6, 3-4).

Las palabras «nos bautizaron, vinculándonos a su muerte» son de un denso contenido. La muerte es el agua en la que se adquiere de nuevo la vida: el agua «que salta dando una vida sin término» (Jn 4, 14). Es necesario «sumergirse» en este agua, en esta muerte, *para emerger luego de ella como hombre nuevo,* como nueva criatura, como un nuevo ser, *vivificado por el poder de la resurrección de Cristo.*

Octava de Pascua, martes

La losa removida, testimonio de la resurrección

«... y vio la losa quitada» (Jn 20, 1). ... Aquella losa colocada en la entrada del sepulcro se había convertido en un primer momento en un *testimonio* mudo de la muerte del Hijo del hombre. Con tal losa finalizaba el curso de la vida de muchos hombres de aquel tiempo, en el cementerio de Jerusalén, mejor dicho, la vida de todos los hombres en los cementerios de la tierra.

Bajo el peso de la losa sepulcral, tras su maciza barrera, se cumple, en el silencio de la tumba, la obra de la muerte: el hombre, formado del barro, se transforma lentamente en polvo (Gn 3, 19).

La losa colocada la tarde del Viernes Santo *sobre el sepulcro de Jesús* se convirtió así, como cualquier losa sepulcral, en testigo mudo de la muerte del hombre, del Hijo del hombre.

¿Qué testimonia, en cambio, esta losa el día después del sábado, pocas horas después de nacer el día? ¿Qué es lo que dice? ¿Que anuncia la losa removida del sepulcro?

«No he de morir, viviré para contar las hazañas del Señor... La piedra que desecharon los constructores es ahora la piedra angular: es el Señor quien lo ha hecho, ha sido un milagro patente» (Sal 117). Los artífices de la muerte del Hijo del hombre «sellaron la losa, y con la guardia aseguraron la vigilancia del sepulcro» (Mt 27, 66). Muchas veces, los constructores del mundo, por los que Cristo quiso morir, han intentado poner una losa definitiva sobre su tumba. Sin embargo, la piedra sigue estando removida de su sepulcro; la losa, antes testigo de la muerte, es ahora testimonio de la resurrección: «La diestra del Señor hace proezas» (Sal 117).

La Iglesia anuncia siempre y sin cansarse la resurrección de Cristo. La Iglesia repite con gozo a los hombres las palabras de los ángeles y de las mujeres, pronunciadas en la mañana radiante en que la muerte resultó derrotada. La Iglesia anuncia que está vivo *aquel* que ha llegado a ser nuestra Pascua; *el que* murió en la cruz revela la plenitud de la vida.

El mensaje de la resurrección

Quisiera que este mundo, que, desgraciadamente, hoy de diversas formas, parece querer la «muerte de Dios», escuchase el mensaje de la resurrección.

Vosotros, los que anunciáis «la muerte de Dios», que pretendéis erradicar a Dios del mundo del hombre, deteneos y pensad que la «muerte de Dios» puede implicar fatalmente también la *«muerte del hombre»*.

Cristo ha resucitado para que el hombre encuentre el auténtico significado de la existencia, para que *el hombre viva plenamente su propia vida,* para que el hombre, que viene *de Dios,* viva *en Dios.*

Cristo ha resucitado; El *es la piedra angular.* Ya en su tiempo se quiso anularlo y encubrirlo, vigilando y sellando la losa del sepulcro. A pesar de todo, la losa fue removida. Cristo ha resucitado.

No rechacéis a Cristo, vosostros, que construís el mundo del hombre. No lo rechacéis, vosotros, que, de cualquier modo y en cualquier ámbito, construís el mundo *presente y futuro:* el mundo de la cultura y de la civilización, de la economía y de la política, de la ciencia y de la información.

¿Qué estáis construyendo: el mundo de la paz... o de la guerra? ¿Qué construís: el mundo del orden... o del terror? No rechacéis a Cristo: El es la piedra angular.

Que nadie lo rechace, pues cada cual es responsable de su destino y se elige como constructor o destructor de su propia vida.

Cristo resucitó ya antes de que el ángel removiese la losa sepulcral. Después se reveló como piedra angular, sobre la que se construye la historia de toda la humanidad y de cada uno de nosotros.

Cristo, «nuestra Pascua», no cesa de ser «peregrino» con nosotros por el camino de la historia. Todos y cada uno podemos encontrar a Jesús, pues El no cesa de ser hermano del hombre en cualquier época y en cualquier situación.

Octava de Pascua, jueves

Cristo resucitado, «nuestra Pascua»

Estamos aún inmersos en el clima de la solemnidad de la Pascua, donde una inefable experiencia nos ha permitido degustar la profunda verdad de nuestra fe en *Cristo resucitado, «nuestra Pascua»* (1 Cor 5, 7), que se ha inmolado por nosotros, pero no ha sido derrotado por la muerte, ni ha agotado su misterio y su misión al pronunciar, colgado en la cruz, las palabras: «Todo queda terminado» (Jn 19, 30).

En ese preciso momento, el cumplimiento de los designios salvíficos de Dios ha iniciado *una nueva fase en la historia del hombre,* consagrado por Cristo mismo con su resurrección de la muerte: el nuevo «kairós» (tiempo) de la certeza de la vida, basada en esta demostración de la omnipotencia divina.

Tal como había prometido, Cristo ha resucitado, puesto que su «yo» más profundo se identifica con el principio eterno de la vida, Dios, hasta tal punto que pudo decir de sí mismo: «Yo soy la vida» (Jn 14, 6), al igual que proclamó en otra ocasión: «Yo soy la resurrección y la vida» (Jn 11, 25).

Por consiguiente, *la fuerza omnipotente de la vida* ha entrado con El en el mundo y, tras el sacrificio de justicia y de amor ofrecido en la cruz, esa fuerza explotó en su humanidad y, a través de su humanidad, en todo el género humano y de algún modo, también en el universo entero. Desde ese momento, todo lo creado encierra dentro de sí el secreto de una juventud siempre nueva, y nosotros no somos ya más esclavos del «temor a la muerte» (cfr. Heb 2, 15). Cristo nos ha liberado para siempre.

Con la liturgia de la Iglesia, podemos saludar a la cruz como «esperanza única» y fuente de «gracia» y de «perdón», no solamente *hoc Passionis tempore,* como hemos hecho el Viernes Santo, sino también *in hac triumphi gloria,* como cantaremos en la fiesta de su Exaltación (14 de septiembre), haciéndonos eco así del aleluya pascual.

Octava de Pascua, viernes

La Pascua, garantía de la vida que no decae

De este misterio de gloria rutilante en la cruz (fulget Crucis mysterium) nos habla San Pablo en su primera carta a las comunidades cristianas del Asia Menor, documento básico de la reflexión sencilla y clara, pero de un denso contenido cristológico, realizada por parte de los apóstoles y de las comunidades cristianas. «Bendito sea Dios —escribe Pedro—, Padre de Nuestro Señor Jesucristo. Por su gran misericordia nos ha hecho *nacer de nuevo,* para la viva esperanza que nos dio resucitando de la muerte a Jesucristo; para la herencia que no decae, ni se mancha, ni se marchita» (1 Pe 1, 3 ss.).

Cristo resucitado *domina, pues, el teatro de la historia* y confiere una fuerza regeneradora de viva esperanza a la vida cristiana, en este «kairós», en esta edad escatológica, ya comenzada con la victoria sobre la muerte por parte del *aquél* que «fue escogido antes de la creación del mundo y manifestado en los últimos tiempos por vosotros» (1 Pe 1, 20).

Esta es la certeza que necesitaba el mundo y con la que los apóstoles predicaban el Evangelio de Cristo; ésta es la esperanza que necesita la humanidad de nuestro tiempo, a la que queremos comunicar el mensaje y el don del Año Santo: Cristo ha resucitado, y, resucitando, ha detenido lo que parecía y sigue pareciendo aún a muchos un inexorable torbellino de decadencia, de degradación y de corrupción en la historia.

Cristo resucitado nos *garantiza una vida que no decae,* una «herencia incorruptible», una «custodia» por parte de Dios de los justos, los cuales, liberados y renovados por el Redentor, forman parte ya, en la fe y en la esperanza, del Reino de la vida eterna.

Octava de Pascua, sábado in Albis

La fuerza regeneradora de la resurrección de Cristo

La historia terrena y el movimiento cósmico prosiguen ciertamente su curso sin coincidir con los ritmos propios del Reino de Cristo. De hecho, el dolor, el mal, el pecado y la muerte siguen cobrándose víctimas, a pesar de la resurrección de Cristo.

El ciclo de la progresión y del devenir no se ha detenido, pues en tal caso habría concluido la historia. Más bien, por el contrario, se repiten continuamente hechos y acontecimientos que hacen pensar en un conflicto irremediable, aquí, sobre la tierra, entre los dos reinos o, como decía San Agustín, entre las dos «ciudades». Pensad, por ejemplo, en el contraste de este Año Santo, que, por un lado, celebra la redención y, por otro, percibe las ofensas a Dios, los crímenes contra el hombre y, en el fondo, los desafíos a Cristo que siguen perpetrándose al mismo tiempo.

Este es el aspecto más impresionante, la dimensión más misteriosa de la dialéctica histórica *entre las fuerzas del bien y las del mal:* el hecho de que se pongan obstáculos o se muestre indiferencia ante las fuerzas de la redención que Cristo ha inyectado en el mundo con su resurrección, como principio resolutivo de la contraposición entre la vida y la muerte.

Hoy como ayer, el mundo necesita que, en medio de todas las vicisitudes, conflictos y cambios que llevan tan frecuentemente a situaciones no poco escabrosas y a veces incluso dramáticas, siga habiendo en su seno «el *pueblo nuevo*», que, con humildad, valentía y perseverancia, se dedique al servicio de la redención y concrete a través del buen comportamiento cristiano *la fuerza regeneradora de la resurrección de Cristo*.

Esta es la función que compete a los cristianos como evangelizadores y testigos de la redención en la historia; ésta es la misión histórica y escatológica a que nos invita el Año Santo.

Domingo in Albis

Victoria gozosa sobre la incredulidad

¿Son quizás hoy más numerosos los no creyentes que los creyentes? Quizá la fe ha muerto y ha sido reemplazada por una cotidianidad laica, que en algunos llega incluso a la negación y al desprecio... En el acontecimiento que nos recuerda el Evangelio y la liturgia de hoy aparece *también un apóstol incrédulo* y obstinado en su no-fe. «Hasta que no toque... no lo creo» (Jn 20, 25).

Cristo le dice: «Trae la mano y pálpame el costado. No seas desconfiado...» (ibíd. 20, 27). En ocasiones, bajo la no-fe se oculta *incluso el pecado,* el pecado esclerotizado, que los hombres cultivados no quieren llamar *por su nombre,* para que nadie lo llame así y no se busque el perdón.

Cristo dice: «Recibid Espíritu Santo: a quienes les perdonéis los pecados, les quedarán perdonados; a quienes se los imputéis, les quedarán imputados» (ibíd. 20, 22-23).

El hombre tiene la posibilidad de llamar al pecado por su nombre, no está obligado a *falsearlo en sí mismo,* ya que la Iglesia ha recibido de Cristo el poder y la fuerza sobre el pecado en beneficio de la conciencia humana. También esto pertenece esencialmente al mensaje pascual de este día.

La Iglesia entera anuncia hoy a todos los hombres la alegría pascual, en la que resuena *la victoria sobre el miedo del hombre.* Sobre el miedo de las conciencias humanas, originado en el pecado. Es *la alegría de los apóstoles,* congregados en el cenáculo de Jerusalén. Es la alegría pascual de la Iglesia, nacida en este cenáculo. Tiene su inicio en el sepulcro vacío debajo del Gólgota y en los corazones de esa gente sencilla, que «al anochecer de aquel día, el primero de la semana» ven al Resucitado y escuchan de sus labios el saludo: «Paz con vosotros».

Ascensión de nuestro Señor

Los dos significados de la Ascensión

«*El Señor Jesús subió al cielo y se sentó a la derecha de Dios*» (Mc 16, 19). La fiesta de hoy nos invita, en primer lugar, a meditar sobre el alcance del misterio que celebramos. ¿Qué significa que Jesús subió al cielo? «*Se sentó a la derecha de Dios*»: éste es *el significado primordial de la Ascensión.* Aun a pesar del componente imaginativo que conlleva, la Ascensión encierra un importante mensaje cristológico: Jesús resucitado entra plenamente, también con su naturaleza humana, a formar parte de la gloria divina, más aún, a participar en la actividad salvífica de Dios. Cristo no sólo es nuestro jefe, sino también el «Pantocrator», el que ejerce su señorío sobre todas las cosas. Pues bien, todo esto tiene un alcance muy concreto para nuestra vida. Sin embargo, existe aún *otro aspecto esencial,* específico de la festividad de la Ascensión, claramente expresado en la primera lectura y en el Evangelio: «*Seréis testigos míos...* hasta los confines del mundo» (Hch 1, 8). «Id por el mundo entero pregonando la buena noticia a toda la humanidad» (Mc 16, 15). Existe un deber de ser testigos, que dimana directamente de nuestra fe. No se puede celebrar la exaltación de Jesucristo y después llevar una vida no comprometida, ignorando su consigna suprema.

La Ascensión nos recuerda que la sustracción de Jesús a la percepción sensible de sus discípulos tiene como objetivo también dejarles el sitio, que prosigan dentro de la historia su misión y remeden su celo pastoral y su entrega misionera, aun cuando esto vaya acompañado de no pocas debilidades. No es casualidad que, según el relato de los Hechos, acontezca al poco tiempo Pentecostés, con el don del Espíritu Santo, que marca el comienzo de la historia misionera de la Iglesia.

Pentecostés

Dar gracias al Espíritu Santo

Venerados hermanos, he querido estar también personalmente con vosotros al finalizar la celebración eucarística de hoy. Sí, con vosotros, en esta Basílica donde estamos reunidos, como los apóstoles en el cenáculo *cum Maria Matre eius* (Hch 1, 14), para proclamar al mundo los *magnalia Dei* (ibíd. 2, 11). Deseo con vosotros dar gracias al Espíritu Santo y ratificar también con vosotros nuestra fe común en *El, Dominum et vivificantem*, dieciséis siglos después del primer Concilio de Constantinopla; deseo implorarle con vosotros a fin de que la Iglesia universal, que El anima —y de la que hoy sois en este lugar imagen resplandeciente—, sea siempre instrumento de salvación y de santidad, signo de unidad y de verdad, fuente de justicia y de paz.

Que el amor de Cristo nos reúna. Que siempre nos una el Espíritu, Amor Personal de Dios; que, así reunidos, nos envíe otra vez por los caminos del mundo a llevar a cabo, intrépidamente, la obra de la evangelización, que El nos encomendó el día de nuestra ordenación episcopal. Que nos sostenga en la predicación del evangelio *in omni patientia et doctrina,* como Pedro en Pentecostés, como Pablo, como el resto de los apóstoles, testigos de Cristo «hasta los confines del mundo» (Hch 1, 8), para que tengamos siempre fuerzas renovadas para anunciar a nuestros hermanos y hermanas que sólo Jesús es «camino, verdad y vida» (Jn 14, 6) y que «la salvación no está en ningún otro, es decir, que bajo el cielo no tenemos los hombres otro diferente de El al que debamos invocar para salvarnos» (cfr. Hech 4, 12).

A vosotros, a todos los queridos fieles aquí presentes, a todas las Iglesias del mundo cuyo corazón late al unísono con el de la Iglesia de Roma y la de Constantinopla, imparto con gran afecto mi bendición apostólica.

Domingo de la «Santísima Trinidad»

Insertados en la Comunión Trinitaria

«Señor, Dios nuestro, qué admirable eres Tú en toda la tierra» (Sal 8, 2).

Estas palabras del Salmo nos sumen en un clima de adoración y emoción ante el gran misterio de la Santísima Trinidad, cuya festividad celebramos hoy. La magnitud del mundo y del universo, por grande que sea, no puede compararse con la inconmensurable realidad de la vida de Dios. Ante El, lo mejor es aceptar con humildad la invitación del Sabio bíblico, cuando advierte: «Dios está en el cielo y Tú en la tierra: sean tus palabras contadas» (Ecl 5, 1).

Dios es la única realidad que excede nuestra capacidad

de medida, control, dominio o total intelección. El es Dios: El es quien nos mide, gobierna, contempla y comprende, aun cuando no tuviésemos conciencia de ello. Pues bien, siendo todo esto cierto en el caso de la divinidad en general, lo es aún más en relación con el misterio trinitario, típicamente cristiano, de Dios. El es conjuntamente Padre, Hijo y Espíritu Santo. No son tres Dioses separados —sería una blasfemia—, ni tampoco tres formas diferentes e impersonales de presentarse una única persona divina, lo cual significaría depauperar radicalmente su riqueza de comunión interpersonal.

Del Dios Uno y Trino nos resulta más sencillo decir lo que no es que lo que realmente es. Por otro lado, si pudiésemos explicarlo racionalmente, significaría que lo hemos captado y reducido a la exigua medida de nuestra mente.

Sin embargo, la novedad cristiana radica en que *el Padre* nos ha amado tanto que nos ha dado a su Hijo Unigénito; *el Hijo,* por amor, ha derramado su sangre por nosotros; *el Espíritu Santo* «nos ha sido dado» hasta el punto de introducir dentro de nosotros el amor mismo con que Dios nos ama (Rom 5, 5).

Solemnidad del «Corpus Christi»

La Eucaristía nos da una vida nueva

Desde hace siglos, la Iglesia ha escogido el jueves *posterior a la fiesta* de la Santísima Trinidad como día dedicado a una especial veneración pública de la Eucaristía; el día del «Corpus Domini», del *Sacramento más santo:* el sacramento del Cuerpo y de la Sangre del Señor. El sacramento de la Pascua divina. El sacramento de la muerte y de la resurrección. El sacramento del sacrificio y del banquete de la redención. El sacramento de la comunión de las almas con Cristo en el Espíritu Santo.

El sacramento de la fe de la Iglesia peregrina y de la esperanza de la unión eterna. El alimento de las almas. El sacramento del pan y del vino, de las especies más comunes, convertidas en nuestro tesoro y nuestra riqueza más valiosos. «Este es el pan de los ángeles, pan de los peregrinos». ¿Por qué se ha elegido un *jueves* para celebrar la fiesta del Corpus? Sencillamente, porque esta solemnidad se refiere al misterio vinculado históricamente con otro jueves, el *Jueves Santo*.

Celebramos la festividad del Cuerpo y de la Sangre de Cristo el jueves posterior a la *Santísima Trinidad* con el fin de dejar patente precisamente la *Vida* que nos otorga la Eucaristía: una reverberación más plena de la Santísima Trinidad. *Nuestras almas participan* en este sacramento de la Vida de Dios: misterio profundo e íntimo en extremo, que asumimos con todo nuestro corazón y nuestro «yo» interior. Lo vivimos además en la *intimidad*, en el *recogimiento*.

Ahora bien, hay un día, una fiesta, en que queremos *de modo especial expresar externa y públicamente* esta realidad tan íntima. Hoy es este día, expresión de amor y de veneración.

Iglesia santa, alaba a tu Señor. *Amén.*

Solemnidad del Sagrado Corazón de Jesús

La plenitud de la humanidad de Cristo

Corazón de Jesús, formado por el Espíritu Santo en el seno de la Virgen María, ten piedad de nosotros. Así pedimos en las letanías al Sagrado Corazón de Jesús.

Esta invocación está relacionada directamente con el misterio que meditamos al recibir el «Angelus»: por obra del Espíritu Santo se formó en el seno de la Virgen de Nazaret *la humanidad de Cristo,* Hijo del Padre eterno.

470

Por obra del Espíritu Santo se formó en esta humanidad su Corazón. El corazón, *órgano* central del *organismo humano,* es al mismo tiempo el verdadero símbolo de su vida interior: del pensamiento, de su voluntad, de sus sentimientos. Mediante su Corazón, la humanidad de Cristo es de forma especial «el templo de Dios», a la vez que, mediante este Corazón, su humanidad queda incensantemente *abierta* al *hombre* y a todo lo «humano»: «Corazón de Jesús, de cuya plenitud todos hemos recibido». *El mes de junio* está especialmente dedicado a la veneración del divino Corazón. No sólo este día, la fiesta litúrgica que normalmente cae en junio, sino todos los días del mes. A esto va unido la devota costumbre de recitar o cantar cada día las *letanías* al Sagrado Corazón de Jesús.

Se trata de una plegaria maravillosa, centrada totalmente en el *misterio interior de Cristo,* Dios-Hombre. Las letanías del Corazón de Jesús tienen abundantes raíces en las fuentes bíblicas y, al mismo tiempo, reflejan las vivencias más profundas de los corazones humanos. Son además oración *de veneración* y de auténtico *diálogo.* En ellas hablamos *del corazón* y permitimos al corazón hablar con este *único Corazón.*

La recitación y meditación de esta plegaria llega a ser una *auténtica escuela del hombre interior:* la escuela del cristiano.

Fiesta del Corazón Inmaculado de María

Abramos nuestros corazones a la Madre

Cuando Jesús dijo en la cruz: «Mujer, éste es tu hijo», *abrió el corazón de su Madre* de una forma nueva, el Corazón Inmaculado, revelándole la nueva dimensión del amor y el nuevo alcance del amor al que era llamada en el Espíritu Santo con la fuerza del sacrificio de la cruz.

471

En las palabras de Fátima tenemos la impresión de volver a hallar *esta dimensión del amor materno,* que con sus rayos ilumina el camino del hombre hacia Dios: el camino que recorre este mundo y el camino que, pasando por el purgatorio, transciende este mundo. La solicitud de la Madre del Salvador es *la solicitud por la obra de la salvación,* la obra de su Hijo. Es la solicitud por la salvación, por la salvación eterna de todos los hombres. Al cumplirse ya el 65 aniversario de ese 13 de mayo de 1917, es difícil no darse cuenta de cómo este amor salvífico de la Madre ampara con su luz especialmente *a nuestro siglo.*

A la luz del amor materno comprendemos el mensaje de la Señora de Fátima. El obstáculo más flagrante en el camino del hombre hacia Dios es el pecado, la permanencia en el pecado y, en el fondo, la negación de Dios. La programada *supresión de Dios* del mundo del pensamiento humano. La marginación de Dios en la actividad del hombre en este mundo. *El rechazo de Dios por parte del hombre,* si se hace definitivo, conduce a la perdición. ¿Puede la Madre... callar? No, no puede hacerlo. Por tal motivo, el mensaje de Fátima, en un sentido tan maternal, es también tan enérgico y serio. Parece incluso severo. Invita a la penitencia. Advierte. Invita a la oración. Recomienda el rezo del rosario. Objeto de su urgente admonición son *todos los hombres de nuestro tiempo,* y todas las sociedades, naciones y pueblos.

La devoción al Sagrado Corazón de Jesús

Extraer del Corazón de Cristo la energía vital

El Corazón del Redentor vivifica a toda la Iglesia y atrae a los hombres que han abierto sus corazones «a la riqueza inescrutable» de este Corazón excepcional.

Mediante el encuentro de hoy y mediante el «Angelus»

de este último domingo de junio, deseo muy especialmente unirme espiritualmente a *todos los que en sus corazones sienten una singular inspiración en este Corazón divino.* Numerosa es esta familia. No pocas congregaciones, asociaciones y comunidades se desarrollan en la Iglesia y extraen de forma programada del Corazón de Cristo la energía vital para sus actividades. Este vínculo espiritual supone siempre un considerable aumento de celo apostólico. Los adoradores del Corazón de Jesús se convierten en personas con una gran sensibilidad de conciencia. Y al entrar en contacto con el Corazón de nuestro Señor y Maestro, se despierta en ellos también la necesidad de reparar los pecados del mundo, la indiferencia de tantos corazones, todas sus negligencias.

¡Cuán necesario es en la Iglesia este rosario de corazones vigilantes, a fin de que el amor del Corazón de Jesús no se encuentre solo y sin respuesta! Entre ellos merecen una mención especial todos los que ofrecen sus sufrimientos como víctimas vivas en unión con el Corazón de Cristo, traspasado en la cruz. Transformado así por el amor, el sufrimiento humano se convierte en singular levadura de la obra salvífica de Cristo en la Iglesia.

... El Sagrado Corazón de Jesús nos recuerda sobre todo los momentos en que fue «traspasado por la lanza» y, a través de ello, abierto «visiblemente» al hombre y al mundo. Recitando las letanías y, en general, venerando al Divino Corazón, descubrimos el *misterio de la redención,* en toda su profundidad divina y humana.

Consagrar el mundo al Corazón Inmaculado de María

Volver a la cruz del Hijo

El Corazón Inmaculado de María, abierto por las palabras: «Mujer, éste es tu hijo», se encuentra espiritualmente con el corazón del Hijo abierto por la lanza del soldado. El Corazón de María ha sido abierto *por el mismo amor por el hombre y por el mundo* con que Cristo amó al hombre y al mundo, entregándose por ellos en la cruz, hasta recibir el golpe de lanza que le asestó el soldado.

Consagrar el mundo al Corazón Inmaculado de María significa aproximarse, mediante la intercesión de la Madre, a la *fuente* misma de la vida, manada en el Gólgota. Esta *fuente* mana ininterrumpidamente con la redención y con la gracia. En ella se lleva a cabo incesantemente la reparación de los pecados del mundo. Es fuente incesante de nueva vida y de santidad.

Consagrar el mundo al Corazón Inmaculado de María significa volver a la *cruz del Hijo.* Más aún, quiere decir consagrar este mundo al Corazón traspasado del Salvador, devolviéndolo a la fuente misma de su Redención. La redención es siempre más fuerte que el pecado del hombre y el «pecado del mundo». El poder de la redención supera infinitamente toda la gama del mal que existe en el hombre y en el mundo.

El Corazón de la Madre sabe todo esto como ningún otro ser en el cosmos, visible e invisible.

Por esta razón llama. Llama no sólo a la conversión, sino a que nos dejemos ayudar por ella, Madre, para regresar a la fuente de la redención.

Festividad de Cristo Rey

Venga tu Reino

«El Señor reina». En el último domingo del ciclo litúrgico, la Iglesia quiere pronunciar solemnemente esta verdad: Dios reina en el universo que El ha creado. *Es Rey por ser creador.* La Iglesia proclama la obra de la creación y, mediante ésta, proclama «el Reino de Dios» en el mundo: el Reino de Dios «existe».

Al mismo tiempo, la Iglesia ora tal como Cristo ha enseñado: «Venga tu Reino». El reinado de Dios forma parte ya de nuestro tiempo, pero pertenece aún más el futuro. En Jesucristo, Dios es el que es y el que era, pero también *el que viene*. El reinado de Dios tiene respecto de la humanidad, mediante la obra de la redención, su pasado, su presente y su futuro. *Tiene su historia,* que se desarrolla paralelamente a la historia de la humanidad. En el centro de esta historia está Jesucristo.

Jesucristo es un *Rey que ama.* Nos ha amado tanto que ha derramado su sangre por nosotros; nos ha liberado del pecado, pues «sólo» el amor es capaz de librarnos del pecado. Liberándonos del pecado, ha hecho de nosotros el Reino de Dios. Su Reino «no pasa nunca». Jamás pasa el Reino «de la verdad, del amor, de la gracia y del perdón». Su Reino no está sujeto a decadencia. Tampoco pasa en El el reino del hombre. Sólo en El se puede seguir teniendo esperanza en un mundo donde la verdad y el amor están amenazados de tan diversas maneras, donde el pecado adquiere cada vez más derecho de ciudadanía, donde el hombre puede llegar a ser víctima de las terribles energías que él mismo ha desatado.

Dirijamos nuestras miradas hoy con los *ojos de la fe* hacia el Reino de Cristo, y repitamos: Venga tu Reino.

Fiesta de la madre

El misterio de la maternidad

Podemos comprobar que en Génesis 4, 1, el misterio de la femineidad se expresa y se revela radicalmente a través de la maternidad. Dice el texto: «Ella concibió y dio a luz». La mujer se presenta al varón como madre, sujeto de la nueva vida humana que ella ha concebido y en ella se desarrolla. A partir de ella, nace el mundo. De esta forma se revela radicalmente también el misterio de la masculinidad del varón, es decir, el significado generador y «paterno» de su cuerpo.

La primera mujer que da a luz *tiene plena conciencia del misterio de la creación, que se renueva a través de las generaciones*. Tiene también plena conciencia de la participación creadora de Dios en la generación del ser humano, obra conjunta suya y de su marido, pues dice: «He conseguido un hombre con la ayuda del Señor».

En este nuevo ser humano —nacido de la mujer-madre por obra del varón-padre— se reproduce cada vez la misma «imagen de Dios», de ese Dios que ha constituido a la humanidad a partir del primer hombre: «Y creó Dios al hombre a su imagen; a imagen de Dios lo creó; varón y hembra los creó» (Gn 1, 27).

Generando en el amor y por amor una nueva persona, la cual tiene en sí misma la vocación a su crecimiento y desarrollo, los padres asumen el deber de ayudarla eficazmente a vivir una vida plenamente humana... El elemento más radical, capaz de definir *la obligación educativa de los padres, es el amor paterno y materno...* El amor de los padres, de *fuente* pasa a ser *alma* y, por tanto, *norma* que inspira y guía toda la labor educativa concreta.

Fiesta del padre

El significado de la paternidad de José

Reunidos aquí, escuchamos estas palabras y veneramos a José, hombre justo, a José, que amó tan profundamente a María, de la casa de David, al aceptar todo su misterio por entero. Veneramos a José, en el que se refleja con mayor plenitud que en cualquier otro padre terrenal la paternidad de Dios. Veneramos a José, que construyó la casa familiar sobre este mundo para el Verbo Eterno, al igual que María le dio el cuerpo humano. «La Palabra se hizo hombre, acampó entre nosotros» (Jn 1, 14).

A la luz de este gran misterio de la fe, dirijamos nuestros pensamientos hacia nuestros hogares, hacia tantas parejas y familias. *José de Nazaret* es una *revelación singular* de la *dignidad de la paternidad humana.* José de Nazaret, el carpintero, el trabajador. Pensad en todo esto vosotros, trabajadores de Terni, de Narni, de Amelia, de Italia, de Europa y del mundo entero. La familia tiene como base la dignidad de la paternidad humana, la responsabilidad del varón como marido y padre, como también su trabajo. José de Nazaret nos da testimonio de ello.

Las palabras que Dios le dirige: «José, hijo de David, no tengas reparo en llevarte contigo a María, tu mujer» (Mt 1, 20) van dirigidas también a vosotros, queridos hermanos, esposos y padres de familia. «No tengas reparo en llevarte contigo...». No abandonéis a vuestras familias. Ya quedó dicho en los comienzos: «Por eso un hombre abandona padre y madre, se junta a su mujer y se hacen una sola carne» (Gn 2, 24). Y Cristo añade: «Lo que Dios ha unido, que no lo separe el hombre» (Mc 10, 9).

La solidez de la familia, *su estabilidad,* constituyen uno de los bienes fundamentales del hombre y de la sociedad. Base de esta solidez de la familia es *la indisolubilidad* del matrimonio. Si el hombre y la sociedad buscan el modo de privar al matrimonio de su indisolubilidad, y a la familia de su solidez y estabilidad, están quebrando la raíz misma de su fuerza moral y de su salud, están privándose de uno de los bienes fundamentales en que está basada la familia.

Fiesta del trabajo

El trabajo es un bien para el hombre

La intervención básica y primordial de Dios en relación con el hombre creado «a su imagen y semejanza» no quedó suprimida ni siquiera cuando el hombre tuvo que oír las palabras: «Ganarás el pan con el sudor de tu frente». Estas palabras se refieren *al cansancio, a veces muy considerable,* que desde entonces conlleva el trabajo humano. Sin embargo, sigue siendo vigente el hecho de que el trabajo es la vía por la que el hombre *lleva a cabo el «dominio»* que le corresponde sobre el mundo visible, «sometiendo» a la tierra. Este cansancio es algo de todos conocido, pues todos lo experimentan. Lo saben los hombres que trabajan manualmente, en condiciones a veces excepcionalmente precarias. Lo saben los agricultores, que consumen jornadas cultivando la tierra. Lo saben los mineros en sus minas o en sus canteras, los obreros de la siderurgia en sus altos hornos, los trabajadores de la construcción en constante peligro de perder su vida o de invalidez. Lo saben igualmente los hombres dedicados al trabajo intelectual, lo saben los científicos, lo saben los hombres a quienes corresponde la gran responsabilidad de tomar decisiones de vasto alcance social.

Lo saben los médicos y los enfermeros, que están día y noche al lado de los enfermos. Lo saben las mujeres, que, muchas veces sin el reconocimiento adecuado por parte de la sociedad y aun de los miembros de su familia, cargan cada día con el cansancio y la responsabilidad del hogar y de la educación de los hijos. *Lo saben todos los trabajadores,* y, dado que el trabajo es una vocación universal, lo saben todos los seres humanos.

No obstante, a pesar de todo este cansancio y, hasta cierto punto, a causa del mismo, el trabajo es un bien del hombre.

Jornada mundial de las Misiones

Todos los fieles deben colaborar en el anuncio

De igual forma quisiera que todos los fieles se comprometiesen y aportaran su contribución personal al gran movimiento de la *«cooperación misionera»*.

El aliento de los pastores del Pueblo de Dios es indispensable, pues de ellos depende una toma de conciencia concreta por parte de los fieles del problema de la evangelización y, por consiguiente, su trabajo en el ámbito de la cooperación. Este compromiso es tanto más necesario y urgente, si consideramos que la actividad misionera comprende también la construcción indispensable de iglesias, escuelas, seminarios, universidades, centros asistenciales, etc., ordenados a la promoción religiosa y humana de numerosos hermanos, lo cual está condicionado no poco por múltiples dificultades de carácter económico. ¿A qué estructuras mejores que las Obras Misioneras Pontificias, a las que me he referido anteriormente, puede recurrirse para realizar este programa de sensibilización de las conciencias y para organizar la red de la caridad universal?

En esta Jornada Mundial de las Misiones, por tanto, la Iglesia, madre y maestra, solicita la aportación de todos, a través concretamente de las mencionadas Obras Pontificias, y tiende su mano para recoger las ayudas de los hombres de buena voluntad.

También *el nuevo Código de Derecho Canónico* declara expresamente *la obligación que todos los fieles tienen* —cada uno según sus posibilidades— *de colaborar* en la obra de la evangelización, siendo conscientes de su propia responsabilidad, que dimana de la naturaleza intrínsecamente misionera de la Iglesia (cfr. can. 781). Por ello, toda la cooperación misionera ha de promoverse en las diócesis a tenor de cuatro directrices fundamentales, a saber: la promoción de las vocaciones misioneras; la pertinente asistencia sacerdotal a las iniciativas misioneras, especialmente al desarrollo de las Obras Misioneras Pontificias; la celebración de la Jornada de las Misiones; la recolecta anual de ayudas económicas para las misiones, a enviar a la Santa Sede.

Dios, fuente de todo bien auténtico

¿No debemos pensar en estos momentos en el conjunto de todas las gracias recibidas de la plenitud de Jesucristo, Dios y Hombre? ¿No estamos congregados aquí para agradecer cada gracia particular y todas ellas conjuntamente?

Claro que sí. La gracia es una realidad interior. Es una pulsación misteriosa de la vida íntima de Dios en el alma humana. Es un ritmo interior de la vida íntima de Dios con nosotros y, por tanto, de nuestra intimidad con Dios. Es la fuente de todo bien auténtico en nuestra vida. Es el fundamento del bien que no caduca. *Mediante la gracia, vivimos ya en Dios,* en la unidad del Padre, del Hijo y del Espíritu Santo, aun cuando nuestra vida se desenvuelva en el ámbito de este mundo. Ella otorga valor sobrenatural a toda vida, por mucho que ésta sea, desde el punto de vista humano y según los criterios del mundo actual, sumamente pobre, poco bollante y difícil.

Debemos, pues, *agradecer hoy todas y cada una de las gracias de Dios* otorgadas a cualquier ser humano: no solamente a los que estamos presentes aquí, sino a cada uno de nuestros hermanos y hermanas que viven en cualquier lugar de la tierra.

De esta forma, nuestro himno de acción de gracias será como una inmensa síntesis, en la que estará presente toda la Iglesia, pues ésta es, como nos enseña el Concilio, sacramento de la salvación humana.

ELENCO BIBLIOGRAFICO
DE LAS CITAS

FUENTES:
Acta Apostolicae Sedis
Encíclicas
Insegnamenti di Giovanni Paolo II
L'Osservatore Romano

DICIEMBRE

1. 29-11-1981, *Ins. di G. P. II,*
vol. IV/2, 1981, pp. 781-782
2. 3-12-1978, *Ins. di G. P. II,*
vol. I, 1978, pp. 271-272
3. 28-11-1982, *Ins. di G. P. II,*
vol. V/3, 1982, pp. 1465-1469-
1472
4. 16-12-1982, *Ins. di G. P. II,*
vol. V/3, 1982, pp. 1618-1620
5. 16-22-1982, *Ins. di G. P. II,*
vol. V/3, 1982, pp. 1620-1621-
1623
6. 16-12-1982, *Ins. di G. P. II,*
vol. V/3, 1982, p. 1623
7. 30-11-1980, *Ins. di G. P. II,*
vol. III/2, 1980, pp. 1466-1468
8. 8-12-1982, *Ins. di G. P. II,*
9. 8-12-1979, *Ins. di G. P. II,*
vol. II/2-1979, pp. 1351-1352
10. 6-10-1979, *Ins. di G. P. II,*
vol. II/2, 1979, pp. 653-654
11. 19-3-1982, *Ins. di G. P. II,*
vol. V/1, 1982, pp. 933-934
12. Enero 1979, México
13. 16-12-1982, *Ins. di G. P. II,*
vol. V/3, 1982, pp. 1621-1622
14. 4-11-1982, *Ins. di G. P. II,*
vol. V/3, 1982, pp. 1138-1140
15. 2-12-1979, *Ins. di G. P. II,*
vol, II/2, 1979, p. 1317

16. 19-12-1980, *Ins. di G. P. II,*
vol, III/2, 1980, pp. 1731-1732
17. 19-12-1980, *Ins. di G. P. II,*
vol. III/2, 1980, p. 1732
18. 19-12-1980, *Ins. di G. P. II,*
vol. III/2, 1980, pp. 1733-1734
19. 22-12-1982, *Ins. di G. P. II,*
vol. V/3, 1982, pp. 1664-1665
20. 22-12-1982, *Ins. di G. P. II,*
vol. V/3, 1982, pp. 1665-1666
21. 12-12-1982, *Ins. di G. P. II,*
vol. V/3, 1982, pp. 1599-1601.
22. 22-12-1982, *Ins. di G. P. II,*
vol. V/3, 1982, pp. 1666-1667
23. 23-12-1980, *Ins. di G. P. II,*
vol. III/2, 1980, p. 1787
24. 23-12-1982, *Ins. di G. P. II,*
vol. V/3, 1982, pp. 1671-1672
25. 25-12-1980, *Ins. di G. P. II,*
vol. III/2, 1980, pp. 1799-1801
26. 26-12-1980, *Ins. di G. P. II,*
vol. III/2, 1980, pp. 1806-1807
27. 2-7-1979, *Ins. di G. P. II,*
vol. II/2, 1979, p. 12
28. 25-12-1982, *Ins. di G. P. II,*
vol. V/3, 1982, pp. 1688-1691
29. 25-12-1978, *Ins. di G. P. II,*
vol. I, 1978, pp. 419-420
30. 30-12-1981, *Ins. di G. P. II,*
vol. IV/2, 1981, pp. 1265-1266
31. 31-12-1980, *Ins. di G. P. II,*
vòl. III/2, 1980, pp. 1843-1845

ENERO

1. *Homilía de la Misa,*
Basílica de S. Pedro, 1-1-1979
2. 8-6-1982, *Ins. di G. P. II,*
vol. V/2, 1982, pp. 1457-1458

3. 8-6-1982, *Ins. di G. P. II,*
vol. V/2, 1982, p. 1450
4. 1-1-1981, *A.A.S.,*
vol. 73, 1981, pp. 152-153
5. 1-1-1979, *Ins. di G. P. II,*
vol. II, 1979, pp. 4-8
6. 6-1-1980, *Ins. di G. P. II,*
vol. III/1, 1980, pp. 33-34, e
24-12-1978, *Ins. di G. P. II,*
vol. I, 1978, pp. 417-418
7. 24-1-1979, *Ins. di G. P. II,*
vol. II, 1979, pp. 111-112
8. 6-1-1982, *Ins. di G. P. II,*
vol. V/1, 1982, pp. 47-48
9. 6-1-1982, *Ins. di G. P. II,*
pp. 48-49
10. 11-1-1981, *Ins. di G. P. II,*
vol. IV, 1981, pp. 41-42
11. 10-1-1982, *Ins. di G. P. II,*
V/1, 1982, pp. 67-69
12. 20-2-1981, *Ins. di G. P. II,*
vol. IV, 1, 1981, pp. 416-417
13. 3-1-1979, *Ins. di G. P. II,*
vol. II, 1979, pp. 9-10
14. 20-1-1980, *Ins. di G. P. II,*
vol. III/1, 1980, pp. 161-162
15. 20-1-1980, *Ins. di G. P. II,*
vol. III/1, 1980, pp. 164-165
16. 20-1-1980, *Ins. di G. P. II,*
vol. III/1, 1980, pp. 162-163
17. 28-12-1980, *Ins. di G. P. II,*
vol. III/2, 1980, p. 1812
18. 21-1-1981, *Ins. di G. P. II,*
vol. IV/1, 1981, pp. 121-122-125-126
19. 20-1-1980, *Ins. di G. P. II,*
vol. III/1, 1980, pp. 157-158
20. 3-11-1982, *Ins. di G. P. II,*
vol. V/3, 1982, pp. 1090-1091
21. 21-1-1980, *Ins. di G. P. II,*
vol. III/1, 1980, pp. 167-168
22. 29-9-1979, *Ins. di G. P. II,*
vol. II/2, 1979, pp. 443-445
23. 7-10-1979, *Ins. di G. P. II,*
vol. II/2, 1979, pp. 693-694
24. 29-11-1979, *Ins. di G. P. II*
vol. II/2, 1979, pp. 1263-1264.
25. 25-1-1982, *Ins. di G. P. II.*

vol. V/1, 1982, pp. 212-213
26. 25-1-1983 y 25-1-1980,
Ins di G. P. II,
vol. III/1, 1980, pp. 184-185
27. 7-7-1981, *Ins. di G. P. II,*
vol. IV/1, 1981, pp. 1232-1233
28. 13-9-1980, *Ins. di G. P. II,*
vol. III/2, 1980, pp. 609-610
29. 29-6-1982, *Ins. di G. P. II,*
vol. V/2, 1982, pp. 1947-1948
30. 17-11-1982 *Encuentro con el Consejo de la Iglesia Evangélica de Alemania y Maguncia.*
31. *Ins. di G. P. II,*
vol. V/1, 1982, pp. 26-27

FEBRERO

1. 1-2-1981, *Ins. di G. P. II,*
vol. IV/1, 1981, pp. 207-208
2. 2-2-1982, *Ins. di G. P. II,*
vol. V/1, 1982, pp. 284-285
3. 2-2-1982, *Ins. di G. P. II,*
vol. V/1, 1982, pp. 285-286
4. 17-11-1980, *Ins. di G. P. II,*
vol. III/2, 1980, pp. 1272-1275
5. 20-2-1981, *Ins. di G. P. II,*
vol. IV/1, 1981, pp. 423-425
6. 26-2-1981, *Ins. di G. P. II,*
vol. IV/1, 1981, pp. 565-566
7. 18-2-1979, *Ins. di G. P. II,*
8. 25-12-1981, *Ins. di G. P. II,*
vol. IV/2, 1981, pp. 1247-1248
9. 25-1-1981, *Ins. di G. P. II,*
vol. IV/1, 1981, pp. 168-169
10. 10-2-1980, *Ins. di G. P. II,*
vol. III/1, 1980, pp. 367-695-696
11. 11-2-1980, *Ins. di G. P. II,*
vol. III/1, 1980, pp. 372-374
12. 13-2-1982, *Ins. di G. P. II,*
vol. V/1, 1982, p. 396
13. 11-2-1982, *Ins. di G. P. II,*
vol. V/1, 1982, pp. 3483-3484
14. 14-2-1981, *A. A. S.,*
vol. 73, 1981, pp. 263-264
15. 14-2-1981, *A. A. S.,*
vol. 73, 1981. pp. 264-265

16. 14-2-1981, *A. A. S.,*
vol. 73, 1981, pp. 265-266
17. 2-1-1980, *Ins. di G. P. II,*
vol. III/1, 1980, pp. 13-14
18. 30-1-1980, *Ins. di G. P. II,*
vol. III/1, 1980, p. 218
19. 26-3-1981, *Ins. di G. P. II,*
vol. IV, 1981, pp. 785-786
20. 13-4-1980, *Ins. di G. P. II,*
vol. III/1, 1980, pp. 882-884
21. 13-4-1980, *Ins. di G. P. II,*
vol. III/1, 1980, pp. 884-885
22. 19-5-1979, *Ins. di G. P. II,*
vol. II, 1979, p. 1173
23. 13-4-1980, pp. 885-886
24. 13-4-1980, *Ins. di G. P. II,*
vol. III/1, 1980, pp. 886-887
25. 30-3-1979, *Ins. di G. P. II,*
vol. II, 1979, p. 73
26. 30-5-1979, *Ins. di G. P. II,*
vol. II, 1979, pp. 739-740
27. 30-3-1979, *Ins. di G. P. II,*
vol. II, 1979, pp. 740-741
28. 2-1-1981, *Ins. di G. P. II,*
vol. IV/1, 1981, pp. 16-17

MARZO

1. 24-2-1982, *Ins. di G. P. II,*
vol. V/1, 1982, pp. 689-690
2. 1-3-1982, *Ins. di G. P. II,*
vol. V/1, 1982, pp. 732-735
3. 1-3-1982, *Ins. di G. P. II,*
vol. V/1, 1982, pp. 737-738
4. 4-3-1981, *Ins. di G. P. II,*
vol. IV/1, 1981, pp. 596-597
5. 26-3-1981, *Ins. di G. P. II,*
vol. IV/1, 1981, pp. 786-787
6. 15-3-1981, *Ins. di G. P. II,*
vol. IV/1, 1981, pp. 668-669
7. 22-2-1980, *Ins. di G. P. II,*
vol. II/1, 1980, pp. 459-460
8. 15-3-1981, *Ins. di G. P. II,*
vol. IV/1, 1981, pp. 670-671
9. 20-2-1983, *Osservatore Romano,* 21-22 febrero, 1983, p. 1
10. 8-3-1981, *Ins. di G. P. II,*
vol. IV/1, 1981, pp. 642-643

11. 26-3-1981, *Ins. di G. P. II,*
vol. IV/1, 1981, p. 790
12. 26-3-1981, *Ins. di G. P. II,*
vol. IV/1, 1981, p. 791
13. 26-3-1981, *Ins. di G. P. II,*
vol. IV/1, 1981, pp. 792-793
14. 19-2-1980, *Ins. di G. P. II,*
vol. III/1, 1980, p. 426
15. 18-3-1979, *Ins. di G. P. II,*
vol. II, 1979, pp. 672-673
16. 16-3-1980, *Ins. di G. P. II,*
vol. III/1, 1980, pp. 558-559
17. 29-9-1979, *Ins. di G. P. II,*
vol. II/2, 1979, pp. 423-424
18. 18-3-1979, *Ins. di G. P. II,*
vol. II, 1979, pp. 673-674
19. 19-3-1982, *Ins. di G. P. II,*
vol. V/1, 1982, pp. 935-937
20. 19-3-1981, *Ins. di G. P. II,*
vol. IV/1, 1982, pp. 717-718
21. 8-3-1981, *Ins. di G. P. II,*
vol. IV/1, 1981, pp. 641-642
22. 15-3-1981, *Ins. di G. P. II,*
vol. IV/1, 1981, pp. 664-665
23. 9-3-1980, *Ins. di G. P. II,*
vol. III/1, 1980, pp. 534-535
24. 9-3-1980, *Ins. di G. P. II,*
vol. III/1, 1980, p. 535
25. 25-3-1982, *Ins. di G. P. II,*
vol. V/1, 1982, p. 1000
26. 25-3-1982, *Ins. di G. P. II,*
vol. V/1, 1982, pp. 1001-1002
27. 16-3-1980, *Ins. di G. P. II,*
vol. III/1, 1980, pp. 570-571
28. 16-3-1980, *Ins. di G. P. II,*
vol. III/1, 1980, pp. 573-574
29. 20-2-1980, *Ins. di G. P. II,*
vol. III/1, 1980, pp. 443-445
30. 26-3-1981, *Ins. di G. P. II,*
vol. IV/1, 1981, pp. 788-789
31. 16-2-1983, *Osservatore Romano,* 18 febrero, 1983, pp. 1-2

ABRIL

1. 28-2-1979, *Ins. di G. P. II,*
vol. II, 1979, pp. 488-489

2. 28-2-1979, *Ins. di G. P. II,*
vol. II, 1979, pp. 489-490
3. 14-2-1979, *Ins. di G. P. II,*
vol. II, 1979, p. 540
4. 24-2-1982, *Ins. di G. P. II,*
vol. V/1, 1982, p. 673
5. 24-2-1982, *Ins. di G. P. II,*
vol. V/1, 1982, pp. 673-674
6. 14-2-1983, *Ins. di G. P. II,*
vol. VI/1, 1983, pp. 428-429
7. 21-11-1981, *Ins. di G. P. II,*
vol. IV/2, 1981, pp. 686-700
8. 4-4-1979, *Ins. di G. P. II,*
vol. II, 1979, pp. 777-778
9. 4-4-1979, *Ins. di G. P. II,*
vol. II, 1979, 00. 778-779.
10. 20-2-1980, *Ins. di G. P. II*
vol. III/1, 1980, pp. 436-437
11. 5-6-1979, *Ins. di G. P. II,*
vol. II, 1979, pp. 1443-1444
12. 30-3-1982, *Ins. di G. P. II,*
vol. V/1, 1982, pp. 1040-1042
13. 30-3-1982, *Ins. di G. P. II,*
vol. V/1, 1982, pp. 1042-1043
14. 1-4-1979, *Ins. di G. P. II,*
vol. II, 1979, pp. 770-771
15. 5-4-1980, *Ins. di G. P. II,*
vol. III/1, 1980, pp. 817-818
16. 11-4-1982, *Ins. di G. P. II,*
vol. V/1, 1982, pp. 1168-1170
17. 19-4-1981, *Ins. di G. P. II,*
vol. IV/1, 1981, pp. 974-975
18. 3-4-1983, *Ins. di G. P. II,*
vol. VI/1, 1983, pp. 882-883
19. 26-4-1981, *Ins. di G. P. II,*
vol. IV/1, 1981, pp. 1028-1029
20. 3-4-1983, *Ins. di G. P. II,*
vol. VI/1, 1983, pp. 883-884
21. 3-4-1983, *Ins. di G. P. II,*
vol. VI/1, 1983, pp. 884-885
22. 14-4-1982, *Ins. di G. P. II,*
vol. V/1, 1982, p. 1189
23. 2-4-1983, *Ins. di G. P. II,*
vol. VI/1, 1983, pp. 875-878
24. 18-4-1982, *Ins. di G. P. II,*
vol. V/1, 1982, pp. 1234-1235
25. 25-4-1983, *Ins. di G. P. II,*
vol. VI/1, 1983, pp. 1066-1067

26. 7-5-1982, *Ins. di G. P. II,*
vol. V/2, 1982, p. 1441.
19-6-1983, *Ins. di G. P. II,*
vol. VI/1, 1983, p. 1600
27. 18-4-1982, *Ins. di G. P. II,*
vol. V, 1982, pp. 1237-1238
28. 18-4-1982, *Ins. di G. P. II,*
vol. V/1, 1982, pp. 1238-1239
29. 29-4-1980, *Ins. di G. P. II,*
vol. III/1, 1980, pp. 1020-1021
30. 28-10-1979, *Ins. di G. P. II,*
vol. II/2, 1979, pp. 988-999

MAYO

1. 19-3-1982, *Ins. di G. P. II,*
vol. V/1, 1982, pp. 931-932
2. 11-2-1982, *Ins. di G. P. II,*
vol. V/1, 1982, p. 350
3. 3-5-1982, *Ins. di G. P. II,*
vol. V/2, 1982, p. 1400
4. 3-5-1982, *Ins. di G. P. II,*
vol. V/2, 1982, pp. 1399-1400
5. 24-3-1982, *Ins. di G. P. II,*
vol. V/1, 1982, p. 979
6. 24-3-1982, *Ins. di G. P. II,*
vol. V/1, 1982, p. 980
7. 24-3-1982, *Ins. di G. P. II,*
vol. V/1, 1982, pp. 980-81
8. 11-2-1982, *Ins. di G. P. II,*
vol. V/1, 1982, pp. 348-349
9. 11-2-1982, *Ins. di G. P. II,*
vol. V/1, 1982, p. 351
10. 9-5-1982, *Ins. di G. P. II,*
vol. V/2, 1982, pp. 1460-1461
11. 9-5-1982, *Ins. di G. P. II,*
vol. V/2, 1982, p. 1461
12. 12-5-1982, *Ins. di G. P. II,*
vol. V/2, 1982, pp. 1484-85
13. 17-5-1981, *Ins. di G. P. II,*
vol. IV/1, 1981, pp. 1210-1211
14. 12-5-1982, *Ins. di G. P. II,*
vol. V/2, 1982, pp. 1495-1496
15. 12-5-1982, *Ins. di G. P. II,*
vol. V/2, 1982, p. 1543
16. 12-5-1982, *Ins. di G. P. II,*
vol. V/2, 1982, p. 1544

17. 12-5-1982, *Ins. di G. P. II,* vol. V/2, 1982, pp. 1545-46
18. 12-5-1982, *Ins. di G. P. II,* vol. V/2, 1982, p. 1546
19. 13-5-1982, *Ins. di G. P. II,* vol. V/2, 1982, pp. 1580-81
20. 30-8-1980, *Ins. di G. P. II,* vol. III/2, 1980, pp. 507-508
21. 13-5-1982, *Ins. di G. P. II,* vol. V/2, 1982, p. 1583
22. 10-2-1982, *Ins. di G. P. II,* vol. V/1, 1982, pp. 872-873
23. 19-3-1982, *Ins. di G. P. II,* vol. V/1, 1982, pp. 924-925
24. 30-11-1980, *Enciclica «Dives in misericordia»,* p. 9.
25. 18-3-1982, *Ins. di G. P. II,* vol. V/1, 1982, pp. 1217-1218
26. 26-5-1979, *Ins. di G. P. II,* vol. II, 1979, pp. 1320-1321
27. 13-5-1982, *Ins. di G. P. II,* vol. V/2, 1982, p. 1580
28. 13-5-1982, *Ins. di G. P. II,* vol. V/2, 1982, p. 1588
29. 19-3-1982, *Ins. di G. P. II,* vol. V/1, 1982, pp. 923-924
30. 30-4-1982, *Ins. di G. P. II,* vol. V/1, 1982, N pp. 1370-71
31. 31-5-1979, *Ins. di G. P. II,* vol. II, 1979

JUNIO

1. 30-5-1979, *Ins. di G. P. II,* vol. II, 1979, pp. 1345-1346
2. 30-5-1979, *Ins. di G. P. II,* vol. II, 1979, p. 1346
4. 8-10-1983, *Osservatore Romano,* 9 octubre, pp. 1 y 5
5. 3-6-1979, *Ins. di G. P. II,* vol. II, 1979, pp. 1393-1394
6. 31-5-1982, *Ins. di G. P. II,* vol. V/2, 1982, pp. 2019-2020
7. 31-5-1982, *Ins. di G. P. II,* vol. V/2, 1982, pp. 2021-2022
8. 25-5-1980, *Ins. di G. P. II,* vol. III/1, 1980, pp. 1464-1465

9. 25-5-1980, *Ins. di G. P. II,* vol. III/1, 1980, pp. 1465-1466
10. 29-5-1983, *Ins. di G. P. II,* vol. V/1, 1983, p. 1397
11. 29-5-1983, *Ins. di G. P. II,* vol. VI/1, 1983, p. 1398
12. 30-5-1982, *Ins. di G. P. II,* vol. V/2, 1982, pp. 1978-1979
13. 12-9-1982, *Ins. di G. P. II,* vol. V/3, 1982, *Ins. di G. P. II,*
14. 12-9-1982, *Ins. di G. P. II,* vol. V/3, 1982, pp. 421-422
15. 25-5-1980, *Ins. di G. P. II,* vol. III/1, 1980, pp. 1467-1468
16. 25-5-1980, *Ins. di G. P. II,* vol. III/1, 1980. p. 1468
17. 30-5-1982, *Ins. di G. P. II,* vol. V/2, 1982, p. 1993
18. 30-5-1982, *Ins. di G. P. II,* vol. V/2, 1982, pp. 1993-94
19. 22-5-1983, *Ins. di G. P. II,* vol. VI/1, 1983, pp. 1346-1348
20. 22-5-1983, *Ins. di G. P. II,* vol. VI/1, 1983, pp. 1348-1349
21. 22-5-1983, *Ins. di G. P. II,* vol. VI/1, 1983, pp. 1348-1349
22. 28-5-1982, *Ins. di G. P. II,* vol. V/2, 1982, p. 1899
23. 1-6-1983, *Ins. di G. P. II,* vol. VI/1, 1983, pp. 1411-1412
24. 24-6-1979, *Ins. di G. P. II,* vol. II, 1979, pp. 1619-1620
25. 1-6-1983, *Ins. di G. P. II,* vol. VI/1, 1983, pp. 1412-1413
26. 1-6-1983, *Ins. di G. P. II,* vol. VI/1, 1983, pp. 1413.
27. 2-6-1983, *Ins. di G. P. II,* vol. VI/1, 1983, pp. 1421-1422.
28. 2-6-1983, *Ins. di G. P. II,* vol. VI/1, 1983, pp. 1423-1424
29. 29-6-1979, *Ins. di G. P. II,* vol. II, 1979, pp. 1648-1649
30. 29-6-1979, *Ins. di G. P. II,* vol. II, 1979, p. 1650

JULIO

1. 8-6-1980, *Ins. di G. P. II,*
vol. III/1, 1980, pp. 1709-1710
2. 28-5-1982, *Ins. di G. P. II,*
vol. V/2, 1982, pp. 1907-1908
3. 9-4-1983, *Ins. di G. P. II,*
vol, VI/1, 1983, pp. 919-920
4. 8-10-1979, *Ins. di G. P. II,*
vol. II/2, 1979, pp. 569-170
5. 4-4-1979, *Enciclica «Redemptor Hominis»* (n. 16)
6. 18-10-1980, *Ins. di G. P. II,*
vol. III/2, 1980, pp. 899-900
7. 4-4-1979, *Enciclica «Redemptor Hominis»* (n. 7)
8. 4-4-1979, *Enciclica «Redemptor Hominis»* (n. 13)
9. 4-4-1979. *Enciclica «Redemptor Hominis»* (n. 13).
10. 1-6-1982, *Ins. di G. P. II,*
vol. V/2, 1982, pp. 2065-2066
11. 17-5-1979, *Ins. di G. P. II,*
vol. II, 1979, pp. 1158-1159
12. 17-5-1979, *Ins. di G. P. II,*
vol. II, 1979, pp. 1159-1160
13. 13-7-1980, *Ins. di G. P. II,*
vol. III/2, 1980, p. 266
14. 19-5-1979, *Ins. di G. P. II,*
vol. II, 1979, p. 14
15. 20-7-1980, *Ins. di G. P. II,*
vol. III/2, 1980. pp. 280-281
16. 1-6-1982, *Ins. di G. P. II,*
vol. V/2, 1982, p. 2075
17. 18-4-1981, *Ins. di G. P. II,*
vol. IV/1, 1981, p. 681
18. 2-6-1982, *Ins. di G. P. II,*
vol. V/2, 1982, pp. 2098-2099.
19. 2-6-1982, *Ins. di G. P. II.*
vol. V/2, 1982, pp. 2099-2100
20. 2-6-1982, *Ins. di G. P. II,*
vol. V/2, 1982, pp. 2100-2101
21. 18-4-1981, *Ins. di G. P. II,*
vol. IV/1, 1981, pp. 682-684
22. 25-1-1983, *Ins. di G. P. II,*
vol. VI/1, 1983, pp. 239-240
23. 12-4-1980, *Ins. di G. P. II,*
vol. III/1, 1980, pp. 537-539

24. 6-7-1983, *Osservatore Romano,* 7 julio 1983, pp. 1-2
25. *Ins. di G. P. II,*
vol. V/2, 1982, p. 1250
26. 10-12-1978, *Ins. di G. P. II,*
vol. I, 1978, pp. 327-328
27. 26-7-1983, *Osservatore Romano,* 27 julio 1983, pp. 1-2
28. 2-10-1979, *Ins. di G. P. II,*
vol. II/2, 1979, pp. 552-553
29. 20-7-1980, *Ins. di G. P. II,*
vol. III, 2, 1980, pp. 277-279
30. 16-10-1983, *Osservatore Romano,* 17-18 octubre 1983, p. 4
31. 6-11-1982, *Ins. di G. P. II,*
vol. V/2, 1982, pp. 1160-1162

AGOSTO

1. 6-1-1979, *Ins. di G. P. II,*
vol. II/2, 1979, p. 1327
2. 2-10-1979, *Ins. di G. P. II,*
vol. II/2, 1979, pp. 553-554
3. 28-1-1979, *Ins. di G. P. II,*
vol. II, 1979, pp. 226-227
4. 28-1-1979, *Ins. di G. P. II,*
vol. II, 1979, pp. 214-216
5. 10-8-1980, *Ins. di G. P. II,*
vol. III/2, 1980, pp. 352-353
6. 15-3-1981, *Ins. di G. P. II,*
vol. IV/1, 1981, pp. 669-670
7. 6-5-1980, *Ins. di G. P. II,*
vol. III/1, 1980, pp. 830-832
8. 5-9-1983, *Osservatore Romano,* 5-6 septiembre 1983, p. 4
9. 27-5-1980, *Ins. di G. P. II,*
vol. III/1, 1980, pp. 1481-1482
10. 18-10-1978, *Ins. di G. P. II,*
vol. I, 1978, pp. 21-23
11. 5-10-1979, *Ins. di G. P. II.*
vol. II/2, 1979, pp. 634-635
12. 1-6-1982, *Ins. di G. P. II,*
vol. V/2, 1982, pp. 2081-2082
13. 28-6-1982, *Ins. di G. P. II,*
vol. V/2, 1982, pp. 1914-1915
14. 26-2-1981, *Ins. di G. P. II,*
vol. IV/1, 1981, pp. 567-568

15. 15-10-1949, *Ins. di G. P. II,*
vol. II/2, 1979, pp. 134-136
16. 15-10-1983, *Osservatore Romano,* 16-17 agosto 1983, p. 5
17. 15-10-1983, *Osservatore Romano,* 16-17 agosto 1983, p. 5
18. 31-5-1982, *Ins. di G. P. II,*
vol. V/2, 1982, pp. 1999-2000
19. 31-5-1982, *Ins. di G. P. II,*
vol. V/2, 1982, p. 2028
20. 31-5-1982, *Ins. di G. P. II,*
vol. V/2, 1982. pp. 2028-2029
21. 1-11-1982, *Ins. di G. P. II,*
vol. V/3, 1982, pp. 1051-1052
22. 13-1-1980, *Ins. di G. P. II,*
vol. III/1, 1980, pp. 110-112
23. 3-10-1979, *Ins. di G. P. II,*
vol. II/2, 1979, pp. 586-587
24. 24-10-1980, *Ins. di G. P. II,*
vol. III/2, 1980, pp. 431-432
25. 3-10-1979, *Ins. di G. P. II,*
vol. II/2; 1979, pp. 585-586
26. 26-8-1982, *Ins. di G. P. II,*
vol. V/3, 1982, pp. 303-306
28. 25-8-1983, *Osservatore Romano,* 26 agosto 1983, pp. 1-2
29. 31-5-1982, *Ins. di G. P. II,*
vol. V/2, 1982, pp. 2036-2037
30. 1-11-1983, *Ins. di G. P. II,*
vol. V/2, 1982, pp. 1027-1028
31. 28-8-1980, *Ins. di G. P. II.*
vol. III/2, 1980, pp. 471-474

SEPTIEMBRE

1. 4-11-1982, *Ins. di G. P. II,*
vol. V/3, 1982, pp. 1128-1131
2. 4-11-1982, *Ins. di G. P. II,*
vol. V/3, 1982, pp. 1131-1132
3. 4-11-1982, *Ins. di G. P. II,*
vol. V/3, 1982, pp. 1132-1133
4. 4-11-1982, *Ins. di G. P. II,*
vol. V/3, 1982, pp. 1135-1136
5. 22-11-1981, *Ins. di G. P. II,*
vol. IV/2, 1981, pp. 1054-1055
6. 22-11-1981, *Ins. di G. P. II,*
vol. IV/2, 1981, pp. 1060-1061
7. 7-9-1980, *Ins. di G. P. II,*

vol. III/2, 1980, pp. 565-566
8. 9-9-1981, *Ins. di G. P. II,*
vol. IV/2, 1981, pp. 141-142
9. 22-11-1981, *Ins. di G. P. II,*
vol. IV/2, 1981, p. 1057
10. 21-11-1982, *Ins. di G. P. II,*
vol. V/3, 1982, pp. 1393-1394
11. 30-11-1980, *Ins. di G. P. II,*
vol. III/2, 1980, p. 1558
12. 30-11-1980, *Ins. di G. P. II,*
vol. III/2, 1980, p. 1559
13. 30-11-1980, *Ins. di G. P. II,*
vol. III/2, 1980, p. 1561-1562
14. 17-4-1982, *Ins. di G. P. II,*
vol. IV/1, 1981, pp. 960-963
15. 13-4-1980, *Ins. di G. P. II,*
vol. III/1, 1980, pp. 868-869
16. 30-11-1980, *Ins. di G. P. II,*
vol. III/2, 1980, pp. 1562-1563
17. 30-11-1980, *Ins. di G. P. II,*
vol. III/2, 1980, pp. 1572-1573
18. 15-6-1982, *Ins. di G. P. II,*
vol. V/2, 1982, pp. 2315-2316
19. 20-5-1982, *Ins. di G. P. II,*
vol. V/2, 1982, pp. 1776-1777
20. 20-5-1982, *Ins. di G. P. II,*
vol. V/2, 1982, pp. 1778-1779
21. 23-9-1981, *Ins. di G. P. II,*
vol. IV/2, 1981, pp. 298-299
22. 20-5-1982, *Ins. di G. P. II,*
vol. V/2, pp. 1779-1780
23. 20-5-1982, *Ins. di G. P. II,*
vol. V/2, 1982, pp. 1780-1781
24. 29-9-1980, *Ins. di G. P. II,*
vol. III/2, 1980, pp. 743 [35]-743 [40].
25. 15-9-1982, *Ins. di G. P. II,*
vol. V/1, pág. 103-104
26. 17-1-1979, *Ins. di G. P. II,*
vol. II, 1979, p. 76
27. 24-7-1981, *Ins. di G. P. II,*
vol. IV/2, 1981, pp. 49-51
28. 24-7-1981, *Ins. di G. P. II,*
vol. IV/2, 1981, pp. 51-52
29. 1-6-1982, *Ins. di G. P. II,*
vol. V/2, 1982, pp. 205-206
30. 1-6-1983, *Ins. di G. P. II,*
vol. V/2, 1982, pp. 2054-2055

OCTUBRE

1. 2-6-1980, *Ins. di G. P. II,*
vol. III/2, 1980, pp. 1659-1664
2. 1-6-1982, *Ins. di G. P. II,*
vol. V/2, 1982, pp. 2055-2056
3. 1-6-1982, *Ins. di G. P. II,*
vol. V/2, 1982, p. 2005
4. 16-1-1982, *Ins. di G. P. II,*
vol. V/1, 1982, pp. 138-139
5. 8-12-1978, *Ins. di G. P. II,*
vol. I, 1978, pp. 302-303
6. 2-11-1983, *Osservatore Romano,* 3-4 octubre 1983, pp. 1 y 5
7. 2-10-1983, *Osservatore Romano,* 3-4 octubre 1983, p. 5
8. 2-10-1983, *Osservatore Romano,* 3-4 octubre 1983, p. 5
9. 8-11-1983, *Osservatore Romano,* 9 octubre 1983, p. 1
10. 2-10-1983, *Osservatore Romano,* 3-4 octubre 1983, p. 5
11. 2-10-1983, *Osservatore Romano,* 3-4 octubre 1983, p. 5
12. 22-11-1981, *Ins. di G. P. II,*
vol. IV/2, 1981, pp. 1046-1048
13. 16-10-1983, *Osservatore Romano,* 17-18 octubre 1983, pp. 1 y 4
14. 14-10-1981, *Ins. di G. P. II,*
vol. IV/2, 1981, pp. 409-412
15. 1-11-1982, *Ins. di G. P. II,*
vol. V/3, 1982, pp. 1032-1038
16. 21-6-1983, *Ins. di G. P. II,*
vol. VI/1, 1983, p. 1621
17. 31-5-1982, *Ins. di G. P. II,*
vol. V/2, 1982, pp. 2009-2010
18. 18-4-1982, *Ins. di G. P. II,*
vol. V/1, 1982, pp. 1214-1215
19. 31-5-1982, *Ins. di G. P. II,*
vol. V/2, 1982, p. 2008
20. 11-8-1982, *Ins. di G. P. II,*
vol. V/3, 1982, pp. 204-206
21. 22-11-1981, *Ins. di G. P. II,*
vol. IV/2, 1981, p. 1058
22. 4-4-1979, *Enciclica «Redemptor Hominis»* (n. 2)
23. 22-11-1981. *Ins. di G. P. II,*
vol. IV/2, 1981, pp. 1080-1081
24. 28-4-1982, *Ins. di G. P. II,*
vol. V/1, 1982, pp. 1036-1039
25. 20-4-1983, *Ins. di G. P. II,*
vol. VI/1, 1983, pp. 771-773
26. 27-10-1980, *Ins. di G. P. II,*
vol. III/2, 1980, pp. 1002-1003
27. 22-11-1981, *Ins. di G. P. II,*
vol. IV/2, 1981, pp. 1059-1060
28. 22-11-1981, *Ins. di G. P. II,*
vol. IV/2, 1981, pp. 1086-1087
29. 22-11-1981, *Ins. di G. P. II,*
vol. IV/2, 1981, pp. 1087-1088
30. 30-10-1983, *Osservatores Romano,* 31 octubre-1 noviembre 1983, p. 2
31. 22-11-1981, *Ins. di G. P. II,*
vol. IV/2, 1981, pp. 1092-1093

NOVIEMBRE

1. 1-11-1980, *Ins. di G. P. II,*
vol. III/2, 1980, pp. 1029-1030
2. 1-11-1980, *Ins. di G. P. II,*
vol. III/2, 1980, pp. 1031-1032
3. 22-11-1981, *Ins. di G. P. II,*
vol. IV/2, 1981, pp. 1100-1101
4. 4-11-1981, *Ins. di G. P. II,*
vol. IV/2, 1981, pp. 544-546, y
4-11-1980, *Ins. di G. P. II,*
vol. III/2, 1980, pp. 1054-1055
5. 15-12-1981, *Ins. di G. P. II,*
vol. IV/2, 1981, p. 1121
6. 15-12-1981, *Ins. di G. P. II,*
vol. IV/2, 1981, y
31-5-1982, *Ins. di G. P. II,*
vol. IV/2, 1982, p. 2009
7. 31-5-1982, *Ins. di G. P. II,*
vol. V/2, 1982, pp. 2010-2011
8. 17-2-1983, *Ins. di G. P. II,*
vol. VI/1, 1983, pp. 447-448
9. 14-9-1981, *Ins. di G. P. II,*
vol. IV/2, 1981, p. 258
10. 14-9-1981, *Ins. di G. P. II,*
vol. IV/2, 1981, pp. 259-260
11. 11-11-1981, *Ins. di G. P. II,*
vol. IV/2, 1981, pp. 598-599

12. 14-9-1981, *Ins. di G. P. II*,
vol. IV/2, 1981, pp. 260-261
13. 14-9-1981, *Ins. di G. P. II*,
vol. IV/2, 1981, pp. 261-262
14. 14-9-1981, *Ins. di G. P. II*,
vol. IV/2, 1981, pp. 264-265
15. 15-11-1980, *Ins. di G. P. II*,
vol. III/2, 1980, pp. 1194-1195
16. 16-11-1983, *Osservatore Romano*, 17 noviembre 1983, p. 5
17. 12-11-1981, *Ins. di G. P. II*,
vol. IV/2, 1981, pp. 673-674
18. 6-11-1981, *Ins. di G. P. II*,
vol. IV/2, 1981, pp. 569-570
19. 10-9-1983, *Osservatore Romano*, 12-13 septiembre 1983, p. 2
20. 2-10-1979, *Ins. di G. P. II*,
vol. II/2, 1979, pp. 522-523
21. 1-11-1982, *Ins. di G. P. II*,
vol. V/3, 1982, pp. 1028-1030
22. 2-10-1979, *Ins. di G. P. II*,
vol. II/2, 1979, p. 524
23. 2-10-1979, *Ins. di G. P. II*,
vol. II/2, 1979, pp. 1541-542.
24. 6-10-1979, *Ins. di G. P. II*,
vol. II/2, 1979, pp. 670-671
25. 6-10-1979, *Ins. di G. P. II*,
vol. II/2, 1979, pp. 671-672
26. 7-10-1979, *Ins. di G. P. II*,
vol. II/2, 1979, pp. 697-698
27. 2-11-1982, *Ins. di G. P. II*,
vol. V/3, 1982, pp. 1068-1070
28. 11-10-1981, *Ins. di G. P. II*,
vol. IV/2, 1981, p. 399
29. 27-9-1982, *Ins. di G. P. II*,
vol. V/3, 1982, pp. 609-611
30. 30-11-1982, *Ins. di G. P. II*,
vol. V/3, 1982, pp. 1481-1482
31. 6-11-1982, *Ins. di G. P. II*,
vol. V/3, 1982, pp. 1182-1183

FIESTAS MOVIBLES
I de Adviento:
30-11-1980, *Ins. di G. P. II*,
vol. III/2, 1980, pp. 1465-1466
II de Adviento:
5-12-1982, *Ins. di G. P. II*,
vol. V/3, 1982, pp. 1597-1598

III de Adviento:
12-12-1982, *Ins. di G. P. II*,
vol. V/3, 1982, pp. 1597-1598
IV de Adviento:
23-12-1979, *Ins. di G. P. II*,
vol. II/2, 1979, p. 1504
Domingo infraoctava de Navidad:
30-12-1979, *Ins. di G. P. II*,
vol. II/2, 1979, pp. 1534-1535
Domingo entre el 2 y el 8 de enero:
6-1-1979, *Ins. di G. P. II*,
vol. II, 1979, p. 18
Domingo después de Epifanía:
9-1-1983, *Ins. di G. P. II*,
vol. VI/1, 1983, pp. 92-94
Miércoles de Ceniza:
16-2-1983, *Ins. di G. P. II*,
vol. VI/1, 1983, p. 430
I de Cuaresma:
24-2-1980, *Ins. di G. P. II*,
vol. III/1, 1980, pp. 482-483
II de Cuaresma:
2-3-1980, *Ins. di G. P. II*,
vol. III/1, 1980, pp. 505-506
III de Cuaresma:
18-3-1979, *Ins. di G. P. II*,
vol. II, 1979, pp. 677-678
IV de Cuaresma:
16-4-1980, *Ins. di G. P. II*,
vol. III/1, 1980, pp. 571-573
V de Cuaresma:
1-4-1979, *Ins. di G. P. II*,
vol. II, 1979, pp. 764-765
Domingo de Ramos:
4-4-1982, *Ins. di G. P. II*,
vol. V/1, 1982, pp. 1105-1106
Lunes Santo: 30-11-1980
«Dives in misericordia», (n. 7)
Martes Santo: 30-11-1980,
«Dives in misericordia» (n. 7)
Miércoles Santo: 30-11-1980,
«Dives in misericordia» (n. 8)
Jueves Santo:
8-4-1982, *Ins. di G. P. II*,
vol. V/1, 1982, pp. 1148-1149
Viernes Santo:
9-4-1982, *Ins. di G. P. II*,
vol. V/1, 1982, pp. 1152-1155

Sábado Santo:
14-4-1979, *Ins. di G. P. II,*
vol. II, 1979, pp. 907-908
Pascua: 15-4-1979, *Ins. di G. P. II,*
vol. II, 1979, pp. 911-913
Lunes/Octava:
14-4-1979, *Ins. di G. P. II,*
vol. II, 1979, pp. 908-909
Martes: 6-4-1980, *Ins. di G. P. II,*
vol. III/1, 1980, pp. 821-823
Miércoles: 6-4-1980, *Ins. di G. P.II,*
vol. III/1, 1980, pp. 823-825
Jueves: 6-4-1983, *Ins. di G. P. II,*
vol. VI/1, 1983, pp. 898-899
Viernes: 6-4-1983, *Ins. di G. P. II,*
vol. VI/1, 1983, p. 899
Sábado en Albis:
6-4-1983, *Ins. di G. P. II,*
vol. VI/1, 1983, pp. 900-901
Domingo in Albis:
13-4-1980, *Ins. di G. P. II,*
vol. III/1, 1980, pp. 889-890
Fiesta de la madre, *Ins. di G. P. II,*
12-3-1980, *Ins. di G. P. II,*
vol. III/1, 1980, pp. 542-544-545
22-11-1981, *«Familiaris Consortio»,*
37
Ascensión:
20-5-1982, *Ins. di G. P. II,*
vol. V/2, 1982, pp. 1772-1774
Pentecostés: 7-6-1981, *Ins. di G. II,*
vol. IV/1, 1981, pp. 1254-1255
Santísima Trinidad:
29-5-1983, *Ins. di G. P. II,*
vol VI/1, 1983, pp. 1395-1396

Corpus Christi:
8-6-1980, *Ins. di G. P. II,*
vol. III/1, 1980, pp. 1712-1714
Sagrado Corazón de Jesús:
27-6-1982, *Ins. di G. P. II,*
vol. V/2, 1982, pp. 2412-2413
Inmaculado Corazón de María:
13-5-1982, *Ins. di G. P. II,*
vol. V/2, 1982, pp. 1581-1582
Devoción al Sagrado Corazón:
24-6-1979, *Ins. di G. P. II,*
vol. II, 1979, p. 1617, y
27-6-1982, *Ins. di G. P. II,*
vol. V/2, 1982, p. 241
Consagración del mundo a María:
13-5-1982, *Ins. di G. P. II,*
vol. V/2, 1982, p. 1582
Fiesta del Padre:
19-3-1981, *Ins. di G. P. II,*
vol. IV/1, 1981, pp. 718-719
Fiesta del trabajo:
14-9-1981, *Ins. di G. P. II,*
vol. IV/2, 1981, p. 231
Jornada Mundial de las Misiones:
10-6-1981, *Ins. di G. P. II,*
vol. IV/1, 1983, pp. 1483-1485
Fiesta de Cristo Rey:
21-11-1982, *Ins. di G. P. II,*
vol. V/3, 1982, pp. 1379-1383
Fiesta de Acción de Gracias:
31-12-1979, *Ins. di G. P. II,*
vol. II/2, 1979, pp. 1538-1539